C·H·Beck

PAPERBACK

Peter Oliver Loew

Wir Unsichtbaren
Geschichte der Polen
in Deutschland

C.H.Beck

Mit 26 Abbildungen (darunter 1 Karte) und 2 Tabellen

Originalausgabe

© Verlag C.H.Beck, München 2014
Satz: Druckerei C.H.Beck, Nördlingen
Druck und Bindung: Pustet, Regensburg
Umschlagabbildung: Mit freundlicher Genehmigung
von Johannes Frąckowiak
Umschlagentwurf: malsyteufel, Willich
Printed in Germany
ISBN 978 3 406 66708 4

www.beck.de

Inhaltsverzeichnis

III Zankapfel: Polen in Deutschland zwischen den Weltkriegen

IV Schrecken des Krieges: Vertreibung, Germanisierung, Zwangsarbeit, Vernichtung

Einleitung

Polen und Polinnen in Deutschland sind die «Unsichtbaren».[1] Fast jeder kennt welche, in vielen Stammbäumen tauchen sie auf, aber kaum jemand weiß etwas über sie. Sie sind einfach da, sorgen manchmal für Aufsehen, oft aber nur für zufriedene Senioren, Wohnungsbesitzer und Arbeitgeber: Als Pflegekräfte, Allround-Handwerker und Spargelstecher, als Bergleute und Putzfrauen tun sie Dinge, ohne die vieles in Deutschland nicht funktionieren würde. Auch in deutschen Symphonieorchestern und an deutschen Hochschulen leisten sie zuverlässig wertvolle Dienste: die deutsche Kulturlandschaft wäre ohne sie ärmer. Von diesen Menschen, der Geschichte der polnischen Zuwanderung und den historischen polnischen Minderheiten in den deutschen Staaten handelt dieses Buch.

Polen in Deutschland lassen sich nur schwer zählen, so sehr unterscheiden sie sich voneinander. Es gibt Aussiedler und Spätaussiedler, die sich nie zu einer polnischen Identität bekannten, aber daheim Polnisch – nicht selten oberschlesische Mundart – sprachen und sprechen. Es gibt aber auch Aussiedler, die all ihren Ehrgeiz aufwendeten, um sich möglichst rasch zu integrieren, und mit ihren Kindern Deutsch radebrechten, nur um «ja nicht aufzufallen», und es gibt Aussiedler, die ebenso viel Ehrgeiz an den Tag legten, um sich und ihre Kinder gute Polen bleiben zu lassen. Menschen sind darunter, die aus wirtschaftlichen oder politischen Gründen zugewandert sind, teils mit polnischem und teils mit deutschem Pass, oft mit einer Geschichte aus Jahren des prekären Aufenthalts als illegal arbeitende Asylbewerber. Deutschland wird Jahr für Jahr zeitweise von hunderttausenden polnischer Saisonarbeiter bevölkert, daneben gibt es Nachkommen von Versprengten des Zweiten Weltkriegs oder auch der Arbeitsmigranten aus Vorkriegszeiten, Studierende, Künstler, Intellektuelle, Prostituierte, Diebe und Obdachlose. Wenn man sie alle zusammenfasst und die nicht Gemeldeten addiert, die niemand wirklich zählen kann, so könnte es in Deutschland bis zu 2 Millionen Menschen geben, die Polen sind, Polnisch sprechen oder in erster und zweiter Generation aus Polen stammen. Damit sind sie nach den Türken und noch vor den Russen die zweitgrößte Gruppe von Migranten in Deutschland (Kapitel VI).

Polen sind aus Deutschland nicht wegzudenken, seit Jahrhunderten gehören sie zur Gesellschaft der deutschen Staaten. Die enge Nachbarschaft zwischen Polen und Deutschen hat dazu geführt, dass ihre Präsenz – anders als bei Türken oder Russen – schon seit langem völlig selbstverständlich ist; die Deutschen hatten Zeit, sich an sie zu gewöhnen. Altansässige polnische Bevölkerungsgruppen hatte es im Herzogtum Preußen bzw. Ostpreußen ebenso gegeben wie in Schlesien (Kapitel I), aber erst die drei Teilungen Polens zwischen 1772 und 1795 ließen sie zu einer großen Minderheit im Königreich Preußen werden: Um 1800 waren 2,6 Millionen seiner 6,2 Millionen Einwohner Polen! Sozioökonomische Veränderungen, insbesondere die Industrialisierung, setzten bald darauf Migrationsprozesse in Gang, in deren Zuge seit Anfang des 19. Jahrhunderts bis heute rund acht Millionen Polen aus den polnischen Gebieten dies- und jenseits der Grenzen in die mehrheitlich deutschsprachigen Gebiete wanderten. Ein wahrhaft europäisches Migrationssystem entstand. Dabei bildete sich die kurzlebige Minderheit der «Ruhrpolen», Berlin wurde zu einem polnischen Zentrum, dort und in München trafen sich polnische Künstler und Intellektuelle, während die polnische Nationalbewegung in Posen oder Oberschlesien immer heftiger für ihre Rechte kämpfte, seit der Reichsgründung 1871 gegen einen immer stärker werdenden Germanisierungsdruck (Kapitel II).[2]

Aufgrund der im Versailler Vertrag 1919 festgelegten Grenzen kamen viele polnische Siedlungsgebiete zum neugebildeten polnischen Staat, die Zahl der Polen in Deutschland sank also drastisch und die verbliebene Minderheit wurde zum Spielball der Politik (Kapitel III). Durch die deutsche Eroberung Polens 1939 wurden jedoch wiederum weite Gebiete des Landes an das Deutsche Reich angegliedert. Terror, Vertreibung und Mord prägten nun für einige Jahre die Geschichte der Polen (Christen wie Juden) in Deutschland; Millionen von ihnen wurden als Zwangsarbeiter oder KZ-Häftlinge ins Reich verschleppt (Kapitel IV). Nach

Kriegsende kehrten viele – falls sie überlebt hatten – ins kommu-
nistische Polen zurück, andere blieben als «Displaced Persons» im
Land der einstigen Unterdrücker. Dazu kamen hunderttausende
deutscher Flüchtlinge, Vertriebener, Aussiedler und Spätaussiedler, deren Muttersprache eigentlich Polnisch war. München wurde
zu einem Zentrum der politischen Emigration. Berlin entwickelte
seit den 1970er Jahren große Sogkraft, während die DDR versuchte, ihren Arbeitskräftemangel durch polnische Kontraktar-
beiter zu lösen (Kapitel V). Nach der politischen Wende von 1989
haben sich die Migrationsströme zwar gewandelt, sind aber durchweg stark geblieben und haben sich seit dem EU-Beitritt Polens
wieder intensiviert. An der Grenze zu Polen, gerade im Großraum
Stettin, bildet sich vielleicht gerade eine neue polnische Minderheit
in Deutschland heraus (Kapitel VI).

Keine andere nicht-deutsche Bevölkerungsgruppe hat sich über
einen so langen Zeitraum, im Grunde seit dem Mittelalter, und in
solchen Dimensionen in Deutschland aufgehalten, sieht man einmal von den Juden ab, die jedoch im deutschen Sprachraum spätestens seit dem Beginn der Moderne immer weniger eine scharf
abgegrenzte ethnische Gruppe bildeten.

Eine Geschichte der Polen in Deutschland ist bis heute nicht geschrieben worden. Es gibt Einzeluntersuchungen zu Masuren
oder Ruhrpolen, polnischen Prinzessinnen und pendelnden Putzfrauen, aber eine Gesamtdarstellung fehlt bislang. Vielleicht liegt
dies an den methodischen Problemen. Denn sowohl der Begriff
«Deutschland» als auch der Begriff «Polen» sind unscharf und
schwer zu fassen, und auch über das Wort «Minderheit» kann
man sich trefflich streiten.

Die definitorischen Probleme beginnen schon im ausgehenden
Mittelalter: Polnische Masuren waren eine große Minderheit im
Staat des Deutschen Ordens und dem daraus entstehenden Herzogtum Preußen – aber dieser Staat war ebenso wie die aus ihm
hervorgegangene Provinz Ostpreußen bis 1871 nie Teil des Reichs,
geschweige denn des Deutschen Bundes gewesen. Er war allerdings überwiegend deutschsprachig. Ähnliche Probleme bereiten
andere Grenzgebiete im Osten, Schlesien etwa oder Hinterpom-

mern. «Deutschland» ist hier deshalb als ein pragmatischer Begriff
aufzufassen, der neben dem eigentlichen «deutschen» Territorial-
staat auch andere deutschsprachige Staatswesen umfasst, in denen
Polen lebten; deshalb wird Österreich bzw. das Habsburger
Reich – obschon nur am Rande und nur bis 1945 – ebenfalls eine
Rolle spielen.[3]

Nun waren jedoch die in «Deutschland» lebenden polnischsprachigen Menschen keineswegs alle davon überzeugt, Polen zu
sein: Manche sprachen zwar Polnisch, hielten sich aber für gut
evangelische Untertanen des preußischen Königs oder eigentlich
für Deutsche, die nur aufgrund irgendwelcher Fügungen der Geschichte in einer polnischen Umgebung aufgewachsen waren. Es
war ein Unterschied, ob sich jemand subjektiv als Pole fühlte oder
objektiv aufgrund sprachlicher, historischer oder – zeitweise –
rassischer Kriterien als Pole bezeichnet wurde. Insofern ist «Pole»
im Rahmen dieses Buches nichts anderes als ein Arbeitsbegriff
und meint sowohl Menschen, die sich als Angehörige der polnischen Nation begreifen, als auch Polnischsprachige oder aus Polen Stammende sowie Angehörige kleinerer Bevölkerungsgruppen wie Kaschuben oder Oberschlesier, die in der Gegenwart
zum Teil dabei sind, eigene ethnisch-nationale Identitäten zu entwickeln. «Polen» können natürlich auch noch andere, parallele
Identitäten haben, sie können sich beispielsweise zugleich als
Deutsche, Europäer oder Rheinländer definieren. In vielen Fällen
lag es an den äußeren Umständen, ob jemand den «Polen» oder
die «Polin» in sich als Bestandteil seiner Identität oder seiner Au-
ßendarstellung begriff oder auch nicht.[4]

Ein weiteres Problem besteht darin, dass es grundsätzlich zwei
Arten gibt – oder vielmehr: gegeben hat –, wie Polen nach Deutschland gelangten. Zum einen konnten sie durch Grenzziehungen
Bürger eines deutschen Staates geworden sein wie zum Beispiel
1793 die Bewohner Großpolens, des Großherzogtums Posen.
Oder aber sie konnten durch Migrationsprozesse – Land-Stadt-
Wanderung, Flucht und Vertreibung – nach Deutschland gekommen sein. Vielfach mussten sie selbst dann, wenn sie migrierten,
gar nicht «nach» Deutschland kommen, da sie als Polen bereits
innerhalb Preußens bzw. der Reichsgrenzen lebten, also ähnlich

wie ungezählte «deutschsprachige Deutsche» nur eine Binnenwanderung von Ost nach West absolvierten. Insofern ist eine Geschichte der Polen in Deutschland sowohl eine Geschichte der
altpolnischen Regionen im Osten Preußens als auch eine Migra-
tionsgeschichte; die eine hat mit der anderen nicht immer etwas zu
tun – bis eben auf die Sprache.

Pole, auch das muss gesagt werden, bedeutet nicht automatisch
«Katholik»: Neben den protestantischen Masuren wanderten
auch polnische Juden innerhalb Preußens oder kamen aus dem
Ausland nach Deutschland. Allerdings beherrschten polnische Juden, zumal in einer Zeit ohne polnischen Staat, das Polnische nicht
selten gar nicht oder nur schlecht. Aus polnischer Sicht werden
deshalb die in den polnischen Gebieten lebenden Juden nicht automatisch als Polen wahrgenommen, und polnische Juden schon
gar nicht als ein Teil polnischer Präsenz in Deutschland. Doch es
genügt, an Rosa Luxemburg zu erinnern, die aus jüdischer Familie
stammende polnisch-deutsche Revolutionärin, die ihrem russisch-
sprachig aufgewachsenen, aus dem deutsch-russisch-lettisch-jid-
disch geprägten Riga stammenden Liebhaber Leo Jogiches zärt-
lichste Briefe auf Polnisch schrieb und die sich eng mit der polnischen Nationalkultur verbunden fühlte (selbst wenn sie die
Nationalismen ihrer Zeit wild bekämpfte), um zu begreifen, dass
auch aus den polnischen Gebieten zugewanderte Juden ein ganz
wesentlicher Teil einer Geschichte der Polen in Deutschland sind.

Was eine Minderheit ist, scheint auf den ersten Blick klar zu
sein. Doch bei näherer Betrachtung offenbaren sich Probleme:
Eine Zeitlang waren Polen in Deutschland eine *nationale Minderheit*. Nach Friedrich Heckmann sind nationale Minderheiten «so-
zialkulturell heterogene Bevölkerungsgruppen, die in Folge der
Konstitution des Nationalstaats aufgrund historischer Siedlungs-
strukturen oder Staatsgebietsveränderungen als Resultat von Vereinbarungen oder Konflikten zwischen Nationalstaaten, innerhalb eines in Bezug auf ihre ethnische Identität, Kultur und Geschichte fremden Staatsgebiets leben».[5]

Eine solche Minderheit stellten die Polen in Deutschland zwischen dem Zeitalter der Nationalstaaten in der zweiten Hälfte des
19. Jahrhunderts und 1939 dar. Allerdings waren sie – in der Zwi-

schenkriegszeit mit Ausnahme Oberschlesiens und der Freien Stadt Danzig – als nationale Minderheit nicht formell anerkannt. Heute lassen sich die Polnischsprachigen in Deutschland vielmehr als *ethnische Minderheit* definieren, da sie fast ausschließlich durch Migration bzw. Migration der Elterngeneration nach Deutschland gekommen sind. Allerdings erodierte diese ethnische Minderheit bislang immer rasch; meistens war bereits die zweite Generation von Zuwanderern gut in die deutsche Gesellschaft integriert, und nur in Ausnahmefällen werden polnische Identitäten bis in die dritte Generation weitergegeben. Die Frage nach dem Charakter der in Deutschland lebenden Polen – ob sie eine nationale Minderheit sind oder nicht – wird heute sehr kontrovers diskutiert (hierzu ausführlicher in Kapitel VI).

Noch einige Anmerkungen technischer Natur: Da es sich bei diesem Buch um eine Überblicksdarstellung handelt, habe ich die Zahl der Anmerkungen auf ein Minimum beschränkt; auch das Literaturverzeichnis am Ende des Bandes ist keineswegs erschöpfend. Die Forschungslage ist stellenweise gut bis sehr gut, in anderen Fällen jedoch auch unbefriedigend, gerade wenn es um Alltagserfahrungen oder kulturwissenschaftliche Fragestellungen geht. Probleme wie das Fortwirken polnischer Identitäten oder Traditionen bei der zweiten oder dritten Generation von polnischen Zuwanderern könnten ebenso noch vertieft untersucht werden wie die polnische Infrastruktur im gegenwärtigen Deutschland. Insgesamt lieferten Sekundärliteratur und gedruckte Quellen jedoch so viel Material, dass auf den ergänzenden Besuch von Archiven verzichtet werden konnte.[6]

Die Schreibung von Personennamen orientiert sich am Gebrauch der Zeit. Ortsnamen werden in der Regel in der deutschen Form verwendet, die polnischen Entsprechungen lassen sich über das Verzeichnis am Ende jedoch problemlos nachschlagen. Alle polnischen Zitate sind, sofern nicht anders angegeben, von mir übersetzt.

Ohne Hilfe kann ein solches Buch nicht entstehen. Meine größte Hilfe war die Bibliothek des Instituts, in dem ich arbeite: Würde es die einzigartige Büchersammlung des Deutschen Polen-Instituts in Darmstadt nicht geben, in der sich ein Großteil der Literatur zu den deutsch-polnischen Beziehungen in Geschichte und Gegenwart befindet, hätte ich diesen Text nicht so rasch verfassen können. Neben zahlreichen Gesprächspartnern, mit denen ich mich im Laufe der Arbeit unterhalten habe, seien vor allem diejenigen Freunde und Kollegen erwähnt, die Teile des Manuskripts gelesen und mir wertvolle Hinweise gegeben haben: Matthias Barełkowski, Dieter Bingen, Andrzej Kaluza, Matthias Kneip und Christoph Pallaske. Der Verlag C.H.Beck hat nicht nur Interesse für das Thema gezeigt, sondern – namentlich in Person von Sebastian Ullrich – auch zur zügigen Produktion des Buches beigetragen. Dank gebührt schließlich auch meiner Frau, einer «Polin in Deutschland», und meinen beiden Kindern, deren Umgang mit dem polnischen und dem deutschen Bestandteil ihrer Identität ich mit Faszination beobachte.

I Wie alles begann:
Mittelalter und Frühe Neuzeit

Nachbarn kann man sich nicht aussuchen. Aber wenn sie einmal da sind – und die wenigsten Völker und Menschen haben keine Nachbarn –, kann man sie schwerlich ignorieren: Kontakte über den Gartenzaun, der eine oder andere Plausch und Tausch, manchmal herzliche Freundschaft und manchmal innige Feindschaft bleiben nicht aus. Ganz ähnlich war es mit Polen und Deutschen – oder besser gesagt: Menschen polnischer und deutscher Zunge –, die miteinander in Berührung kamen, seit sich Polen in der Mitte des 10. Jahrhunderts als Staat und Nation konstituierte.

Polnische Prinzessinnen im Reich

Nachweisbar ist eine Präsenz von Polen im deutschsprachigen Raum zunächst nur punktuell. Im Osten des Ottonischen Reichs waren die Sprachverhältnisse im Fluss und viele Gegenden noch von slawischen Stämmen besiedelt, deren Sprachen dem Polnischen ähnelten. Möglicherweise ließ sich der erste historisch belegte Polanenherzog Mieszko I. 966 in Regensburg taufen. Die kirchlichen und politischen Beziehungen zum Reich waren jedenfalls eng, verschiedentlich reisten polnische Herrscher zu Hoftagen im Reich – Mieszko I. 973 etwa nach Quedlinburg, Bolesław Chrobry 1002 nach Merseburg (wo er sich mit dem frisch gekrönten König Heinrich traf und einen bewaffneten Anschlag nur knapp überlebte). Auch in späteren Jahren erschienen die polnischen Herzöge mehrfach zu den Hoftagen in Merseburg oder Quedlinburg. Natürlich reisten sie mit polnischem Gefolge. Einige Angehörige der Piastendynastie hielten sich in ihrer Jugend längere Zeit am kaiserlichen Hof auf.[1]

Die Kontakte beschränkten sich jedoch nicht auf die allerhöchste Ebene: Gesandtschaften kamen ebenso ins Reich wie

Händler oder Krieger. Am besten überliefert sind allerdings die
Verbindungen der Herrschenden, nicht zuletzt aufgrund der
zahlreichen Heiratsbeziehungen. Zwischen dem 10. und 13. Jahrhundert ehelichten zahlreiche deutsche Prinzessinnen polnische
Herrscher aus dem Haus der Piasten. Die Forschung hat 47 derartige Ehen gezählt, am bekanntesten wurde sicherlich die Verbindung Richezas, einer Enkelin Ottos II., mit dem polnischen
König Mieszko II. Zwar lebten die Prinzessinnen in der Regel auf
polnischem Gebiet, zogen aber den regelmäßigen Aufenthalt von
Polen in deutschen Ländern nach sich. Später, im 15. und 16. Jahrhundert, verheirateten die Könige der nun herrschenden Jagiel-
lonendynastie zahlreiche Töchter an deutsche Fürsten, die schon
aufgrund ihres königlichen Bluts begehrte Heiratskandidatinnen
waren. Die prächtigen Brautzüge der Prinzessinnen machten im
Reich Eindruck und ließen ein neues Bild von Polen entstehen.[2]

Am bekanntesten wurde die «Landshuter Hochzeit» von 1475,
als Jadwiga (deutsch Hedwig), eine der vielen Töchter des polnischen Königs Kasimir IV. und seiner Gattin Elisabeth von Habsburg, mit Herzog Georg «dem Reichen» von Bayern-Landshut
vermählt wurde. Diesem Fest, bei dem Kaiser Friedrich III. die
zeremonielle Regie führte, wohnten viele hundert Adlige aus ganz
Europa bei, alleine ihr Gefolge zählte rund 10 000 Personen. Die
polnische Prinzessin traf mit einer ganzen Riege vornehmer Polen
und einer großen Entourage ein, die nicht weniger als 642 Pferde
mitbrachte, und machte mit leicht exotisch anmutendem Prunk
auf sich aufmerksam: «Die Königin trug am Hochzeitstag ein
kostbares Kleid, das nach polnischer Art geschneidert war; es war
ein roter weiter Rock aus Atlasseide mit weiten langen Ärmeln,
der ganz und gar mit köstlichen Perlen bestickt war.»[3]

Neben der Trauung gab es Festmahle, Turniere, Tänze und viele
andere Vergnügungen. Dieses unglaublich kostspielige Fest, eines
der glanzvollsten im ganzen Mittelalter, machte auf alle Zeitgenossen so großen Eindruck, dass man noch Generationen später
davon erzählte. Als am Ende des 19. Jahrhunderts auch in der
bayerischen Provinz der Historismus hoch im Kurs stand, wurde
zunächst das Landshuter Rathaus mit Historiengemälden ge-
schmückt, auf denen die Hochzeit zu sehen war; 1903 fand dann

der erste historische Kostümfestzug statt, der seitdem mit Unterbrechungen regelmäßig wiederholt wird – zur Zeit alle vier Jahre. Auch 2013 stellten weit mehr als 2000 Landshuter Bürger das Festgeschehen von 1475 nach.[4]

Die Landshuter Hochzeit war nur der Auftakt: Zwei Generationen lang wurden nun Jagiellonenprinzessinnen nach Franken, Sachsen, Pommern, Brandenburg und Braunschweig-Wolfenbüttel verheiratet. Besondere Konsequenzen hatte die Ehe zwischen dem Hohenzollernfürsten Markgraf Friedrich von Brandenburg-Ansbach und Jadwigas Schwester Sophie, die 1479 in Frankfurt an der Oder besiegelt wurde und aus der 17 Kinder hervorgingen. Unter diesen befand sich mit Albrecht der letzte Hochmeister des Deutschen Ordens, der dem polnischen König – seinem Onkel – huldigte, als Herzog an die Spitze des säkularisierten Ordensstaats trat und dessen Herrschaft später die Ansprüche der brandenburgischen Hohenzollern auf das Preußenland begründete. Ebenfalls prächtig gefeiert wurde 1496 die Heirat einer weiteren Tochter Kasimirs IV., Barbara, mit dem sächsischen Herzog Georg dem Bärtigen, zu der viele tausend Menschen nach Leipzig strömten.[5]

Zu nennen ist schließlich Sophie, die Tochter des polnischen Königs Sigismund I., die 1556 Herzog Heinrich von Wolfenbüttel heiratete und sich in der fremden Umgebung intellektuell und organisatorisch außerordentlich produktiv betätigte, nicht zuletzt durch den Aufbau einer Büchersammlung, die später zu einem Grundstock der berühmten Bibliothek von Wolfenbüttel werden sollte. Alle diese polnischen Herzoginnen besaßen einen eigenen Hofstaat, polnische Bedienstete und Sekretäre, sie standen in engem Kontakt mit ihrer Heimat. Damit waren sie ein wichtiges Bindeglied im Informationsaustausch zwischen Ost und West und nicht zuletzt auch in unterschiedlichem Umfang politische Akteurinnen.

Politik machten aber vor allem Männer – als Angehörige polnischer Gesandtschaften zu deutschen Fürstenhöfen oder zum Reichstag hielten sie sich zeitweise Monate oder gar Jahre im Reich auf.[6]

Handeln und wandern

Neben der «hohen Politik» war es das Wirtschafts- und Handels-
leben, das Menschen aus Polen nach Deutschland führte. Die polnischen Lande hatten Rohstoffe anzubieten, die im Westen nach-
gefragt wurden: Holz und Holzprodukte, Felle, Vieh und zunehmend auch Getreide. Im Gegenzug wurden Textilien oder
Luxuswaren importiert. Zu den ersten Handelsdrehscheiben gehörten das böhmische Prag und das schlesische Breslau, in denen
jeweils ein weitgehend deutschsprachiges Bürgertum lebte; vor
allem in Breslau hielten sich immer zahlreiche Polen auf.

Die Leipziger Messe nahm ihren Aufschwung Anfang des
15. Jahrhunderts, als sie zu einem wichtigen Etappenort des Han-
dels zwischen Nürnberg bzw. dem süddeutschen Raum und Osteuropa wurde. Im 16. Jahrhundert kamen vor allem deutschsprachige und jüdische, aber auch polnischsprachige Kaufleute
aus Danzig, Posen und Krakau zur Messe, zunehmend auch
Händler aus anderen Teilen der polnisch-litauischen Republik,
wobei der Anteil der jüdischen Kaufleute rasch stieg. In der zweiten Hälfte des 18. Jahrhunderts waren Gäste aus Polen-Litauen
schließlich die größte auswärtige Besuchergruppe auf der Leipziger Messe. Zwischen 1766 und 1800 wurden hier mehr als
18 600 Kaufleute aus Polen gezählt, von denen rund 86 Prozent
Juden und der Rest Christen waren. Gefragtestes Handelsgut aus
dem Osten waren nach wie vor Rauchwaren (also Pelze und Pelz-
produkte) sowie Wachs, Talg, Salpeter, Bernstein und Ochsen
fanden in Leipzig Abnehmer; die Händler aus der polnisch-litauischen *Rzeczpospolita* kauften hier ihrerseits vor allem Tuche und
Luxuswaren. Ökonomisch weniger wichtig, dafür aber für Bildung und Wissenschaft entscheidend war Leipzig außerdem als
Drehscheibe des Buchmarkts – ganz Polen erwarb hier Druck-
werke.

Enge Handelsbeziehungen, die vornehmlich von Juden gepflegt
wurden, bestanden zwischen Krakau und Breslau; auch Großpolen stand solcherart mit Breslau in Verbindung. Seit 1732 machte
sich der Breslauer Verlag W. G. Korn um die Veröffentlichung

1 ___ Die Leipziger Messe war wichtiger Begegnungsort von Polen, polnischen Juden und Deutschen. Auf dieser zeitgenössischen Darstellung aus dem 18. Jahrhundert sind christliche und jüdische Kaufleute aus Polen in Leipzig zu sehen.

polnischer Werke und Bücher über Polen verdient; er druckte auch Schulbücher für die polnischen Schulen in Schlesien.[7]

Kaufleute aus Danzig, der deutschsprachigen, doch zu Polen gehörenden Handelsstadt, waren teils bis in den Mittelmeerraum unterwegs, beschränkten sich aber im 18. Jahrhundert meist nur noch auf ihre Vermittlerrolle an der Weichselmündung. Im Übrigen galt für sie Ähnliches wie für deutsche und jüdische Kaufleute aus anderen Teilen Polens – sie waren nur in einem vormodernen Verständnis «polnisch», verstanden sich als Bürger der *Rzeczpospolita*, waren aber keine Polen in ethnisch-sprachlichem Sinne (auch wenn sie häufig mehr oder weniger gut Polnisch sprachen). Teilweise polonisierten sie sich jedoch ebenso wie das deutsche Patriziat vieler Städte Polens.

Die relativ große Mobilität von Juden führte relativ häufig ebenfalls zu Ost-West-Wanderungen: So hatten von 17 Rabbinern in Frankfurt am Main im 17. und 18. Jahrhundert nur fünf keine eindeutigen Beziehungen nach Polen (oder Böhmen) – sei es, dass sie in Krakau studiert hatten, sei es, dass sie aus Polen gebürtig waren. Auch an der jüdischen Aufklärung (*Haskala*) in den deutschen Ländern hatten viele aus dem polnisch-litauischen Raum stammende jüdische Gelehrte Anteil.[8]

Masuren, Schlesien: Polnische Siedlungsgebiete in deutschsprachigen Staaten

Hoch- und Spätmittelalter waren in Ostmitteleuropa geprägt vom Landesausbau, in der deutschen Tradition auch als «Ostsiedlung» bekannt, der vornehmlich deutschsprachige Menschen in bislang nur schwach bevölkerte Gegenden brachte und das ethnische Bild der Region innerhalb relativ kurzer Zeit stark veränderte. Dennoch blieben in zunehmend deutsch geprägten Gebieten polnische Bevölkerungsteile erhalten oder bildeten sich sogar neu.

Einer der ersten weitgehend deutschsprachigen Staaten, in denen eine polnischsprachige Minderheit lebte, war der Staat des Deutschen Ordens. Entstanden im 13. und 14. Jahrhundert, reichte er zunächst von der Weichsel nach Osten und umfasste das spätere Ostpreußen; 1237 schloss sich ihm der im Baltikum beheimatete Livländische Orden an, in dessen Herrschaftsgebiet jedoch kaum Polen lebten. In dem zwischen 1308 und 1454/66 zum Orden gehörenden Pommerellen hörte man auf dem Land überwiegend Polnisch, während in den größeren Städten wie Danzig, Elbing und Thorn sowie vom Klerus weitgehend Deutsch gesprochen wurde. Insgesamt dürften zu Beginn des 15. Jahrhunderts in Pommerellen zwei Drittel der Bevölkerung Polnisch gesprochen haben. 1454 revoltierte dieser Teil des Ordensstaates, unterstellte sich dem König von Polen und firmierte fortan als «Preußen königlichen Anteils» oder kurz «Königliches Preußen».⁹

In der bis heute gemeinhin als Ostpreußen bekannten Gegend lebten zunächst vor allem Prußen, Angehörige eines baltischen Stammes. Nach der Unterwerfung durch den Orden siedelte dieser im Norden des Gebiets überwiegend deutsche Kolonisten an, während in die unwegsamen masurischen Grenzbezirke im Laufe der Zeit vor allem polnische bäuerliche und adlige Siedler aus dem benachbarten polnischen Herzogtum Masowien zogen. Aus dem 14. und 15. Jahrhundert sind polnische Dorfgründungen bekannt, gegen Ende des 15. Jahrhunderts lasen in einigen Orten polnische Pfarrer die Messe.¹⁰

Nachdem der letzte Ordenshochmeister Albrecht von Brandenburg-Ansbach 1525 dem polnischen König gehuldigt hatte, wurde der Rest des Ordensstaates ein weltliches, protestantisches Herzogtum, das aber nach wie vor polnische Siedler anzog, die, sofern sie nicht ebenfalls schon zur protestantischen Kirche übergetreten waren, dies bald nach ihrer Ankunft taten. Hier, in Masuren mit seinen kargen Böden, Wäldern und Seen, entwickelte sich in Kreisen wie Lyck, Johannisburg, Angerburg oder Ortelsburg bis ins 17. Jahrhundert eine fast geschlossen polnisch-evangelische Bevölkerung. Die dynastische Verbindung des Herzogtums Preußen mit Brandenburg und die spätere Erhebung des Doppelstaates zum Königreich Preußen 1701 veränderte an der Sprachsituation in den «polnischen Ämtern», wie sie nun genannt wurden, kaum etwas. Auch die preußischen Herrscher fanden sich mit den sprachlichen Verhältnissen ab und informierten ihre masurischen Untertanen mit Edikten auf Polnisch. Die Beziehungen über die Grenze nach Polen blieben eng, zumal es keinerlei Verständnisschwierigkeiten gab – ganz anders als mit den preußischen Beamten, die mit der Zeit lediglich den Landstädten der Region ihren Stempel aufprägen konnten. Auch die Kirchensprache blieb Polnisch, weshalb in Königsberg die ersten gedruckten polnischen Gesangbücher und Katechismen erschienen. Um die Ausbildung von Predigern und Lehrern zu gewährleisten, die des Polnischen mächtig waren, wurde 1728 an der Königsberger Universität ein polnisches Seminar begründet, das bis 1901 bestand.[11]

In Schlesien lagen die Dinge anders: Im Hochmittelalter hatte das Land zu Polen gehört, doch die Bindungen lockerten sich langsam, seit Polen 1138 in Teilherzogtümer aufgeteilt wurde. Nachdem der schlesische Herzog Władysław II. 1146 von seinen in anderen Herzogtümern herrschenden Brüdern aus Schlesien vertrieben und vom römisch-deutschen König aufgenommen worden war, der ihm die Burg Altenburg in Sachsen überließ, vertieften sich die Beziehungen Schlesiens zum Reich. Sein Sohn Bolesław diente viele Jahre am deutschen Königshof, ehe er mit Unterstützung Friedrich Barbarossas Schlesien wiedererlangen konnte. Die dynastischen Beziehungen der schlesischen Piasten zu den deutschen Ländern blieben eng, und als durch den Landes-ausbau seit dem Ende des 12. Jahrhunderts verstärkt deutschspra-chige Kolonisten in das Land strömten, veränderte sich auch das ethnische Antlitz des Landes langsam.

In der Mitte des 14. Jahrhunderts traten die schlesischen Fürsten dem böhmischen Königreich und somit dem Reich bei, was aber keine unmittelbaren Auswirkungen auf das Selbstverständnis der Bewohner hatte; seit 1526 gehörte Schlesien mit Böhmen zu Habsburg. «Das spätmittelalterliche Schlesien als historischer Raum war nicht polnisch, war nicht deutsch», wie Andreas Rüther schreibt. Man könnte es auch anders formulieren: Manches in Schlesien war polnisch, manches deutsch und vieles entzog sich genauen Zuschreibungen. Polnisch waren neben der Umgangs-sprache in einigen Gebieten des Landes etwa auch die Traditions-linien der verschiedenen Herzöge, die zum Teil noch der in Polen selbst schon längst ausgestorbenen Piastendynastie angehörten, bis schließlich 1675 auch das letzte schlesische piastische Haus im Mannesstamm erlosch. Zwar standen die Höfe schon längst unter dem Einfluss der deutschen Kultur, doch etwa in den von der Familie Podiebrad regierten Fürstentümern Oels und Bernstadt genoss die polnische Sprache im 16. und in der ersten Hälfte des 17. Jahrhunderts hohes Ansehen. Auch die Kirchenstrukturen wa-ren nach wie vor ein Bindeglied – bis 1641 blieb das Bistum Breslau offenbar Teil der altpolnischen Kirchenprovinz, und auch in Ordensgemeinschaften hielt sich teils noch lange das Polnische.[12]

Die polnische Sprache zog sich mit unterschiedlicher Geschwindigkeit zurück: In den Gebieten südlich der Oder rascher, auch wenn hier bis ins 19. Jahrhundert noch polnische Sprachinseln erhalten blieben, nördlich der Oder langsamer – hier waren größere Gebiete, insbesondere an der Grenze zu Großpolen, durchweg polnischsprachig. In Oberschlesien setzte sich dagegen mit Ausnahme einiger Regionen und der größeren Städte das Polnische durch, sogar die deutschsprachigen Zuwanderer passten sich relativ rasch an die polnische (und im Süden an die tschechische) Mehrheitssprache an, bis schließlich die meisten Städte und der Adel dem Sprachwechsel hin zum Polnischen folgten. Das Idiom wich hier allerdings immer stärker vom Hochpolnischen ab und nahm zahlreiche Elemente des Deutschen und auch des Tschechischen auf. Selbst dort, wo das Deutsche sich als Verwaltungs- und Elitensprache durchsetzen konnte, blieb das Polnische vielfach die Sprache des privaten Bereichs. In Oberschlesien entstand sogar eine polnische Literatur, oft zu religiösen Zwecken, gelegentlich aber auch zur weltlichen Vergnügung. Die schlesische Hauptstadt Breslau war zwar (mit Ausnahme von Teilen der Unterschichten) größtenteils deutschsprachig, doch als Bildungszentrum bot sie viele Möglichkeiten, sich mit Polen und der polnischen Sprache zu beschäftigen – sei es durch Sprachunterricht in den gerne vom Kaufmannsnachwuchs besuchten polnischen Schulen, sei es im Zuge der Ausbildung von Geistlichen für die polnischsprachigen Gebiete des Landes: Diese Aufgabe kam insbesondere der Jesuitenschule zu, die 1702 zu einer Universität erhoben wurde.[13]

Studieren und probieren:
Reisende Polen in deutschen Landen

Migration von Polen in deutschsprachige Staaten fiel in Mittelalter und Früher Neuzeit, sieht man von der Einwanderung der Masuren ins südliche Ostpreußen ab, zahlenmäßig kaum ins Ge wicht. Dennoch gab es gerade unter den Eliten Vertreter, die zeitweise oder auf Dauer im deutschen Sprachraum lebten, und zwar nicht nur, weil sie von ihren Königs- und Fürsteneltern hierhin verheiratet wurden. Gut dokumentiert sind Aufenthalte von Polen (und Litauern) im Zuge von kostspieligen Studien- und Bildungsreisen. Schon seit der Gründung der Universitäten im 14./15. Jahrhundert zogen Studenten aus dem polnischen Raum an die deutschen Hochschulen, zunächst nach Köln, Heidelberg, Leipzig und Basel, auch nach Wien und vor allem nach Prag.

Die Reformation, die zeitweise erhebliche Teile des polnischen Adels erfasste, ließ das Interesse an einem Studium an protestantischen Universitäten steigen, so in Königsberg, dessen *alma mater* zwischen ihrer Gründung 1544 und 1772 von gut 3500 Studenten aus dem gesamten polnisch-litauischen Reich besucht wurde (1551/1552 studierte hier der später berühmt gewordene Renaissancedichter Jan Kochanowski). Auch katholische Reformuniversitäten in Süddeutschland wurden attraktiv. Neben der fachlichen Bildung ging es bei diesen Aufenthalten um den Erwerb der deutschen Sprache, sowohl beim niedrigeren Adel, der sich davon Vorteile beim Handelsverkehr u. a. mit Danzig und den preußischen Städten versprach, als auch beim Hochadel. So gab der Adlige Aleksander Ługowski seinem Sohn Jaś zu Beginn des 17. Jahrhunderts folgende Anweisung: «Ich erwarte von Dir auch, dass Du mir die deutsche Sprache nicht geringschätzt, denn diese ist nicht nur in fremden Ländern, sondern auch daheim beim Königshof nötig.» Dass aber auch gewisse «soft skills» gefragt waren, zeigt die Anweisung eines anderen Adligen an seinen Sohn: Er solle solche Gegenden besuchen, «wo man Bier genießt und wo man auch mit Wein nicht geizt», damit er sich «für künftige Zeiten etwas an den Wein gewöhnt».[14]

Die Kavalierstour gehörte für den Nachwuchs des vermögenden Adels aus der polnisch-litauischen *Rzeczpospolita* zeitweise zum Standardprogramm: Sebastian Lubomirski, Angehöriger eines der großen Magnatengeschlechter, der selbst 1559/1560 in Leipzig studiert, in Polen anschließend große Karriere gemacht hatte und zu sagenhaftem Reichtum gelangt war, schickte seinen zwölfjährigen Sohn Stanisław (1583–1649) 1595 mit eigenen Wagen und Dienern auf das Jesuitenkolleg in München, wo er nicht nur Unterricht nahm, sondern auch ein ausgedehntes geselliges Leben pflegte, Reitunterricht erhielt und Ausflüge unternahm. Später sandte auch er seinen Sohn zum Studium ins Reich. Sogar gekrönte Häupter ließen ihren Nachwuchs reisen: 1624/25 begab sich der polnische Königssohn Władysław Wasa auf eine große Europareise, die ihn mit einem 40 Mann großen Gefolge mehrere Wochen lang auch durch die deutschen Länder führte, wo man ihn allerorten aufs Beste aufnahm.[15]

Über die Wanderungen bürgerlicher und unterbürgerlicher Polen ist nicht sehr viel bekannt. Ein Beispiel sei jedoch genannt – der Lebensweg des vermutlich aus Krakau stammenden Malers Jan Polak (Polack, Pollak), der sich spätestens seit 1482 in München aufhielt, wo er 1519 starb. Er bestimmte für Jahrzehnte die Sakralkunst im oberbayrischen Raum und schuf expressive Altäre, Fresken und Bilder in München und umliegenden Orten wie Weihenstephan, Benediktbeuren und Freising. Übrigens zogen auch Ritter gen Westen – vor allem im Hochmittelalter stellten sich polnische Krieger in den Dienst deutscher Territorialherren.[16]

Bischöfe und Reformatoren

Kirchen sind als transnationale Institutionen ein natürlicher Berührungspunkt verschiedener Kulturen und Sprachgemeinschaften; berufliche Wege vor allem innerhalb der katholischen Kirche führten immer wieder über Grenzen. In den deutsch-polnischen Beziehungen verhielt es sich kaum anders. Nur einige Beispiele: So war Otto von Bamberg jahrelang Kaplan am Hof des polnischen Herzogs Władysław I. Herman gewesen und hatte Polnisch gelernt, ehe er an den kaiserlichen Hof zurückkehrte und schließlich auf Bitten von Herzog Bolesław III. zwischen 1124 und 1128 Pommern missionierte. Während Otto ein des Polnischen mächtiger Deutscher war, so handelte es sich bei Matthäus von Krakau um einen deutschsprachigen Polen: Als Sohn eines Stadtschreibers aus der polnischen Residenzstadt kam er über Prag in den Westen des Reichs, nach Heidelberg, wo er seit 1394 lehrte und

zum engsten Umfeld von König Ruprecht III. gehörte; von 1405
bis zu seinem Tod 1410 war er Bischof von Worms. Nicht wenige
polnische Intellektuelle fanden im 15. Jahrhundert ihren Weg in
deutsche Lande – Petrus Wysz von Radolin wirkte in Erfurt,
Laurentius von Ratibor in Basel. Auch innerhalb von Ordensgemeinschaften waren grenzüberschreitende Lebensläufe häufig, so
sind etwa bei den Benediktinern, Zisterziensern und Domini-
kanern viele Aufenthalte polnischer Brüder in deutschen Landen
nachzuweisen. Zu einem der spätmittelalterlichen Großereignisse
gehörte das Konzil von Konstanz (1414–1418). Im Januar 1415
traf dort eine starke polnische Delegation ein; insgesamt reisten
während des Konzils rund 200 Polen in die Stadt am Bodensee,
darunter die bedeutendsten Persönlichkeiten der Kirche und der
Rechtskunde.[17]

Die Reformation änderte auch in Polen vieles; für einige Zeit
schien sich das konfessionelle Übergewicht in Polen-Litauen sogar zum Protestantismus zu verlagern. Die Entscheidung für den
Übertritt vom Katholizismus war nicht leicht, und auch Johannes
a Lasco (poln.: Jan Łaski) tat sich damit schwer. Er wurde 1499 im
zentralpolnischen Łask geboren, sein Vater gehörte als Senator
zur Elite des Staates. Nach ausgedehnten Auslandsreisen wurde er
Probst von Gnesen, doch schließlich entschied er sich, nachdem er
in Leipzig Melanchthon getroffen hatte, für die Reformation. Da
er daraufhin seine Kirchenämter in Polen verlor, zog er 1540 nach
Emden, wo er Superintendent wurde und sich um den Aufbau der
protestantischen Kirche in Ostfriesland verdient machte; 1548
ging er nach London.[18] Auch in späterer Zeit gab es in Königsberg, vor allem aber in Berlin Vertreter der polnischen protestantischen Kirchen, die von hier aus versuchten, die Stellung ihrer
Konfession zu sichern und zu verteidigen. Zu diesen zählten zum
Beispiel mehrere Vertreter der Familie Jabłoński, ihres Zeichens
Senioren (Bischöfe) der Großpolnischen Unität. Daniel Ernest
Jabłoński bzw. Daniel Ernst Jablonski (1660–1741), ein Enkel
Johann Amos Comenius', war seit 1693 Hofprediger in Berlin,
pflegte umfassende wissenschaftliche Interessen und war zusam-
men mit Gottfried Wilhelm Leibniz Begründer der Preußischen
Akademie der Wissenschaften.[19]

Städtische Eliten in Berlin und Dresden

Neben den Jabłońskis fanden noch weitere Polen den Weg an die Spree. Der aus dem polnisch-kaschubischen Grenzgebiet zu Pommern, aus Konitz, stammende polnische Adelssohn Johann Ernst Gotzkowsky (1710–1775) war früh verwaist schon in Kindesjahren zu Verwandten nach Dresden gekommen, hatte sich bald darauf in Berlin niedergelassen und rasch Karriere als Schmuckhändler und Hoflieferant, Besitzer von Textilfabriken, Kunsthändler für Friedrich II., Gemäldesammler und Gründer einer Porzellanmanufaktur gemacht, ehe er bankrott ging. Er war so berühmt, dass in Berlin bis heute Straßen, Brücken und Schulen nach ihm benannt sind. Der ermländische Fürstbischof und bedeutende Dichter Ignacy Krasicki (1735–1801) hielt sich, seitdem Preußen das Ermland 1772 geschluckt hatte, häufig in Berlin und Potsdam auf, wo er engen Umgang mit Friedrich II. pflegte.

Zumindest einen polnischen Namen trug Daniel Chodowiecki (1726–1801), auch wenn dieser aus dem zu Polen gehörenden Danzig stammende Künstler zwar Nachfahre großpolnischer Adliger war, er selbst aber kein Polnisch sprach. Doch Namen verpflichten offensichtlich die Nachwelt, und so wurde Chodowiecki – von Deutschen ausgesprochen «Chodowiki», mit einem Ch wie in «Chance» –, auch wenn er eifrig den preußischen Mythos illustrierte, immer wieder als großer Pole dargestellt, natürlich polnisch intoniert: «Chodowiëtzki», mit einem Ch wie in «Bauch». So sollte es übrigens noch vielen anderen Deutschen und Polen ergehen, denen man aufgrund ihres polnisch oder deutsch klingenden Namens eine nationale Identität andichtete, die sie selbst nicht gewählt hätten.

Als am 27. Juni 1697 Friedrich August I. von Sachsen, genannt «der Starke», unter dem Namen August II. zum König von Polen-Litauen gewählt wurde, begann eine neue Epoche der deutsch-polnischen, besser: der sächsisch-polnischen, Beziehungen: Bis 1763 sollten nun – mit Unterbrechungen – Wettiner das große Reich regieren. Nicht nur, dass sich der sächsische Hof nun regelmäßig längere Zeit in Polen aufhielt, nein, auch viele Polen fanden den Weg nach Dresden: Hochadlige und Staatsmänner, Offiziere und gemeine Soldaten, Sprachlehrer, Pagen und Musiker. Bedeutsam war das Jahr 1719, als mehrere hundert Polen zur Hochzeit des Thronfolgers an die Elbe kamen und sich von der Offenheit des Hofs und der Hofgesellschaft überzeugen konnten. Während Jan Jerzy Przebendowski schon zuvor als polnischer Großkronschatzmeister in den sächsischen Geheimen Rat berufen worden war, blieben nun manche Vertreter des Adels auf lange Zeit in der sächsischen Hauptstadt: Augusts erste offizielle polnische Mätresse, Urszula Lubomirska, ebenso wie Jan Kanty Moszyński, der Ehemann einer unehelichen Tochter Augusts, dann – unter dem zweiten polnischen Sachsenkönig August III. – hohe Regierungsmitglieder wie der Kronunterkanzler Jan Małachowski oder später Jerzy Mniszech, aber auch die Angehörigen der polnischen Kanzlei und zahlreiche Bedienstete.[20]

Bedeutend war zudem die Zahl polnischer Soldaten in sächsischen Diensten: Schon bald nach Regierungsantritt warb August II. junge polnische Adlige für sein Dresdener Kadettenkorps an, später richtete er in Sachsen eine polnische Ausbildungskompanie mit 80 Musketieren ein. Insgesamt dürften unter den beiden Sachsenkönigen mehr als 600 adlige Polen im Kadetten- und Pagenkorps gedient haben. Auch in weiteren Einheiten gab es viele Polen, so im Janitscharenregiment oder bei den sächsischen Ulanen. Selbst nach Ende der sächsisch-polnischen Union machten Polen noch Karriere in der sächsischen Armee. Berühmt wurde Jan Henryk Dąbrowski (1755–1818), Sohn eines sächsischen Offiziers. Er wuchs in Hoyerswerda auf, trat 1771 ebenfalls in sächsische Dienste ein, wechselte 1792 zur polnischen Armee, stellte nach dem Untergang Polens ab 1797 für Napoleon in Italien polnische Legionen auf und diente später dem kurzlebigen, vom französischen Kaiser gegründeten Herzogtum Warschau.[21] Das Lied der polnischen Legionen, der *Dąbrowski-Mazurek* («Noch ist Polen nicht verloren»), wurde rasch zu einem Nationallied der Polen und ist heute Nationalhymne. Der Refrain lautet:

Marsz, marsz, Dąbrowski,	Marsch, Marsch, Dąbrowski
Z ziemi włoskiej do Polski,	Aus dem italienischen Land nach Polen,
Za twoim przewodem	Unter deiner Führung
Złączym się z narodem.	vereinen wir uns mit der Nation.

Sachsen blieb auch nach dem Ableben Augusts III. und dem Ende
der polnisch-sächsischen Union 1763 attraktiv für polnische Eliten, zum einen aufgrund der im Laufe der Jahrzehnte entstandenen Verwandtschaftsbeziehungen und wirtschaftlichen Kontakte,
zum anderen, weil es anders als Preußen keine «negative Polenpolitik» betrieb. Dresden war noch viele Jahre ein wichtiger Aufenthaltsort für oppositionelle Kreise, etwa die Widersacher des
neuen polnischen Königs Stanisław August Poniatowski. Und das
weltoffene Leipzig wussten Leute wie der Magnat Józef Aleksander Jabłonowski zu schätzen, der sich 1768 diese Stadt zum
Wohnsitz auserkor, wo er die «Societas Jablonoviana» gründete,
eine gelehrte Gesellschaft, die bis heute existiert und aus der später
die Sächsische Akademie der Wissenschaften hervorgehen sollte.[22]

Ein polnischer Exilant in deutschen Landen muss noch erwähnt
werden, auch wenn er mit Sachsen nur mittelbar etwas zu tun
hatte: Stanisław Leszczyński, seines Zeichens zweimal polnischer
König (1704–1709 und 1733–1736), zweimal von den sächsischen
Wettinern im Verein mit ihren russischen Verbündeten abgesetzt
und zweimal ins Exil geschickt. Seine ersten Exiljahre verbrachte
er 1714 bis 1718 in Zweibrücken, der Hauptstadt des kleinen
Herzogtums Pfalz-Zweibrücken, in der er ein für die entlegene
Provinz erstaunliches Hofleben inszenierte, ehe er sich im elsässi-
schen Weißenburg niederließ. Hier und in Nancy, wo er – mittlerweile zum Schwiegervater des französischen Königs geworden –
sein zweites Exil verbrachte, erinnert man sich bis heute gerne an
den Glanz, den Stanisławs französischsprachiger Hof mit seinem
teils aus Polen stammenden Hofstaat verströmte.

II Die größte Minderheit Preußens und des Reichs:

Von den Teilungen Polens bis zum Ersten Weltkrieg

Das «lange» 19. Jahrhundert, das in der polnischen Geschichte von den Teilungen bis zum Ende des Ersten Weltkriegs reicht, ließ Millionen von Polen zu preußischen und später zu deutschen Untertanen werden: Während sie sich in den einst polnischen Provinzen im Osten gegen den immer massiver werdenden Druck der Deutschen zu wehren versuchten, wanderten viele hunderttausend Polnischsprachige in die großen Industriezentren des Westens, an erster Stelle ins Ruhrgebiet.

Geteiltes Land: Die preußischen Teilungsgebiete Polens, 1772 bis 1806

Die Tage des polnisch-litauischen Reichs, der *Rzeczpospolita*, waren gezählt: Verwerfungen der europäischen Politik, Kompensations- und Expansionsgelüste der Nachbarn und eine latente Strukturschwäche des Landes selbst ließen es in drei Schritten 1772, 1793 und 1795 verschwinden. Infolgedessen gelangten große nicht-deutsche Bevölkerungsteile unter preußische und österreichische (sowie unter russische) Herrschaft.

Preußen erhielt im Zuge der ersten Teilung von 1772 das Königliche Preußen mit Ausnahme Danzigs und Thorns sowie den Netzedistrikt, die nun zusammen Westpreußen genannt wurden; das Ermland kam zu Ostpreußen. Damit war ein großes Ziel der Hohenzollern erreicht, nämlich eine Landverbindung zwischen ihrem brandenburgisch-pommerschen Besitz und dem Preußenland herzustellen. Bei der zweiten Teilung 1793 fiel Preußen die Provinz Großpolen mit der Hauptstadt Posen zu, das nun als Südpreußen bezeichnet wurde; außerdem verlor Polen jetzt auch Danzig und Thorn. 1795 schließlich erhielt Preußen einen Teil Masowiens mitsamt Warschau, der als Neuostpreußen Teil der Monarchie wurde, und zudem noch ein kleines Gebiet im Südosten («Neuschlesien»). Österreich bekam 1772 Galizien mit Lemberg und 1795 ein weiteres, bis kurz vor Warschau reichendes Territorium, das «Westgalizien» genannt wurde und Krakau einschloss.

Während die Größe des Territoriums, das durch die Teilungen Polens zu Preußen kam, problemlos auf 141 400 km² zu beziffern ist, was fast die Hälfte (45,6 Prozent) des preußischen Staatsgebiets ausmachte, ist es kaum möglich, genaue Aussagen über die ethnischen Verhältnisse in den neuen Gebieten zu machen. Schon die allgemeinen Bevölkerungszahlen sind aufgrund fehlender Statistiken nur Richtwerte. Preußen dürfte zwischen 1772 und 1795 2,6 Millionen neue Staatsbürger erhalten haben, was bei einer Gesamtbevölkerung von 6,2 Millionen im Jahre 1795 etwas mehr als 40 Prozent der Staatsbevölkerung bedeutete. Wenn man davon die deutsch- und jiddischsprachigen Einwohner der neuen Provinzen abzieht und die polnischsprachigen Einwohner Masurens und Schlesiens hinzurechnet, die bereits Untertanen des preußischen Königs waren, wird man davon ausgehen können, dass um 1795 mehr als 2,5 Millionen, also 40 Prozent der Einwohner Preußens, von Hause aus Polnisch sprachen.[1]

Obwohl Preußen damit faktisch zu einem Staat zweier Nationen wurde, war die preußische Politik kaum bereit, Polen auch am Staat und dessen Verwaltung zu beteiligen, ja Friedrich II. tat zu seinen Lebzeiten (er starb 1786) alles, um den polnischen Bevölkerungsteil – Bauern wie Adel – öffentlich zu diskreditieren. Die Zahl seiner despektierlichen Bemerkungen über Land und Leute ist Legion: «rückständigste Nation Europas», «Herrschaft der Anarchie», «Die Mehrzahl der Polen ist eitel und feige», «verwildert, dumm und ohne Unterricht» – dergleichen Denkfiguren verselbständigten sich rasch und führten als «polnische Wirtschaft» bald schon ein sprichwörtliches Eigenleben. Bereits 1772 erließ Friedrich eine Kabinettsordre, in der er seiner Verwaltung auftrug, «diesen sklavischen Leuten bessere Begriffe und Sitten beizubringen» und «solche mit der zeit mit Teutsche zu meliren».[2]

Dieses «Verbessern zu Deutschen» nahm in Westpreußen relativ rasch konkrete Gestalt an: Hier, wo der landbesitzende Adel überwiegend polnisch-katholisch war, setzte ein Verdrängungsprozess ein, der bis 1806 rund die Hälfte des Grundbesitzes in deutsche Hand brachte; die führenden polnischen Adelsfamilien hatten die Provinz bald schon verlassen. Kein Wunder, dass Polen nur selten versuchten, in den preußischen Verwaltungsapparat einzutreten, hatten sie doch nur wenige Möglichkeiten, dort Karriere zu machen. Bemühungen, den polnischen Adel anderweitig in das System der preußischen Monarchie einzubinden, waren halbherzig – so betrug der Anteil von Polen am preußischen Offizierskorps trotz der assimilierenden Wirkung der Kadettenanstalt in Kulm 1807 nur etwa drei Prozent. Dennoch leistete der zweite Stand nirgendwo energischen Widerstand gegen die neuen Herren, sondern war vielmehr bestrebt, Besitz und Privilegien möglichst zu wahren. Auch die bäuerlichen Verhältnisse wurden durch die massive Ansiedlung deutschsprachiger Kolonisten verändert, und schließlich geriet die katholische Kirche zunehmend in administrative Bedrängnis.[3]

In Südpreußen gingen die Preußen etwas weniger rabiat vor, selbst nachdem sich viele Großpolen 1794 am Kościuszko-Aufstand gegen Russen und Habsburger beteiligt hatten. Dennoch wurden Polen und die polnische Sprache in dem Versuch einer administrativen Angleichung der verschiedenen Staatsteile systematisch zurückgedrängt. Die geringsten Eingriffe erlaubte sich die preußische Regierung in Neuostpreußen, einer kaum urbanisierten und vom Kleinadel geprägten Gegend. Größere Bedeutung für die polnische Kultur hatte hier nur die Provinzhauptstadt Warschau mit mehr als 60 000 Einwohnern, in der auch zur preußischen Zeit verschiedene polnische Vereine, Schulen und das Nationaltheater von Wojciech Bogusławski tätig waren, teils sogar neu gegründet wurden. Posen, die Hauptstadt Südpreußens, besaß knapp 20 000 Einwohner und hatte rasch einen relativ großen deutschen Bevölkerungsanteil, Danzig war ohnehin seit jeher weitgehend deutschsprachig.[4]

Die preußischen Ostprovinzen: Kurzer Überblick über ein langes Jahrhundert, 1815 bis 1918

Im 19. Jahrhundert intensivierten sich die Kontakte zwischen Deutschen und Polen ausgesprochen schnell – neben der preußisch-deutschen Verwaltung eines Teils des polnischen Landes war dies der zunehmenden Migrationen von Polen in westlicher gelegene deutsche Länder geschuldet. Gleichzeitig verstärkten sich die Konflikte: die polnischen Bestrebungen, die eigene Kultur zu erhalten und wieder einen eigenen Staat zu errichten, gewannen an Dynamik, was Gegenmaßnahmen der preußischen Seite nach sich zog.[5]

Im Frieden von Tilsit 1807 verlor Preußen fast sämtliche Erwerbungen aus der zweiten und dritten Teilung Polens, außerdem manche bereits 1772 gewonnenen Gegenden, aus denen das von Napoleon abhängige Herzogtum Warschau gebildet wurde. Der Wiener Kongress drehte das Rad der Geschichte 1815 wieder ein Stück zurück, zog jedoch die Teilungsgrenzen zugunsten Russlands neu: Preußen bekam erneut Großpolen zugesprochen, das einstige Südpreußen, das nun zunächst Großherzogtum Posen genannt wurde, um den Anschein größerer Mitwirkungsrechte der Polen zu erwecken. Ebenso wie West- und Ostpreußen wurde es kein Teil des Deutschen Bundes.

Das allgemeine Bevölkerungswachstum Europas in der Zeit machte auch vor den polnisch besiedelten Gebieten nicht halt. Während die königlichen Statistiker die Bevölkerungszahlen zuverlässig ermittelten, ist bei den Angaben zu den Sprachverhältnissen große Vorsicht angebracht: Bei den Erhebungen, die nach ersten regionalen Umfragen 1861 schließlich in ganz Preußen stattfanden und dann bis 1910 noch mehrmals wiederholt wurden, ist aufgrund verschiedener, auch politischer, Interessen davon auszugehen, dass sie den Minderheitenanteil kleiner wiedergaben, als er in Wahrheit war. Für 1910 wurden 2,45 Millionen (sechs Prozent der Reichsbevölkerung) ermittelt. Leszek Belzyt hat sich die Mühe gemacht, die preußischen Statistiken auf der Grundlage von Schulzählungen und anderen Angaben zu korrigieren; seine

Ergebnisse zeigen die wahrscheinliche sprachliche Situation in den östlichen Provinzen Preußen. Demnach gab es alleine in Preußen rund 4,4 Millionen Polnischsprachige, was etwa elf Prozent der Gesamtbevölkerung in einem Staat ausmachte, der sich 1815 und dann noch einmal 1864/66 um beträchtliche, rein deutsch besiedelte Gebiete vergrößert hatte.[6]

In den traditionell polnisch besiedelten Regionen stellten sich die Zahlen folgendermaßen dar (Tab. 1):

	1831	1861	1890	1910
Reg.-Bez. Allenstein	240 450 (83,6 %)	309 000 (76,6 %)	349 800 (67,7 %)	337 300 (62,1 %)
Provinz Westpreußen	318 000 (41,8 %)	472 700 (40,4 %)	541 650 (37,8 %)	649 950 (38,2 %)
Provinz Posen	743 750 (71,5 %)	979 250 (66,7 %)	1 093 500 (62,4 %)	1 332 700 (63,5 %)
Reg.-Bez. Oppeln	445 700 (62,4 %)	698 700 (62,1 %)	983 800 (62,4 %)	1 389 300 (62,9 %)

Tab. 1: Polnischsprachige im Osten Preußens, 1831 bis 1910, nach den korrigierten Ergebnissen von Leszek Belzyt (gerundete absolute Zahlen und Anteil an der Gesamtbevölkerung)[7]

Der Gebrauch einer Sprache sagt allerdings nicht alles über die Nationalität, der sich der Sprecher zugehörig fühlt. Man konnte im 19. Jahrhundert, in Ostpreußen und Oberschlesien auch bis zum Ersten Weltkrieg, polnischsprachig sein, sich gleichzeitig aber als guter Preuße fühlen und sich mitunter sogar als Teil der deutschen Nation begreifen.

Der in den preußischen Ostprovinzen – mit Ausnahme des protestantischen Masurens – nur geringfügig sinkende polnischsprachige Bevölkerungsanteil, die wirtschaftliche Stabilisierung der polnischen Gebiete und die im Laufe des 19. Jahrhunderts immer stärker werdende polnische Nationalbewegung veranlassten die preußische Regierung mehrfach zu einer Korrektur ihres anfangs noch liberalen Kurses gegenüber der polnischen Bevölkerung, der einherging mit wichtigen Modernisierungsschritten (Bauernbe-

Sprachenkarte der östlichen Provinzen
des Deutschen Reichs, um 1900

◼ mehr als 50 Prozent deutschsprachig
◻ mehr als 50 Prozent polnischsprachig
◼ mehr als 50 Prozent litauischsprachig

2 ___ Die polnischsprachigen Gebiete im Deutschen Reich um 1900: Aufgrund der problematischen Volkszählungsergebnisse kann diese Darstellung nur ein ungefähres Bild liefern. In den mehrheitlich polnischsprachigen Gebieten wurde in den Städten oft überwiegend Deutsch gesprochen; in vielen Gebieten lebten Deutsch- und Polnischsprachige gemischt nebeneinander. Wer Polnisch sprach, musste sich nicht automatisch auch als Pole fühlen, was insbesondere für die meisten Masuren und einen Teil der Oberschlesier galt.

freiung, Schulpflicht, rechtliche Reformen usw.). Im Anschluss an den Novemberaufstand von 1830/31 im russischen Teilungsgebiet, mit dem auch viele Posener und westpreußische Polen sympathisiert hatten, beschnitt sie zunehmend die Sonderrechte der Polen, während die deutsche liberale Öffentlichkeit gerade jetzt in «Polenbegeisterung» geriet und in den Freiheitskampf der Polen ihre eigenen unerfüllten nationalen Hoffnungen projizierte. Ähnliche Sympathien flogen den Polen 1846 nochmals zu, als ein Aufstandsversuch des in Paris beheimateten Polnischen Demokratischen Vereins in Posen scheiterte, doch spätestens im Zuge der Revolution von 1848/49 wurde deutlich, dass deutsche und polnische Vorstellungen von einem modernen Nationalstaat im Osten vielfach unvereinbar waren: Bei den Debatten in der Frankfurter Paulskirche sprach sich eine große Mehrheit der Nationalversammlung gegen Zugeständnisse an die Polen aus.

In den folgenden Jahrzehnten gestaltete sich die preußische Polenpolitik mal liberaler, mal restriktiver. Einerseits hatten Polen, seit 1850 nicht mehr «Untertanen» des Königs, sondern gemäß Verfassung «Bürger» des preußischen Staates, nun erstmals die Möglichkeit einer parlamentarischen Vertretung – zunächst im preußischen Herrenhaus, seit 1867 im Parlament des Norddeutschen Bundes und seit 1871 im Reichstag. Andererseits verschärfte sich langsam die Verwaltungspraxis in den polnischen Gebieten, wozu der Januaraufstand von 1863/64 im russischen Teilungsgebiet weiteren Anlass gab. Schließlich war es jedoch die Reichsgründung von 1871, die heftige Kontroversen auslöste: Die Polen fühlten sich in einem durch seine Staatsnation legitimierten Deutschen Reich nicht aufgehoben, während die Deutschen die Zugehörigkeit der preußischen Ostprovinzen zum Reich nicht mehr in Frage stellen wollten.

Auf der einen Seite versuchten nun das Reich und Preußen – lange vereint in der Person des Reichskanzlers und preußischen Ministerpräsidenten Otto von Bismarck –, die nationalpolnische Bewegung in den polnischen Gebieten durch eine immer stärker forcierte Germanisierungspolitik zurückzudrängen, wodurch die antipolnische Politik immer mehr zu einem wichtigen identitätsstiftenden Moment des jungen Reichs wurde: Seit 1871 wurde im

Rahmen des «Kulturkampfs» die katholische Kirche bekämpft, 1873 führte die preußische Regierung die deutsche Sprache als obligatorische Unterrichtssprache – mit Ausnahme des Religionsunterrichts – in allen Schulen Posens und Westpreußens ein, 1876/77 verbannte sie das Polnische größtenteils aus der Verwaltung und den Gerichten. 1885/86 schließlich folgte eine Massenausweisung von Polen mit russischer bzw. österreichischer Staatsbürgerschaft, die im Zuge der Industrialisierung nach Deutschland gewandert waren: Rund 26 000 (nach anderen Angaben mit allen Familienangehörigen bis zu 40 000) christliche und jüdische Polen wurden – trotz Widerspruchs des Reichstags – rücksichtslos und nur mit wenigen Tagen Vorwarnung vertrieben, obwohl sie teils schon viele Jahre oder sogar mehrere Generationen in Preußen gelebt hatten. 1886 verabschiedete der preußische Landtag ein Ansiedlungsgesetz, durch das der Ankauf polnischer Güter und deren Parzellierung für deutsche Siedler gefördert werden sollte und 1908 wurde mit dem Reichsvereinsgesetz auch der Gebrauch der polnischen Sprache in Vereinsversammlungen erheblich eingeschränkt.[8]

Diese Maßnahmen riefen polnischen Widerstand hervor, ja sie zwangen die Polen geradezu zur Mobilisierung und nationalen Solidarisierung. Die katholische Kirche gewann durch den Kulturkampf zusätzlich an identitätsstiftender Kraft, Polnischunterricht wurde privat organisiert, und durch eigene Banken wurden polnische Grundbesitzer und bäuerliche Siedler effektiv gestützt, wodurch sich die ländliche Gesellschaft rasch modernisierte. Folglich kam es zu einer «sowohl nationale[n] wie soziale[n] Revolutionierung der polnischen Bevölkerung» (Broszat). Daneben weitete sich die polnische Öffentlichkeit durch Zeitungen und ein Vereinswesen schnell aus, was wiederum vor allem in Posen Streiks und Protestbewegungen ermöglichte, die europaweit große Beachtung fanden und zu einem wichtigen Thema politisch-gesellschaftlicher Debatten in allen polnischen Teilungsgebieten wurden.[9]

Vor dem Ersten Weltkrieg herrschte im preußischen Osten eine eigentümliche Spannung, die auf das gesamte Reich ausstrahlte und erheblich zu jenen Umzingelungsvorstellungen beitrug, wel-

3 ___ Ein preußischer Gendarm liest einer polnischen Bauernfamilie den Befehl zur Ausweisung aus Preußen vor. Der in München ausgebildete Maler Wojciech Kossak, mehrere Jahre lang Hofmaler Kaiser Wilhelms II., schuf 1909 diese berühmte Darstellung des preußisch-polnischen Gegensatzes in der Provinz Posen.

che die deutsche Politik und Gesellschaft der letzten Friedensjahre prägten. Was sich auf deutscher Seite als «slawische Flut» darstellte und immer heftigere Forderungen nach forcierter Germanisierung und einen immer vehementeren Antipolonismus nach sich zog, war auf polnischer Seite ein beharrlicher Widerstand gegen die administrative, gerne auch in grellen Farben geschilderte Benachteiligung eines großen Bevölkerungsteils. Die Polen kämpften vor Parlamenten, Gerichten, der nationalen und internationalen Öffentlichkeit mit den Waffen des Gegners, dessen parlamentarische Monarchie auf rechtstaatlicher Grundlage stand – nämlich mit dem steten Verweis auf Recht und Gesetz. Im Kampf des slawischen Davids gegen den germanischen Goliath schlugen sich die Polen in vielen Regionen wacker, so dass die Germanisierungsbestrebungen letztlich scheiterten, und sogar immer mehr Deutsche die strittigen Provinzen in Richtung Westen verließen. Die «polnische Frage» in Deutschland hatte in mehr als einem Jahrhundert nicht gelöst werden können, im Gegenteil – sie war drängender als je zuvor.

Polen «bei sich daheim»:
Die alten polnischen Siedlungsgebiete in Preußen

Posen, das Zentrum der Nationalbewegung

Großpolen – das Großherzogtum Posen – war fraglos das geistige Zentrum der polnischen Siedlungsgebiete in Preußen, hier gab es eine Reihe teils polnisch bevölkerter Städte mit einem langsam wachsenden Bildungsbürgertum sowie eine breite Basis adliger Großgrundbesitzer, die zum Teil zwar für die preußische Politik zugänglich waren, zu einem größeren Teil aber die polnische Nationalbewegung unterstützten, was übrigens einander nicht automatisch ausschließen musste. Mit dem Erzbistum Gnesen beanspruchte das Gebiet außerdem eine führende Rolle innerhalb der polnischen katholischen Kirche.

Die Bevölkerung der Provinz war überwiegend polnisch, doch es gab auch einen beträchtlichen Anteil deutschsprachiger Bevölkerung, die zu einem kleineren Teil altansässig war, zu einem größeren seit den Teilungen Polens eingewandert war oder sich seitdem an die deutsche Sprache und Kultur assimiliert hatte. Der Anteil der Polen schwankte zwischen 71,5 Prozent 1831 und 63,5 Prozent 1910, der Rest waren Deutsche sowie ein rückläufiger Anteil von Juden.[10]

Die Polen lebten vor allem in der Mitte und im Osten der Provinz; sie waren stärker auf dem Land vertreten und hatten ihr Zentrum im gemischt deutsch-polnisch bewohnten Posen. Die Deutschen waren in den Städten – an erster Stelle in Bromberg – sowie in den Grenzkreisen zu Pommern, Schlesien und zur Neumark in der Überzahl, allerdings siedelten die Gruppen überall auch nebeneinander, so dass keine deutliche Sprachgrenze auszumachen war.[11]

Die preußische Politik in Posen war zunächst liberal und kam den Polen entgegen. König Friedrich Wilhelm III. hatte 1815 den Einwohnern der Provinz sogar zugesichert: «Ihr werdet Meiner Monarchie einverleibt, ohne Eure Nationalität verleugnen zu dürfen.» Zum Statthalter (kaum mehr als ein Repräsentationsamt) wurde mit Antoni Henryk Radziwiłł (Anton Heinrich Radziwill)

ein Vertreter eines der großen polnischen Adelsgeschlechter ernannt. Der Gebrauch der polnischen Sprache wurde anfangs unterstützt, da man bemüht war, «die Herzen der Untertanen zu gewinnen», wie es in einem Ministererlass von 1823 hieß. Dennoch
musste der 1827 erstmals einberufene Provinziallandtag, in dem
polnische Vertreter eine Mehrheit besaßen, bereits ausdrücklich
auf die Einhaltung der sprachlichen Gleichberechtigung drängen.[12]

Nach dem Novemberaufstand wandelte sich die preußische
Haltung – ganz offen sprach etwa der designierte Kommandie-
rende General in Posen, Karl von Grolman, von den Polen als
«Feinden» und verlangte, den polnischen Adel aus Posen zu ent-
fernen, «da noch Generationen darüber hingehen, ehe ihre polnische Natur sich zu einer menschlichen ausgebildet haben kann».
Diese verächtliche Überheblichkeit in der Tradition des «alten
Fritz» sollte die preußische Polenpolitik bis zum Ersten Weltkrieg
mit unterschiedlicher Intensität begleiten; Leitlinie war eine mehr
oder weniger forcierte Durchsetzung der deutschen Vorherrschaft
in der Provinz.[13]

Ende 1830 übernahm Eduard von Flottwell das Amt des Ober-
präsidenten, das er bis 1841 bekleidete (während das Statthalter-
amt 1831 abgeschafft worden war). Er war bestrebt, den polnischen Einfluss zu reduzieren, unter anderem, indem er den Gebrauch des Polnischen in Behörden und Schulen sowie die
Vorrechte des polnischen Adels drastisch einschränkte. Als Ge-
genreaktionen entstand eine zunächst adlige, bald aber über die
Standesgrenzen hinausreichende zivilgesellschaftliche Organisation der Polen. Vor allem der 1838 von dem Posener Arzt Karol
Marcinkowski mit adliger Unterstützung gegründete Stipendienverein und die ebenfalls auf diesen zurückgehende Aktiengesell-
schaft «Bazar» zur Unterstützung polnischer Gewerbetreibender
zeigten Wirkung: Die polnische Gesellschaft der Provinz verabschiedete sich nach und nach vom romantischen Aufstandsideal
und wandte sich einer pragmatischen Ideologie zu, «organische
Arbeit» genannt. Sie setzte sich innerhalb (und teils auch außerhalb) der gegebenen rechtlichen Möglichkeiten für ihre ökonomische, soziale und kulturelle Modernisierung ein, wobei nicht-

adlige Kreise langsam immer größeren Einfluss gewannen. Typisch waren Aufrufe wie derjenige in der Zeitung «Dziennik Polski» 1850: «Freiheit im Land werden wir nicht haben, wenn wir selbst, durch Faulheit und Trägheit unseren Besitz vergeudend, in Unfreiheit bleiben.»[14]

Während sich die im Osten Preußens, später: des Reichs, gelegenen Städte wirtschaftlich nur schleppend entwickelten, wandelte sich die Landwirtschaft umso energischer – wobei sich die von staatlichen Subventionen zumeist abgekoppelten Polen mit landwirtschaftlichen Vereinen sowie Darlehens- und Kreditgenossenschaften selbst zu helfen wussten.[15]

Die polnische Kultur hatte es im Großherzogtum hingegen schwerer – nach einer kurzen Blütezeit in der Stadt Posen in den 1830er und 1840er Jahren suchten aufgrund des Fehlens lukrativer Stellen polnische Kulturschaffende ihr Auskommen in den übrigen Teilungsgebieten, in anderen Teilen Preußens oder gar ganz im Ausland. Dennoch gelang es, neben dem «Bazar» weitere Symbole für die kulturelle Vitalität der polnischen Bevölkerung zu schaffen – etwa die 1829 eröffnete Raczyński-Bibliothek, deren Stifter Edward Raczyński der polnischen Aristokratie des Großherzogtums angehörte. Von besonderer Bedeutung war die 1857 gegründete Posener Gesellschaft der Freunde der Wissenschaften (*Poznańskie Towarzystwo Przyjaciół Nauk*), die zu einem anerkannten – wenn auch nicht immer besonders lebhaften – wissenschaftlichen Verein Polens wurde.[16]

Der rasch gescheiterte Aufstand von 1846 zeigte, dass von den Polen im preußischen Staat latent Gefahr ausging: Die Verschwörer wollten eigentlich in allen drei Teilungsgebieten losschlagen, doch während es ihnen in Galizien gelang, wenn auch mit tragischen Folgen, wurden die Anführer in Posen – Karol Libelt und Ludwik Mierosławski – beizeiten verhaftet, und bis auf vereinzelte Scharmützel blieb es ruhig. Als die beiden in Berlin freigelassenen Polen (hierzu später mehr) im März 1848 nach Posen zurückkehrten, bestand zunächst vom König selbst genährte Hoffnung auf größere Autonomie und eine Reorganisation der Provinz im Sinne der Polen. Doch die mehrheitlich deutsch besiedelten Kreise wehrten sich und verlangten ihrerseits eine Auf-

nahme in den Deutschen Bund. Es kam – koordiniert vom Polnischen Nationalkomitee – vor allem in den östlichen und südöst-
lichen Kreisen der Provinz zu Ansätzen eines Aufstands, zu
bewaffneten Auseinandersetzungen zwischen Deutschen und Polen. Der König wollte bald schon nichts mehr von seinen Versprechungen wissen, im Gegenteil: Nach dem Ende der deutschen
Revolution – zu deren Ergebnissen nicht zuletzt der offenbar gewordene Gegensatz zwischen deutschem und polnischem Nationalismus gehörte – verlor das Gebiet sogar seine symbolischen
Vorrechte als «Großherzogtum» und wurde zu einer preußischen
Provinz wie alle anderen.[17]

Nachdem auch am Januaraufstand von 1863/64 im russischen
Teilungsgebiet mehrere tausend Großpolen teilgenommen hatten,
verschärfte die preußische Regierung ihre Haltung gegen die Polen. Die Restriktionen in Schulen, Verwaltung und vor den Gerichten (wo Polnisch kaum mehr verstanden wurde) brachten die
Bevölkerung auf, ebenso die Amtsenthebung des polnischen Erz-
bischofs von Gnesen-Posen, Lechódowski, der sich gegen die
preußische Kulturkampf-Politik gestellt hatte, die sich direkt gegen die Katholiken und indirekt gegen die Polen richtete. 1886
wurde zur Stärkung des «Deutschtums» auf Betreiben Otto von
Bismarcks und der ostdeutschen Grundbesitzerlobby die «Königlich Preußische Ansiedlungskommission in den Provinzen
Westpreußen und Posen» mit Sitz in Posen gegründet, die bis zum
Ersten Weltkrieg zahlreiche Güter parzellierte und mehr als 20 000
deutsche Siedlerfamilien in die Provinz Posen brachte. Allerdings
kauften auch Polen Güter auf, die teils vom Adel übernommen,
teils parzelliert und an polnische Familien verteilt wurden, so
dass die Bilanz letztlich sogar eher zugunsten der polnischen Seite
ausfiel. Die preußischen Versuche, die für die Deutschen ungüns-
tige Bevölkerungsentwicklung durch immer neue Maßnahmen
und Vorschriften zu beeinflussen, lösten weiteren Widerstand
und manchen Einfallsreichtum aus. Als 1904 der Bauer Michał
Drzymała im Dorf Pogradowitz, das einige Zeit zuvor bereits
seinen alten slawischen Namen verloren hatte und in «Kaisertreu»
umgetauft worden war, keine Baugenehmigung für ein Wohnhaus
erhielt, zog er mit seiner Familie in einen alten Zirkuswagen: In-

dem er ihn immer wieder ein paar Meter verschob, entging er den Restriktionen. Diese Geschichte wurde rasch in allen polnischen Gebieten und auch im Ausland als eine der Absurditäten der deutschen Germanisierungspolitik publik und machte Drzymała zum Volkshelden.[18]

Während die wirtschaftlichen Anstrengungen der Polen nicht ohne Erfolg blieben, die Presselandschaft gerade in Posen immer reichhaltiger und die polnische Breitenbildung etwa durch Volksbüchereien in der ganzen Provinz gefördert wurde, setzte die preußische Regierung den Hebel der Germanisierung bei den Volksschulen an: Bereits 1873 wurde verordnet, dass Deutsch die alleinige Unterrichtssprache sei, nur Religion durfte – sofern die Kinder nicht ausreichend Deutsch sprachen – auf Polnisch unterrichtet werden, weshalb dieses Fach sukzessive den Polnischunterricht ersetzen musste, der in den folgenden zwei Jahrzehnten drastisch reduziert wurde. Für alle des Deutschen nicht mächtigen Schulkinder bedeutete diese Regelung einen radikalen Einschnitt – entweder sie lernten in den untersten Volksschulklassen rasch Deutsch oder sie verzichteten auf schulische Bildung. Beginnend mit dem Jahr 1900 machten sich die Schulbehörden nun daran, auch den Religionsunterricht (und das Schulgebet) verstärkt auf Deutsch umzustellen, gleichzeitig versuchten sie vielerorts, den privaten Polnischunterricht zu unterbinden. Zum Eklat kam es im Frühjahr 1901 in der Kleinstadt Wreschen östlich von Posen: Als in der dortigen katholischen Volksschule der Religionsunterricht auf Deutsch stattfinden sollte, leistete eine Reihe von Schülerinnen und Schülern Widerstand, sie packten die deutschen Schulbücher nicht in den Ranzen oder redeten trotz Verbot Polnisch. So erhielt z. B. ein Mädchen vier Schläge auf die Hand, weil sie während des deutschen Gebets Polnisch gesprochen hatte. Ähnliches wiederholte sich immer häufiger: Am 20. Mai wurde fast eine halbe Klasse gezüchtigt (mit einem fingerdicken Rohrstock auf Hand oder Gesäß), woraufhin die polnische Bevölkerung des Ortes – darunter viele Frauen und Mütter – vor die Schule zog und die Lehrer beschimpfte. Im Herbst kam es daraufhin zu einem Prozess wegen Landfriedensbruch, der mit drakonischen Strafen endete: 21 Wreschener Polen wurden zu Ge-

4 ___ Diese polnischen Schulkinder standen im Mittelpunkt des Schulstreiks von Wreschen 1901: Da sie sich weigerten, im Religionsunterricht Deutsch zu sprechen, wurden sie von den Lehrern gezüchtigt; als ihre Eltern dagegen protestierten, wurden diese vor Gericht gestellt. Auch der polnische Fotograf, der diese Aufnahme machte, wurde zu einer Gefängnis- und Geldstrafe verurteilt.

fängnis- bzw. Zuchthausstrafen von zwei Monaten bis zu zweieinhalb Jahren verurteilt.[19]

Wreschen blieb nicht alleine: Zur gleichen Zeit gab es an anderen Orten Posens und Westpreußens Widerstand gegen die Germanisierung der Schulen. Nach den Herbstferien des Jahres 1906 setzte eine ganze Welle von Schulstreiks ein, bis sich schließlich mehr als 46 000 polnische Schulkinder in der Provinz Posen weigerten, im Religionsunterricht auf Deutsch zu antworten, tausende weitere schlossen sich in Westpreußen und Oberschlesien an – unterstützt von der polnischen Geistlichkeit und einem Teil der politischen Strömungen, vor allem der nationalistischen, vom Bürgertum dominierten Nationaldemokratie, die rasch an Zulauf gewann. Erneut reagierte der Staat mit großer Härte: Fast 150 Menschen wurden verhaftet, Geistliche und Zeitungsredakteure verurteilt, Schulbeihilfen gestrichen, die Lehrer zu körperlicher Züchtigung ermutigt; schließlich brach der Streik im Laufe des Jahres 1907 zusammen.[20]

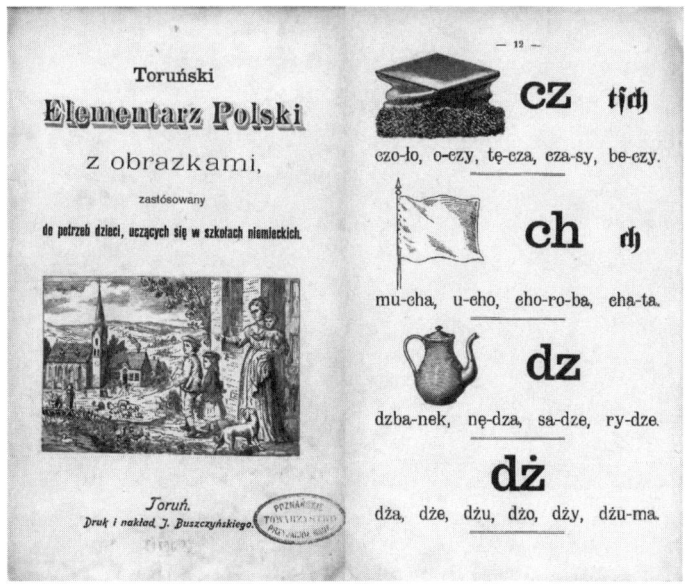

5 ___ Der Gebrauch der polnischen Sprache in den preußischen Schulen wurde immer weiter zurückgedrängt. Bücher wie diese «Thorner polnische Fibel mit Bildern, angepasst für die Bedürfnisse von Kindern auf deutschen Schulen» sollten dazu beitragen, dass die polnischen Kinder dennoch Polnisch lernen konnten.

Die Schulstreiks verfolgte man ähnlich wie die Posse um Drzymałas Wagen mit großer Aufmerksamkeit und Empörung im europäischen Ausland und in den USA, vor allem aber in den polnischen Gebieten selbst: Sie wurden zu einem jener die Teilungsgrenzen überschreitenden Themen, die zu einer weiteren Ausweitung der nationsumspannenden Öffentlichkeit führten, es gab zahllose Solidaritätsveranstaltungen, ein Spendenkomitee sammelte eine große Summe für die Verfolgten ein. Das berühmte Gedicht von Maria Konopnicka «Rota», 1908 veröffentlicht und 1910 mit einer Melodie des aus dem Ermland stammenden Komponisten Feliks Nowowiejski aufgeführt – lange Jahre hindurch eine der heimlichen Hymnen der Polen –, hob in steifem Pathos direkt auf die Posener Vorfälle ab:

Wir geben das Land nicht auf, von dem unser Geschlecht stammt,
Wir lassen uns die Sprache nicht nehmen,
(…)
Der Deutsche wird uns nicht ins Gesicht speien,
Er wird unsere Kinder nicht germanisieren!
(…)

Auf deutscher Seite war das Geschehen Anlass für eine weitere
Verschärfung der antipolnischen Rhetorik. So sprach der Kaiser
Anfang 1902 im Preußischen Landtag vom deutschen Volk, «das
ein Zurückdrängen deutscher Sprache und Sitte als einen Angriff
auf die nationale Ehre und Würde empfindet», und Reichskanzler
von Bülow mahnte gar, von der Entwicklung der «Ostmarken-
frage» hänge «die nächste Zukunft unseres Vaterlandes» ab. Tatsächlich sollten sich die Dinge im Osten schon weniger als zwanzig Jahre später grundlegend ändern, es wurde deutlich, dass die
restriktive preußische Sprachenpolitik auf ganzer Linie fehlge-
schlagen war. An den tatsächlichen gesellschaftlichen Verhältnissen war sie ohnehin vorbeigegangen – angestachelt von den auf
staatliche Alimentierung erpichten ostelbischen Großagrariern,
hatte sie weder die auf einen Ausgleich bedachten Kreise beider
Seiten noch den teils engen kulturellen Austausch beachtet, der
sich zum Beispiel an einer nicht geringen Zahl von deutsch-polnischen (bzw. -jüdischen) Mischehen zeigte.[21]

Westpreußen/Pommerellen

Die Lage in Westpreußen war anders als in Posen. Die Provinz, in
der es schon seit dem Mittelalter eine viel stärkere deutsche Besied-
lung gegeben hatte, war bereits zwei Jahrzehnte früher zu Preußen
gekommen, was ein Grund war, warum sich die polnische Nationalbewegung im 19. Jahrhundert schwerer tat, hier Fuß zu fassen.
    Westpreußen besaß im gesamten 19. Jahrhundert ein Über-
gewicht deutschsprachiger Bevölkerung; rund ein Drittel der Einwohner sprach Polnisch oder Kaschubisch. Eine konkrete Sied-
lungsgrenze gab es nicht, sondern Polen und Deutsche lebten
vielerorts gemischt. Im Norden der Provinz waren die Gebiete
westlich und südwestlich von Danzig überwiegend polnisch bzw.
kaschubisch, die Stadt Danzig und die östlich anschließenden Ge-

biete allerdings fast ausnahmslos deutsch, selbst wenn Danzig als Handelszentrum seit Jahrhunderten viele Polen angezogen hatte und auch als Druckort polnischer Bücher bekannt geworden war. Im Süden waren die Polen vor allem im Kulmer Land stark vertreten. Während die größeren Städte überwiegend (oder wie Elbing fast vollständig) deutschsprachig waren, waren gerade die ärmeren Landgebiete mit ihren schlechteren, sandigen Böden polnisch.[22]

Für die Stärkung des deutschen Bevölkerungsanteils mitverantwortlich war der langjährige Oberpräsident von Westpreußen (und später der 1824 aus der Zusammenlegung mit Ostpreußen entstandenen Provinz Preußen; die Provinz wurde 1878 wieder in Ost und West aufgeteilt): Theodor von Schön betrieb eine energische Politik gegen seine polnischen Einwohner. Schon als er 1799 nach Westpreußen reiste, hatte er ganz im Geiste friderizianischer Tradition notiert: «Dratzig ist das erste westpreußische Dorf. Wie vom Himmel gefallen kommt hier auch die polnische Sprache, Sauerey, Tracht, schweinstallartige Gebäude und mehr solch abscheuliches Zeug».[23]

Die polnische Bevölkerung blieb oft unter sich und war national indifferent. Auch der polnische Adel verhielt sich zunächst passiv. Für den ärmeren Adel gerade im nördlichen Westpreußen waren allerdings die beruflichen Möglichkeiten, die Preußen in Militär und Verwaltung bot, so verlockend, dass eine Reihe von Familien eine langsame Assimilation vollzog.[24]

Beispielhaft hierfür sind die kaschubischen Krautjunker Żelewski, aus denen im Laufe des 19. Jahrhunderts – zumindest in einigen Zweigen – eine überwiegend deutschsprachige Familie wurde, die sich nun von Zelewski nannte. Emil von Zelewski fiel als Kommandeur der deutschen Schutztruppe in Deutsch-Ostafrika, sein Bruder Otto wurde Handlungsreisender. Dessen Sohn Erich nannte sich ab den 1920er Jahren «von dem Bach-Zelewski», um eine angeblich germanische Abstammung vorzuspiegeln, was ihm später für seine Karriere in der SS behilflich war: Er war im Zweiten Weltkrieg als SS-Obergruppenführer bei der «Bandenbekämpfung» an der Ostfront eingesetzt und wurde (nunmehr als «Erich von dem Bach» auch nach außen hin vollends germanisiert) für seine blutige Mitwirkung an der Niederschlagung des Warschauer Aufstands 1944 berühmt-berüchtigt. Man kann nur erahnen, wie viel familienbiographische Verdrängung in diesem Lebenslauf mitspielt. Ähnliche, von herkunftsbedingten Minderwertigkeitskomplexen geleitete Biographien finden sich im deutsch-polnischen Kontaktbereich in größerer Zahl.[25]

Aber zurück nach Westpreußen und ins 19. Jahrhundert: Spätestens nach dem Novemberaufstand von 1830/31 im russischen Teilungsgebiet, an dessen Ende sich viele tausend polnische Aufständische nach Westpreußen in Sicherheit brachten, setzte auch hier ein Nationalisierungsprozess ein, der zunächst vor allem den Adel in den südlichen Kreisen ergriff. Da es immer schwieriger wurde, im Staatsdienst Karriere zu machen, wandten sich viele Adelsfamilien in Westpreußen der polnischen Nationalbewegung zu, deren «primäre soziale Trägerschicht» sie bald bildeten. Die zunehmende nationale Differenzierung von polnischen und deutschen Eliten verstärkte sich 1848 noch weiter.[26]

In Westpreußen blieben adlige Gutsbesitzer neben katholischen Geistlichen noch länger als in Posen Träger der Nationalbewegung; sie leiteten fast alle polnischen Vereine und Genossenschaften – Volksbanken, Vorschussvereine, landwirtschaftliche Gesellschaften usw. Zwar fehlte es an ausgesprochenen Magnaten, polnischen Grundbesitzern mit gewaltigen Latifundien, doch einige Adelsfamilien genossen großes Ansehen, zum Beispiel die Sierakowskis in Waplitz bei Stuhm, ganz am Rande des polnischen Siedlungsgebiets. Hier führten mehrere Generationen ein Leben nach polnischen Traditionen, ohne sich der landwirtschaftlichen Moderne zu versagen. Durch beste Kontakte in der polnischen Aristokratie und gute Beziehungen zu bedeutenden polnischen Künstlern waren sie stets bemüht, den Fortbestand der Nationalkultur zu fördern: Fryderyk Chopin war hier (wahrscheinlich) ebenso zu Besuch wie der bedeutende Historienmaler Jan Matejko. Erst im letzten Drittel des Jahrhunderts gewannen Bürger neben den Geistlichen – zumindest quantitativ – das Übergewicht in der Nationalbewegung.[27]

Unter den Vereinen besonders erfolgreich war die 1848 nach dem Scheitern des Aufstands gegründete «Liga Polska», die im preußischen Teilungsgebiet bald 40000 Mitglieder hatte; alleine im westpreußischen Regierungsbezirk Marienwerder entstanden mehr als 100 Ortsvereine. Auch wenn die Behörden die bedrohlich aktiv werdende Liga 1850 verboten, lebten die Gesellschaften weiter; wie in Posen zählte auch hier ein Stipendienverein zu den wichtigsten. Dessen Stipendiaten bildeten später die Grundlage für das entstehende polnische Bildungsbürgertum der Provinz, das gemeinsam mit dem Adel die Nationalbewegung voranbrachte, etwa durch die Gründung von Zeitungen. Dabei spielte die Stadt Thorn als bei aller Bescheidenheit (1867:15 500 Einwohner) größtes städtisches Zentrum im Süden der Provinz eine wichtige Rolle, selbst wenn die Zahl der Polen hier bis Ende des Jahrhunderts auf ca. 20 Prozent sank, ehe sie vor dem Ersten Weltkrieg wieder auf etwa ein Drittel stieg. In Thorn erschien seit 1867 die lange Zeit wichtigste polnische Zeitung der Region, die «Gazeta Toruńska», und hier wurde 1875 die Thorner Wissenschaftliche Gesellschaft (*Towarzystwo Naukowe w Toruniu*) gegründet, bei der neben dem Adel Geistliche und Bildungsbürger – vor allem Ärzte – den Ton angaben. Während sich in Danzig nur wenig polnisches Leben regte, wartete die weit überwiegend von Deutschen bewohnte Garnisonsstadt Graudenz mit einer Besonderheit auf: Die 1891 von Wiktor Kulerski gegründete Zeitung «Gazeta Grudziądzka», die vor allem von weniger gebildeten Schichten gelesen wurde, war vor dem Weltkrieg mit einer Auflage von rund 130000 Exemplaren die meistgelesene polnischsprachige Zeitung überhaupt (und das viertgrößte im Deutschen Reich erscheinende Blatt); sie wurde im gesamten preußischen Teilungsgebiet Polens, aber auch von Polen im Ruhrgebiet zahlreich abonniert.[28]

Vor allem mit Hilfe der großen Zeitungen gelang es der Nationalbewegung seit den 1890er Jahren, ihre gesellschaftliche Basis stark zu erweitern und neben den nach wie vor schmalen Abstammungs- und Bildungseliten auch das wachsende städtische Bürgertum und das «einfache Volk» für sich zu gewinnen. Ein Zeichen für zunehmende nationale Identifikation der Polen ist die große Zahl an geheimen polnischen Schülerorganisationen («Philomaten») an den deutschsprachigen Schulen, die 1901 teilweise von der Polizei aufgedeckt wurden. In einem aufsehenerregenden Prozess wurden in Thorn 60 Gymnasiasten angeklagt und viele zu Gefängnisstrafen verurteilt.[29]

Eine westpreußische Besonderheit: Die Kaschuben

Die Kaschuben waren (und sind) der Überrest eines slawisch-pomoranischen Volks, das im Mittelalter große Teile Pommerns bevölkert hatte. Mit dem Vordringen der deutschen Sprache zog sich die einheimische slawische Bevölkerung immer weiter nach Osten zurück, bis sie im 19. Jahrhundert im eigentlichen Pommern fast verschwunden war. Nur im angrenzenden Pommerellen, das lange zu Polen gehört hatte, gab es westlich von Danzig noch zahlreiche katholische und immer weniger protestantische Kaschuben. Sie waren ein armes Bauernvolk, das karge, sandige Böden bebaute, lange als anspruchslos galt und traditionell das Dienstbotenreservoir für die nahe Großstadt Danzig stellte. Auch der kaschubische Kleinadel war kaum wohlhabender als die Bauern. Die kaschubische Sprache unterschied sich – je nach Region – merklich vom Hochpolnischen; gerade in den küstennahen Gebieten war sie für einen gebildeten Polen ähnlich unverständlich wie das Plattdeutsche für einen Sprecher des Hochdeutschen. Von der einstigen Bedeutung des Volks zeugte lediglich noch die Titulatur der preußischen Könige und später deutschen Kaiser, die sich unter anderem «Herzog der Wenden und Kaschuben» nannten.

Deutsche Beobachter zeichneten im 19. Jahrhundert ein sehr ungünstiges Bild der damals mehr als 100 000 Menschen zählenden Bevölkerungsgruppe. So schrieb ein gewisser Justizrat Seidel im Jahre 1852: «Man sieht, daß hier die Kultur noch in ihren Anfängen ist. Ein Kassubisches Dorf unterscheidet sich von einem Deutschen schon auf den ersten Blick. Die schlecht bebauten Felder, der Mangel an Bäumen, die schlechten Umzäunungen und die elenden Hütten bilden ein gehöriges Ensemble.» Und er fuhr fort: «Trägheit, Unordentlichkeit, Unreinlichkeit, Trunksucht sind allgemein verbreitet.»[30]

Die polnische Nationalbewegung entdeckte die Kaschuben in der zweiten Hälfte des 19. Jahrhunderts. Insbesondere als im Zuge des Kulturkampfes die katholische Kirche in Bedrängnis geriet, erkannten ihrerseits manche Kaschuben in Polen ihre eigentliche geistige Heimstatt. Die polnischen Zeitungen des preußischen Teilungsgebiets wurden in der Kaschubei viel gelesen. Unter diesen Umständen hatte es eine eigene kaschubische Intelligenz schwer, sich zwischen Polen und Deutschen zu etablieren, weshalb auch keine eigene kaschubische Nationalbewegung im engeren Sinne entstand. Vorreiter wie Florian Ceynowa, der Sohn eines Dorfschmieds aus dem Kreis Putzig, bildeten die Ausnahme. Er hatte das Gymnasium in Konitz besucht, mit einem Stipendium des Posener Marcinkowski-Vereins in Breslau Medizin studiert und 1846 Anschluss an die Gruppe der Posener Aufständischen gesucht. Später jedoch postulierte er – als Sonderling zockelte er auf einem Bauernwagen durch die Kaschubei und kurierte die Bauern – die Eigenständigkeit der Kaschuben gegenüber den Polen: «Móva nasza Kaszébskosłovinskò je dzis bezmała ta sama, co przed tésącę é vjci latamj, bò jé njevépaczélé wuczoni papugovje, le ją prosti lud przechòvêł» («Unser kaschuboslowinzisches Idiom ist heute fast dasselbe wie vor tausend und mehr Jahren, denn es wurde nicht von gelehrten Papageien entstellt, sondern vom einfachen Volk bewahrt»).[31]

Noch vor dem Ersten Weltkrieg waren die Kaschuben – sofern sie nicht ins In- und Ausland ab- und ausgewandert waren – ein kleinbäuerliches, in Abgeschiedenheit lebendes Völkchen, von dem auch die meisten Deutschen kaum etwas wussten. Ernst Seefried-Gulgowski schrieb 1911 in seinem Büchlein *Von einem unbekannten Volke in Deutschland*:

> «Der kaschubische Bauer liebt die Einsamkeit. Er wohnt gern allein, abgesondert vom Dorfe. Daher erklären sich die zahlreichen Abbauten. Die Gehöfte liegen meist an einem See, von einem Bauerngarten mit Sauerkirschen, wilden Apfel- und Birnbäumen umgeben. Am Seestrand stehen prächtige Erlen und mächtige Weiden. Die Gehöfte scheinen hier in ihrer Weltvergessenheit dahin zu träumen.»[32]

Aber auch jetzt gab es einige Kaschuben, die sich vehement für eine eigenständige kulturelle Entwicklung einsetzten, diese aber nur im Anschluss an Polen für möglich hielten. Einer von ihnen war Aleksander Majkowski, um den sich die Gruppe der «Jung-

kaschuben» scharte. Er lebte einige Jahre in Danzig, ehe er in das
kaschubische Provinzstädtchen Berent zog. Für die Entwicklung
der kaschubischen Literatursprache war er sehr wichtig; seine
erste Prosaerzählung trägt den programmatischen Titel «Nigde
do zgube nie przyńdą Kaszube» (Die Kaschuben werden nie un-
tergehen).[33]

Hinterpommern und das sterbende Volk der Slowinzen

Hinterpommern, das seit 1338 unmittelbares Reichslehen war,
wurde im Laufe der Jahrhunderte zu einer weitgehend deutschsprachigen Region. Reste einer slawischen Bevölkerung lebten im
19. Jahrhundert nur noch in den östlichen Randgebieten. Als Otto
von Bismarck 1847 in das im Kreis Bütow, am hintersten Ende
Hinterpommerns, gelegene Nest Reinfeld fuhr, um beim gestrengen pietistischen Heinrich von Puttkamer um die Hand von dessen Tochter Johanna anzuhalten, schrieb er seiner Schwester Mal-
wine spöttisch:

> «Reinfeld liegt hier dicht bei Polen, Bütow ist die nächste Stadt,
> man hört die Wölfe und die Cassuben allnächtlich heulen, und in
> diesem und den 6 nächsten Kreisen wohnen 800 Menschen auf die
> Quadratmeile; polish spoken here.»[34]

Tatsächlich waren die evangelischen Kaschuben in Hinterpommern – die sich auch Slowinzen nannten – anders als ihre katholischen Verwandten in Westpreußen ein sterbendes Volk: Bereits
zu Beginn des 19. Jahrhunderts lebten nicht mehr als etwa 25 000
am Leba-See und südöstlich davon. Hundert Jahre später sprachen im Kreis Lauenburg nur noch zwischen 2000 und 3000 Menschen Kaschubisch, im Kreis Bütow waren es etwas mehr. Das
Sprachgebiet war in zwei Teile zerfallen, am Leba-See starben die
letzten Slowinzen gerade aus, und auch in den Grenzgebieten
zu Pommerellen verwendete man das Kaschubische nur noch im
privaten Bereich, «besonders wenn es Deutsche nicht hören sollen, sonst überwiegt das Plattdeutsche gespickt mit zahlreichen
Kaschubismen».[35]

Franz Tetzner, der am Ende des 19. Jahrhunderts auf die Suche
nach den letzten pommerschen Kaschuben ging, notierte nicht
ohne Traurigkeit viele Äußerungen seiner Gesprächspartner:

«Ein alter Kaschube, den ich in Bütow sah, sagte mir: ‹Starszy
płakali i lamentowali, woni beli jesz Kaszeby, że dzeci sę muszeli
po niemecku uszec, all to nic nie pomogło. Teraz to wszeki mu-
szemy Niemcami bec, to je zły: starszy nie mogą uczec dzeci, a to je
zły.› (Die Alten weinten und lamentierten – sie waren noch Kaschuben –, dass sich die Kinder mussten deutsch unterrichten lassen, allein das hat nichts geholfen. Jetzt müssen wir alle Deutsche
sein, das ist übel; die Eltern können ihre Kinder nicht lehren und
das ist übel.)»[36]

Die polnischen bzw. kaschubischen Gottesdienste waren mittlerweile fast überall eingestellt worden – sowohl die protestantischen
als auch im Grenzgebiet zu Westpreußen die katholischen. Der
letzte slawische Gottesdienst in Glowitz wurde 1886 gefeiert.
Tetzner schrieb auf, was die letzten Slowinzen zu sagen hatten: «U
naszich starich nawuka bela wszita niemecko, a godka slovinsko.
Stare jesz mają gadką po slowinsku, ale po tich starich oni ni mają
po slowinsku wekle.» (Bei unseren Eltern war der Unterricht
durchgängig deutsch, die Unterhaltung aber slowinzisch. Die
Eltern sprechen noch Slowinzisch, allein die Kinder haben von
ihnen nicht Slowinzisch gelernt.)[37]

Ostpreußen, Heimat von Masuren und Ermländern

Das wald- und seenreiche Masuren, fernab sowohl von der deutschen wie auch von der polnischen Zivilisation gelegen, beher-
bergte eine Volksgruppe, die als «Masuren» in die Geschichte eingegangen ist, bei der es sich aber um nichts anderes als um protestantische Polen preußischer Staatsangehörigkeit handelte. Etwa
250 000 Polnischsprachige dürfte das südliche Ostpreußen in der
Mitte des 19. Jahrhunderts gezählt haben, wobei die südlichen
Kreise der Provinz durchweg Polnisch sprachen und die nördlich
angrenzenden Kreise zweisprachig waren. Selbst in den Landstädtchen der Region überwog das Polnische – 1837 waren zum
Beispiel von 870 Bewohnern des Fleckens Rhein 248 deutsche
und 622 polnische Protestanten, während der zugehörige Land-
bezirk 153 Deutsche und 2696 Polen zählte.[38]
Das von den Masuren gesprochene Polnisch unterschied sich
vom Hochpolnischen, es war eine rein bäuerliche und in der Kir-

che benutzte Sprache, die archaische Formen und Wendungen bewahrt hatte, aber recht problemlos von anderen Polen verstanden werden konnte: «Der Masur spricht die Vocale weniger voll und offen aus, als der Pole, und die Consonanten dünner, als jener», notierte Friedrich Salomo Oldenberg 1865 nach einer Reise durch Masuren.[39]

«Chwalcie wy inne kraje i strony jak chcecie,
Dla mnie Mazury naße najlepße na świecie.»

schrieb 1866 der Lehrer Karol Sembrzycki: «Lobt mir andere Länder und Gegenden wie ihr wollt,/Für mich ist Masuren das Beste auf der Welt.» Als Angehöriger der Bildungsschicht sprach der bei und in Oletzko wirkende evangelische Pfarrer in seiner Familie zwar Deutsch, engagierte sich aber dennoch für den Erhalt der polnischen Sprache in Masuren, da er wie viele seiner Kollegen Luther ernst nahm und das Wort Gottes in der Sprache des Volkes verkünden wollte (angehende Pfarrer konnten seit 1728 an der Königsberger Universität Polnisch lernen). Sie bemühten sich deshalb auch um den Druck polnischer Bücher, zumeist religiösen Inhalts, sowie von Kalendern, aus denen die Landbevölkerung einen Gutteil ihres Wissens über die Welt bezog.[40]

Wer in Orten lebte, die Namen wie Chrosciellen, Czybulken, Drygallen, Dziurdziau, Marchewken oder Mitschkowken trugen, hatte bis weit ins 19. Jahrhundert hinein in der Regel nur geringe Möglichkeiten, sich selbst ein Bild von der Welt außerhalb des eigenen Kirchspiels zu machen. Der ferne König war die zentrale Bezugsperson, dessen Stellvertreter vor Ort verstand man jedoch kaum, denn vielerorts sprachen die Masuren noch lange nur wenig Deutsch; das ganze Alltagsleben fand auf Polnisch statt. Andreas Kossert fasst die Lage in den abgelegenen Siedlungsgebieten der Masuren vor der Reichsgründung prägnant zusammen: «Polnische Sprache, preußischer Königspatriotismus und evangelische Konfession bildeten in Masuren eine Symbiose, die charakteristisch war für den multiethnischen vornationalen Status Preußens.»[41]

Aber der Anteil der Polnischsprachigen ging langsam zurück. Dazu trugen behördliche Maßnahmen bei wie die in den 1830er

Jahren einsetzenden Bemühungen, das Polnische als Schulsprache zurückzudrängen: Es war von der «traurigen slawischen Mundart» die Rede, die es schnellstens auszumerzen galt. Wer die Errungenschaften der modernen Zivilisation kennengelernt hatte, fand sich nur noch schwer zurecht mit den archaischen Gepflogenheiten der masurischen Landbevölkerung, wie sie zum Beispiel der verdiente Masuren-Historiker Max Toeppen 1870 schildert: «Der arme Mann geht im Sommer halb nackt, und in einer leinenen Hose, welche von einem Ledergurt zusammen gehalten wird, Stiefel, wenn er überhaupt welche hat, zieht er nur bei besonderen Veranlassungen an; für gewöhnlich legt er rohe Lederstücke unter die Fußklappen, welche mit einem Stricke über dem Fuß zusammengezogen werden.» Doch in seiner kargen Bescheidenheit schien er deutschen Beobachtern auch Vorzüge zu besitzen: «Für einen leichten Dienst ist der Masure wie geschaffen: er ist dienstbeflissen, pünktlich, gehorsam und in gewissem Grade gewandt; es giebt z. B. keine bessern Officierburschen als Masuren. Für den schweren Dienst in der Landwirtschaft eignet er sich weniger.» Auch die seinerzeit weit verbreitete Trunksucht mochte zu Urteilen wie diesem beigetragen haben, welche die Masuren auch noch begleiteten, als zehntausende von ihnen gegen Ende des 19. Jahrhunderts in die Bergbaugebiete Westfalens abwanderten.[42]

Die preußischen Statistiker erfanden erst für die Volkszählung von 1890 die Rubrik «Masuren» – ein Kunstgriff, um die Zahl der Polen in Preußen möglichst gering zu halten. Da zudem die mit der Zählung beauftragten Beamten, Schullehrer usw. versucht waren, in ihren Zählbögen möglichst viele deutsche Muttersprachler zu verzeichnen, sind die Ergebnisse wenig zuverlässig. Doch dies ändert nichts daran, dass seit der Reichsgründung das Polnische in Masuren allmählich an Boden verlor, sowohl durch eine verstärkte Zuwanderung aus anderen Landesteilen, als auch durch die Wanderung der Masuren selbst: Seitdem der Eisenbahnbau bis in diese Gegend vorgedrungen war, konnten sie relativ leicht zur Saisonarbeit auf Güter in deutschsprachigen Regionen fahren, auch der Militärdienst hinterließ seine Spuren. Parallel dazu wurde die polnische Sprache in Verwaltung, Schulen und Kirchen zurückgedrängt. Allerdings dürfte auch zu Beginn des 20. Jahrhunderts in den südlichen Grenzkreisen Ostpreußens noch eine Mehrheit der Bevölkerung Polnisch gesprochen haben, und in vielen Dörfern war sie nach wie vor alleinige Umgangssprache, zum Beispiel im Kirchdorf Weisuhnen: Hier sprachen 1897/98 von 197 schulpflichtigen Kindern 173 nur Polnisch sowie 24 Deutsch und Polnisch – im deutschsprachigen Unterricht dürften also die meisten erst einmal nicht viel verstanden haben.[43]

Die Existenz der polnischsprachigen Masuren war der polnischen Nationalbewegung nicht verborgen geblieben. Vor allem Wojciech Kętrzyński, der 1838 im masurischen Städtchen Lötzen als Adalbert von Winkler geboren wurde, als Deutscher aufwuchs, erst am Ende der Schulzeit von seiner polnischen Herkunft erfuhr und nach einer «nationalen Konversion» Pole wurde, sorgte mit vielen Schriften dafür, dass man in Polen auf die Masuren aufmerksam wurde. Sein Jugendgedicht *Entschluss* (1856) entstand in dem Moment, in dem Winkler zu Kętrzyński wurde:

> «(…)
> Nein, ich will nicht mehr der schönen
> Preußenmädchen Sänger sein,
> Sing' nicht mehr das Glück der Liebe,
> heitren Frohsinn, Scherz und Wein.
> (…)»

Und wenig später ergänzte er, immer noch auf Deutsch schreibend, da er sich Polnisch erst noch beibringen musste (*In der Heimat*):

> «(…)
> Glauben, Sprache konntet Ihr mir nehmen,
> Doch mein Herz nicht aus dem Busen reißen
> Und mein Herz blieb immer, immer polnisch!
> Und ich hab' es immer tief empfunden
> Jenes Weh, das auf uns Polen lastet,
> Das Ihr Menschen mit der fremden Sitte
> Über uns gebracht seit hundert Jahren
> (…)»

Trotz Einzelfällen wie diesem konnte aufgrund der konfessio-
nellen Gegensätze und der ausgeprägten Königsloyalität der
Landbevölkerung jedoch kaum ein Masure für die polnische
Sache gewonnen werden (mit Ausnahme der südwestlichen Ecke
bei Soldau, wo es eine polnisch-katholische Bevölkerung
gab).[44]

Etwas anders als in Masuren stellte sich die Lage im Ermland
dar, einem katholischen Dreieck, das nach Ostpreußen hinein-
ragte und bis 1772 polnisch gewesen war. Aufgrund der konfes-
sionellen Bindungen hatte sich in dieser abgelegenen Gegend ein
polnischer Bevölkerungsteil gehalten, der kurz vor dem Ersten
Weltkrieg immer noch gut 40000 Menschen umfasste, die im
Süden des Gebiets lebten, nämlich in den Kreisen Allenstein und
Rößel. Gegen Ende des 19. Jahrhunderts hegte vielleicht die
Hälfte dieser polnischsprachigen Bevölkerung Sympathien für
die polnische Nationalbewegung. Diese gewann Zulauf, nachdem
1877 – während des Bismarck'schen Kulturkampfs – in dem fast
nur von Polen bewohnten Dorf Dietrichswalde (poln.: Gietrz-
wałd) einigen Mädchen angeblich die Muttergottes erschienen
war und Polnisch mit ihnen gesprochen hatte. Diese Erscheinung
wurde von den Kirchenoberen nur zu gerne aufgegriffen, sie stieß
in allen katholisch-polnischen Gegenden Preußens auf großes Interesse und setzte immense Pilgerströme in das entlegene Dorf in
Bewegung; schon zum Ablassfest am 8. September 1877 sollen es
50000 gewesen sein. Kurze Zeit später gründete ein Dorfbewoh-
ner unter dem Eindruck der vielen fremden Besucher gar eine
polnische Buchhandlung; 1886 erschien in Allenstein eine erste
polnischsprachige Zeitung, die bis 1939 bestehen sollte. Bei den
Reichstagswahlen 1893 wurde im Wahlbezirk Allenstein-Rößel
zum ersten (und einzigen) Mal ein polnischer Kandidat gewählt.
Dieser war ebenso katholischer Pfarrer wie Walenty Barczewski,
der bis zu seinem Tod 1928 unbestrittener Führer der polnischen
Bewegung im Ermland war. Wie lebendig die polnische Gemeinschaft dort war, zeigt sich in vielen Lebenserinnerungen, etwa
bei Paweł Sowa, der 1897 in dem bei Allenstein gelegenen Dorf
Köslinen geboren wurde: «Fast alle Einwohner des Dorfs und der
Umgebung verwendeten ausschließlich die polnische Sprache,

das heißt den ermländischen Dialekt. Deutsch sprachen nur der
Lehrer Kunigk, der Schulmeister genannt wurde, und der Schult-
heiß Palm.»[45]

Oberschlesien und Niederschlesien

Ein Sprung zurück in die Mitte des 18. Jahrhunderts: Wenige Monate nach seinem Regierungsantritt machte sich Friedrich II. auf
zu großen Taten, deren erste die Eroberung Schlesiens für Preußen sein sollte. Ende 1740 marschierte er in die Provinz ein, die
nach mehreren Kriegen 1763, am Ende des Siebenjährigen Kriegs,
endgültig Preußen gehörte. Nur ein kleiner Teil im Südosten blieb
bei Österreich.[46]

Zur Zahl der Polnischsprachigen in Schlesien im 18. Jahrhundert gibt es keine verlässlichen Angaben: Im östlichen, Oberschlesien genannten Teil jedenfalls waren sie bei weitem in der
Überzahl. Der preußische Staat hatte viele hunderttausend Untertanen fremder Zunge dazugewonnen (1828 waren es in Oberschlesien nach den offiziellen Daten einer ersten Volkszählung
418 000). In der Zeit der Aufklärung machten sich Denker und
Staatsmänner viele Gedanken über Modernisierung und Entwicklung, die unter anderem von rückständigen Sitten und Gewohn-
heiten gehemmt zu werden schienen. Als probates Mittel zur He-
bung des Landes galt die kulturelle Anpassung an die weiter entwickelten deutschsprachigen Gebiete, weshalb der König seinen
Etats-Minister Schlabrendorf 1763 die Kriegs- und Domänen-
kammer in Breslau anweisen ließ: «Vornehmlich ist (...) darauf zu
sehen, dass in Oberschlesien, wo fast durchgehends alles polnisch
ist, auch die deutsche Sprache eingeführt und die dortigen Lan-
des-Inwohner durch deren Erlernung ihren übrigen Landesleuten
communicable gemacht werden.»[47]

Diese Politik war noch nicht nationalistisch, ging aber wie
selbstverständlich von der Überlegenheit der deutschen Kultur
aus. So äußerten sich die deutschen Reisenden, die in den folgenden Jahrzehnten durch das «polnische» Oberschlesien kamen,
meist sehr herablassend über die neuen Untertanen: «Schon die
Erinnerung an die Kost des pohlnischen Oberschlesiers bringt
mir jenen unleidlichen Geruch und Eckel zurück, dem ich bey

meinen Arbeiten auf dem Lande so oft als Zuschauer ausgesetzt war. Heydegrütze und Sauerkraut (*Cappusta*) davon sie das letztere in Löchern, die mit Stroh oder Bretern ausgefüttert sind, dem Schoos der Erde übergeben, machen den größten Theil der Kost dieses Volkes aus», hieß es 1787.[48]

Ähnlich verächtlich äußert sich ein anonymer Bericht von 1789 über die polnischen Oberschlesier: «Physiognomien, in denen der widrigste Contrakt von Dummheit, Sklavengesinnungen, und Verzweifelung aus tiefliegenden Augen, verwachsenen Stirnen, unbeschornem Kinn, und schon in der Jugend von Mangel und Elend verschrumpften Wangen anekelt (…). Endlich ein Jargon, der jedem für das Sanfte und Schöne gebildete Ohr unaussprechlich wehe thut. Wenn man zu sagen beliebt, daß der Engländer lispelt, der Italiäner singt, und der Deutsche spricht, so darf man vom Oberschlesier füglich behaupten, daß er *heult*.» Der Autor fordert dann, die polnische Sprache, «dieses Bollwerk der alten Sitten, Gebräuche und Vorurtheile», zu beseitigen.[49]

Allerdings waren nicht alle Besucher so negativer Meinung. 1805 schrieb ein Anonymus: «Wirklich höflicher und komplaisanter als unsre Landleute (…) hab' ich jene Leute gefunden. (…) So übertrieben unreinlich in ihrer Kleidung und in ihren Wohnhäusern, auch Kretschams, hab' ich es auch nicht gefunden, als man mir oft erzählt hat.»[50]

Trotz mancher behördlicher Maßnahmen sank der polnischsprachige Bevölkerungsanteil in Oberschlesien (Regierungsbezirk Oppeln) nur unwesentlich und betrug im gesamten 19. Jahrhundert etwa 60 Prozent; inoffizielle Schätzungen gehen sogar von einem noch etwas höheren polnischen Anteil aus. Polnisch war – mit Ausnahme einiger westlicher Kreise Oberschlesiens – die vorherrschende Sprache auf dem Land und später auch in den Industriegebieten. Die preußische Politik war unentschlossen. Auf Zeiten einer größeren Unterdrückung des Polnischen folgten (zum Beispiel in den 1840er Jahren) liberale Zeiträume, in denen sogar das Hochpolnische in den schlesischen Schulen erlaubt war.[51]

Das in Oberschlesien gesprochene Polnisch unterschied sich (und unterscheidet sich bis heute) merklich vom Hochpolnischen.

Weselniey górnoślązey w Rozbarku pod Bytomiem. (W pośrodku państwo młodzi).

6 ___ Hochzeitsgesellschaft in Roßberg, einem Teil der oberschlesischen Stadt Beuthen, um 1900. In der Mitte das Brautpaar.

Die Deutschen nannten es «Wasserpolnisch», manchen galt es gar als eigene deutsch-tschechisch-polnische Mischsprache, andere sahen in ihm einen polnischen Dialekt oder eine Mundart. Je nachdem, wer sich hierzu äußerte, waren die Urteile verschieden. So meinte Georg Samuel Bandtke, der sich von Breslau aus sehr für die polnische Sprache einsetzte, im Jahre 1802: «das Polnische des polnischen Schlesiers» sei «polnisch und nichts anderes». Während ihm viele polnische Stimmen folgten, waren deutsche Beobachter oft bestrebt, den Wert dieser Sprache kleinzureden, sie als «unrein» und vom Polnischen stark abweichend zu beschreiben.[52]

In der Mitte des 19. Jahrhunderts setzte ein polnisches Interesse an Oberschlesien ein, auch begannen örtliche Lehrer und Priester damit, polnisch-schlesische Sagen zu sammeln und die polnisch-katholische Bewegung zu stärken (Alojzy Ficek mit seinem Pilgerzentrum in Deutsch Piekar). Es blieb jedoch eine große Dis-

krepanz bestehen, denn während die Menschen ihren oberschlesischen Dialekt sprachen, lag alles Gedruckte auf Hochpolnisch
vor und wurde nur teilweise tatsächlich verstanden. Besucher aus
dem hochpolnischen Sprachgebiet belächelten die grobschlächtig
redenden Oberschlesier oft, und diese fühlten sich auch ihnen
gegenüber minderwertig.

Die Dinge begannen sich vor allem aufgrund der raschen Industrialisierung des oberschlesischen Kohlereviers zu ändern. Hatte
es in den 1870er Jahren noch ca. 9000 Bergarbeiter gegeben, so
stieg die Zahl bis 1913 auf rund 123000. Einen Teil der Arbeitskräfte fand man in Oberschlesien selbst, vorwiegend unter der
polnischen Landbevölkerung, manche in Niederschlesien, aber
kaum anderswo im Reich, weshalb die Industrie zunehmend auf
Fremdarbeiter aus den angrenzenden polnischen Gebieten im
russischen und österreichischen Teilungsgebiet angewiesen war.
Nachdem im Zuge der Polenausweisung von 1885/1886 mehr
als 6000 aus dem russischen und österreichischen Teilungsgebiet
stammende Polen Oberschlesien verlassen mussten, wurden viele
Polen (und Ukrainer) saisonal angeworben oder arbeiteten als
Pendler, so dass vor dem Ersten Weltkrieg mehrere tausend Polen
täglich zur Arbeit ins deutsche Oberschlesien kamen. Die Belegschaften der Bergwerke bestanden zu rund 90 Prozent aus Polen,
im Hüttenwesen war das Zahlenverhältnis zwischen Deutschen
und Polen in etwa ausgeglichen, und nur in der metallverarbei-
tenden Industrie, die verhältnismäßig viele Fachleute benötigte,
überwog der Anteil der Deutschen. Viele der polnischen Arbeiter
traten der polnischen Gewerkschaft bei, andere dem (deutschen)
Katholischen Gewerkschaftsverband. 1913 gelang es der polnischen Arbeiterbewegung, einen Massenstreik auszulösen, der
jedoch nach wenigen Wochen zusammenbrach.[53]

In den oberschlesischen Städten breitete sich derweil die deutsche Sprache aus, in Beuthen oder in Gleiwitz sank der Anteil
der Polnischsprachigen deutlich, da der Sprachwechsel mit sozialem Aufstieg verbunden war: Wer etwas gelten wollte, der sprach
Deutsch. Um dem entgegenzuwirken, bemühten sich polnische
Priester auf dem Land und in den Fabriksiedlungen um verstärkten Polnischunterricht. Unterstützt von der Geistlichkeit setzten

sich auch Menschen wie der Lehrer Karol Miarka (1825–1882) für die polnische Sache ein. Miarka hatte seine polnische Identität erst in den 1850er Jahren entdeckt und engagierte sich schon bald publizistisch, um das Selbstwertgefühl seiner Landsleute zu verbessern: «Übel tun uns die, die sagen, dass der polnische Oberschlesier von dummem Verstand und gemeinem Charakter ist, denn der Oberschlesier ist mit einem scharfen Verstand gesegnet und besitzt von Geburt an ein gutes und frommes Herz.» Er baute rasch eine eigene Zeitung auf: Das in Königshütte herausgegebene Blatt «Katolik» erreichte in den 1870er Jahren eine Auflage von ca. 6000 Exemplaren. Andere Zeitungen folgten, und ab 1898 erschien die erste polnische Tageszeitung, der «Dziennik Śląski».[54]

Im Zuge des Kulturkampfs gegen die katholische Kirche geriet bald die polnische Sprache ins Visier der preußischen Regierung: 1872 wurde das Deutsche «obligatorisches Unterrichtsmittel in allen Unterrichtsgegenständen» an den oberschlesischen Schulen, während Polnisch – zunächst bis auf den Religionsunterricht – verboten wurde, eine Maßnahme, die übrigens in allen polnisch besiedelten Regionen des Reichs umgesetzt wurde und teils heftigen Widerstand auslöste. Persönlichkeiten wie Miarka wurden im Zuge des Protests gegen die Germanisierungsbestrebungen unter der polnischsprachigen Bevölkerung immer beliebter. Innerhalb weniger Jahre entstanden mehrere hundert polnische Gewerbe-, Schützen-, Gesangvereine usw., rund 175 polnische Volksbibliotheken, polnische Volksbanken und Genossenschaften, denen in immer stärkerem Maße auch städtisches Bürgertum beitrat – plötzlich entdeckte es mit Stolz seine polnische Identität. Die Oberschlesier wurden dabei unterstützt von polnischen Zuwanderern aus den anderen Ostprovinzen Preußens.[55]

Zu Beginn des 20. Jahrhunderts verstärkte sich der politische Druck polnischer Parteien in Oberschlesien. Besonders die antideutsch agierende Nationaldemokratie gewann von Posen aus an Einfluss und wandte sich energisch gegen das bisher dominierende katholische Zentrum. Zum führenden polnischen Politiker der Provinz wurde der junge, 1873 in der Nähe von Kattowitz geborene Bergarbeitersohn Wojciech Korfanty: Ein katholischer Pfarrer hatte die zwar polnischsprachige und gut katholische, jedoch keineswegs polnisch-patriotische Familie überzeugt, den begabten Jungen auf das Kattowitzer Gymnasium zu schicken. Hier wurde er zwar kurz vor dem Abitur wegen polnischer politischer Betätigung entlassen, konnte jedoch mit Hilfe des Vorsitzenden der polnischen Fraktion im Reichstag extern das Abitur ablegen und studierte zunächst in Berlin, bald darauf in Breslau. Seit 1901 engagierte sich Korfanty politisch, wobei es ihm gelang, die polnischen Oberschlesier zu mobilisierten und bei den Reichstagswahlen 1903 knapp das erste polnische Mandat der Provinz zu erlangen. 1907 konnten bereits fünf Mandate auf Kosten von Sozialdemokraten und Zentrum errungen werden; Korfanty selbst war bis 1912 und dann wieder 1918 Reichstagsabgeordneter.

Deutsche Gegenmaßnahmen ließen nicht auf sich warten und spitzten den Nationalitätenkampf auch in Oberschlesien immer weiter zu. Trotz aller Nationalisierung blieb der überwiegende Teil der oberschlesischen Bevölkerung weiter indifferent, sprach sich weder für die eine noch für die andere Seite aus, und wenn, so oft nur widerwillig. Nationale Sympathien und Selbstzuschreibungen konnten selbst dann Dörfer und Familien teilen, wenn alle, egal ob «Deutsche» oder «Polen», dasselbe oberschlesisch-polnische Idiom sprachen. Da die Volkszählungen solche Zwischentöne nicht registrierten, mussten sich alle Befragten für eine der abgefragten Muttersprachen entscheiden, was 1910 in Oberschlesien (Regierungsbezirk Oppeln) rund 1,2 Mio. Polen, knapp 0,9 Mio. Deutsche und etwa 90 000 Zweisprachige ergab. Die zögerlichen Anfänge einer regionalen Bewegung – der «Schlonsaken», von polnisch «Ślązak» = Schlesier – konnten so überhaupt nicht erfasst werden, wie überhaupt das Phänomen von faktischer Mehrsprachigkeit und kultureller Hybridität in Oberschlesien erst am Ende des 20. Jahrhunderts begriffen wurde, als die Bindekraft der Nationalgeschichten und nationalen Identitäten nachließ.[56]

Während in Oberschlesien also eine komplizierte sprachliche Situation vorherrschte, verhielt es sich in Niederschlesien ganz anders. Hier war im 19. Jahrhundert der Anteil der Polnischsprachigen relativ gering. In einigen Grenzkreisen zur Provinz Posen wurde verstärkt Polnisch gesprochen, so in den Kreisen Polnisch

Wartenberg (im Zuge der antipolnischen Politik 1888 umbenannt in Groß Wartenberg) und Namslau. Die preußische Politik versuchte jedoch gezielt, das Polnische zurückzudrängen, etwa indem polnische Predigten in der evangelischen Kirche verboten wurden. Nach der Volkszählung von 1910 lebten in Niederschlesien ca. 65 000 Polen (rund zwei Prozent der Einwohner), allerdings dürften die tatsächlichen Zahlen etwas höher gelegen haben. In der Großstadt Breslau hielten sich um die Jahrhundertwende schätzungsweise 20 000 – meist zugewanderte – Polen auf, die seit Ende des 19. Jahrhunderts verschiedene Vereine gründeten.

Während der Verlag Korn die Herausgabe polnischer Bücher in der Jahrhundertmitte einstellte, studierten an der Universität das ganze 19. Jahrhundert über relativ viele Polen, die verschiedene Studentenverbindungen gründeten: 1817 entstand die erste mit dem Namen «Polonia», die aber schon fünf Jahre später verboten wurde. Besondere Bedeutung erlangte die 1836 vom böhmischen Professor Jan Evangelista Purkyně gegründete Literarisch-Slawische Gesellschaft (*Towarzystwo Literacko-Słowiańskie*), der im Laufe ihrer 50-jährigen Tätigkeit vornehmlich Polen angehörten, insgesamt rund 900. 1886 wurde sie so wie alle anderen polnischen Vereine an der Breslauer Universität von den preußischen Behörden verboten. Die 1842 eingerichtete Professur für Slavistik blieb jedoch weiter bestehen; viele Jahrzehnte lang war hier der aus Großpolen stammende Władysław Nehring (1830–1909) Ordinarius.[57]

1832: Polen ziehen durch Deutschland

Der Novemberaufstand von 1830/31, den die Polen in Kongresspolen gegen Russland wagten, scheiterte. Von den knapp 50 000 polnischen Soldaten, die Zuflucht auf preußischem und österreichischem Gebiet gesucht hatten, wählten mehrere tausend, vor allem Offiziere, die Emigration, da sie der von den Russen verkündeten Amnestie nicht trauten. Von Preußen (und Österreich) aus zogen sie, auf Staatskosten besoldet, transportiert und verpflegt zumeist in Kolonnen von 50 bis 100 Mann Ende 1831 und im ersten Halbjahr 1832 durch Deutschland nach Frankreich. Sie waren mit Wagen unterwegs und machten relativ häufig Station.[58]

Für die bürgerliche deutsche Öffentlichkeit vor allem außerhalb der preußischen Grenzen war der Durchzug der geschlagenen Polen eine Sensation: Schon während des Aufstands waren in einer Begeisterungswelle in deutschen Landen hunderte von Polenvereinen gegründet worden, Sammelpunkte für Frauen und Männer, die sich gegen die reaktionäre politische Ordnung in Europa stemmen wollten und im Freiheitskampf der Polen gegen die russischen Unterdrücker ein Fanal für eine Demokratisierung ganz Europas sahen. Nach Dieter Langewiesche knüpften die Polenvereine «das dichteste Organisationsnetz (...), das bis dahin die deutschen Staaten je überzogen» hatte. Hilfe für die kämpfenden Polen wurde organisiert, Verbandsmaterial und Ärzte nach Warschau geschickt, Geld gesammelt, diskutiert und viel geschrieben: In den Zeitungen der liberaleren deutschen Länder erschienen ungezählte Artikel, und mit der «Polenlyrik» entstand urplötzlich eine neue Gattung politischer Dichtung. Die Anklage gegen die Zaren und das Mitleid mit den Polen waren eigentlich eine Anklage gegen Preußen und das Selbstmitleid des in seiner Entfaltung gehinderten Bürgertums.[59]

Und so wurde den über Wochen hin durch Sachsen, Hessen und Baden – oder über Österreich, Bayern und Württemberg – nach Frankreich ziehenden Polen allerorten ein begeisterter Empfang bereitet. Die «geschlagenen Helden», wie sie oft betitelt wurden, waren überrascht und überwältigt. Beispielhaft einige Eindrücke aus dem Tagebuch des Offiziers Józef Alfons Potrykowski: Am 21. Januar überschritt er mit seiner Gruppe die preußisch-sächsische Grenze, sie wurden gleich von begeisterten Menschen mit Rufen «Hoch die Polen, es lebe Polen» empfangen und nach Leipzig geleitet. «Plötzlich wurden an allen Fahrzeugen die Pferde ausgespannt, und Jugendliche, in der Masse Studenten, an ihrer Seite wunderschön gekleidete Damen, Fräuleins, Tagelöhner und Bürger der verschiedensten Stände und Stellungen und sehr unterschiedlichen Alters zogen selbst unsere Fahrzeuge und gestatteten keinem von uns, aus ihnen auszusteigen. Man kann ohne jegliche Übertreibung sagen, daß die ganze Stadt zu unsrer Begrüßung auf den Beinen war und uns mit Hurrarufen und Kußhänden empfing.» Nach fünf «mit Freude und Geselligkeit» erfüllten Tagen ging es weiter über Gotha, Eisenach und Hersfeld: «Die Damen und Mädchen hielten in den Händen verschiedene Blumen und Efeu, womit wir gleich nach der Ansprache [des Bürgermeisters] beworfen wurden. Sechs am Rande der ‹Chaussee› aufgestellte Geschütze, die eine Batterie bildeten, gaben 101 Schüsse ab. Mit einem Wort, wir wurden wie echte und größte Helden empfangen.» Hier wie auch in anderen Städten wurden die Polen privat untergebracht, es gab Bälle, Geldgeschenke, kurzum: der Triumphzug der Polen durch Deutschland wurde zu einem positiven Höhepunkt polnischer – wenn auch flüchtiger – Präsenz in Deutschland.[60]

Als sich das deutsche liberale Bürgertum im Südwesten anschickte, seine politischen Hoffnungen auf einem großen Nationalfest zu manifestieren und sich dafür das Hambacher Schloss auserkor, eine malerisch am Osthang des Pfälzerwaldes gelegene Burgruine, wehten nicht nur polnische Fahnen im Wind, sondern auch einige polnische Vertreter waren zugegen und hielten Reden; ein gewisser Bolesław Zatwarnicki rief aus: «Nie waren zwei Nationen eine der andern würdiger, als die Deutsche und die Polnische; nie war zwischen Völkern ein schönerer und festerer Bund geschlossen, als jetzt zwischen Deutschen und Polen. Möge er unsere spätesten Nachkommen noch beglücken!» Auch am Frankfurter Wachensturm von 1833 waren einige Polen beteiligt. Und noch einmal sollte die vielbeschworene deutsch-polnische Brüderlichkeit besungen werden – im Revolutionsjahr 1848.[61]

Revolutionäre in Aktion: Polenprozess und Völkerfrühling

Das geteilte Polen bereitete den Teilungsmächten als latenter Unruheherd ständig Sorge, und sie standen immer wieder vor der Wahl, ob man die aufmüpfigen Untertanen mit Zuckerbrot locken oder mit der Peitsche traktieren sollte. Preußen wählte 1846 eine

strengere Politik: Nachdem der Aufstand der Polen im Großherzogtum Posen vom Februar 1846 gescheitert war, bereitete man
ein gerichtliches Nachspiel in Berlin vor, einen großen «Polenprozess» vor dem preußischen Kammergericht in Moabit gegen
254 polnische Verschwörer. Ihnen wurde vorgeworfen, sie hätten
Polen in den Grenzen von 1772 wieder errichten und eine soziale
Revolution auslösen wollen – kurzum: Hochverrat, auf den die
Todesstrafe stand. Eine Bitte des Preußischen Vereinigten Landtags vom April 1847 an den König, die Polen zu begnadigen, weil
«diese Milde (…) die Polen fester an Preußen fesseln, als strenge
Ausführung der Buchstaben der Gesetze», wurde abgelehnt. Der
für die Zeit ungewöhnliche, weil öffentliche und beispiellos große
Prozess – der wegen seiner Größe im Zellengefängnis Lehrter
Straße stattfand – weckte in ganz Deutschland viel Interesse. Über
den ersten Verhandlungstag schrieb ein Zeitgenosse:

> «Auf der Anklagebank sahen sich zuerst viele nach langer gefäng-
> licher Haft wieder, und es erfolgten überall Umarmungen und
> Küsse, selbst Handküsse von Personen niederen Standes gegen Hö-
> here. Der vornehme Theil der Angeklagten, unter denen sich meh-
> rere Grafen, viele Edelleute, Geistliche und Koryphäen der pol-
> nischen Literatur befinden, war in nobler Toilette. Meist schwarz
> gekleidet erschienen die Geistlichen in ihren Talaren. Einer, ein
> Greis mit silbergrauem Haar und Bart, Joseph von Sokolnicki, trug
> die National-Tracht.»[62]

Mierosławski selbst, ein stattlicher Mann mit prächtigem Vollbart,
warb in seiner mit viel Pathos vorgetragenen Verteidigungsrede
um Verständnis für das unterdrückte Volk – und kam als Verkör-
perung des Bilds vom «edlen Polen» so gut an, dass eine Braunschweiger Zeitung sogar schrieb: «Neun Zehntel unserer heirats-
fähigen Damen würden Herrn von Mieroslawski ohne weiteres
heiraten».[63]

Am 2. Dezember 1847 erging der Schuldspruch in erster Instanz: 117 Angeklagte wurden verurteilt, acht davon zum Tode
durch das Beil, darunter der 33-jährige Ludwik Mierosławski,
die übrigen wurden freigelassen. Varnhagen von Ense notierte
am 3. Dezember 1847 in seinem Tagebuch: «Man ist allgemein
erschrocken und beunruhigt, doch hofft man entschieden, dass

7 ___ Leidenschaftlicher Revolutionär: Ludwik Mierosławski erwarb sich 1847 durch seinen Auftritt vor dem Berliner Kammergericht die Herzen des liberalen deutschen Bürgertums. Obwohl er zum Tode verurteilt wurde, kam er im Zuge der Märzrevolution von 1848 frei.

keine Hinrichtung stattfinden werde.» Darum bat auch Bettina von Arnim den König persönlich.[64]

Angesichts der angespannten Stimmung – in ganz Europa hing Revolution in der Luft – wurde die Verhandlung vor dem Gericht zweiter Instanz verzögert, und nachdem sich auch in Berlin unzufriedene Arbeiter und Bürger versammelten, wandelte der König am 11. März 1848 die Todesurteile in Haftstrafen um. Am

18. März kam es in Berlin zu Barrikadenkämpfen, bei denen fast 200 Zivilisten den Tod fanden; das Militär musste sich zurückziehen. Am 19. März überreichte eine polnische Delegation dem König eine Petition, in der sie die Freilassung ihrer Landsleute erbat, und als sich am Tag darauf vor dem Schloss eine große Menschenmenge einfand, gab Friedrich Wilhelm IV. schließlich nach und unterzeichnete die Amnestie.

Die Freilassung der Polen war sicherlich einer der Höhepunkte der Märzrevolution, zumal sie gewaltlos blieb. Eine riesige Schar – vielleicht 100 000 Menschen – zog zum Gefängnis Moabit und begrüßte die Freigelassenen enthusiastisch. Ein Zeitzeuge berichtet: «Ich folgte nur dem offenen Wagen, in welchem Mierosławski, eine schwarz-rot-goldene Fahne in der Hand, mit einigen seiner Freunde saß. Eine zahllose Volksmenge zog mit dem Wagen durch das Siegestor (…). Plötzlich hielten die Wagen der befreiten Polen, Mierosławski erhob sich und sprach, die schwarz-rot-goldene Fahne schwingend, die begeisterten Worte: ‹Nicht du, edles deutsches Volk, hast meinem unglücklichen Vaterlande Fesseln geschmiedet; deine Fürsten haben es getan; sie haben mit der Teilung Polens ewige Schmach auf sich geladen. (…) Eure Freiheit ist unsere Freiheit, und unsere Freiheit ist die Eure!›» Vermutlich sprach der Pole Französisch, doch der Funke sprang über und das Volk stürmte zum Königsschloss. Polen selbst waren an den revolutionären Ereignissen in Berlin kaum beteiligt, vielleicht kämpften einzelne mit gegen die preußischen Truppen, doch das ist nicht zu belegen. Mierosławski und seine Gefolgsleute wurden zusammen mit einer Posener Delegation am 23. März vom König empfangen, daraufhin reiste er nach Posen, wo er gleich an die Spitze des dortigen Aufstands trat.[65]

Während die preußischen Polen für ihre Rechte kämpften, begannen die Deutschen mit ihrer parlamentarisch-nationalen Revolution: Wahlen zur Frankfurter Nationalversammlung wurden im gesamten Deutschen Bund sowie in den außerhalb des Bundes liegenden östlichen Provinzen Preußens anberaumt. Das brachte die preußischen Polen auf, denn einem preußischen Staat mochten sie noch loyal gegenüberstehen, einer deutschen Nation fühlten sie sich jedoch keineswegs zugehörig. In zahlreichen Protestbotschaften formulierten Polen ihre Weigerung, an den Wahlen teilzunehmen, etwa polnische Urwähler aus Posen, die Ende April 1848 erklärten: «Nimmer und nimmermehr kann Deutschland ein Land der Freiheit und Gerechtigkeit heißen, wenn es unser durch seine Geschichte, durch seine Sprache und seine gesamte Nationalität ihm fremdartiges Volk an die Länder des Deutschen Bundes gewaltsam ketten will.» Letztlich wurde nur der Rektor des Posener geistlichen Seminars für die Nationalversammlung aufgestellt, Jan Janiszewski, der in Frankfurt gegen die Teilung der Provinz Posen und die Aufnahme des deutschen Teils in den Deutschen Bund protestierte, indem er an «Gerechtigkeitsliebe und Gewissenhaftigkeit der deutschen Nation» appellierte; im Herbst 1848 übernahm Karol Libelt sein Mandat.[66]

Polnische Menschen spielten somit im Frankfurter Parlament so gut wie keine Rolle, wohl aber Polen als Land. Am Ende einer großen Polendebatte setzt sich eine gewaltige Mehrheit der Versammlung über die polnischen Wünsche hinweg, «den Polen ihr Vaterland wiederzugeben» (so eine Petition des Posener Nationalkomitees), und beschloss die Einbeziehung des Großherzogtums in den Deutschen Bund (aus dem es nach dem Scheitern der Revolution 1851 wieder entlassen wurde). Die aufbrechenden Gegensätze von deutscher und polnischer Nationalbewegung sollten nicht ohne Konsequenzen für die Lage der Polen in den deutschen Staaten bleiben, die sich in den folgenden Jahren und Jahrzehnten einem immer stärkeren Druck durch die deutsche Nation ausgesetzt sahen.[67]

Die revolutionären Aktivitäten der Polen in Deutschland waren jedoch noch nicht beendet. Nachdem der preußische König 1849 die Paulskirchenverfassung abgelehnt und die Auflösung der Nationalversammlung angeordnet hatte, brachen in Deutschland verschiedene Aufstände auf, der größte in Baden und der Pfalz. Da es den Aufständischen – denen sich Teile des regulären Militärs anschlossen – an Offizieren fehlte, verständigten sie sich mit polnischen Exilkreisen in Dresden und Paris, allen voran mit Ludwik Mierosławski. Eine in Karlsruhe angesiedelte Polnische Kommission warb polnische Offiziere und Mannschaften an, die unter anderem eine deutsch-polnische Legion bilden sollten. Mierosławski selbst trat Anfang Juni als Oberbefehlshaber in den Dienst der Aufstandsarmee, doch schon nach wenigen Wochen legte er in aussichtsloser Lage den Oberbefehl nieder; die letzten Revolutionseinheiten kapitulierten in der Bundesfestung Rastatt vor den überlegenen preußischen Truppen. Insgesamt sollen in der Pfalz und in Baden rund 500 Polen für die Aufständischen gekämpft haben. Viele Beobachter waren überzeugt, dass – so Ludwig Häusser 1851 – «Mieroslawski der einzige Mann [war], der in der pfälzisch-badischen Revolution sich seinem Posten einigermaßen gewachsen gezeigt hat». Es gelang ihm, nach Paris zu entkommen, von wo aus er noch verschiedentlich in revolutionärer Mission unterwegs war.[68]

Polnische Massenmigration

Im Zuge der Industrialisierung wuchs der Bedarf an Arbeitskräften in Deutschland – nicht nur in den Industriezentren, sondern aufgrund der Land-Stadt-Wanderung auch in der Landwirtschaft. Alleine zwischen 1870 und 1914 zogen 3,5 Millionen Menschen aus den preußischen Ostprovinzen in den Westen des Reichs, darunter viele hunderttausend Polen – sei es auf Dauer, sei es für kürzere oder längere Zeit. Und diese gewaltigen Migrationen waren nur Teil eines viel größeren Migrationsgeschehens. Zwischen 1830 und 1920 wanderten mehr als acht Millionen Polen und Deutsche nach Amerika aus, die Polen (und polnischen Juden) durchweg über die deutschen Häfen Bremen/Bremerhaven und Hamburg, wo sie teils mehrere Wochen blieben, ehe sie ihre Überfahrt antreten konnten. In den Auswandererbaracken und -hallen auf der Elbinsel Veddel und anderswo dürfte Polnisch neben Jiddisch und Ukrainisch die vorherrschende Sprache gewesen sein.

«Sachsengänger»: Polen auf Wanderschaft

Nicht alle Polen wollten ihr Glück in so weiter Ferne suchen, sondern viele beschränkten sich auf nähere Gebiete. Stephan Lipinski schildert in seiner 1928 veröffentlichten Erzählung *Jan Polak* das

Schicksal eines polnischen Saisonarbeiters in Deutschland eindrucksvoll:

«Alljährlich sieht man dich kommen zur Zeit der Schneeschmelze,
zu Zehntausenden, Hunderttausenden. Bescheiden und etwas
ängstlich. Im Bewußtsein, daß du hier vollkommen rechtlos bist,
hockst du in den Vorräumen der Bahnhöfe. Schüchtern gehst du
durch die Straßen der Kleinstadt und betrachtest erstaunt die
Fremde, die du dir so wild bewegt in deinem weltenfernen, abgelegenen Dörfchen nicht vorgestellt hast.
In den schwäbischen Fluren bis weit hinunter am Bodensee bist
du ebenso zu treffen wie an der dänischen Grenze. Im Westfalen-
lande und am Rhein ebenso wie in Pommern und Ostpreußen.
Hart ist dein Tagewerk und gering der Lohn, den man dir widerwillig reicht.
Recht- und schutzlos bist du hier, von niemand gern gesehen, als
notwendiges Übel betrachtet. Einem Paria gleich. Höhnisch ruft
dir der Gassenbube nach ‹Polak›, und selbst der Bettelmann rümpft
über dich die Nase.
Und wenn du im Spätherbst, nachdem Korn und Hackfrucht im
heißen Sonnenbrand und brausenden Novembersturm mit deiner
Hilfe geborgen sind, wieder heimwärts ziehst, so hinterläßt du niemand, der dies bedauert. Freudlos kommst du und freudlos gehst
du.»[69]

Es waren die immer intensiver bewirtschafteten Güter und vor
allem der sehr arbeitsintensive, ab der Mitte des 19. Jahrhunderts
geradezu explosionsartig anwachsende Zuckerrübenanbau, die
einen großen Bedarf an saisonalen landwirtschaftlichen Arbeitskräften auslösten. Hauptzielgebiet war zunächst die preußische
Provinz Sachsen (im Prinzip das heutige Sachsen-Anhalt), weshalb die polnischen Saisonarbeiter auch «Sachsengänger» hießen –
auf Polnisch sagte man, man gehe *na saksy*, nach Sachsen. Bald
aber waren auch andere Gegenden Ziel der Sachsengängerei.
    Es gab prinzipiell zwei Herkunftsregionen von polnischen
Landarbeitern – die polnischen Gebiete innerhalb Preußens und
jene im Ausland. Die Binnenwanderung unterlag keinen größeren
Restriktionen und hatte zudem den Vorteil, dass die meisten Betroffenen zumindest ein wenig Deutsch sprachen. Teilweise waren

gar nicht einmal große Entfernungen zu überwinden, um sich in einem ethnisch fremden Umfeld wiederzufinden: So arbeiteten traditionell polnische bzw. kaschubische Kleinbauern und Landarbeiter auf den großen Höfen und Gütern des deutschsprachigen Weichselmündungsgebiets (Werder), wohin sie vielfach mehrmals im Jahr zogen – im Frühling zur Aussaat der Zuckerrüben, im Sommer zur Getreide- und im Herbst zur Zuckerrübenernte. Zu Beginn der 1890er Jahre wanderten zum Beispiel jährlich 3000 Bewohner der Provinz Westpreußen in die Werderstadt Marienburg, davon 1700 Polen.[70]

Oft legten landwirtschaftliche Saisonarbeiter aber auch weitere Strecken zurück, was von der Anbindung der jeweiligen Gebiete an die Eisenbahn und von regionalen Migrationsnetzwerken abhängig war. So bevorzugten in den 1870er Jahren die Bewohner der westpreußischen Kreise Schwetz, Marienwerder und Flatow Ziele in Mecklenburg, während es aus den Kreisen Konitz und Schlochau vorranging nach Brandenburg ging. Um die Jahrhundertwende wurden alleine aus Westpreußen jährlich mehr als 20 000 Wanderarbeiter gezählt, und zwar meistenteils aus den vorwiegend polnisch bewohnten Kreisen. Die Arbeit lohnte sich: Die «Gazeta Toruńska» meldete im Frühjahr 1890 aus der Tucheler Heide, «dass in diesem Jahr aus der hiesigen Gegend so viele Menschen zur Arbeit im Sommer in fernere deutsche Gebiete gefahren sind, dass in einigen Ortschaften nur Alte und Frauen mit Kindern geblieben sind. Einige Bauernkaten sind sogar ganz leer.»[71]

Da im Westen höhere Löhne gezahlt wurden, nicht nur in der Landwirtschaft, sondern auch in der Industrie, hielt auf den Gütern und großen Bauernhöfen der Ostprovinzen «Leutenot» Einzug. Arbeitskräfte suchten die Gutsbesitzer deshalb verstärkt jenseits der Grenzen, im russischen und österreichischen Teilungsgebiet. Schon in der ersten Hälfte des 19. Jahrhunderts fanden viele Auslandspolen Saisonarbeit in den angrenzenden preußischen Provinzen; dies wurde während der Polen- und Judenausweisungen von 1885/1886 besonders deutlich, als alleine aus dem landwirtschaftlich geprägten Westpreußen fast 11 000 Personen ausgewiesen wurden, die allermeisten von ihnen Landarbeiter. Dabei überwogen politisch-ideologische Gesichtspunkte die wirtschaftlichen. In einem internen Schreiben begründete Bismarck mit seinem zuständigen Minister die Ausweisungen mit der Gefahr revolutionärer Propaganda durch die «Überläufer», aber auch damit, dass die Zuwanderer «die Grenzprovinzen polonisieren, während deren Germanisierung unsere staatliche Aufgabe bildet». In der ersten dieser Frage gewidmeten Reichstagssitzung erklärte Kanzler Bismarck geradeheraus: «Der Polonismus und die polnische Propaganda ist der Grund der Ausweisungen gewesen.» Wenige Wochen später beschloss der Reichstag mit Mehrheit, dass die preußischen Ausweisungen «nach ihrem Umfange und nach ihrer Art nicht gerechtfertigt erscheinen und mit dem Interesse der Reichsangehörigen nicht vereinbar sind». Dennoch verteidigte Bismarck wenige Tage später im preußischen Landtag das Vorgehen: «Wir wollen die fremden Polen los sein, weil wir an unseren eigenen genug haben.»[72]

Offensichtlich hatten die Preußen aber doch nicht genug an ihren eigenen Polen, denn nach den Ausweisungen fehlte es gerade für den Zuckerrübenanbau an Arbeitern; tausende von Zentnern Rüben und Kartoffeln konnten in den folgenden Jahren nicht eingebracht werden. Die Gutsbesitzer mussten also wieder Polen aus dem Ausland anwerben, was ihnen 1890 unter der liberaleren Reichsregierung Caprivi auch erlaubt wurde, so dass schon 1892 wieder mehr als 20000 polnische Saisonarbeiter aus den russischen und österreichischen Teilungsgebieten zur Akkordarbeit in die preußischen Ostprovinzen kamen. Sie wurden nun allerdings daran gehindert, sesshaft zu werden, da man sie verpflichtete, im Winter zurückzukehren (diese Regelung galt übrigens nur für Polen). Dennoch blieb der Streit um die auslandspolnischen Saisonarbeiter im Osten – von denen man eine Unterstützung der inländischen Polen im Nationalitätenkampf befürchtete – ein «Dauerbrenner der preußisch-deutschen Innenpolitik» (Ulrich Herbert). Kein geringerer als der junge Max Weber – der seinen Wehrdienst in Posen abgeleistet hatte – widmete der Frage eine vielbeachtete Arbeit. Er versuchte den Nachweis zu führen, dass nicht der Fortzug von Deutschen in wirtschaftlich attraktivere Gebiete zur «Leutenot» im Osten führte, sondern deren «Verdrängung» durch die billig arbeitenden Polen, wodurch letztlich,

8 ___ Polnische Sachsengänger werden auf dem Weg zu ihrem Gut durch Berlin gefahren.

wie er schrieb, «Nationalität und (...) Wehrkraft des deutschen Ostens» gefährdet seien. Von Standpunkten wie diesem führt ein direkter Weg hin zu kolonialen Ostraum-Phantasien, rassischer Segregation und letztlich auch zur Verdrängungs- und Ausrottungspolitik des Zweiten Weltkriegs.[73]

Auch andere Experten aus Wissenschaft und Politik beschäftigten sich mit den Sachsengängern, darunter der führende polnische, in Deutschland lebende Sozialist Julian Marchlewski. In einem Artikel für die «Leipziger Volkszeitung» zeigte er auf, welche Auswirkungen die Anwerbung von polnischen Saisonarbeitern seiner Meinung nach hatten:

«‹Billige Löhne. Garantie für Nichtfortlaufen. Feldarbeiter, Männer, Mädchen, Burschen, Deutsche, Russisch-Polen, Ruthenen, Ungarn, beschafft in jeder Anzahl und beliebiger Zusammenstellung, wenn gewünscht auch mit energischem, deutsch und polnisch sprechendem Aufseher X.Y.› – So lauten die Inserate, die jetzt regelmäßig in den von Landwirten gelesenen Zeitungen erscheinen. Und bald wird an der östlichen Grenze der Strom von Menschen sich daherwälzen. Dann sieht man auf den Bahnhöfen Tausende

von Männern und Frauen geduldig warten, bis der Stellenvermitt-
ler kommt und sie in Trupps in die Waggons kommandiert. In vielen Fällen wissen sie nicht einmal, wohin die Fahrt geht. Ein Agent
ist im Winter hingekommen in das weltverlorene polnische Dorf,
hat mit den Leuten geredet und ihnen in den meisten Fällen alles
mögliche vorgelogen, hat sie dann einen Kontrakt unterschreiben
lassen, von dem die wenigsten auch nur das geringste verstehen,
und jetzt werden sie wie Ware verfrachtet. (...)
Und immer weiter nach Osten ziehen die Agenten, um die nötige
Menschenware herbeizuschaffen. Früher waren nur die Provinzen
Posen, Westpreußen und Oberschlesien das Rekrutierungsgebiet;
dann kam das Grenzgebiet Russisch-Polens an die Reihe, dann
Westgalizien, und heute sind bereits die östlichen Gebiete Russisch-Polens und der Osten Galiziens in den Strudel hinein-
gezogen. (...) Auf diese Weise ist die ganze ländliche Bevölkerung
des Gebiets, von der Elbe bis an den Njemen, von der Ostsee bis an
die Karpaten, in Fluß gekommen. Millionen von Menschen sind zu
Nomaden geworden, die kein Heim mehr haben, da sie nur eine
kurze Spanne Zeit, während der Wintermonate, die Heimatdörfer
aufsuchen.»[74]

Trotz dieser gewaltigen, von Marchlewski bewusst zugespitz-
ten Menschenwanderung fehlten der ostelbischen Landwirtschaft stets billige Arbeitskräfte. Da die direkte Anwerbung in
Russisch-Polen erschwert war, ging es an den Grenzübergängen
nach dem Bericht eines zeitgenössischen Beobachters oft hoch
her:

«Kaum hat der Wanderarbeiter die Grenze überschritten, so drängen sich an ihn Agenten heran, die beredt ihm in allen möglichen
Gegenden Arbeitsgelegenheit anpreisen; kaum hat ein Agent ein
paar Leute zusammen, schleicht sich ein anderer an die Gruppe heran, drückt ihnen einen anderen Kontrakt in die Hand oder sucht
sie mit schönen Versprechungen an sich zu locken. (...) Daß die
Agenten beim Anwerben den Alkohol zu Hilfe nehmen, braucht
wohl nicht besonders konstatiert zu werden. (...) Hat ein Agent die
benötigte Zahl von Arbeitern zusammen, so schickt er sie per Bahn
unter Kontrolle eines Vertrauten, damit sie nicht unterwegs wegge-
kapert werden oder sich selbst zerstreuen, nach der Bahnstation
des Bestellers.»[75]

Um dem oft unlauteren Treiben der vielen tausend Agenten Einhalt zu gebieten, bemühten sich deutsche Stellen in den Jahren vor dem Ersten Weltkrieg, die Anwerbung zentral zu steuern («Deutsche Feldarbeiter-Centralstelle», später «Deutsche Arbeiterzentrale»). Selbst dann waren die Lebensbedingungen der «Sachsengänger» spartanisch, sie wurden in Massenquartieren untergebracht und hatten den Anweisungen der Inspektoren oder Aufseher Folge zu leisten – wenn nicht, wurden sie als «Polacke» beschimpft, auch körperliche Gewalt war weit verbreitet: «Inspektor schlug den Arbeiter Strycharz mit der Reitpeitsche, weil ihm der Pflug umgefallen war; auch wollte er über ihn hinwegreiten. Nachher besuchte er den Arbeiter in der Stube mit dem Schaffer, warf den Arbeiter aufs Bett und schlug ihn mit der Reitpeitsche derart über den Kopf und den Rücken, daß der Arbeiter laut ärztlichem Attest 6 Tage arbeitsunfähig war.» Sie waren Fremde in einer ihnen fremden Umgebung, und sie blieben meist fremd. Aber trotz aller Schikanen und Erniedrigungen war die Arbeit auf den Gütern für die Sachsengänger lukrativ, konnten sie mit dem Ersparten doch ihre Familien daheim unterstützen.[76]

Ruhrpolen: Proletarier in der Fremde

Die Industrialisierung warf Licht und Schatten auch in die polnischen Gebiete. Während sich im russischen Teilungsgebiet mit Lodz eines der wenigen polnischen Industriezentren entwickelte, blieben größere Produktionsbetriebe in den preußischen Ostprovinzen – Schlesien ausgenommen – rar gesät; in polnischem Besitz befindliche größere Firmen wie die Posener Landmaschinenfabrik Cegielski waren die absolute Ausnahme. Da die Bevölkerung in den ostelbischen Gebieten im 19. Jahrhundert stark wuchs und die höheren Löhne anderswo lockten, ließen sich nach der Reichsgründung hunderttausende von preußischen Staatsbürgern im Ruhrgebiet nieder. Hier, in den preußischen Provinzen Rheinland und Westfalen, hatten sich im Laufe des Jahrhunderts Kohlegruben und Stahlwerke so rasant entwickelt, dass die Unternehmen damit begannen, Arbeiter im Osten des Reichs anzuwerben – neben Deutschen auch sehr viele preußische Polen.[77]

Verzeichneten die Statistiken 1861 im Rheinland nur 16 Polen, so stiegen die Zahlen stetig, vor allem nach 1890. Vor dem Ersten Weltkrieg gab es nach deutschen verwaltungsinternen Angaben an der Ruhr 457 000 Polnischsprachige, davon rund 160 000 protestantische Masuren und 297 000 katholische Polen, was in Summe 9,4 Prozent der Gesamtbevölkerung der drei Regierungsbezirke Arnsberg, Düsseldorf und Münster ausmachte. Die höchsten Bevölkerungsanteile von Polen gab es 1910 in Recklinghausen Stadt (23,1 Prozent), Herne Stadt (21,6 Prozent), Gelsenkirchen Land (17,7 Prozent) und Hamborn Stadt (17,1 Prozent, heute ein Teil von Duisburg).[78]

Erstes Zentrum der polnischen Einwanderung war Bottrop, wo sich vor allem Oberschlesier niederließen; die Zeche «Prosper» zählte später zu den «Polenzechen», also zu denjenigen Bergwerken, in denen die Belegschaft zu mehr als der Hälfte polnisch war – und wo unter Tage oft Polnisch die vorherrschende Sprache war. Bald wanderten auch Ostpreußen – darunter viele polnischsprachige Masuren – an die Ruhr, insbesondere nach Gelsenkirchen, während die Westpreußen besonders stark in Wattenscheid vertreten waren. Spätestens seit der Jahrhundertwende gab es auch einen großen Zustrom aus der Provinz Posen, der sich in Städten wie Bochum, Essen oder Oberhausen konzentrierte.[79]

Der Bedarf an Arbeitskräften konnte nicht alleine mit Zuwanderern aus dem Inland gestillt werden, so dass auch Ausländer angeworben wurden, unter ihnen Niederländer, Slowenen, Italiener, Belgier und Franzosen. Der Zuzug ausländischer Polen aus dem russischen und österreichischen Teilungsgebiet war von der Regierung hingegen untersagt worden: Die als fleißig und anspruchslos geltenden «preußischen Polen» sollten nicht durch – wie man das damals nannte – «nationalpolnische» Agitation «verdorben» werden. Gelegentlich versuchten die Unternehmen, diese Vorschriften zu umgehen, und so waren – legal oder nicht – 1907 knapp 6000 Polen aus Russland und Galizien im Ruhrgebiet beschäftigt.[80]

Die Polen arbeiteten größtenteils im Bergbau, und dort wiederum besonders in den körperlich anstrengenden Bereichen, etwa in den Kokereien. Allerdings stieg nach und nach der Anteil der in der Industrie beschäftigten Polen. Kurz vor dem Ersten Weltkrieg begann sich – teils in der zweiten Generation der Ruhrpolen – auch ein polnischer Mittelstand zu entwickeln: 1912 wurden gut 2000 polnische Gewerbetreibende gezählt, meist Lebensmittel-händler, Schneider, Schuhmacher, Flaschenbierhändler und Friseure.[81]

Die Polen fanden vor allem in den Zechen des nördlichen Ruhrgebiets Arbeit, in einer bis dahin größtenteils ländlichen Region. Um das Wohnungsproblem zu lösen, bauten die Unternehmen Zechenkolonien: In den werkeigenen Zwei- bis Vierfamilienhäusern mit Gartenanteil fanden sehr viele der Zuwanderer Unterkunft. Dadurch, dass sie hier oft «unter sich» blieben und ihre Kontakte zur deutschsprachigen Umgebung beschränkt waren, integrierten sich die Ruhrpolen insgesamt nur relativ langsam in die deutsche Gesellschaft; Ehen wurden fast ausschließlich untereinander geschlossen und Einkäufe häufig in polnischen Kleinläden getätigt, die von Bergmannsfrauen und -töchtern betrieben wurden. Nicht berufstätige Frauen hatten große Mühe, die ethnische Subkultur zu verlassen. In Bottrop wohnten besonders viele Polen zum Beispiel in den Kolonien Batenbrock und Lehmkuhle – sie bildeten, wie Richard C. Murphy schreibt, «eine polnische Enklave, die zwar kein Ghetto war, aber doch den deutschen Bewohnern der Stadt entschieden unwestfälisch vorgekommen sein muß».[82]

Zur Stigmatisierung der Zechensiedlungen trugen weitere Faktoren bei: Oft lebten die Familien hier in proletarischer Enge, nahmen vielfach noch einen oder gar mehrere Kostgänger auf, zudem waren polnische Familien zumindest in der ersten Zuwanderergeneration kinderreich – fünf oder sechs Kinder waren keine Seltenheit. Die sanitären Verhältnisse waren alles andere als vorbildlich – die Siedlungen waren in der Regel nicht an das Kanalisationsnetz angeschlossen, offene Abwasserrinnen und Plumpsklos waren ebenso unangenehm wie die ungepflasterten, bei Regen schlammigen Wege. Die polnischsprachigen Bewohner des Ruhrgebiets galten bei der ansässigen Bevölkerung oft pauschal als «die Zugelaufenen», «die aus dem Osten» oder schlicht «das Gesocks», wobei man keinen Unterschied zwischen Katholiken und

9 ___ In Zechensiedlungen wie Habinghorst – heute ein Stadtteil von Castrop-Rauxel – bildeten sich über Jahrzehnte polnische Subkulturen. Zweisprachige Postkarte vom Anfang des 20. Jahrhunderts.

masurischen Protestanten machte. Die gesellschaftliche Ächtung ließ Polen – und andere Zuwanderer – enger zusammenrücken und konservierte bestimmte Mentalitäten, vor allem Minderwertigkeitskomplexe; Eheschließungen mit Einheimischen kamen in der ersten, teils auch in der zweiten Zuwanderergeneration kaum vor.[83]

Angesichts dieser Milieubildung ist es kaum verwunderlich, dass die Ruhrpolen eifrig Vereine gründeten, ja für ihre spießig anmutende Vereinsmeierei oft verspottet wurden. Der erste Verein war die 1877 gegründete Dortmunder *Jedność* (Einheit). Zunächst entstanden vor allem katholische Arbeitervereine; 1912 existierten 139 derartige Vereine mit mehr als 12 000 Mitgliedern. Etwas später wurden Gesangvereine gegründet, wie sie auch auf deutscher Seite als Teil einer lebendigen Arbeiterkultur in Mode kamen. Es folgten Turnvereine (*Sokół*), die kurz vor dem Ersten Weltkrieg aufgrund ihrer nationalen Ausrichtung einen wahren Boom erlebten, und viele andere – Rosenkranzbruderschaften, Wahlvereine, Bildungs-, Lotterie-, Jünglings- und Musikvereine, Gewerbe-, Abstinenzler- und Frauenvereine. Insgesamt sollen am

Vorabend des Kriegsausbruchs in 875 polnischen Vereinen mehr als 80 000 Polen organisiert gewesen sein (darunter allerdings viele Mehrfachmitgliedschaften). Neben dem Rückzug in die eigenen Reihen dienten die Vereine auch dem Einstudieren von Bürgerlichkeit – für viele Polen, die zumindest für ihren Nachwuchs einen gesellschaftlichen Aufstieg anstrebten, ein wichtiger Bestandteil ihres Lebenshorizonts.[84]

Eine wichtige Rolle spielte die Kirche. Für die Masuren waren dies die protestantischen Gemeinden – selbst wenn es hier nur selten polnische Gottesdienste gab –, oft aber auch masurische Gebetsgemeinschaften (*gromadki*), mit denen die evangelische Kirche vor Ort nicht viel anfangen konnte und die ein Grund dafür waren, dass sich viele Masuren noch langsamer in die deutsche Mehrheitsbevölkerung integrierten als die katholischen Polen.[85]

Für die katholischen Polen war naturgemäß die katholische Kirchengemeinde ein wichtiger Bezugspunkt ihres Lebens. Gerade für neu eintreffende Zuwanderer war sie erste Anlaufstelle: «Das einzige, was sie in dieser fremden Welt an die Heimat erinnerte, war die Pfarrkirche», schreibt Krystyna Murzynowska. Wallfahrten, Prozessionen und religiöse Feiern gliederten ihren Alltag. Seit 1890 gab es durchgehend polnische Priester im Ruhrgebiet; 1913 waren im Industriegebiet 75 Geistliche in der Polenseelsorge tätig. Einige engagierten sich besonders stark, so der aus Westpreußen stammende Franciszek Liss, der neben zahlreichen Vereinen das erste ruhrpolnische Blatt «Wiarus Polski» (soviel wie: «Der polnische Gläubige») gründete und «als erster unumstrittener Führer der ‹Polenbewegung›» galt. Die Nachfolger dieses auf Integration bedachten Priesters agierten dann aber schon nationalpolnischer, vor allem der ebenfalls aus Westpreußen stammende Jan Brejski, der in Krakau studiert hatte, nun als «westfälischer Polenkönig» (Kleßmann) galt und zusammen mit seinem Bruder Antoni den «Wiarus» zum wichtigsten Presseorgan der Ruhrpolen machte. Einziges erfolgreiches Konkurrenzblatt vor Ort war der seit 1909 in Herne erscheinende «Narodowiec» («Der Nationale»). Zentrales Thema dieser Zeitungen war die Abgrenzung gegenüber der deutschen Mehrheitsgesellschaft zum Zweck nationaler Selbstidentifikation. Dabei wurde Konfrontation – so wie bei den nationalistischen deutschen Blättern – oft auch künstlich geschaffen; während die einen überall «polnische Gefahren» witterten, sahen die anderen allerorten Germanisierer am Werk; in ihrem engen Nationalismus griffen sie Zusammenarbeit und Kompromissbereitschaft, auch deutsch-polnische gemischte Ehen oder die Mitgliedschaft von Polen in deutschen Vereinen an.[86]

Zum Organisationszentrum der Polen im Ruhrgebiet entwickelte sich die Klosterstraße in Bochum (heute «Am Kortländer»), wo kurz vor dem Ersten Weltkrieg von Hausnummer 2 bis 14 polnische Organisationen untergebracht waren: Banken, die Gewerkschaft *Zjednoczenie Zawodowe Polskie* (Polnische Berufsvereinigung, ZZP), die Redaktion des «Wiarus Polski» und andere Vereinigungen, nicht zuletzt der «Bund der Polen in Deutschland». Auch die deutsche Behördenstelle zur «Polenüberwachung» hatte ihren Sitz in Bochum.

Die 1902 im Umfeld des «Wiarus» gegründete ZZP wuchs – auch wenn sie bald auf größere Distanz zur Kirche ging – rasch, zunächst hauptsächlich unter Bergleuten, bald aber auch in anderen Berufsgruppen, und dehnte sich in andere deutsche Provinzen aus. Polen waren aber auch in deutschen Gewerkschaften organisiert, mit denen das ZZP verstärkt zusammenarbeitete, insbesondere bei den großen Bergarbeiterstreiks von 1905 und 1912.[87]

Da die Polen – mit Ausnahme von Oberschlesiern – fast ausschließlich vom Land und aus Kleinstädten zuwanderten, hatten sie in Polen noch keinen städtischen Proletarisierungsprozess mitgemacht. Die Sozialdemokratie tat sich deshalb bei ihnen zunächst schwer, erst mit der Zeit gewann die deutsche SPD bei den Polen einigen Zuspruch, während die polnische PPS keinen Erfolg hatte. Von ihrer Herkunft her einer traditionsbewussten ländlichen Gesellschaft entstammend, blieb die Mehrheit der Ruhrpolen jedoch konservativ und wählte zunächst meist das katholische Zentrum. Später hielt der politische Nationalismus Einzug im Ruhrgebiet. Das Jahr 1899 bedeutete hier eine Wende: In diesem Jahr erließ die preußische Verwaltung eine Bergpolizeiverordnung, in der aus «sicherheitspolizeilichen Interessen» von allen Bergleuten Deutschkenntnisse verlangt wurden, von vielen Berufsgruppen zudem gute Schreib- und Lesekenntnisse im Deutschen, wodurch zahlreichen Polen Aufstiegschancen verbaut wurden. Zwar hatte die Verordnung gute Sachgründe, doch angesichts des gerade in den Ostprovinzen aufgeflammten Nationalitätenkampfs wurde sie von beiden Seiten auch im nationalen Sinne interpretiert – Deutsche sahen in ihr ein Mittel zur forcierten Germanisierung, Polen befürchteten genau dies. Eine «polnische Gefahr» erkannte die deutsche Öffentlichkeit auch in der «Polenrevolte» vom Juni 1899 in Herne: Eine Steigerung der Knappschaftsbeiträge war nicht gut an die des Deutschen kaum mächtigen, vor allem jungen polnischen Bergleute vermittelt worden, die sich daraufhin um einen Teil ihres Lohns geprellt fühlten und in vielen Zechen in den Ausstand traten. Polizei und Militär reagierten mit übermäßiger Härte – es gab vier Tote, 20 Schwerverletzte, 23 Bergleute wurden zu Zuchthausstrafen verurteilt und 190 entlassen.[88]

Ereignisse wie diese ließen eine nationale Bewegung entstehen, die sich zunehmend deutlich von der deutschen Umgebung abgrenzte und viel Zulauf fand, zumal sich viele Polen nicht nur von der deutschen Mehrheitsgesellschaft, sondern auch von den Behörden diskriminiert fühlten, etwa durch die Bemühungen, privaten Polnischunterricht zu unterbinden, polnischsprachige Vereinsversammlungen zu erschweren oder das öffentliche Zeigen polnischer Vereinsfahnen zu verbieten. Höhepunkt der Entwicklung war 1913 die Gründung einer Art «Polnischen Nationalrats» im Westen, des «Exekutivkomitees» (*Komitet Wykonawczy*), das während des Kriegs an Bedeutung gewann und dem 1920 schließlich mehr als 1500 Vereine mit rund 150 000 Mitgliedern angehörten.[89]

Nicht alle Ruhrpolen blieben auf Dauer im Westen des Reichs, manche kehrten zurück in die Heimat – für immer oder nur saisonal. Gerade in der ersten Zeit fuhren viele zur Aussaat- und Erntezeit zu ihrer Familie nach Osten, um zu helfen; andere verloren in Krisenzeiten ihren Job und zogen ganz zurück. Die Hoffnung, mit dem Ersparten dereinst in der Heimat ein Stück Land erwerben zu können, erfüllte sich jedoch nicht allzu oft – zu gering war letztlich das in den Zechen Ersparte, und als mit der Novelle zum Ansiedlungsgesetz von 1904 der Erwerb von Grundbesitz durch Polen in den Ostprovinzen sehr erschwert wurde, kam die Rückwanderung fast völlig zum Erliegen.[90]

Wie eng zumindest in der ersten Generation der Ruhrpolen die Bindungen an die Heimat noch waren, zeigt das Beispiel Andrzej Walenciaks und seiner Frau. 1880 in einem Dorf nahe Posen geboren, kam er zu Beginn des 20. Jahrhunderts ins westfälische Hamborn, wo er als Hauer auf der Zeche «Neumühl» arbeitete. Seine ebenfalls aus einem Dorf im Posenschen stammende Frau Jadwiga Duczmal war von ihren drei Geschwistern nach Westfalen geholt worden – ein klassisches Beispiel von Kettenwanderung. Zur Geburt ihres Sohns Józef fuhr sie 1906 in die Heimat und kehrte, als dieser wenige Wochen später starb, zu ihrem Mann zurück. Dieser wechselte alsbald zur neuen Zeche «Radbod» in Bockum-Hövel, wo das Paar in eine Zechensiedlung zog. Auch zur Geburt des nächsten Kindes fuhr Jadwiga wieder in die Provinz Posen, um einige Monate später mit Tochter Pelagia nach Westfalen zurück zu kommen. Ein Sparbuch der polnischen Volksbank in Krotoschin belegt, dass die Familie hoffte, sich mit dem angesparten Kapital später im Osten niederlassen zu können. Doch am 12. November 1908 kam Andrzej bei einer Schlagwetterexplosion zusammen mit etwa 350 weiteren Bergleuten ums Leben – es war das bis dahin größte Unglück des deutschen Steinkohlebergbaus. Jadwiga wurde eine geringe Witwenrente zugesprochen; sie blieb im Posenschen und wurde später Lehrerin.[91]

Zwischen Wolle und Braunkohle: Weitere Ziele polnischer Arbeitsmigration

Der 1884 in einem kleinen Dorf der Provinz Posen geborene Arbeiter Jakub Wojciechowski glaubte in der Heimat keine Zukunft zu haben. Schon mit 15 Jahren verdingte er sich in einer Ziegelei nahe Berlin, wo auch sein Vater schon arbeitete, wurde jedoch bald entlassen, fand dann Arbeit bei einem Karussell und in einer Zementfabrik bei Hannover, ehe er 1904 in Wanne auf der Zeche «Pluto» als Schlepper anheuerte. Bald darauf ging er zur Kokerei «Shamrock» und dann zum Gaswerk in Wanne. Nach dem erneuten Verlust seines Arbeitsplatzes fand er einen Job in Mansfeld als Hauer in einer Kupfergrube, später verdiente er als Bauarbeiter in Leipzig sein Brot, war Arbeiter in einer Brikettfabrik in Senftenberg sowie in einer Braunkohlezeche in Helmstedt. Nach seinem

dreijährigen Militärdienst in Magdeburg blieb er beim Braunkohletagebau in der Nähe und war dann bis Kriegsausbruch in Magdeburg Straßenbahnschaffner. Trotz seiner vielen Jahre in deutscher
Umgebung war ihm und seiner Familie die polnische Herkunft
anzumerken. In Magdeburg habe sich, wie er in seinen ausführli-
chen Lebenserinnerungen schreibt, seine Tochter bei ihm ausge-
weint, weil andere Kinder sie als «Polacke» beschimpften.

> «Aber da habe ich sie getröstet und ihr gesagt, sie solle einfach ant-
> worten: ‹Selber Polacke!› – Aber ich selbst verbot es den [anderen]
> Kindern, so zu reden, und da wurde es noch schlimmer, selbst mir
> riefen die Kinder ‹Polacke› nach. Als ich wieder einmal von den
> Kindern als ‹Polacke› beschimpft wurde, und als ich es den Vätern,
> die dabei waren, sagte, da lachten sie mich aus. Und sie sagten,
> [dass] ich nach Posen gehen kann, dort werden sie mich nicht
> ‹Polacke› schimpfen (…). Einmal ging ich auch zur Polizei, um
> mich zu beklagen, da lachten sie mich aus, dass das gar keine Belei-
> digung sei. Und da ich dem einen oder anderen Kind die Ohren
> langzog, hatte ich auch manche Unannehmlichkeit mit diesen Ein-
> wohnern.» [92]

Nachdem Wojciechowski für das Deutsche Reich in den Krieg
gezogen war, kehrte er 1915 mit einer Kriegsverwundung wieder
ins Ruhrgebiet zurück und arbeitete auf der Zeche «Hibernia» in
Gelsenkirchen; im Dezember 1918 ging es wieder als Straßenbahnschaffner nach Magdeburg. 1921 optierte er für Polen, wohin
er 1924 schließlich auch zog. [93]

Der Lebenslauf des Jakub Wojciechowski ist nur ein Beispiel
von vielen, aufgrund seiner Rastlosigkeit vielleicht kein ganz typi-
sches. Zwischen den 1890er Jahren und dem Ersten Weltkrieg
wanderten rund zwei Millionen Menschen aus den deutschen
Ostprovinzen in die Industriezentren im Westen, Norden und in
der Mitte des Reichs. Viele von ihnen waren Polen. Ihre Siedlungszentren waren neben Berlin die Großräume Leipzig und
Dresden, Hamburg (vor 1914 rund 20000 Polen) und Bremen
(etwa 13 000 Polen) sowie kleinere Industriegebiete wie Bitterfeld
(bis zu 4000 Polen) oder etwa auch der Braunkohletagebau in der
Niederlausitz, und außerhalb von Preußen Mannheim/Ludwigs-
hafen sowie der Saarbergbau. [94]

Gut erforscht ist das Beispiel der Elbinsel Wilhelmsburg, die
erst 1937 nach Hamburg eingemeindet wurde. Sie entwickelte sich
um die Jahrhundertwende zu einem wichtigen Industriestandort –
eine große Wollkämmerei («Nordwolle»), Werften, Ölindustrie
und chemische Werke sowie ein gewaltiger Güterbahnhof be-
nötigten tausende von Arbeitskräften. In immer größerer Zahl
kamen sie aus Posen und Oberschlesien; die «Nordwolle» setzte –
ähnlich wie auch das Hauptwerk der Firma in Delmenhorst – fast
ausschließlich schlecht bezahlte polnische Arbeitskräfte ein, darunter viele Frauen, die sechs Tage in der Woche elf Stunden lang
im Akkord arbeiten mussten. Am Vorabend des Ersten Weltkriegs
lebten in Wilhelmsburg knapp 6000 Polen, einige Straßen im Bezirk Reiherstieg waren zu drei Vierteln polnisch. Das Arbeiterda-
sein war kein Zuckerschlecken: Die sanitären Verhältnisse in den
billigen Wohnungen waren oftmals schlimm, und in ihren subkul-
turellen Milieus gefangen, fielen Jugendliche und junge Männer
nicht selten durch Alkoholkonsum, Schlägereien und Diebstähle
auf. Die deutsche bürgerliche Öffentlichkeit machte vielfach kollektiv die polnischen Einwanderer für «sittlichen Verfall» verantwortlich und sparte nicht mit Spott. So hieß es in einer Lokalzei-
tung 1908: «Wenn man den Esel aufs Eis führt, wird er sich dort
sicherer bewegen als gewisse polnische Landedelleute, wenn sie
sich in Wilhelmsburg zum Karneval begeben.» Dass sich deutsche
Arbeiter kaum anders verhielten, verschwieg das Blatt tunlichst.[95]
  In Bitterfeld und Umgebung war der Trend zu Ghettoisierung
geringer, die Polen lebten hier verstreut in der Stadt und den
umliegenden Dörfern. Beschäftigt vor allem im Braunkohletagebau und in der chemischen Industrie, entfalteten die größtenteils
aus der Provinz Posen stammenden Zuwanderer ein aktives Vereinsleben. Die Vereinsstruktur ähnelte der im Ruhrgebiet, in Wilhelmsburg oder an anderen Zielorten polnischer Arbeitsmigration – katholische Arbeitervereine, Gesang- und Turnvereine
gaben den Ton an. Nachdem auf Druck der preußischen Behörden 1904 mehr als hundert gesellschaftlich besonders aktive Polen
von den Unternehmen entlassen und dadurch zum Wegzug gezwungen wurden, «erodierte» hier die polnische nationale Identität, Assimilationstendenzen verstärkten sich.[96]

10 ___ Zwei Polen in der Fremde: Der Bergarbeiter Jan Frąckowiak (geb. 1873 in einem Dorf in der Provinz Posen) hatte – wie man sieht – schon einige Jahre Stadtluft geschnuppert, als er 1897 in Bitterfeld die ebenfalls aus dem Posenschen stammende, gleichaltrige Landarbeiterin Julianna Samolik heiratete, die noch in ihrer ländlichen Tracht vor den Traualtar trat.

Neben der dauerhaften Abwanderung war industrielle Saisonarbeit weit verbreitet, vor allem von Bauarbeitern bei großen Infrastrukturprojekten: Der Eisenbahn- und Chausseebau zog ebenso wie der Kanalbau (Mittellandkanal, Nord-Ostsee-Kanal), Deich- und Festungsbauten, der Hafenausbau in Hamburg, der Wohnungsbau oder der Ausbau des Telefonnetzes tausende von polnischen Arbeitern an. Es lockten relativ hohe Löhne: Während man in der Kartoffelernte im ostpreußischen Kreis Lötzen am Ende des 19. Jahrhunderts als Tagelöhner 1,20 bis 1,50 Mark am Tag verdienen konnte, wurden beim Bau des Nord-Ostsee-Kanals 3,50 Mark gezahlt. Für die preußischen Ostprovinzen schuf das strukturelle Probleme, denn die Saisonarbeiter waren, Max Weber zufolge, «meist die besten und kräftigsten Leute» und fehlten nun. Für die Industriezentren waren die Polen dagegen ein genügsames Arbeitskräftereservoir, was die Gefahren, die von einer «national-polnischen Agitation» ausgingen, letztlich überwog. Die Zerstreuung vieler Polen in mehrheitlich deutschsprachiger Umgebung schien aber auch die Chance zu bieten, die polnische National-bewegung zu schwächen, da sie – wie ein deutscher Beobachter schrieb – «einer langsamen Aufsaugung von seiten der Deutschen erliegen».[97]

Aristokratie, Arbeiter, Assimilation: Polen in Berlin

Als Hauptstadt Preußens war Berlin auch Hauptstadt für die preußischen Polen. Sie war die nächstgelegene moderne Groß-stadt und faszinierte als kulturelles Zentrum ebenso wie als Bei-spiel für eine gut organisierte, saubere und dynamische Metro-pole. Nicht zuletzt war sie Schaltzentrale einer europäischen Großmacht. Alles Grund genug, um Groß und Klein, Reich und Arm anzulocken. Den Reizen erlagen einige polnische Adelsfami-lien, darunter ein Stamm des in Litauen begüterten Fürstenge-schlechts Radziwiłł, das bereits seit dem 17. Jahrhundert mit den Hohenzollern verwandtschaftlich verbunden war. 1795 – im Jahr der dritten Teilung Polens – heiratete der musikalisch hochbe-gabte Antoni Henryk Radziwiłł eine Hohenzollernprinzessin mit Namen Luise, ließ sich in Berlin nieder und bezog ein barockes Palais in der Wilhelmstraße 77, dessen Salon für Jahrzehnte zu ei-nem der wichtigsten Treffpunkte von Adel und Künstlern wurde. Die Familie Radziwiłł diente quasi als Bindeglied zwischen den Adelswelten des untergegangenen Staates und der Aristokratie der deutschen Länder. Als sich aber ausgerechnet Prinz Friedrich Wilhelm, der zweite Sohn des Thronfolgers und spätere Kaiser Wilhelm I., unsterblich in die Radziwiłł-Tochter Eliza/Elisa ver-liebte, ging das den Hohenzollern doch zu weit: Trotz langer Ver-lobungszeit wurde die Beziehung gelöst, offiziell, weil es sich um keine «ebenbürtige» Beziehung gehandelt habe. Doch das war nur ein Vorwand, in Wirklichkeit wollte das Hohenzollernhaus einen potentiellen Thronfolger nicht mit einer polnischen – und noch dazu katholischen – Gemahlin verehelichen. Trotz der gescheiterten, später vielfach erzählten und sogar verfilmten «preußischen Liebesgeschichte» blieben die Kontakte zwischen den Radziwiłłs und Hohenzollern eng, sowohl Antonis Sohn Wilhelm als auch dessen Sohn wurden kaiserliche Adjutanten. Das Haus in der Wilhelmstraße wurde 1869 vom Staat angekauft und diente später als Reichskanzlei.[98]

Eine andere polnische Familie des Hochadels, die ihren Weg nach Berlin fand, waren die in Großpolen begüterten Raczyńskis. Athanasius hatte zunächst am sächsischen Hof diplomatische Betätigung gesucht und zog in den 1820er Jahren nach Berlin. Während er mehrfach preußischer Gesandter in europäischen Hauptstädten war, widmete er sich in Berlin dem Aufbau einer Gemäldesammlung mit Werken vornehmlich italienischer und zeitgenössischer Meister, für die er in den 1840er Jahren am damaligen Königsplatz ein eigenes Palais errichtete: Hier war seit 1847 seine Sammlung öffentlich zu sehen – durch ihre innovative Kombination alter und neuer Kunst machte sie großen Eindruck. Nach Raczyńskis Tod wurde das Gebäude vom Staat angekauft und abgerissen – an seiner Stelle entstand der neue Reichstag.

Zwar war Berlin auch in der ersten Hälfte des 19. Jahrhunderts vereinzelt Ziel nicht-adliger Migration, doch erst mit der beginnenden Industrialisierung ab den 1860er Jahren ist eine verstärkte Zuwanderung von Polen zu erkennen, die in den letzten beiden Jahrzehnten des 19. Jahrhunderts stark anstieg. Laut Volkszählung von 1910 lebten in Berlin etwa 38 000 – größtenteils preußische – Polen, doch Behördenakten und andere zeitgenössische Quellen lassen vermuten, dass sich im Großraum Berlin damals rund 100 000 Polen aufhielten, nicht eingerechnet eine unbekannte Zahl von saisonal Beschäftigten. Damit war Berlin «die größte polnische Stadt in Preußen». Diese Polen waren wiederum nur Teil einer gewaltigen Zuwanderungswelle aus den Ostprovinzen in die rasant expandierende Hauptstadtregion: In Berlin und Brandenburg wurden 1907 über 850 000 Einwohner gezählt, die in den preußischen Teilungsgebieten Polens geboren waren.[99]

Die Massenmigration von Polen nach Berlin war ganz überwiegend eine proletarische: Landarbeiter und Kleinstadtbewohner aus den östlichen Reichsteilen suchten hier in relativer Nähe zu ihren Herkunftsgebieten ein besseres Auskommen. Eine der wenigen Beschreibungen dieser gesellschaftlich marginalisierten Existenzen stammt aus dem Jahre 1901, als ein polnischer Beobachter notierte:

«Wir treffen in Berlin also Tausende von Polen, die beim Häuserbau als Handlanger und in verschiedenen Speditionsfirmen als Träger beschäftigt sind; wir sehen sie im Winter in der Armee von Obdachlosen, deren einzige Beschäftigung die Schneebeseitigung von den Straßen und deren Reinigung vom Matsch ist; sie sind es, die die Antriebsräder drehen, die von keinem Motor bewegt werden; sie helfen, die Unmengen von Flusskähnen, die auf der Spree geschäftig fahren, zu be- und entladen; man trifft sie zwischen den Massen von Arbeitern, die die Straßen pflastern oder Wasserrohre verlegen; man begegnet ihnen bei den einfachsten Tätigkeiten in Fabriken.»

1877 kam es sogar zu Arbeiterunruhen, als polnische (wohl aus Oberschlesien stammende) Saisonarbeiter am Alexanderplatz mit dem Verlegen von Pferdeeisenbahnschienen beginnen sollten, und arbeitslose deutsche Arbeiter die «Lohndrücker», wie man sie beschimpfte, vertreiben wollten.[100]

Anders als im Ruhrgebiet und an weiteren Zielorten polnischer Arbeitsmigration in Deutschland lebten die Polen in Berlin nicht in geschlossenen Milieus, sondern über die ganze Stadt verstreut, wenn auch besonders häufig in den Arbeiterbezirken im Südosten und im westlichen Moabit, wo es billigen Wohnraum gab. Sie waren vor allem als Hilfs- und Industriearbeiter bei Firmen wie Siemens, Telefunken, Loewe oder Osram tätig, es gab auch viele polnische Handwerker, insbesondere in den Textilberufen; von den berufstätigen Polinnen arbeitete ein Drittel als Hausangestellte, zum Beispiel im wohlhabenden Bezirk Tiergarten.[101]

Das polnische Vereinswesen florierte. Nach der Gründung eines ersten Gewerbevereins 1867, an dem führende preußisch-polnische Politiker wie Józef Kościelski und Karol Libelt beteiligt waren, entstanden zunächst katholische Arbeitervereine, in deren Statuten es oft hieß: «Der Verein will unter den Arbeitern polnischer Zunge den Geist der Ordnung und guten Sitten befördern und dieselben vor allen sittlichen Gefahren und Ausschreitungen sicherzustellen suchen. Politik ist streng ausgeschlossen.» Erst um die Jahrhundertwende nahm die Zahl weltlicher polnischer Vereine rasch zu: Neben Berufsvereinigungen für Gärtner, Gastwirte, Schneider oder Friseure gab es Gesangvereine, Turn- und Sportvereine, Kirchenvereine und Frauenvereine («Wir sind zwar schwache Frauen, unser Losungswort aber ist: leben und arbeiten für den Glauben und die Nationalität, für die Erziehung unserer Kinder zu eifrigen Katholiken und wahren Polen»). Am größten war wohl die «Gesellschaft Polnisch-Katholischer Arbeiter in Berlin» (*Towarzystwo Polsko-Katolickich Robotników w Berlinie*) mit mehr als 800 Mitgliedern. Viele Polen traten jedoch zum Verdruss national bewusster Landsleute auch deutschen Vereinen bei.[102]

Die polnische Zuwanderung vollzog sich weitgehend reibungslos, zumal sich viele Polen bemühten, im öffentlichen Leben nicht aufzufallen. Oft waren es lediglich ihre Namen, die von ihrer Herkunft zeugten und den deutschen Zeitgenossen vor Augen führten, dass es in ihrer Mitte doch ein erhebliches Potential von Fremdheit zu geben schien. So berichtete der Berliner Börsen-Courier 1910 im Gefühl latenter Bedrohung:

> «Zu Hunderten, zu Tausenden finden wir die bekannten konsonantenreichen Namen, deren Aussprechbarkeit für deutsche Zungen in den meisten Fällen ein Ding der Unmöglichkeit ist, hier vertreten. Wer das Adreßbuch aufschlägt, kann sich überzeugen, daß die Angehörigen der Polenfamilien Czapski, Kuznicki, Durbicki, Czarnicki, Szczepanski, Blicki, Ostrowski, Roslowski, Pilecki, Szafranski, Nawrocki, Dubski, Szalkowski *é tutti quanti* ganze Seiten füllen, und daß, wollte man einigermaßen erschöpfend sein, man einen stattlichen Band damit füllen könnte.»[103]

Doch der Schein trog oft, denn viele Träger eines polnischen Namens hatten sich schon längst an die deutsche Kultur assimiliert, wie die polnische Tageszeitung «Dziennik Berliński» bereits 1897 beklagte:

«Wie viele tausend Polen sind doch in Berlin selbst in Folge der Absonderung von den ihrigen für die Gesellschaft verloren gegangen. Es genügt, die Straßen zu durchwandern und die Schilder zu lesen mit Namen, welche die polnische Abstammung verraten, das Adreßbuch einzusehen und die deutsch geschriebenen polnischen Namen zu zählen, (…) um die traurige Erfahrung zu machen, daß die Zahl der Polen, welche eine Beute der Germanisierung geworden sind, viele Tausende beträgt!»[104]

Tatsächlich war der Übergang von polnischen in deutsche Milieus in der Großstadt Berlin viel leichter als in den meisten anderen Zielorten polnischer Massenmigration in Deutschland. Es heißt, dass sich zu Beginn des 20. Jahrhunderts bereits ein Drittel der polnischsprachigen Migranten in Berlin nicht mehr in erster Linie als Polen, sondern vielmehr als Berliner gefühlt hätten. Die nationalpolnische Bewegung versuchte dem seit der Jahrhundertwende entgegenzuwirken, setzte sich für den Gebrauch des Polnischen, für muttersprachlichen Unterricht (den die Behörden zu unterbinden versuchten) und für die Förderung polnischer Geselligkeit ein. Doch hierfür war nur eine Minderheit der Hauptstadtpolen zu gewinnen.[105]

Deutlichstes Indiz für die rasche Integrationskraft der Großstadt war die Zahl deutsch-polnischer Eheschließungen: Während sie in der ersten Migrantengeneration im Ruhrgebiet die absolute Ausnahme darstellten, trat im Jahre 1900 bei jeder dritten von Polen in Berlin geschlossenen Ehe ein deutscher Ehepartner vor den Traualtar. In den katholischen Kirchen wurde übrigens meist deutsch gepredigt, polnischsprachige Messen wurden aufgrund des Widerstands der weltlichen und kirchlichen Behörden nur sehr widerwillig eingerichtet. Wenn es in Berlin zu nationaler Mobilisierung kam, dann vor diesem Hintergrund: Als zum Beispiel am 15. März 1914 in der Moabiter St. Paulus-Kirche 60 polnische Kinder zur Erstkommunion gehen sollten, wurde die polnischsprachige Messe durch deutsche Geistliche und Polizei untersagt. Schließlich wichen die Familien nach Posen aus, wo die Kommunion auf Polnisch vollzogen werden konnte.[106]

Sozialer Aufstieg war aber auch in einer Großstadt wie Berlin nicht einfach und meist erst nach zwei, drei Generationen zu erreichen. Eine Ausnahme war der aus ärmsten Verhältnissen in einem pommerellischen Nest stammende Schneider Władysław Berkan (1859–1941), der es zu einem großen Geschäft an der Ecke Leipziger Straße/Friedrichstraße brachte und wegen seiner blendend geschnittenen Anzüge nicht nur in ganz Deutschland und den polnischen Landen, sondern sogar in Russland und in den USA gefragt war.[107]

«Denn wir verfolgen andere Zwecke als Sie …»: Polen in den Parlamenten

Von den 617 Abgeordneten des 1. Preußischen Vereinigten Landtags, der 1847 in Berlin zusammentrat, waren 25 Polen (22 aus Posen und drei aus Westpreußen); diese legten sogleich fest, sich lediglich zu polnischen Angelegenheiten äußern zu wollen. So hielten es für die nächsten Jahrzehnte die Polen auch in allen anderen deutschen Parlamenten – ein fortwährender Protest gegen die preußisch-deutsche Inbesitznahme polnischer Gebiete. Die Präsenz von Polen in den wichtigsten deutschen Volksvertretungen – dem preußischen Landtag und ab 1871 dem Reichstag – ermöglichte aber immerhin, vor einer breiten Öffentlichkeit Klage zu erheben über die Lage der Polen.[108]

In der 1848 einberufenen preußischen «Versammlung zur Vereinbarung der Preußischen Staatsverfassung» waren ebenso polnische Abgeordnete vertreten wie ab 1849 im preußischen Landtag, wo ihnen 20 Mandate zufielen. Der Landtag bestand seit 1854 aus Herrenhaus und Abgeordnetenhaus. Während die Angehörigen des Herrenhauses vom Herrscher ernannt wurden – 1854 gehörten ihm sieben, 1908 elf hochadlige Polen an –, wurden die Mitglieder des Landtags nach dem Dreiklassenwahlrecht gewählt (so wie auch die Kommunalparlamente), was bedeutete, dass 80 Prozent der Wähler in der niedrigsten Steuerklasse landeten und sehr viel weniger Einfluss auf die Zusammensetzung der Volksvertretungen besaßen als die erste und die zweite Klasse. Zwischen 1850 und 1870 saßen insgesamt mehr als 60 unterschiedliche polnische Volksvertreter auf den Landtagsbänken, zu mehr als zwei

Dritteln Angehörige des grundbesitzenden Adels, die meisten aus der Provinz Posen, einige aus Westpreußen; später nahm der Anteil des Bildungsbürgertums langsam zu. Am größten war die polnische Landtagsfraktion 1863 mit 26 Abgeordneten; bis 1913 schrumpfte sie wieder auf zwölf. Auch wenn die politischen Auffassungen verschieden waren und es oft große Differenzen zwischen konservativ-loyalistischen und liberalen, später auch demokratisch-nationalen Kreisen gab, hielten die polnischen Fraktionen in Land- und Reichstag an einem Prinzip fest: Nach außen hin sprachen sie stets mit einer Stimme und stimmten geschlossen ab. So wollten sie die Einheitlichkeit der polnischen Politik in den deutschen Staaten demonstrieren.[109]

Mit der Gründung des Deutschen Reichs waren Polen seit 1871 auch im Reichstag vertreten (bereits seit 1867 hatten sie am Parlament des Norddeutschen Bundes teilgenommen). Im Unterschied zum Landtag wurde hier nach dem allgemeinen und direkten Wahlrecht abgestimmt. Die Mehrzahl der Posener Wahlkreise ging in der Regel an polnische Kandidaten, außerdem vier bis sechs Wahlkreise in Westpreußen. Die Wahlen wurden von polnischen Kreis- und Provinzialwahlausschüssen (seit 1903 auch durch ein zentrales Wahlkomitee) vorbereitet, die zu Kompromissen bereit waren, etwa zugunsten eines aussichtsreicheren Kandidaten des katholischen Zentrums auf die Aufstellung eines eigenen Kandidaten zu verzichten. So blieb Oberschlesien bis zum Ende des 19. Jahrhunderts reines Zentrum-Gebiet.[110]

Die polnische Fraktion im Reichstag (*Koło Polskie*) hielt sich zunächst weitgehend zurück und meldete sich nur selten zu Wort, etwa in Zusammenhang mit dem Kulturkampf. Der Abgeordnete Niegolewski äußerte sich 1872 gegenüber den anderen Fraktionen so: «Wir Polen gehören keiner Partei im Hause an, und ich glaube, keine der Parteien würde uns annehmen, und wir unsererseits würden auch zu keiner gehören wollen. Denn wir verfolgen andere Zwecke als Sie, wir verfolgen vor allem unsere polnischen Interessen.»[111]

Auch im Reichstag dominierte lang der polnische Adel – Ferdinand Radziwiłł war fast 40 Jahre lang bis 1918 Fraktionsvorsitzender –, auch deshalb, weil die Mandate bis 1906 ehrenamtlich

11 ___ Polnische Abgeordnete des Reichstags, 1889. Für den Fotografen Julius Braatz posieren zehn Parlamentarier, darunter sitzend als zweiter von links Józef Kościelski, für lange Zeit einer der führenden polnischen Politiker im Reich. Wie ein trotziger Kommentar zum Wirken der polnischen Politiker wirkt Paul Pfizers Sentenz an der Wand: «Das heiligste Recht einer Nation ist das, als solche zu bestehen und anerkannt zu werden.»

ausgeübt wurden und nicht jeder sich wochenlange Aufenthalte in der Hauptstadt leisten konnte. Die konservative Adelsgruppe («Hofpartei») war es auch, die nach Bismarcks Entlassung einen politischen Schwenk durchsetzte: Man beschloss, die neue, liberalere Reichsregierung Leo von Caprivi zu unterstützen, um so Konzessionen bei der Polenpolitik zu erwirken. Nur mit Zustimmung der Polen gelang es der Regierung, Militärvorlagen durch das Parlament zu bringen und dadurch den Ausbau des deutschen Heeres und der Flotte zu forcieren. Caprivi kam den Polen tatsächlich ein wenig entgegen und der Wortführer der polnischen Konservativen, Józef Kościelski, gewann seinerseits das Vertrauen des jungen Kaisers Wilhelm II. Doch unter dem Druck der wortmächtigen nationalistischen Lager auf beiden Seiten scheiterte dieser Annäherungskurs: 1894 legte Kościelski sein Mandat nieder, kurz darauf wurde Caprivi entlassen.[112]

Derweil wurden die Sympathien für andere politische Strömungen immer größer, insbesondere für die von Roman Dmowski mitgegründete Nationaldemokratie. Diese konnte 1901 bei einer Nachwahl in der Stadt Posen einen ersten Erfolg verbuchen, erzielte bei den Reichstagswahlen 1903 die meisten polnischen Mandate und hatte in diesem Jahr erstmals auch im industrialisierten Oberschlesien Erfolg, wo Wojciech Korfanty gewählt wurde – bald der einflussreichste polnische Politiker im Reich und ein redegewandter Parlamentarier zudem. Gleichzeitig gelangten mehr Bürgerliche in die Fraktion, die sich in den Auseinandersetzungen mit der antipolnischen Politik von Reichskanzler von Bülow profilierten. Es gab eine ganze Reihe großer, teils mehrere Tage dauernder Polendebatten, über die deutsche wie polnische Zeitungen ausführlich berichteten – zum Beispiel 1901 über die Nichtzustellung polnisch adressierter Briefe durch die Reichspost, 1904 über die «Ostmarkenzulage» für preußische Beamte, 1908 über das Vereinsgesetz und das Enteignungsgesetz. All dies ließ die Stimmenanteile für die Polen steigen – bei den Wahlen von 1907 erzielten sie mit 20 Abgeordneten ihr bis dahin bestes Ergebnis.

Die deutschen Parlamente boten – neben dem Wiener Reichsrat und, allerdings erst seit 1905, der russischen Duma – den politischen Eliten Polens die Gelegenheit, Parlamentarismus einzuüben und rhetorische Waffen zu schärfen. Diese Erfahrungen waren dann ab 1918 im politischen Geschäft des unabhängigen Polens gefragt. Ebenso wichtig war aber das Gefühl, in der gesamtstaatlichen (deutschen) Öffentlichkeit gehört zu werden.

Neben der polnischen parlamentarischen Aktivität in Deutschland gab es auch eine außerparlamentarische – die sozialistische. Seit den 1890er Jahren waren mit Rosa Luxemburg und Julian Marchlewski zwei führende polnische Sozialisten in Deutschland aktiv, teils leiteten sie von Berlin aus sogar die Geschäfte der polnischen «Sozialdemokratie des Königreichs Polen und Litauen». Gleichzeitig gehörten sie der deutschen SPD an; Rosa Luxemburg nutzte ihre polnische Muttersprache, indem sie für die SPD in Oberschlesien agitierte. Die kämpferische «rote Rosa» wurde bald zu einer der führenden Vertreterinnen des linken Parteiflügels, Mitbegründerin des Spartakusbundes und 1918 – kurz vor ihrer Ermordung – der Kommunistischen Partei. Auch weitere Sozialisten wie Leo Jogiches oder Karol Radek kamen aus Polen nach Deutschland, um hier sozialistische Politik zu machen und zur Internationalität der Bewegung beizutragen.[113]

Akademische Weihen:
Polen an deutschen Universitäten

Da aufgrund der Teilungen Polens die Entwicklung des Schul- und Hochschulwesens stark gehemmt und polnischsprachige Bildungseinrichtungen teils ganz verboten wurden, blieb vielen Polen neben der Universität Krakau und – mit Einschränkungen – der Universität Lemberg nur der Weg an nicht-polnische Hochschulen. Deutsche Universitäten zogen naturgemäß vor allem Studenten aus dem preußischen Teilungsgebiet an. Waren es um 1830 kaum mehr als 100 gewesen, so stieg die Zahl bis 1900 auf rund 700, darunter nicht wenige Juden, und die Zahl wuchs weiter. An erster Stelle standen die Universitäten Breslau, Berlin, Heidelberg und München, auch Halle, Bonn, Heidelberg, Göttingen und Greifswald waren beliebte Studienorte. Zunehmende Bedeutung erlangten die neu entstehenden Technischen Hochschulen, und immer häufiger kamen auch polnische Untertanen des Zaren zum Studium nach Deutschland.

Bei den Studienaufenthalten ging es neben dem Studium an sich auch darum, Erfahrungen in einem in vielerlei Hinsicht modernen Land zu sammeln. So erinnerte sich ein Absolvent der Universität Heidelberg an seine Eindrücke, als er 1861 mit der Bahn erstmals durch Hessen fuhr:

> «Die Felder waren überall prächtigst bestellt. Zwar war die Erntezeit schon vorbei, aber dennoch bewunderte ich, wie man es dort verstand, jeden Flecken Erde zu nutzen. Die umgepflügten Stoppelfelder grünten mit Raps und verschiedenen edlen Gräsern. Überall Sorgfalt und Ordnung. Die Bauernhäuser hoch, mit Stroh oder Ziegeln gedeckt, eine Menge Gärten. Selbst die Bahnwärter-

häuschen versanken in Grün und Blumen. Wohlstand auf jedem
Schritt sichtbar (...). Wann wird, dachte ich, in unserem armen
Land eine ähnliche Ordnung Einzug halten?»[114]

Nicht wenige später führende polnische Intellektuelle erwarben
ihre akademischen Sporen an deutschen Hochschulen, etwa Julian
Klaczko, der als Jehuda Lejb 1825 in Wilna geboren wurde, fünf
Jahre lang in Königsberg studierte, aufgrund antirussischer Betätigung nach Heidelberg floh, wo er für Gervinus' «Deutsche Zeitung» schrieb, ehe er 1848 an der Revolution in Posen teilnahm;
ab 1849 lebte er in Paris und ab 1888 in Krakau. Zu Recht bemerkt
der Germanist Karol Sauerland: «Hier haben wir das Beispiel eines jüdisch-polnisch-deutsch-französischen Schicksals!»[115]

Zu den vielen aus den deutschen Universitäten hervorgegan-
genen polnischen Gelehrten zählten zum Beispiel die Philosophen
Władysław Tatarkiewicz und Roman Ingarden, der klassische
Philologe Tadeusz Zieliński oder der Chemiker Jan Czochralski.
Polnische Ärzte, Juristen, Naturwissenschaftler, Ingenieure absolvierten deutsche Hochschulen, wurden Teil deutschsprachiger
wissenschaftlicher Netzwerke: So eng wie im «langen» 19. Jahrhundert waren die intellektuellen Milieus Deutschlands und Polens nie zuvor und nie danach miteinander verbunden. Polnische
Lehrstuhlinhaber gehörten jedoch in den deutschen Ländern
zur Ausnahme. Bei den Slavisten waren dies Wojciech Cybulski
(Breslau, 1860–1867, zuvor Privatdozent in Berlin), dessen Nachfolger Władysław Nehring (im Amt 1867–1907) und Aleksander
Brückner (Berlin, 1881–1924); daneben gab es vereinzelt weitere
Ordinarien wie den Botaniker Eduard Strasburger (Jena, Bonn)
oder den Philosophen Ludwig Gumplowicz (Graz).[116]

Nicht alle polnischen Studenten fanden sich mit der zunehmend
antipolnischen Stimmung von Teilen der universitären Öffentlichkeit ab: So protestierten Polen am 13. Dezember 1901 in Berlin
während einer Vorlesung des Historikers Theodor Schiemann gegen dessen vielfach verletzenden Bemerkungen, wofür mehrere
Studenten exmatrikuliert wurden. Gegen die wachsenden Zahlen
polnischer und jüdischer Studierender machten Teile der deutschen Studentenschaft mobil: Als am 13. November 1912 der aus
Tschenstochau stammende Maschinenbaustudent Alfred Weiser

in Darmstadt von deutschen Kommilitonen erstochen wurde, waren sowohl antisemitische als auch ausländerfeindliche Motive mit im Spiel. Weiser war unter anderem Mitglied eines polnischen Lesezimmers in Darmstadt gewesen – eine jener zahlreichen Verbindungen und Vereine, die polnische Studenten an deutschen Hochschulen gründeten, die jedoch oft nach wenigen Jahren wegen Mitgliedermangel oder (vor allem in Preußen nach 1886) aufgrund behördlicher Restriktionen aufgelöst wurden.[117]

Künstler und Lebenskünstler

«Mein Name war ein Zungenbrecher»: Polnische Dichter in Deutschland

Mit dem Untergang Polens brachen für Schriftsteller, Musiker und bildende Künstler Stellen und Verdienstmöglichkeiten weg; die Dreiteilung des Staatsgebiets behinderte überdies die Entstehung einer nationsumspannenden Öffentlichkeit. Vor allem aber führten die wichtigsten künstlerischen Strömungen der Zeit an den polnischen Gebieten vorbei, und wer etwas werden wollte, hatte kaum eine Wahl und musste in die Fremde ziehen.

Aber wohin sich wenden? Am schwierigsten hatten es die Schriftsteller, die auf ihre Sprache und das nationale Lesepublikum angewiesen waren. Dennoch begaben sich viele Autoren im Laufe des «langen» 19. Jahrhunderts ins Ausland, sei es erzwungenermaßen infolge eines der Aufstände, sei es freiwillig. Erste Anknüpfungspunkte fanden sich dort, wo bereits eine polnische Gemeinschaft existierte – in deutschen Landen war dies Dresden.

Die besonderen Beziehungen Sachsens zu Polen hatten nicht mit der polnisch-sächsischen Union geendet, sondern setzten sich bis ins 19. Jahrhundert fort. Als Polen-Litauen am Ende des 18. Jahrhunderts um sein Überleben kämpfte, sammelten sich hier und in Leipzig polnische Emigranten, bedeutende Mitglieder des Reformlagers, wichtige Magnaten und Intellektuelle wie der Aufklärer Hugo Kołłątaj; auch General Tadeusz Kościuszko verbrachte viele Monate an Pleiße und Elbe, ehe er 1794 seinen Aufstand gegen Russland und Preußen anzettelte. Nach dessen Niederschlagung kamen viele weitere Bürger Polens nach Sachsen, dessen Hauptstadt für einige Jahre zu einem wichtigen Zentrum des politischen Exils wurde. Viele hundert Polen müssen sich zu dieser Zeit hier aufgehalten haben. Und die Traditionen lebten fort. 1813 trat zum Beispiel Athanasius Raczyński als Kammerherr in sächsische Dienste. Seinem Tagebuch vertraute er seine gemischten Gefühle an: «Der sächsische Hof erscheint einem eher lächerlich. Die meisten Personen, die ihm angehören, sind wahre Karikaturen.»[118]

Trotz aller Provinzialismen zogen auch weiterhin viele Polen in die Elbestadt, so nach dem gescheiterten Novemberaufstand. Darunter war auch Adam Mickiewicz, der berühmteste romantische Dichter Polens. Er hatte deutschen Boden bereits 1829 betreten, als er nach seiner Verbannung aus Russland nach Westeuropa ging und über Hamburg und Berlin nach Dresden reiste, um schließlich in Weimar mehrmals mit Johann Wolfgang von Goethe zusammenzutreffen. 1832 blieb der Dichter etwa zehn Wochen in Dresden und schrieb – auch in geistiger Auseinandersetzung mit dem soeben verstorbenen Goethe – den dritten Teil seines gewaltigen Dramas «Die Totenfeier» (*Dziady*), einen der Klassiker der polnischen Literatur.[119]

Andere Dichter wählten gleichfalls diese Stadt. Während des Januaraufstands 1863 kam Józef Ignacy Kraszewski, sicherlich der produktivste und einer der einflussreichsten polnischen Literaten, in die sächsische Hauptstadt, wo er zwanzig Jahre lang blieb. Zwar hatte er relativ wenige Kontakte zu seinem deutschen Umfeld und hielt sich auch in den polnischen Emigrantenkreisen Dresdens zurück – «ein seltener Gast in den polnischen Salons (…) ein stiller, bärtiger Mensch» –, wurde aber oft von Polen besucht und war vor allem unermüdlich schriftstellerisch tätig: In Dresden schrieb er viele seiner weit mehr als 200 Romane, zahllose publizistische Schriften, historische und literaturhistorische Werke, von hier aus führte er zahllose Korrespondenzen. 1883 wegen Spionage für Frankreich verhaftet, musste er nach seiner Verurteilung eine Zeitlang in der Festung Magdeburg verbringen; anschließend verließ er Deutschland und starb bald darauf in Genf. Während Kraszewski mit einer eigenen Verlagsgründung in

Dresden nur wenig Erfolg hatte, war Leipzig zeitweise einer der wichtigsten Druckorte für polnische Literatur, besonders in Gestalt des Verlags Heinrich Brockhaus: Ab 1860 brachte dieser eine viele Dutzend Bände umfassende Reihe mit Werken polnischer Literatur heraus (*Biblioteka Pisarzy Polskich*), die zahlreiche Klassiker enthielt.[120]

Wie schwer es war, in der preußisch-polnischen Provinz mit der Feder Erfolg zu haben, belegen die Lebensläufe zweier Dichter, die beide aus der Nähe des Goplo-Sees in Kujawien stammen. Jan Kasprowicz wurde 1860 in einer kleinbäuerlichen Familie in der Nähe von Inowrazlaw geboren. Durch Vermittlung eines Dorfschullehrers gelang es ihm, Gönner zu finden, die ihm einen Besuch des Gymnasiums ermöglichten. Kasprowicz hätte einer der Ärzte oder Juristen werden können, die sich für den Aufbau eines modernen polnischen Gemeinwesens einsetzen würden – doch er schrieb lieber Gedichte und hielt polnisch-patriotische Reden, als fleißig für die – natürlich deutschsprachige – Schule zu büffeln. Deshalb musste er mehrmals die Schule wechseln und geriet über Posen und Oppeln bis ins oberschlesische Ratibor. In Oppeln warf ihn der Lehrer mit den Worten aus dem Gymnasium: «Himmeldonnerwetter, Kasprowicz, Sie haben wiederum polnisch gesprochen!» Der angehende Dichter studierte vor allem in Breslau und ließ sich von deutschen Dichtern wie Gerhart Hauptmann beeinflussen, wählte zum Lebensmittelpunkt aber schließlich das galizische Lemberg, wo er sich frei auf Polnisch betätigen konnte – hier wurde er bald zum gefeierten Dichterstar, dessen Ruhm mit seinen von Stanisław Przybyszewski ins Deutsche übersetzten *Hymnen* übrigens auch Deutschland erreichte.[121]

Die Karriere Przybyszewskis, Sohn des besagten Dorfschullehrers, verlief ganz anders. Als der 1868 geborene Junge mit zwölf Jahren auf das Gymnasium in Thorn kam, erging es ihm auch nicht besonders gut:

> «Das war keine lustige Zeit für den Jungen, der kaum deutsch verstand, denn in der Klasse, die etwa sechzig Schüler zählte, gab es außer mir nur drei Polen. Und so war ich beständig dem Gelächter und boshaften Gespött meiner deutschen Mitschüler ausgesetzt, die sich über meine deutsche Aussprache gemeinsam mit dem

Herrn Professor, unserem Klassenlehrer, vor lachen ausschütteten (…). Mein Name war für sie ein Zungenbrecher, und sie verdrehten, verkürzten und verstückelten ihn, bis am Ende nur ein ‹Sibi› übrigblieb.»[122]

Sein Abitur machte er an einem anderen Gymnasium, immerhin mit so gutem Ergebnis, dass er in Berlin zunächst Architektur und dann Medizin studierte, beides jedoch abbrechen musste und begann, von und mit der Literatur zu leben. In die Berliner Künstlerbohème eingeführt, verkehrte er in der Weinhandlung «Zum schwarzen Ferkel» mit Dehmel, Munch, Strindberg und anderen, verblüffte mit seinem ekstatischen Klavierspiel, seiner dämonischen Persönlichkeit und wirbelte mit seinen auf Deutsch geschriebenen Erzählungen, Romanen und Theaterstücken viel intellektuellen Staub auf. Über sein Prosapoem *Totenmesse* (1893) hieß es, es stünde «einzig da in unserer Literatur». Der als «genialer Pole» bekannt gewordene Przybyszewski war in beiden Kulturen – der deutschen wie der polnischen – gleichermaßen verankert, was ihn nicht daran hinderte, zu schreiben: «Das eine steht unumstößlich fest: Der deutschen Literatur verdanke ich nicht das geringste.» 1898 ging er nach Krakau, zwischen 1906 und 1919 lebte er wieder in Deutschland, diesmal in München, hatte aber keinen großen Erfolg mehr. In Deutschland wie in Polen zu Hause, fühlte er sich hier wie dort fremd; Deutschland war ihm «ein ‹linguistisches und physisches Habitat› auf Zeit» (Hans-Christian Trepte), bis er schließlich merkte, wie ihm das Polnische langsam entglitt: «der Schreck durchzuckte mich bei dem Gedanken, ob ich wohl auch in dieser Sprache würde schreiben können».[123]

Maler: Lieblinge der Herrscher und des Publikums

Für Maler und Musiker stellte sich die Lage anders dar als für Schriftsteller. Ihr Schaffen musste in der Fremde nicht übersetzt werden, war unmittelbar verständlich, weshalb ihre Rezeption – und damit auch ihr Erfolg – viel geringere Hürden zu überwinden hatte.

Unter polnischen Malern genoss vor allem die Münchener Königliche Akademie der Bildenden Künste wegen ihrer liberalen Ausbildung einen hervorragenden Ruf. Zwischen den 1820er Jahren und 1914 lebten und wirkten mehr als 300 polnische Maler in der bayerischen Hauptstadt, darunter einige, die bleibende Spuren in der europäischen Kunstgeschichte hinterließen. Allerdings waren nicht alle angetan von der Münchener Akademie. Jan Matejko, der zum berühmtesten polnischen Historienmaler und Mythenproduzenten des 19. Jahrhunderts werden sollte, schrieb 1859: «Ich sehe für mich hier keinerlei Nutzen, der hiesige Unterricht ist unendlich langweilig, nichts für uns, zu schwerfällig; wenn ich könnte, dann würde ich noch heute nach Frankreich gehen.»[124]

Dennoch zogen immer wieder neue junge Künstler an die Isar: Józef Brandt (der viele Jahrzehnte blieb), Władysław Czachórski, Alfred Wierusz-Kowalski, die Landschaftsmaler Maksymilian und Aleksander Gierymski, Józef Chełmoński, Olga Boznańska, Stanisław Witkiewicz und viele andere – Namen, die heute die Säle aller besseren polnischen Kunstmuseen schmücken. Nach ihrer Ausbildung an der Akademie oder an einer der privaten Malerschulen erwarben sich einige von ihnen über Deutschland und Polen hinausreichenden Ruhm, hatten namhafte Kunden, konnten sich große Ateliers und einen aufwendigen Lebensstil leisten, andere fristeten hingegen ein kümmerliches Dasein. Den größten Erfolg hatten die polnischen Maler mit exotisch anmutenden Themen aus ihrer polnisch-litauischen Heimat – Genreszenen, Landschaften und Historiengemälden, die interessanterweise genau zu jener Zeit Verkaufsschlager waren, in der die preußische Politik vehement gegen Polen vorging. Die «Münchener Schule» ist heute in der polnischen Kunstgeschichte ein fester Begriff, auch wenn es sich um keine Schule im engeren Sinne handelte, sondern die vielen verschiedenen Malerinnen und Maler nur den zeitweiligen Wohnort gemeinsam hatten.

Zwei der bekanntesten «Münchener», Julian Fałat und Wojciech Kossak, machten eine besondere Karriere – sie wurden Hofmaler von Kaiser Wilhelm II. Fałat hatte den künftigen Kaiser bereits 1886 bei einer Jagd kennengelernt, die Fürst Antoni Radziwiłł in seinem litauischen Besitz Nieśwież für den deutschen Thronfolger veranstaltet hatte. Der Hohenzoller holte den Landschaftsmaler im Jahr darauf nach Berlin und versorgte ihn viele Jahre lang mit Aufträgen. Einige Jahre später kam Wojciech Kossak nach, um gemeinsam mit Fałat ein großes Panoramabild zu malen. Kossak gefiel in Berlin durch seine präzise recherchierten Schlachtengemälde; der Kaiser ließ ihm sogar ein Atelier im Schloss Monbijou einrichten.[125]

Polnische Musiker und deutsche Musik

Auch für polnische Musiker waren die Ausbildungsstätten im deutschen Sprachraum von großer Bedeutung; Virtuosen fanden hier außerdem ein dankbares Publikum und Komponisten die besten Musikverlage. An erster Stelle der Beliebtheit stand – vor Wien und Leipzig – Berlin, wo schon Stanisław Moniuszko, der Schöpfer der polnischen Nationalopern *Halka* und *Das Gespensterschloss*, zwischen 1837 und 1840 studierte. Berliner Lehrer wählten auch so illustre und um das polnische Musikleben verdiente Persönlichkeiten wie Zygmunt Noskowski (der nach seinem Studium fünf Jahre in Konstanz arbeitete) und Mieczysław Karłowicz, die später weltberühmten Pianisten Ignacy Jan Paderewski, Józef Hofmann und Artur Rubinstein, den Geiger Bronisław Huberman oder den Komponisten und Organisten Feliks Nowowiejski. Dieser 1877 im Ermland geborene Sohn eines polnischen Schneidermeisters und einer deutschen Mutter hatte zunächst bei einem Regimentsorchester in Allenstein Stellung gefunden, ehe er aufgrund seiner großen Begabung in Berlin studieren konnte und prompt zweimal die höchste damalige Auszeichnung für junge deutsche Komponisten erhielt, den Meyerbeer-Preis. Sein Schaffen ist typisch für polnische Künstler, die stark von ihrem deutschen Umfeld geprägt waren – er vertonte sowohl deutsch-patriotische als auch polnische Texte und wandte sich erst mit der Zeit stärker dem polnischen Teil seiner Identität zu.[126]

Das vielfältige Musikleben in den deutschen Städten prägte die Musiker. Paderewski äußerte sich 1882 kurz nach seiner Ankunft begeistert über Berlin: «Insgesamt sehe ich hier eine gewaltige Entwicklung der Musik. Auf Schritt und Tritt kann man hier vollständig ausgebildete Musiker treffen.» Oder über München: «In diesem einen Jahr hörte ich mehr Musik, als ich in Krakau in zwanzig Jahren hätte hören können», erinnerte sich der Musikwissenschaftler Adolf Chybiński an seine Zeit in der bayerischen

Hauptstadt 1901/02 (in der er später noch länger leben sollte). Die polnischen Musiker bereicherten ihrerseits das musikalische Geschehen. Tourneen von Sängern und Instrumentalvirtuosen führten auch in kleinere Städte, und selbst der große Chopin hielt sich mehrfach in Deutschland auf: Nachdem ihn in Stuttgart die Nachricht von der Niederschlagung des Novemberaufstands erreichte, soll er verzweifelt seine berühmte «Revolutionsetüde» komponiert haben. Die Brüder Józef und Henryk Wieniawski machten von sich reden, auch der früh verstorbene Karol (Carl) Tausig oder die Sängerin Marcella Sembrich. Viele von ihnen hatten internationalen Erfolg und entwickelten sich zu wahren Weltbürgern, die – kehrten sie nach Deutschland zurück – mit dem engen Nationalismus und Antipolonismus der späten Kaiserzeit nicht mehr viel anfangen konnten. Als Paderewskis erste und einzige Symphonie mit dem Beinamen «Polonia» 1911 in Deutschland aufgeführt wurde, nannte die Kritik sie ein «polnisch tendenziöses, amerikanisch aufgetakeltes Sinfonie-Monstrum», was einen der gefeiertsten Pianisten der Zeit darin bestärkte, Deutschlands Konzertpodien fortan zu meiden.[127]

Eine ganz besonders innige Beziehung zu Deutschland hatte die wichtigste Komponistengruppe der polnischen Musikgeschichte bis zum Zweiten Weltkrieg: «Junges Polen in der Musik» (*Młoda Polska w muzyce*). Die Gruppe, der u. a. Karol Szymanowski, Ludomir Różycki und Grzegorz Fitelberg angehörten, setzte sich für die Veröffentlichung und Aufführung von Werken junger polnischer Komponisten ein, und da ihr die heimische Öffentlichkeit viel zu klein und unbedeutend erschien, suchte sie einen anderen Ort, um auf sich aufmerksam zu machen: Berlin. 1905 gründeten sie hier den «Vereinsverlag jungpolnischer Komponisten». 1906 und 1907 spielten die Berliner Philharmoniker Werke der damals im Bann von Richard Strauss stehenden «Jungpolen», die sich als Gruppe bald darauf auflösten. Diesen deutschen Einfluss geißelte übrigens die polnische Musikkritik, die von der «Einflusssphäre irgendeines bösen Geistes, der ihr Schaffen beschäftigt», sprach.[128]

Die vehement antipolnische Stimmung im späten wilhelminischen Zeitalter trug das Ihre zu diesen Urteilen bei und bewirkte mittelfristig Umorientierungen. Szymanowski suchte bald schon andere, ganz eigenständige Wege; Różycki hingegen konnte sich nur schwer vom deutschen Musikleben lösen, lebte auch während des Ersten Weltkriegs in Berlin und feierte mit der Uraufführung seiner Oper *Eros und Psyche* 1917 am Breslauer Stadttheater einen großen Erfolg, ehe er 1919 nach Polen zurückkehrte und vielfach nationale Themen aufgriff.[129]

Reichsweite Organisationen

Es dauerte lange, bis zentrale Organisationen für die in Preußen bzw. im Deutschen Reich lebenden Polen entstanden – zu heterogen waren die einzelnen Gruppen und Milieus, zu unterschiedlich ihre Interessen. Die erste und einzige fast die gesamte Gemeinschaft umspannende Organisation war die katholische Kirche. Die polnische Wahlaktion konzentrierte sich auf die preußischen Ostprovinzen, hatte in den Zielgebieten der polnischen Arbeitsmigration viel weniger Bedeutung und war durch große weltanschauliche Differenzen geschwächt. Eine gewisse Milieubildung schufen polnische Zeitungen, die überregional gelesen wurden (*Katolik, Gazeta Grudziądzka* und andere). Es war schließlich das sich rasch entwickelnde Vereinswesen sowohl im preußischen Teilungsgebiet Polens als auch in der Diaspora, das die Schaffung einer Zentralorganisation, einer Interessenvertretung aller in Deutschland lebenden Polen, nahelegte.

Ein erster Versuch war die Gründung eines «Bundes der Polen in Deutschland» (*Związek Polaków w Niemczech*) 1894 in Bochum. Seinen Schwerpunkt hatte er zunächst in Rheinland-Westfalen, wurde aber bald reichsweit aktiv und bezweckte seinen Statuten zufolge «die Vereinigung der in deutschen Provinzen lebenden Polen, um ihnen ihre moralischen und materiellen Rechte zu sichern bei bedingungsloser Ausschließung sozialdemokratischer und ähnlicher Machinationen». Der Verband hatte unter den Ruhrpolen nie sehr großen Zulauf, schloss sich 1910 der in Posen beheimateten *Straż*-Organisation an und wurde 1912 formell aufgelöst.[130]

Vor dem Ersten Weltkrieg breiteten sich Ortsvereine der polnischen Turnorganisation *Sokół* («Der Falke») rasch in deutschen Landen aus; allein im Rheinland und in Westfalen gab es 1914 139 «Nester» mit ca. 5500 Mitgliedern. Konservativ trat die 1905 gegründete *Straż* («Die Wache») auf, die polnische Gegengründung zum deutschen antipolnischen «Ostmarkenverein», die jedoch – auch wegen administrativer Hürden der preußischen Verwaltung – nach anfänglichen Erfolgen rasch Probleme bekam und 1913 im «Nationalbund» (*Związek Narodowy*) aufging, der «moralischer Vertreter der ganzen polnischen Gesamtheit in den Grenzen des Deutschen Reiches» sein wollte.[131]

1902 entstand in Bochum – wie bereits geschildert – die polnische Gewerkschaft ZZP, die sich bald auf das gesamte Reich ausdehnte, sich 1908 mit polnischen Gewerkschaften aus Posen und Oberschlesien vereinigte und 1913 ca. 75 000 Mitglieder besaß (davon 29 000 im Ruhrgebiet). 1911 wurde die Gewerkschaftszentrale wegen Restriktionen im Ruhrgebiet von Bochum nach Kattowitz verlegt; nach kriegsbedingtem Schwund sollte sie 1919 einen neuen Mitgliederhöchststand erreichen. Es ist sicher kein Zufall, dass eine Interessenvertretung der Arbeiter den größten Erfolg hatte: Während politische Ziele immer nur einen Teil der Polen ansprachen und nicht selten persönliche Profilierungsbedürfnisse einer sachlichen Arbeit im Wege standen, setzte sich die Gewerkschaft für konkrete Verbesserungen der Arbeitssituation ein und war oft Vermittlerin zwischen wenig gebildeten und des Deutschen kaum mächtigen Mitgliedern und gewieften Vertretern von Unternehmen und Verwaltung.[132]

Wie polnisch waren «polnische Juden»?

Es gab in deutschen Landen nicht nur «Polen», sondern auch «polnische Juden». Die Bezeichnung war irreführend, denn oft hatten diese Juden mit Polen nicht viel zu tun: «Polnische Juden sind für uns alle Juden aus Halbasien, auch solche Juden, die nie Polen gesehen haben», hieß es 1906 in der «Allgemeinen Zeitung des Judentums». Aus dem preußischen Teilungsgebiet kamen sie

jedenfalls in aller Regel nicht, denn die hier lebenden Juden waren
am Ende des 19. Jahrhunderts schon längst zu «deutschen Juden»
geworden und teilweise weiter in den Westen gewandert, auch
nach Übersee. Ihre Herkunft war ganz allgemein der Osten Europas, das alte historische Siedlungsgebiet der Juden, das sich bis an
die Grenzen der alten polnisch-litauischen *Rzeczpospolita* und
darüber hinaus erstreckte und nun im russischen bzw. im Habsburger Reich lag.[133]

Vor diesen «Ostjuden» (dieser Begriff kam erst im Ersten Weltkrieg auf), die «als schmutzig, laut, roh, unsittlich, kulturell rück-
ständig»[134] galten und zudem angeblich revolutionäre Ideen zu
importieren drohten, warnte 1879 der führende Historiker Heinrich von Treitschke in einem berühmt-berüchtigten Text:

> «Über unsere Ostgrenze aber dringt Jahr für Jahr aus der un-
> erschöpflichen polnischen Wiege eine Schaar strebsamer hosen-
> verkaufender Jünglinge herein, deren Kinder und Kindeskinder
> dereinst Deutschlands Börsen und Zeitungen beherrschen sollen;
> die Einwanderung wächst zusehends, und immer ernster wird die
> Frage, wie wir dies fremde Volksthum mit dem unseren verschmel-
> zen können.»[135]

Die hierauf entflammende Diskussion trug mit dazu bei, dass
die antisemitische Bewegung im Deutschen Reich anschwoll und
führte zu einer von 250 000 Menschen unterzeichneten Petition,
die u.a. forderte, die Einwanderung von Juden aus Osteuropa
nach Deutschland zu verhindern.[136]

Tatsächlich gab es eine «ostjüdische» Zuwanderung ins Reich,
vor allem aber eine «Transitwanderung», denn Ende des 19. und
Anfang des 20. Jahrhunderts emigrierten rund zwei Millionen
Juden aus dem Osten Europas über die deutschen Überseehäfen
nach Amerika. Knapp 80 000 von ihnen blieben trotz strenger ·
Kontrollen im Reichsgebiet «hängen», zu denen im Zuge der
Weltkriegswirren einige zehntausend weitere kamen.[137]

Im Kontext dieses Buches am wichtigsten ist die schwierige
Frage, inwiefern sich diese Juden als Polen empfanden. Sie stammten häufig aus polnischen Gebieten, was sich auch daran zeigte,
dass nicht wenige nach 1918 einen polnischen Pass erhielten, doch
Polnisch sprachen bei weitem nicht alle, sondern ihre Assimila-

tion erfolgte oft vom Jiddischen (gelegentlich auch vom Russischen) direkt ins Deutsche. Der Besuch polnischer Schulen war zumindest bei den ins Reich wandernden Juden eher die Ausnahme gewesen – denn hatten sie sich an die polnische Kultur assimiliert, war der Anreiz zur Auswanderung geringer. Dennoch gab es im Reich auch «polnische Juden», die gut Polnisch sprachen, etwa den Schriftsteller Karl Emil Franzos: Geboren im Grenzland zwischen Russisch-Podolien und Österreichisch-Galizien, war er in einem deutschsprachigen Elternhaus, insgesamt jedoch vielsprachig aufgewachsen. Er hatte in einer Dominikanerschule seine Polnischkenntnisse vertieft und war über Wien 1887 schließlich nach Berlin gezogen, wo er auf Deutsch Romane und Erzählungen über die Juden im Osten schrieb. Den fortwährenden jüdischen Zustrom aus dem Osten erlebte auch Artur Rubinstein, selbst «polnischer Jude» aus Lodz, der 1897 mit zarten zehn Jahren nach Berlin kam, um bei den besten Klavierpädagogen der Hauptstadt seine Technik zu vervollkommnen. Er wurde bei einer aus Polen stammenden Jüdin einquartiert:

> «Frau Johanna Rosentower, eine Frau von einigen sechzig Jahren, war die Witwe eines wohlhabenden Kaufmanns. In Polen geboren, sprach sie immer noch ein wenig, wenn auch nicht fließend polnisch. (…) Frau Rosentower hielt den gewohnten Lebensstandard in der großen Wohnung dadurch aufrecht, daß sie Zimmer an junge Mädchen vermietete, die nach Berlin kamen, um hier deutsch zu lernen oder sonst eine Ausbildung zu erhalten.»[138]

Ganz in die deutsche Gesellschaft integriert waren hingegen aus dem Posenschen stammende jüdische Persönlichkeiten wie der Zeitungszar Rudolf Mosse, die Kaufhausgründer Hermann und Leonhard Tietz oder der Historiker Ernst Kantorowicz, die alles Polnische, sofern sie es je besessen hatten, rasch abstreiften.

Exkurs: Polen in Österreich

Als Polen am Ende des 18. Jahrhundert geteilt wurde, gehörte Österreich noch zum Alten Reich und der Habsburger Herrscher war dessen Kaiser: Neben Preußen war es die zweite am Unter-

gang der *Rzeczpospolita* beteiligte deutsche Macht, und sie annektierte große Gebiete.[139] Galizien, der österreichische Teil der
Beute, nahm jedoch eine ganz andere Entwicklung als die preußischen Erwerbungen. Zwar versuchte die Wiener Regierung in auf-
klärerischem Elan zunächst, die Verwaltung der neuen Provinz
«modern» und somit «deutsch» zu organisieren und begann auch
mit einer Ansiedlung deutscher Bauern; der Landtag hatte kaum
Bedeutung und die Macht lag beim kaiserlichen Gouverneur und
den Provinzialämtern. Doch im Laufe des 19. Jahrhunderts wurden die ohnehin kaum erfolgreichen Germanisierungsbemühun-
gen aufgegeben; viele der städtischen deutschen Zuwanderer assimilierten sich an das polnische Bürgertum. Die einheimischen
polnischen (kaum aber die ukrainisch-ruthenischen) Eliten wurden nun an der Provinzialverwaltung beteiligt; auch die Katastro-
phe des Jahres 1846, als ein polnischer Aufstandsversuch von der
österreichischen Verwaltung in einen blutigen Bauernaufstand gegen die polnischen Adligen «umgemünzt» wurde, konnte diese
Entwicklung nicht aufhalten. Zum eigentlichen Umbruch kam es
nach dem preußisch-österreichischen Krieg von 1866: Angesichts
der Notwendigkeit, das Habsburgerreich neu zu ordnen und
einen *modus vivendi* mit den größten Nationen des Vielvölker-
staates zu finden, erhielt Galizien zwischen 1867 und 1873 weit-
gehende Autonomierechte, was zur völligen Polonisierung von
Schulen, Gerichtswesen und Verwaltung führte (auch die Universität Lemberg stellte ihren Vorlesungsbetrieb nun rasch von
Deutsch auf Polnisch um), so dass sich die polnische Kultur relativ frei entfalten konnte. Aufgrund dieser Politik des Ausgleichs –
und des völlig anders gelagerten Nationalitätenproblems im Teilungsgebiet – kam es in der k. u. k. Monarchie bei weitem nicht zu
solchen deutsch-polnischen Antagonismen wie im neuen Deutschen Reich. Insgesamt lebten am Vorabend des Ersten Weltkriegs
in ganz Österreich fast fünf Millionen Polen, was 17,7 Prozent der
Bevölkerung des cisleithanischen, also von Wien aus regierten
Reichsteils ausmachte.[140]
    Schon in der Revolutionszeit 1848 hatten Polen in Wien eine
wichtige Rolle gespielt: Franciszek Smolka war zeitweise Vorsitzender des kurzlebigen Reichstags, General Józef Bem trat im

Herbst 1848 an die Spitze der revolutionären Verteidiger der Hauptstadt. Es sollte danach eine Weile dauern, bis weitere Polen wichtige politische Funktionen in Wien übernahmen. Zwar hatte der Kaiser bereits 1859 den langjährigen galizischen Statthalter Agenor Gołuchowski vorübergehend zum Staatsminister in der Wiener Regierung ernannt, doch erst mit der neuen Wahlordnung von 1873 erhielten polnische Politiker erheblichen Einfluss in Wien: 63 von 353 direkt gewählten Abgeordnetenplätzen im Reichsrat, dem Parlament des österreichischen Reichsteils, fielen nun Galizien zu, also ein knappes Fünftel. Einige davon wurden von Ukrainern, der Großteil aber von Polen gewonnen; Smolka war lange Präsident des hohen Hauses. Vertreter des Polenklubs wurden mehrfach Minister, zweimal gab es sogar eine polnisch geführte Regierung, unter den Kanzlern Alfred Potocki (1870–1871) und vor allem Kazimierz Badeni (1895–1897); verschiedentlich übernahmen Polen wichtige Ministerämter und zeichneten sich durch ihre pragmatische, sozusagen staatstragende Haltung aus. In der k. u. k. Armee konnten Polen sogar Feldmarschälle und Generäle werden – sie hatten jedenfalls ähnliche Karrierechancen wie Angehörige anderer Ethnien des Reichs.[141]

Im eigentlichen Deutsch-Österreich waren Polen allerdings nicht nur politisch präsent. Zum einen übte Wien große Anziehungskraft auf die polnischen Ober- und Bildungsschichten aus. Nationalheld Józef Poniatowski wuchs Ende des 18. Jahrhunderts als Sohn einer hochadligen österreichischen Mutter im Wiener Palais Kinsky auf, ein Jahrhundert später besaß Graf Lanckoroński in der Jacquingasse eine riesige Gemäldegalerie, zudem lebten Vertreter der Hochadelsgeschlechter Czartoryski, Ossoliński und Lubomirski lange in der Donaumetropole. Auf der anderen Seite wanderten jedoch auch Angehörige der Unterschichten – Christen wie Juden – in die stürmisch wachsende Stadt, so dass zu Beginn des Ersten Weltkriegs vielleicht 50 000 Polen im Großraum Wien wohnten (was im Vergleich zu den rund 300 000 Tschechen aber doch wenig war); 1914/15 kamen bis zu 200 000 Kriegsflüchtlinge aus Galizien hinzu. Auch im übrigen Österreich waren polnische Arbeitsmigranten, Saisonarbeiter und – während des Kriegs – Flüchtlinge anzutreffen. Seit 1894 gab es einen Zentral-

verband der österreichischen Polen, der bis heute besteht und auf
den hübschen Namen «Strzecha» hört (was eigentlich «Stroh-
dach» heißt, aber so viel wie «heimischer Herd» meint).[142]

Wien war außerdem als Studienort ein beliebter Aufenthaltsort:
Im Jahr vor dem Ersten Weltkrieg studierten an den Hochschulen
in Deutsch-Österreich (vor allem in Wien, außerdem in Graz,
Leoben, Innsbruck) nicht weniger als 1246 Polen. Einige Künstler
hatten in der Reichshauptstadt ihr Quartier genommen, allen
voran einer der bekanntesten Pianisten und Klavierpädagogen
seiner Zeit, Teodor Leszetycki (Theodor Leschetizky), bei dem
neben zahlreichen weiteren Berühmtheiten Ignacy Jan Paderewski und Ignacy Friedman in die Schule gingen. Literaten suchten
die Stadt auf, der auf Deutsch wie Polnisch schreibende Autor Tadeusz Rittner wirkte hier, und sogar einen polnischen Burgschau-
spieler gab es – den erfolgreichen, aber auch extrem schwierigen
Bogumił Dawison, der später nach Dresden ging. Antisemitismus
und ein latenter Antislawismus prägten zwar auch Wien um die
Wende zum 20. Jahrhundert, doch so problematisch wie in Preußen waren die Verhältnisse nicht, weshalb später viele in die unab-
hängige polnische Republik zurückgekehrte Polen insgeheim den
schönen Zeiten unter Kaiser Franz Josef nachtrauerten.[143]

Zwischen Garderegiment und Schützengraben: Polen in der Armee

Mit den Teilungen Polens erhielten die Armeen der Teilungs-
mächte neue Möglichkeiten, ihre Reihen zu füllen. Preußen
machte zunächst wenig Gebrauch davon; seit Einführung der allgemeinen Wehrpflicht 1814 wurden in den polnischen Gebieten
tendenziell weniger Rekruten ausgehoben als in den protestantischen altpreußischen Regionen. Ein grundlegendes Problem war
die Kommunikation, denn viele Gezogene aus einfachen polnischen Verhältnissen verstanden kaum Deutsch. Bei den Eini-
gungskriegen 1866 und 1870/71 kämpften dann aber doch um die
80 000 Polen unter preußischen Fahnen, was rund 15 Prozent der
kämpfenden Truppe ausmachte; praktisch hatte wohl jede polni-

sche Familie einen Angehörigen, der in der Hohenzollernarmee diente.[144]

Während vielerorts in Preußen Einheiten gebildet wurden, in denen schwerpunktmäßig die Bewohner einer Region zusammengezogen wurden, versuchte die Armeeführung offensichtlich, die Polen in den verschiedenen Truppenteilen zu «verstreuen» (Jens Boysen), sicherlich um polnische nationale Strömungen in der Armee im Ansatz zu unterbinden, aber auch, um die sprachlich-kulturelle Assimilation der Polen zu unterstützen. Dies ist ein Grund, warum es schwierig ist, die Zahl der polnischen Soldaten in der preußischen Armee genau zu ermitteln. Ein Anhaltspunkt sind Schätzungen für die Jahre um 1910, als in den Provinzen Posen, Westpreußen und Schlesien jährlich jeweils 27 000 bis 28 000 deutsche und 16 000 polnische Rekruten eingezogen wurden, zu denen dann noch Masuren sowie Angehörige der polnischen Erwerbsmigration in den Industriezentren zu zählen sind.[145]

Das Militär war traditionell ein wichtiger Arbeitgeber für Adelssöhne gewesen. Nach den Teilungen hatte auch die preußische Armee zunächst relativ große Anziehungskraft vor allem auf den ärmeren polnischen Adel ausgeübt, konnten hier doch «überzählige» Söhne als Offiziere standesgemäß versorgt werden. Hatten sich gerade in den ersten Jahrzehnten im neuen Staat westpreußische Adelsgeschlechter in größerer Zahl für eine Offizierslaufbahn ihres Nachwuchses entschlossen, war das Interesse im Großherzogtum Posen geringer; bürgerliche Offiziere gewannen im 19. Jahrhundert zwar an Bedeutung, blieben aber noch deutlich in der Minderheit. Die Offiziere aus polnischen Familien dienten verstärkt in den prestigeträchtigeren Regimentern um Berlin und im preußischen Westen, während im Osten Preußens und des Reichs durchschnittlich mehr deutsche und mehr bürgerliche Offiziere ihren Dienst taten.[146]

Die Laufbahnen von polnischen Offizieren führten in der preußischen Armee – ganz anders als bei den Habsburgern – meist nicht sehr weit; für viele war die Karriere beim Hauptmann zu Ende, nur wenige brachten es bis zum Obersten, und in den elitären Kreis der Stabsoffiziere hatte kaum einer Zutritt. Es gab einige Ausnahmen, allerdings nur in stark «borussifizierten» Familien,

die vielleicht noch polnischsprachig waren, jedoch keinen Anteil
an der polnischen Nationalbewegung nahmen, sondern sich ganz
in den Dienst der preußischen Monarchie stellten. Zu diesen gehörte etwa die Familie Zglinicki bzw. «von Zglinicki» (dem polnischen Adel wurde in Preußen stets ein «von» beigegeben, während die polnischen Sonderzeichen oft, aber nicht immer, unter
den Tisch fielen), aus der im 19. Jahrhundert insgesamt sechs preußische Offiziere im Generalsrang stammten. Auch Józef Unrug
(bzw. Joseph von Unruh), Abkömmling eines kalvinistischen
Adelsgeschlechts aus Großpolen, machte Karriere: Schon sein
Vater hatte es bis zum Generalmajor der Garde gebracht. Der in
Brandenburg geborene und in Dresden aufgewachsene Józef trat
1904 in die kaiserliche Marine ein, diente sich im Ersten Weltkrieg
als Kapitänleutnant bis zum Kommandeur einer U-Boot-Flottille
empor, wechselte nach dem Krieg zur neuen polnischen Marine
und wurde trotz seines deutlich deutschen Akzents 1925 Marine-
chef.

Ein anderes Beispiel ist Graf Bogdan Hutten-Czapski. Aus dem
polnischen Landadel stammend, hatte er durch seine Mutter beste
Beziehungen zur preußisch-deutschen Aristokratie und trat nach
einer in Italien und Frankreich verbrachten Jugend sowie einem
Studium in Berlin in die preußische Armee ein. Hier diente er zeit-
weise in Garderegimentern bei Berlin, was ihm die Gelegenheit
gab, in den vornehmsten Salons der Hauptstadt zu verkehren.
Noch gegen Lebensende schrieb er in seinen Memoiren, dass «die
Angehörigen einer nationalen Minderheit außer der Wahrung ihrer
Nationalität auch die unbedingte Pflicht haben, sich für das Wohl
des Gesamtstaates zu betätigen, dessen Bürger sie durch Gottes
Fügung sind». Diese Haltung brachte ihm viele Anfeindungen von
Seiten der polnischen Nationalbewegung ein. Aufgrund seiner
guten Beziehungen verließ er 1895 den aktiven Dienst, wurde
Mitglied des preußischen Herrenhauses und hatte als enger Ver-
trauter von Reichskanzler Chlodwig zu Hohenlohe-Schillingsfürst
beträchtlichen politischen Einfluss; im Ersten Weltkrieg übte er
wichtige Funktionen im besetzten Warschau aus.[147]

Vor Ausbruch des Ersten Weltkriegs dürften in der Armee des
Deutschen Reichs etwa 40 000 Polen gedient haben, während des

Kriegs wurden mehrere hunderttausend zusätzlich eingezogen, die älteren Jahrgänge zu Landwehr und Landsturm. Etwa 700 Polen rückten bis 1918 alleine in den preußischen Truppenteilen in den Offiziersrang auf. Schätzungen zufolge fielen zwischen 1914 und 1918 rund 110000 Polen auf deutscher Seite (in der österreichisch-ungarischen Armee starben mehr als 220000). Es sollte nicht der letzte Krieg bleiben, in dem Polen in deutschen Uniformen ihr Leben ließen.[148]

Der Erste Weltkrieg: Kriegsgefangene, Zwangsarbeiter und die Ruhe vor dem Sturm

Nach Ausbruch des Ersten Weltkriegs waren die deutschen Behörden überrascht: Sie hatten erwartet, dass die im Reich lebenden Polen Unruhe stiften würden, weshalb man vorsichtshalber das Erscheinen polnischer Zeitungen verbot und manche politisch aktiven Polen internierte. Als aber deutlich wurde, dass sich die Minderheit passiv verhielt, im Reichstag sogar für die Kriegskredite stimmte, wurden die Repressionen rasch fallengelassen. Doch erhoffte Zugeständnisse der Regierung an die polnische Bevölkerung des Reichs blieben in den Kriegsjahren aus, und so verschärften viele polnische Politiker ihren Ton, während die konservativen Loyalisten an Einfluss verloren.

Auch in den östlichen Provinzen machte sich eine veränderte Stimmung bemerkbar, die Arthur Kronthal für die Stadt Posen rückblickend beschrieb: «Das ganze Auftreten, die laut geführte polnische Unterhaltung in den elektrischen Bahnen, auf der Straße und in den behördlichen Büros machte, in seinem unverkennbaren Gegensatz zu früher, den Eindruck, als ob – bildlich gesprochen – jemand, der viele Jahre unter dem Drucke eines vorgesetzten gestrengen Herrn gebeugt einherschlich, sich plötzlich als eigner unabhängiger Herr fühlt, seinen Rücken strafft und in stolz-aufrechtem Gang einherschreitet.» Es war sozusagen die selbstbewusste Ruhe vor dem Sturm, denn aus einem Krieg zwischen den drei Teilungsmächten mussten sich für Polen neue Perspektiven ergeben.[149]

Nach anfänglichen Rückschlägen marschierte die deutsche Armee im August 1915 in Warschau ein, im September in Wilna, bald war ganz Kongresspolen von den beiden Mittelmächten besetzt. Annexions- und Expansionsphantasien machten sich breit: Teile der militärischen Führung um Ludendorff plädierten nicht nur für neue Reichsgrenzen im Osten, sondern auch für eine Aussiedlung von Polen und Juden aus den westlichen polnischen Gebieten. Bei den Kämpfen gegen die russischen Truppen gerieten viele zehntausend, wahrscheinlich weit mehr als hunderttausend Polen in deutsche Kriegsgefangenschaft – genauere Zahlen gibt es nicht, da die ca. 1,4 Millionen russischen Gefangenen nicht nach Nationalitäten erfasst wurden. So wie ihre russischen Leidensgenossen wurden die polnischen Gefangenen während des Kriegs vielfach als Arbeitskräfte in der Landwirtschaft oder bei Kultivierungsarbeiten eingesetzt.

Doch die Kriegsgefangenen konnten längst nicht alle Lücken schließen, die durch die Einberufungen gerissen worden waren. In einem ersten Schritt ordnete deshalb das Preußische Kriegsministerium gleich nach Kriegsausbruch an, dass die über 300 000 aus dem russischen Teilungsgebiet stammenden Saisonarbeiter zwangsweise an ihren Arbeitsstellen in Deutschland zu bleiben hatten, also insbesondere in der Landwirtschaft. Damit wurden sie zu «Zivilgefangenen». Die Landarbeiter aus Galizien wurden jedoch nach Hause entlassen, um in die verbündete österreichische Armee eingezogen werden zu können.[150]

Um dem weiterhin wachsenden Arbeitskräftemangel in Landwirtschaft und Industrie entgegenzuwirken, wurden bis Ende 1915 alle Beschränkungen für den Einsatz von Auslandspolen in der Industrie aufgehoben. Bald nach Eroberung der russisch-polnischen Gebiete begann auch die Suche nach Arbeitskräften von dort – wobei die Grenzen zwischen Freiwilligkeit und Zwang oft fließend waren. Jedenfalls wurden bis Kriegsende ca. 500 000 bis 600 000 Auslandspolen zur Arbeit im Reich angeworben, darunter mehrere zehntausend Juden. Teilweise ging dies bis hin zur Deportation von Polen. Doch dieses auf Zwang und Gewalt beruhende System war ineffektiv, da die Zwangsarbeiter an ihrem Arbeitsplatz vielfach – keine Überraschung – wenig Arbeitseifer

zeigten. Zwar gab es Versuche einer Liberalisierung der Anwer-
bepolitik, und aufgrund der schlechten wirtschaftlichen Lage in
den besetzten polnischen Gebieten ließen sich auch nicht wenige
für eine Arbeit im Reich gewinnen, dennoch griffen die Behörden
zur Aufrechterhaltung der Produktion und Landarbeit weiterhin
vielfach zu Zwangsmaßnahmen. So ordnete das Stellvertretende
Generalkommando Münster im November 1915 an: «Widerspenstige Polen, die sich auch durch die sonst bewährten Mittel
(Verschärfte Haft und dergl.) nicht zu ruhiger Arbeit und Wohl-
verhalten haben bewegen lassen», seien in «militärische Schutz-
haft» zu nehmen.[151]

Ulrich Herbert hat das Vorgehen am Beispiel der Friedrich-
Alfred-Hütte in Rheinhausen exemplarisch geschildert: Hier richtete die Fabrikleitung in Absprache mit der Zivilverwaltung Inter-
nierungslager für russisch-polnische Arbeiter ein, in denen eine
Ausgangssperre galt und Strafen leichter durchgesetzt werden
konnten. Die Lagerküchen lieferten mangelhafte Ernährung, doch
Versuche, die Lage der polnischen Arbeiter zu verbessern und sie
dadurch besser zur Arbeit zu motivieren, hatten nur mäßigen Erfolg. Da die Arbeitgeber unter den Zwangsbedingungen oft meinten, keinen angemessenen Lohn zahlen zu müssen, waren Ar-
beitsverweigerung und Flucht keine Seltenheit: Zwischen Herbst
1916 und Herbst 1917 verließen zum Beispiel knapp 25 000 Polen
ihren Arbeitsplatz. Einige tausend polnische Kriegsgefangene der
Zarenarmee blieben jedoch nach dem Krieg in Deutschland, vor
allem in Schleswig-Holstein und in der Provinz Hannover.[152]

Die deutsche Politik kam im Ersten Weltkrieg nicht umhin, sich
mit Polen zu beschäftigen, zumal sich seit 1915 ein Großteil des
historischen Staatsgebietes unter der Herrschaft der Mittelmächte
befand: Zu sehr benötigte man seine Arbeitskräfte, seine Soldaten,
seine Lebensmittel. Doch die halbherzigen Zugeständnisse, etwa
die Ausrufung eines Königreichs Polens Ende 1916, waren aus
Sicht der Polen nur zu durchschaubar; auf die Wiederherstellung
eines souveränen Staates liefen sie jedenfalls nicht hinaus, vielmehr träumten immer mehr Deutsche von der kolonialen Eroberung neuer Landstriche im Osten des Reichs. Und so ließ sich
Józef Piłsudski, Befehlshaber der auf Seiten der Mittelmächte

kämpfenden polnischen Legionen und heimlicher Herrscher der polnischen Herzen, Mitte 1917 von den Deutschen internieren, da er ihr Spiel nicht mehr mitspielen wollte: Mehr als ein Jahr saß er in der Festung Magdeburg, von wo er erst im November 1918 während der innenpolitischen Wirren in Deutschland freigelassen und nach Warschau gebracht wurde, wo er an die Spitze der polnischen Nationalbewegung trat.

Zu diesem Zeitpunkt waren die preußischen Polen mental längst schon dabei, sich aus dem Reich herauszulösen. Wojciech Korfanty, der nach längerer Abwesenheit erst bei einer Nachwahl im Juni 1918 wieder in den Reichstag gewählt worden war, trat am 25. Oktober als letzter polnischer Redner in der Geschichte des Hohen Hauses ans Pult. Er hatte Worte des Lobs und des Respekts übrig: «Das deutsche Volk schätzen und achten wir. (…) Wir haben es nie vergessen, daß wir manche Anregungen dem deutschen Genius verdanken, trotzdem uns das verdammte preußische System die Sprache Schillers und Goethes zu verekeln suchte.» Schließlich hatte auch Korfanty – wie Zehntausende anderer Polen – die preußischen Gymnasien und Universitäten absolviert und von ihnen profitiert. Anders als dies die Preußen vorgesehen hatten, waren die meisten Polen dadurch jedoch nicht germanisiert worden, und so erklärte Korfanty zum Unmut einer Mehrheit im deutschen Parlament auch, dass ein künftiges Polen «die polnischen Kreise Oberschlesiens und Mittelschlesiens (…), Posen, das polnische Westpreußen und die polnischen Kreise Ostpreußens» beanspruche und ausdrücklich auch Danzig, trotz seiner unzweifelhaft deutschen Bevölkerung.[153]

Am selben Tag teilten die polnischen Abgeordneten im Reichstag und im Preußischen Landtag mit, dass sie künftig nicht mehr an der parlamentarischen Arbeit teilnehmen würden, da sie sich nun im Rahmen des polnischen Staates engagieren wollten. Ähnlich wie sie kehrten in den nächsten Wochen und Monaten zehn-, ja hunderttausende von Polen aus dem Reich zurück in ihre polnische Heimat. Wo deren Grenze zu Deutschland künftig verlaufen sollte, war jedoch ungeklärt, und so sollte sich auf deutschem Staatsgebiet noch ein harter Kampf zwischen Polen und Deutschen zutragen.

Polen in Deutschland zwischen den Weltkriegen

Die beiden Jahrzehnte zwischen den Weltkriegen führten tendenziell zu einer Entflechtung von Polen und Deutschen: Nachdem Polen seine Unabhängigkeit erlangt hatte, war es für viele Polen attraktiver, in den neuen Staat zurückzukehren, als in der deutschen Diaspora zu leben. Dennoch blieb eine stattliche polnische Minderheit im Reich wohnen, deren Angehörige sich viele unterschiedliche Wege zwischen Assimilation und nationaler Selbstbehauptung suchten.

Aus polnischen Preußen werden preußische Polen

Als der Erste Weltkrieg im November 1918 endete und Polen seine Unabhängigkeit erklärte, bestand der neue Staat zunächst nur aus dem Königreich Polen und einigen angrenzenden, zuvor zu Russland gehörenden Gouvernements sowie aus Westgalizien; die Grenzen zum Deutschen Reich sollten erst auf einer Friedenskonferenz verhandelt werden. Damit gaben sich die «polnischen Preußen» jedoch nicht zufrieden: Sie wollten nicht nur am großen Aufbruch der polnischen Nation in eine neue Phase staatlicher Existenz teilhaben, sondern befürchteten auch, die Friedensmacher würden Polen letztlich weitaus kleinere Gebiete zusprechen, als dieses für sich beanspruchte.

Es gab zunächst zwei Motoren der rasanten Ereignisse im preußischen Osten: Auf der einen Seite war dies die polnische Nationalbewegung, die vor allem in der Provinz Posen mit ihrem großen polnischen Bevölkerungsanteil stark war. Am 11. November konstituierte sich der polnische Volksrat (*Rada Ludowa*), die Vertretung der verschiedenen politischen Strömungen im preußischen Teilungsgebiet, der seit 1916 schon als illegale Organisation bestanden hatte. Auf der anderen Seite ergriffen die revolutionä-

ren Ereignisse im Reich auch die Ostprovinzen, zumindest in den
zahlreichen Garnisonen und den größten Städten, wo allerorten
Arbeiter- und Soldatenräte die Macht übernahmen und rasch
Nägel mit Köpfen machten. Am 12. November ersetzte der Voll-
streckungsausschuss der Arbeiter- und Soldatenräte den bisherigen deutschen Oberbürgermeister von Posen durch einen Polen,
allerdings blieben die deutschen Beamten vorerst noch im Amt.

Die deutsch-polnische revolutionäre Handlungsgemeinschaft
der ersten Tage zerfiel jedoch relativ rasch in national getrennte
Bewegungen. Der Polnische Volksrat bemühte sich mit Erfolg, in
der verworrenen Situation seine Macht auszubauen, gewann zunehmenden Einfluss auf die verschiedenen preußischen Behörden
in der Provinz Posen und hielt bereits in der zweiten November-
hälfte mit Einverständnis der auf Deeskalation hoffenden deutschen Seite in allen polnisch besiedelten Gebieten Preußens sowie
in den größten Siedlungsschwerpunkten Wahlen zu einem «Teil-
gebietslandtag» ab: Großpolen, Schlesien und Westpreußen waren
jeweils mit mehreren hundert, die polnischen Siedlungszentren
im Westen des Reichs mit mehr als hundert und das südliche Ostpreußen mit einigen Dutzend Abgeordneten vertreten; allerdings
reisten nicht alle an. Der Landtag tagte zwischen dem 3. und
5. Dezember 1918 in Posen. Nie zuvor und nie danach hatte es
eine so repräsentative Versammlung der in Deutschland lebenden
Polen gegeben. Sie war vor allem eine Demonstration des politischen Willens der reichsdeutschen Polen und wählte einen
80-köpfigen «Obersten Volksrat» (*Naczelna Rada Ludowa*) aus
Vertretern der preußischen Ostprovinzen, dessen Leitung, das
Kommissariat, quasi zur Regierung der Provinz Posen wurde.[1]

Die Herauslösung der Provinz Posen aus dem Deutschen Reich
begann Ende Dezember 1918: Beunruhigt durch Nachrichten von
deutschen Truppenbewegungen, provoziert durch das unbeson-
nene Verhalten deutscher Armeeeinheiten in der Stadt und ermutigt durch das Eintreffen des Pianisten und Exilpolitikers Ignacy
Jan Paderewski, kam es am 27. Dezember in der Provinzhauptstadt zu bewaffneten Auseinandersetzungen zwischen polnischen
und deutschen Verbänden. Schon nach kurzer Zeit war die Stadt
unter polnischer Kontrolle. Innerhalb weniger Wochen und nach

Pochód Sejmu Polskiego
dnia 3. grudnia 1918r. w Poznaniu

12 ___ Am 3. Dezember 1918 tagte in Posen eine Versammlung von Polen aus allen polnischen Siedlungsgebieten im Deutschen Reich. Hier ziehen die Abgeordneten des Teilgebietslandtags zum Versammlungsgebäude.

vielen Gefechten mit regulären deutschen Truppen und diversen Freikorps bzw. Selbstschutzeinheiten hatten die Aufständischen unter Kontrolle des Obersten Volksrats einen Großteil der Provinz erobert. Ein in Trier Mitte Februar 1919 vereinbarter Waffenstillstand beendete das Blutvergießen größtenteils, nachdem zwischen 1000 und 2000 Polen – immer noch deutsche Staatsbürger – bis dahin ihr Leben gelassen hatten. In den preußischen Behörden übernahmen innerhalb weniger Monate Polen die Leitung, die polnische Sprache wurde wieder in den Schulen eingeführt; gleichzeitig verließen viele Deutsche die Provinz. Der Friedensvertrag von Versailles sprach Polen Ende Juni in § 27 einen großen Teil der historischen Provinz Großpolen zu. Die bereits polnisch beherrschten Gebiete wurden formell Teil der Republik Polen, die restlichen Territorien folgten Anfang 1920. Somit wurden aus mehr als 1,3 Mio. polnischer Preußen Bürger des neuen polnischen Staates. Doch die mehr als ein Jahrhundert dauernde preußische Herrschaft hatte ihre Spuren hinterlassen: Bis heute werden die Einwohner Großpolens (Posens) und Pommerellens (Westpreußens) wegen ihrer gewissermaßen «preußischen Tugenden» in Polen mehr oder weniger scherzhaft «preußische Polen» genannt.[2]

Versailles und die Folgen: Grenzveränderungen und Abstimmungskämpfe

Am 28. Juni 1919 wurde in Versailles der Friedensvertrag zwischen den Siegermächten und dem Deutschen Reich unterzeichnet, der neben der Angliederung eines Großteils der Provinz Posen an Polen unter anderem die Abtretung des mehrheitlich von Polen und Kaschuben bewohnten Teils der Provinz Westpreußen bis hinauf zur Ostsee sowie einiger niederschlesischer Grenzgebiete vorsah. In Oberschlesien, dem südlichen Ostpreußen sowie einigen westpreußischen Kreisen am rechten Weichselufer sollten Volksabstimmungen über die künftige Zugehörigkeit der Gebiete entscheiden. Danzig und Umland – zu weit mehr als 90 Prozent von Deutschen bewohnt – wurden zur Freien Stadt erklärt. Sofern keine Plebiszite vorgesehen waren, sollte die Übergabe der Gebiete im Januar 1920 erfolgen. Die einrückenden polnischen Truppen und Verwaltungsbehörden wurden in den meisten Städten, aus denen viele Deutsche bereits abgewandert waren, mit Jubel empfangen.

Ein Großteil der polnischen Staatsangehörigen des Deutschen Reichs war nun zu Bürgern der Republik Polen geworden. Da es aufgrund der starken Vermischung von deutscher und polnischer Bevölkerung aber unmöglich war, sie durch eine Grenzziehung klar voneinander zu trennen, blieben auf beiden Seiten der Grenze größere Minderheiten bestehen. Und ein Problem, vor dem die Siegermächte in Paris gestanden hatten, sollte in den folgenden beiden Jahren noch für erhebliche Unruhe sorgen, nämlich die Ungewissheit, welcher Nation man die protestantisch-polnischsprachigen Masuren und die katholisch-polnischsprachigen Oberschlesier zuschlagen sollte. Um eine Grundlage für die Entscheidung über den Grenzverlauf zu erhalten, wurden Plebiszite anberaumt. Im Verlauf der nun entbrennenden Abstimmungskämpfe wurden die national vielfach indifferenten Bevöl-

kerungen zum Spielball mächtiger Nationalinteressen. Die Karten
bei diesen größtenteils verbalen Kämpfen waren ungleich verteilt – trotz seiner Niederlage im Weltkrieg besaß Deutschland bei
weitem die größeren Ressourcen, und der polnisch-sowjetische
Krieg, in dem Polen zeitweise wie der eindeutige Verlierer aussah,
kostete das Land bei der Grenzbevölkerung viele Sympathien.

Als erstes sollte in Masuren, Ermland und einigen westpreußischen Kreisen abgestimmt werden. Im katholischen Ermland, wo
bereits im November 1918 ein polnischer Volksrat (*Warmińska
Rada Ludowa*) entstanden war, hatte die polnische Bewegung
ihren größten Zulauf. Das von Warschau aus finanzierte polnische
Abstimmungskomitee bemühte sich, in den Dörfern des südlichen Ermlands polnische Vereine und Schulen zu gründen. Diese
Aktivität rief deutschen Widerstand hervor – immer wieder wurden polnische Versammlungen überfallen, und gelegentlich konnten erst die alliierten Besatzungstruppen für Ruhe sorgen. Der
Abstimmungstag am 11. Juli 1920 brachte für die Polen eine Ent-
täuschung, auch wenn im Landkreis Allenstein mit 13,4 Prozent
(4902 Stimmen) das beste Ergebnis in ganz Ostpreußen erzielt
wurde. Ähnlich waren die Verhältnisse in den westpreußischen
Abstimmungsgebieten um Stuhm und Marienwerder, wo eine
polnisch-katholische Minderheit lebte. Hier stimmten insgesamt
15,0 Prozent (7947 Stimmen) für Polen, lediglich im Kreis Stuhm
war der Anteil größer; einige an der Weichsel gelegene Dörfer
wurden Polen zugeschlagen.[3]

Im protestantischen Masuren tat sich die polnische Plebiszitak-
tion noch viel schwerer. Das im Juni 1919 gegründete «Masurische
Abstimmungskomitee» (*Mazurski Komitet Plebiscytowy*) wurde
von evangelischen Polen aus Warschau und Vertretern der Nationaldemokratie gesteuert. Auch die deutsche Seite versuchte teils
auf Polnisch die Masuren von der Stimmabgabe für Deutschland
zu überzeugen, etwa mit der Zeitung «Pruski Przyjaciel Ludu»
(Preußischer Volksfreund). Dabei positionierten sich auch polnischsprachige Masuren vehement gegen Polen – so ein Bauer,
Johann Gwiasda, aus dem Kreis Ortelsburg mit seinem Gedicht
«Protest gegen die Polen» (*Protest naprzeciw Polakom*). Viele
Masuren verwehrten sich gegen Verdächtigungen, sie würden die

polnische Seite unterstützen, und nicht selten waren die größten deutschen Agitatoren selbst masurischer Herkunft (Max Worgitzki, die Schriftstellerbrüder Fritz und Richard Skowronnek). Trotz der Gründung weiterer Verbände und – angesichts der zunehmenden Gewalt – sogar einer «Masurischen Sicherheitswehr» (*Mazurska Straż Bezpieczeństwa*) war die polnische Sache von vornherein aussichtslos, zu fest verwurzelt im preußisch-deutschen Staat und in der protestantischen Konfession waren die Masuren, selbst wenn sie noch Polnisch sprachen. Und so fuhr die deutsche Seite am Abstimmungstag einen überwältigen Sieg ein. Mehr als 99 Prozent stimmten in den Abstimmungskreisen gegen den Anschluss an Polen; nur fünf Dörfer sprachen sich mehrheitlich für Polen aus, von denen schließlich drei, die direkt an der Grenze lagen, an Polen angegliedert wurden.[4]

Kreise (Auswahl)	Zahl der abgegebenen Stimmen			
	Für Deutschland		Für Polen	
	Absolute Zahlen	Prozent	Absolute Zahlen	Prozent
Ermland				
Allenstein (Land)	31 486	87,60	4 902	13,40
Allenstein (Stadt)	16 742	98,00	342	2,00
Rößel	35 252	97,90	758	2,10
Summe Ermland	83 480	93,30	6 002	6,70
Masuren				
Osterrode	46 385	97,81	1 043	2,19
Ortelsburg	48 204	98,51	511	1,49
Oletzko	28 625	99,99	2	0,01
...	...	...	...	...
Summe Masuren	279 729	99,30	1 978	0,70
Westpreußen				
Stuhm	19 984	80,93	4 904	19,07
Marienwerder	25 607	93,51	1 779	6,49
...	...	...	...	...
Summe Westpreußen	96 894	92,42	7 947	7,58

Tab. 2: Ergebnisse der Volksabstimmung in Ermland, Masuren und Westpreußen vom 11. Juli 1920 (ausgewählte Kreise).[5]

Bei weitem dramatischer waren die Auseinandersetzungen um Oberschlesien: Im Gegensatz zu den wirtschaftlich rückständigen nördlichen Plebiszitgebieten war diese Provinz einer der wichtigsten Industriestandorte und Rohstofflieferanten des Reichs und somit Gegenstand einer vehementen Abstimmungspropaganda auf beiden Seiten. Da hier zudem polnisch- und deutschsprachige Bevölkerungsteile stark vermischt lebten, waren sich auch die Siegermächte bewusst, wie verzwickt die Lage war. Deshalb ließ man sich mit der Abstimmung Zeit bis zum März 1921.

Bereits vor der Unterzeichnung des Versailler Vertrags hatte sich die Stimmung in Oberschlesien zugespitzt. Anhänger der «deutschen» und der «polnischen» Option brachten ihre Argumente für die staatliche Zukunft der Region mit vielfältiger Agitation und Propaganda, Demonstrationen und Streiks vor; auf deutscher Seite wurden mit Grenzschutz und Freikorps paramilitärische Organisationen gebildet, auf polnischer Seite entstand nach dem Vorbild der anderen polnisch-preußischen Gebiete eine mehr oder weniger geheime Polnische Militärorganisation (*Polska Organizacja Wojskowa*, POW). Durch die Volksabstimmung verlängerte sich dieser Ausnahmezustand um fast zwei Jahre, wodurch sich die Bevölkerung extrem polarisierte. Zwischenpositionen wie die oberschlesische Autonomiebewegung, die 1919/20 durchaus einigen Zulauf hatte und erklärte, die Oberschlesier seien ein «eigenblütige[s] Einheitsvolk slavo-germanischer Blutmischung», hatten letztlich keine Chance.[6]

Schon bald kam es zu ersten Ausschreitungen – aus einem Massenstreik der oberschlesischen Bergleute entwickelte sich im September 1919 auf Initiative eines Teils der POW der Erste Oberschlesische Aufstand, der mehrere Kreise im Osten der Provinz erfasste, jedoch nach wenigen Tagen aufgrund heftiger deutscher Gegenwehr und mangels Hilfe aus Polen beendet wurde. Viele tausend polnische Oberschlesier flohen zunächst über die Grenze, konnten aber nach einer Amnestie bald wieder ins Reich einreisen. Die Kommunalwahlen vom 9. November 1919 brachten der polnischen Bewegung in Oberschlesien einen großen Erfolg – ihr fielen rund drei Viertel aller Mandate zu.[7]

Nach dem Inkrafttreten des Versailler Vertrags Anfang 1920

übernahm im oberschlesischen Abstimmungsgebiet eine Inter-
alliierte Regierungs- und Plebiszitkommission die Kontrolle;
französische (propolnische), italienische sowie britische (tendenziell prodeutsche) Militäreinheiten sollten für Ruhe sorgen. Auf
polnischer Seite bereitete das in Beuthen ansässige Polnische Ab-
stimmungskommissariat unter Leitung Wojciech Korfantys das
Plebiszit vor, musste sich aber gegen zahlreiche Übergriffe von
deutscher Seite zur Wehr setzen. Nach neuen, teils von Kommu-
nisten angezettelten Auseinandersetzungen (Polen stand im Krieg
gegen Sowjetrussland gerade im Entscheidungskampf) rief die
POW am 18. August den Zweiten Oberschlesischen Aufstand
aus, der nur eine Woche lang dauerte und bei dem es mehreren
tausend polnischen Insurgenten gelang, einige ostoberschlesische
Kreise weitgehend unter ihre Gewalt zu bekommen, ehe die alliierten Truppen wieder die Kontrolle übernehmen konnten.

Die Abstimmung selbst fand zwischen dem 13. und 20. März
1921 statt. Für den Verbleib bei Deutschland stimmten 707 393
Menschen (59,7 Prozent), für den Anschluss an Polen 479 365
(40,3 Prozent) – viel weniger als von den Polen erwartet. Mehrhei-
ten für Deutschland gab es in den meisten Städten und links der
Oder, während für Polen auf dem Land, in den Bergbaugemein-
den und rechts der Oder gestimmt wurde. Allerdings kann, so
Philipp Ther, «die Zahl der Stimmen [nicht] mit der Anzahl von
Deutschen oder Polen gleichgesetzt werden»; mindestens ein
Sechstel der polnischen (oberschlesischen) Muttersprachler vo-
tierten für Deutschland. Wirtschaftliche Gesichtspunkte oder
auch die Loyalität zum Reich waren für sie offensichtlich wichtiger als Sprache oder Abstammung, zumal sich deutsche, polnische und oberschlesische Identitäten vielfach überlagerten, man
sich oft je nach Situation für eine von ihnen entschied und der
Zwang, sich zwischen Deutschland und Polen aussprechen zu
müssen, viele Oberschlesier in ein Dilemma stürzte.[8]

Die Teilung Oberschlesiens erschwerte die freie Wahl der Identitäten weiter: Anders als ursprünglich geplant, wurde die Provinz
nämlich nicht als Ganze dem einen oder dem anderen Staat zugeschlagen – sie hätte dem Abstimmungsergebnis zufolge bei
Deutschland bleiben müssen, was kaum im Sinne der Alliierten

13 ___ Polnische Kämpfer aus dem Kreis Oppeln im Dritten Oberschlesischen Aufstand von 1921.

war. Die Frage war nur, wo genau die Grenze gezogen werden sollte und ob ethnisch-sprachliche oder eher ökonomische Faktoren den Ausschlag geben sollten. Um den Westen von der Stärke der polnischen Oberschlesier zu überzeugen und ein möglichst großes Stück vom oberschlesischen Kuchen zu erhalten, löste die polnische Seite Anfang Mai 1921 den Dritten Oberschlesischen Aufstand aus, der sich zu einem regelrechten Krieg entwickelte: Bis zu 50 000 Bewaffnete kämpften für Polen, etwa 30 000 für Deutschland. Dabei war es zum Teil ein Bruderkampf, denn viele Soldaten beider Seiten sprachen polnisch-oberschlesische Mundart. Die Kämpfer für die deutsche Sache wurden von zahlreichen Freikorps aus dem ganzen Reich unterstützt, die Polen von mehreren tausend regulären Soldaten aus der Polnischen Republik. Rasch gelang es den Polen, den von ihnen beanspruchten größeren Teil Oberschlesiens bis kurz vor Oppeln zu besetzen, dann drängten die deutschen Einheiten die Polen zurück; Anfang Juli wurde der Aufstand nach langen Verhandlungen schließlich beendet. Auf beiden Seiten waren jeweils etwa 2000 Tote zu beklagen.

Nicht zuletzt unter dem Eindruck dieses Bürgerkriegs – vor allem aber aufgrund der politischen Interessen Frankreichs – sprach der Völkerbund Polen den größeren Teil des wirtschaftlich wertvollen Industriereviers zu, während bei Deutschland 71 Prozent des Abstimmungsgebiets und 54 Prozent der Bevölkerung verblieben. Darunter befanden sich 195 000 Menschen, die für Polen gestimmt hatten; mit allen Familienangehörigen dürfte die Minderheitenbevölkerung im Oppelner Schlesien rund 600 000 betragen haben, ohne dass sich viele von ihnen allerdings bewusst als Polen bezeichnet hätten. Wer sich aktiv für die polnische Sache eingesetzt, gar auf polnischer Seite an den Aufständen mitgekämpft hatte, zog meist noch vor der formellen Grenzziehung im Juni 1922 in den jungen polnischen Staat.[9]

Bleiben, optieren, zurückwandern?
Lebenshorizonte von Polen in Deutschland nach 1918

Mitte 1922 waren die Grenzen zwischen Deutschland und Polen endgültig gezogen. Die neue polnische Minderheit in der Weimarer Republik war zwangsläufig viel kleiner als vor dem Krieg, und sie schrumpfte zusätzlich noch durch die Übersiedelung von ca. 150 000 Polen in den neugeschaffenen Staat. Eine erste Welle unkoordinierter «Rückwanderer» hatte sich in den ersten Monaten nach Kriegsende in Bewegung gesetzt, angezogen durch die Verdienst- und Karrieremöglichkeiten im neuen Polen: Facharbeiter, Handwerker, aber auch Eisenbahner und Polizisten fanden zunächst meist problemlos Arbeit in dem im Aufbau begriffenen Land. Bis August 1919 sollen so bereits etwa 10 000 bis 12 000 Polen Deutschland verlassen haben, darunter ein erheblicher Prozentsatz der polnischen Bildungsschichten.[10]
      Die Rückwandererwelle verstärkte sich nach der Unterzeichnung des Versailler Vertrags, der in Artikel 91 ein Optionsverfahren vorsah: Diejenigen Polen, die innerhalb der Reichsgrenzen verblieben, konnten – ebenso wie die Deutschen in Polen – für eine der beiden Staatsbürgerschaften optieren, mussten aber, wenn sie Polen gewählt hatten, prinzipiell innerhalb eines Jahres nach Polen

übersiedeln. Mitte 1920 wurde die Zahl der polnischen Remigranten bereits auf 100 000 geschätzt, die vorwiegend aus dem Ruhrgebiet kamen, wo die Situation der Polen schwierig war – nicht
nur aufgrund der Wirtschaftslage, sondern auch wegen der von
den Abstimmungskämpfen im Osten zusätzlich angeheizten nationalen Spannungen. Aufforderungen zur Ausweisung «sämtlicher
polnischer Agitatoren» und gezielte Entlassungen von Polen gingen einher mit vielen weiteren Anfeindungen; vor dem polnischen
Konsulat in Essen versammelten sich in den späten Abendstun-
den regelmäßig zwielichtige Gestalten, warfen Steine und schrien
Schimpfwörter wie «Polackenbande, Schweinehunde», Versammlungen polnischer Vereine wurden gesprengt, Polen beschimpft
(«Raus ihr Lumpen»), viele verletzt. Bei der Ausreise wurden die
Polen vor Inkrafttreten der Optantenregelungen – teils auch
danach – von den deutschen Behörden stark besteuert, so dass sie,
als sie in Polen ankamen, oft einen Großteil ihrer bescheidenen
Habe verloren hatten. Dazu fehlte es im jungen Polen an indus-
triellen Arbeitsplätzen. Viele tausend enttäuschter Remigranten
kehrten deshalb wieder nach Deutschland zurück, wo die Erwerbs-
möglichkeiten allerdings auch schlecht waren.[11]

Das formelle Optionsverfahren für Polen in Deutschland begann mit großer Verspätung erst im Oktober 1921; bis Juni des
Folgejahres sollten sich die noch im Reich lebenden Polen für
oder gegen eine Übersiedelung nach Polen entscheiden. Auch
auf Werben der polnischen Diplomaten sprachen sich innerhalb
weniger Wochen je nach Quelle zwischen ca. 15 000 und 20 000 Familien (zwischen 70 000 und 90 000 Menschen) für Polen aus,
während ca. 275 000 Polen für Deutschland optierten. Diejenigen,
die für Polen optiert hatten, waren in Deutschland vielfach neuen
Benachteiligungen ausgesetzt, hatten aber aufgrund fehlender ver-
traglicher Vereinbarungen zwischen den beiden Ländern Schwierigkeiten, nach Polen auszureisen. Erst im August 1924 wurde in
Wien eine Konvention unterzeichnet; die Übersiedlung der polnischen Optanten nach Polen (und umgekehrt) zog sich aber bis
1926 hin – wobei viele Optanten mittlerweile gar nicht mehr fort-
ziehen wollten, jedoch Opfer des zwischen beiden Ländern aus-
gebrochenen «Optantenkriegs» wurden und gegen ihren Willen

ins Nachbarland übersiedeln mussten. Erst nach langwierigen diplomatischen Auseinandersetzungen zwischen Deutschland und Polen wurde die weitere Ausweisung von Optanten Mitte 1926 gestoppt.[12]

Über's Land verstreut:
Die polnische Minderheit in Deutschland

Die in der Zwischenkriegszeit in Deutschland lebenden Polen waren alles andere als eine homogene Gruppe. Es handelte sich auf der einen Seite um die Reste der polnischen Grenzbevölkerungen im Osten – vor allem in Ost- und Westpreußen und in Oberschlesien –, auf der anderen Seite um Arbeitsmigranten in den Industriezentren und um deren Nachkommen. Im Gegensatz zur Situation im Kaiserreich genossen sie einen verstärkten Schutz. Zwar hatten die Siegermächte nicht darauf bestanden, dass die deutsche Republik – anders als dies Polen und weitere neu entstandene Staaten Ostmitteleuropas tun mussten – in ihrer Verfassung einen Minderheitenschutz verankerte, doch sah die Weimarer Reichsverfassung in Artikel 113 immerhin vor: «fremdsprachige Volksteile dürfen durch die Gesetzgebung und Verwaltung nicht in ihrer freien, volkstümlichen Entwicklung, besonders nicht im Gebrauch ihrer Muttersprache beim Unterricht» beeinträchtigt werden. Dieser Paragraph war aufgrund seiner sehr vagen Formulierung allerdings relativ bedeutungslos. Nach Ansicht der deutschen politischen Öffentlichkeit boten vor allem die in den Grenzgebieten lebenden Polen dem polnischen Staat die Möglichkeit, Druck auf Deutschland auszuüben und eine weitere Expansion nach Westen zu begründen. Da jedoch in Polen eine relativ große deutsche Minderheit lebte, die man keiner Gefahr aussetzen wollte, blieb die deutsche Politik gegenüber den innerhalb der eigenen Grenzen lebenden Polen zumindest auf gesamtstaatlicher Ebene (mit Ausnahmen, wie etwa beim Optantenstreit) zunächst relativ moderat.[13]

Nach einer vorübergehenden Verschärfung angesichts der wirtschaftlichen und politischen Spannungen zu Beginn der 1930er

Jahre ließ der Druck auf die in Deutschland lebenden Polen mit der Unterzeichnung der deutsch-polnischen Nichtangriffserklärung am 26. Januar 1934 für einige Jahre nach, auch die am 5. November 1937 von Deutschland und Polen veröffentlichte Minderheitenerklärung bedeutete keine grundsätzliche Änderung. Mit ihren bescheidenen finanziellen Mitteln konnte die polnische Seite die Minderheit in Deutschland nur in begrenztem Maße unterstützen. Nach der rapiden Verschlechterung der bilateralen Beziehungen seit Herbst 1938 häuften sich vor allem in den Grenzgebieten Übergriffe auf die polnische Minderheit und ihre Organisationen.[14]

In den 1920er Jahren hat es zwischen 900 000 und 1,9 Mio. Polen bzw. Polnischsprachige in Deutschland gegeben, wobei eine Zahl von 1,5 Mio. relativ wahrscheinlich sein dürfte. Die Ungewissheit rührt zum Teil aus der Unzuverlässigkeit der Volkszählungsdaten her: In einer Zeit, in der die bilateralen Beziehungen aufs höchste gespannt waren, versuchten die Behörden mit allen Tricks, den Anteil der Polen zu reduzieren, sei es durch Fälschung, sei es durch Beeinflussung der Befragten, sei es durch die zusätzliche Aufsplitterung in Zweisprachige, Masuren, Kaschuben und Oberschlesier. Vermeldete die Volkszählung von 1925 noch etwa 930 000 Menschen polnischer Muttersprache bzw. Zweisprachige, so waren es bei der Volkszählung 1933 nur noch 440 000. Die bei dem kurz vor dem Krieg stattgefundenen Zensus von 1939 festgestellte Zahl von 61 000 war schließlich völlig irreal. Trotz aller Zweifel an diesen Zahlen ist jedoch auf jeden Fall davon auszugehen, dass es in der Zwischenkriegszeit unter den in Deutschland lebenden Polen zu starken Assimilationstendenzen an die deutsche Sprache und Kultur kam, gerade in den Zentren der Arbeitsmigration, aber auch in den geschlossenen Minderheitengebieten wie Oberschlesien und vor allem Masuren, obschon die Prozesse nicht überall eindeutig waren und, wie es Rudolf Jaworski bezeichnet, gerade bei der Grenzminderheit «viel Opportunismus und Scheinanpassung an das deutsche Milieu» vorhanden war.[15]

Diese Grenzminderheit deklarierte sich bei den Volkszählungen teils als deutsch, weshalb auf Schätzungen zum Sprachgebrauch zurückzugreifen ist, um die Zahl der Polnischsprachigen zu ergründen. In Westoberschlesien (Oppelner Schlesien) lebte die größte Gruppe – zwischen 500000 und 800000 Personen, davon viele national relativ «indifferente» Oberschlesier (Schlonsaken). In Ostpreußen waren es 200000 bis 300000, vielleicht sogar bis zu einer halben Million – größtenteils evangelische Masuren; in der Grenzmark Posen-Westpreußen, Resten der einstigen Provinzen Posen und Westpreußen, gab es wenig mehr als zehntausend. Als Migranten bzw. deren Nachfahren lebten im Ruhrgebiet (Rheinland und Westfalen) vielleicht 150000, in den mitteldeutschen Provinzen Brandenburg, Sachsen, Berlin, Hannover und Mecklenburg waren es insgesamt etwa 120000 bis 150000, in Niederschlesien mehrere zehntausend. Es existierte auch eine relativ große, mehr als 100000 Menschen zählende Gruppe von Juden mit polnischer Staatsbürgerschaft. Zumindest die Zahl von 260000 polnischen Staatsangehörigen, die laut Volkszählung von 1925 im Reich lebte, dürfte halbwegs glaubhaft sein; die Hälfte von ihnen gab allerdings Deutsch als ihre Muttersprache an.[16]

Die polnische Minderheit in Deutschland war nicht nur geographisch verstreut, sondern auch sozial benachteiligt: Nach 1918, besonders auch im Zuge der antipolnischen Hysterie in der Abstimmungszeit 1920/21 waren die meisten Führungspersönlichkeiten der Minderheitenbewegung ins wiederentstandene Polen abgewandert, wo sie sich gute Berufsaussichten und angenehmere Lebensumstände erhofften. Nur wenige Angehörige freier Berufe blieben im Reich, und auch nur wenige Adelsfamilien, die sich zur polnischen Nationalbewegung bekannten, waren in den deutschen Gebieten begütert. In einer durchweg von Arbeitern, allenfalls Facharbeitern, von Kleinbauern und Landproletariat geprägten Gemeinschaft waren die Priester sowie dort, wo es polnische Schulen gab, die Lehrer oft die einzigen Vertreter einer polnischen Bildungsschicht. Durch diese strukturelle Schwäche der polnischen Minderheit fehlte es vielfach an charismatischen polnischen Organisatoren, und für die jüngeren Generationen waren deutsche Identitätsangebote oft attraktiver als das langsam erstarrende soziale und politische Leben der Polen. So zeichnete sich vielerorts ein Altern und langsames Erlöschen der Minderheit ab.

Oberschlesien

Im Gegensatz zu Niederschlesien, wo nach der Abtretung einiger Grenzgemeinden nur wenige tausend Polen verblieben –
neben den Grenzgebieten relativ viele in der Großstadt Breslau –,
war der deutsche Teil Oberschlesiens ein wichtiger Siedlungs-
schwerpunkt von Polen in Deutschland. Die Feststellung genauer
Zahlen ist nicht nur aufgrund der unzuverlässigen Volkszählungsdaten problematisch, sondern auch wegen der Schwierigkeit,
die Oberschlesier einer der beiden Nationen zuzuschlagen. Zumindest hierfür liefern die fragwürdigen Zensusdaten Anhalts-
punkte: 1925 gaben 385 000 Bewohner des deutschen Teils von
Oberschlesiens an, gleichermaßen deutsch- wie polnischsprachig
zu sein. Was einerseits Ergebnis der deutschen Bemühungen
war, die Zahl der Polen in Deutschland systematisch «kleinzu-
rechnen», war andererseits auch Ausdruck der problematischen
Selbstzuschreibung der Oberschlesier. Hätte es bereits – so wie
heute – eine selbstbewusste oberschlesische Nationalbewegung
gegeben, so hätten viele von ihnen wahrscheinlich schon damals
«Oberschlesisch» als ihre Muttersprache und Nationalität bezeichnet.[17]

Angesichts der Polarisierung des politischen Diskurses waren
derartige Zwischenidentitäten seinerzeit allerdings kaum gefragt,
zumal es an indigenen Anführern einer oberschlesischen Bewegung in Deutschland fehlte: Die polnischsprachige Intelligenz war
mit Ausnahme einiger Lehrer, Pfarrer, Ärzte und Journalisten
größtenteils nach Polen abgewandert, während in den Städten ein
deutschsprachiges Bürgertum den Ton angab und die polnischsprachigen Oberschlesier vorwiegend auf dem Land lebten. Eine
ihrer Hochburgen war der Landkreis Oppeln, in dem beim Plebiszit gut 30 Prozent aller Wähler für den Anschluss an Polen
gestimmt hatten. Generell war die polnische Bewegung unter
den einheimischen Arbeitern des Industriegebiets jedoch relativ
schwach. Dadurch wurde eine Assimilation von Polen bzw. polnischsprachigen Oberschlesiern an die deutsche Sprache und Kultur erleichtert; Philipp Ther nennt dies «schleichende Assimilation der Mischbevölkerung».[18]

Die Assimilation konnte allerdings sozusagen auch wieder zu-
rückschleichen, und Ther selbst analysiert die regionalen Befindlichkeiten sehr treffend: «Je nach Bedarf konnten sie die oberschlesische oder polnische Seite ihrer Person aktivieren, sei es aus
Sympathie für Polen, aus Abneigung gegen den Nationalsozialismus oder aus pragmatischen Motiven.» So war es damals ohne
weiteres möglich, dass bei Versammlungen polnischer Vereine in
Deutsch-Oberschlesien deutsche Soldatenlieder angestimmt wurden, während sich die Hitlerjugend bisweilen auf Polnisch verständigte. Diese komplexe Koexistenz deutscher, polnischer und
spezifisch oberschlesischer Identitäten blieb in Oberschlesien bis
ins 21. Jahrhundert erhalten.[19]

Das deutsch-polnische Sprachgewirr, das Miteinander von
Deutsch und Polnisch, das Wasserpolnische bzw. Schlonsakische
war im Alltag an der Grenze etwas völlig Selbstverständliches.
Selbst wer sich in Zeiten nationalsozialistischer Deutschtumshys-
terie bemühte, tunlichst die Sprache Schillers und Goethes zu ver-
wenden und das zungenrollende slawische «r» gegen ein kehlig
schnarrendes deutsches «r» einzutauschen, dem rutschte immer
wieder Polnisches über die Lippen. Horst Bienek, der 1930 in
Gleiwitz geborene deutsche Romancier, hat das in seiner Ober-
schlesien-Tetralogie gut festgehalten:

> «*Swinia* [Schwein], sagte das Mädchen.
> *Luntrus!* [Biest!], sagte der Junge. (…)
> Ist das polnisch, wie du mit ihnen redest? staunte Andreas. (…)
> Ich möchte das auch lernen, jetzt wo ich hier bin. Er war entschlos-
> sen so zu sein wie die Leute hier. Aber er wußte genau, daß es sehr
> schwer sein würde. Es fing schon damit an, daß Flüche und Be-
> schimpfungen immer in Polnisch ausgedrückt wurden. Merkwür-
> digerweise mußte Gott in einem polnischen Himmel wohnen, denn
> er wurde fast nur auf polnisch angerufen, soweit er das mitbekom-
> men hatte (…).»[20]

Tatsächlich war die Religion eine wesentliche Bastion der Sprache – in diesem Fall der polnischen Hochsprache, in der die Predigt vielfach gehalten wurde, sowie der oberschlesischen Mundart
als Beichtsprache. Eine Umfrage des antipolnisch agierenden Bundes Deutscher Osten kam 1935 zu dem Ergebnis, dass im deut-

schen Teil Oberschlesiens 46,7 Prozent aller katholischen Gottesdienste auf Polnisch (oder Tschechisch) gehalten wurden. Die
polnischsprachigen Messen wurden allerdings offensichtlich vorwiegend von älteren Menschen besucht. Zwar geriet die Kirche
in der NS-Zeit stark unter Druck, ihre Messen nur noch auf
Deutsch abzuhalten, doch konnte diese bis Kriegsbeginn – mit
abnehmender Tendenz – am Polnischen festhalten, trotz vielfa-
cher Drohungen der Nazi-Granden. So schwadronierte Oppelns
Gauleiter Josef Wagner 1935: «Ich erkläre Ihnen, meine Herren,
daß ich noch in diesem Jahr dauernd beim Kardinal einschreiten
werde, wenn nur eine polnische Predigt oder ein polnischer Gottesdienst abgehalten werden.» Und, einmal in antipolnischer
Rage, fuhr er fort:

> «Ich werde dafür sorgen, daß alle polnischen Namen in diesem
> Land verschwinden. Binnen zehn Jahren wird Schlesien urdeutsch!
> Binnen 30 Jahren wird das ganze Oberschlesien nichts von Polen
> wissen. (…) Der Minderheit muß man beibringen, daß ein Pole bei
> uns einem Schuhputzer gleicht, der Deutsche – der Kraft, der
> Macht der größten Ehre.»[21]

Tatsächlich nahm die Zahl der Umbenennungen sowohl bei Orten
wie auch bei Familiennamen in den 1930er Jahren stark zu, während die Oberschlesier trotz «der Macht der größten Ehre» durchaus Beharrungswillen gegen den Nationalsozialismus an den Tag
legten: Hier, in der katholischen Provinz, hatte die «Bewegung»
bis 1933 kaum punkten können.

Immerhin genoss die polnische Minderheit in Westoberschlesien seit 1922 für 15 Jahre – ähnlich wie die deutsche Minderheit
in Ostoberschlesien – aufgrund eines vom Völkerbund eingefor-
derten deutsch-polnischen Abkommens («Genfer Konvention»)
einen besonderen Schutz:

> «Kein deutscher Reichsangehöriger darf in dem freien Gebrauch
> einer beliebigen Sprache irgendwie beschränkt werden, weder in
> seinen persönlichen oder wirtschaftlichen Beziehungen, noch auf
> dem Gebiete der Religion, der Presse oder bei Veröffentlichungen
> jeder Art, noch endlich in öffentlichen Versammlungen.»[22]

Doch obwohl dieses umfangreiche Abkommen der Minderheit viele Rechte (und ein häufig genutztes Beschwerderecht beim Völkerbund) einräumte, zeichnete sich bald nach der endgültigen Teilung der Provinz ein allmähliches Erlahmen des – mit der Begrifflichkeit der Zeit gesprochen – «politischen Polentums» ab: War es der polnischen Liste (*Polsko-Katolicka Partia Ludowa*, Polnisch-Katholische Volkspartei) bei den Ergänzungswahlen von 1922 gelungen, aus Oberschlesien einen polnischen Abgeordneten in den preußischen Landtag zu entsenden – ein Erfolg, der 1924 mit zwei Mandaten noch vergrößert werden konnte –, so mussten die Polen seit 1928 auf Mandatsträger in Berlin verzichten; die ohnehin relativ geringe Wahlunterstützung sank drastisch.[23]

Auch der Landesverband (*Dzielnica I*) des Bundes der Polen in Deutschland hatte nur mäßigen Erfolg: 1923 gegründet, gehörten ihm in Schlesien zu seiner Hochzeit maximal 7000 Mitglieder an; mehr als 20 000 Polen engagierten sich in lokalen Vereinen und religiösen Vereinigungen (Doppelmitgliedschaften eingerechnet), die nach der Gleichschaltung des deutschen öffentlichen Lebens nach 1933 kurzzeitig an Attraktivität gewannen. Es gab Pfadfindergruppen, Gesangvereine (1937 immerhin rund 60, allerdings oft kleine) und mehrere polnische Zeitungen. Relativ erfolgreich waren kulturelle oder ökonomische Organisationen: 1930 besaßen die polnischen Genossenschaften (insbesondere für Ein- und Verkauf) in Oberschlesien rund 13 000 Mitglieder. Dagegen gelang es nicht, das vertraglich zugesicherte polnische Schulwesen wie erhofft auszubauen. 1924 bestanden 56 öffentliche Schulen mit Minderheitensprache, doch die Zahl ging bis Ende der 1930er Jahre auf sechs zurück. Dies war nicht nur eine Folge von deutschem Druck auf polnische Familien oder des oft schlechten Niveaus der polnischen Lehrkräfte, sondern auch des schlichtweg fehlenden Interesses unter einer Bevölkerung, für die gesellschaftlicher Aufstieg jahrhundertelang aufs Engste mit der Kenntnis des Deutschen zusammenhing. Das polnische Privatschulwesen entwickelte sich besser; 1932 entstand in Beuthen ein privates polnisches Gymnasium.[24]

Nachdem 1937 die Oberschlesien-Konvention nicht erneuert

wurde und damit auch der besondere Schutz der polnischen Minderheit im Oppelner Schlesien endete, veröffentlichten die beiden Staaten zwar eine Erklärung zum Minderheitenschutz, doch
angesichts der sich bald zuspitzenden deutsch-polnischen Konfrontation eskalierte die Lage auch in Oberschlesien: Seit Frühjahr
1939 wurden vermehrt polnische Büros und Versammlungshäu-
ser überfallen, geplündert und geschlossen, polnische Gottesdienste wurden verboten und Zeitungen beschlagnahmt. Schließlich musste die polnische Minderheit noch für den Ausbruch des
Zweiten Weltkriegs herhalten: Der Überfall vorgeblicher «polnischer Freischärler» auf den Sender Gleiwitz am 31. August 1939
war einer der vom NS-Regime fingierten Anlässe für den Überfall
auf Polen.[25]

Vom Verschwinden der Masuren und Ausharren anderer Polen

Ähnlich wie in Oberschlesien hatte der Abstimmungskampf auch
in Ostpreußen zu einer extremen Polarisierung zwischen Polen
und Deutschen beigetragen, mit dem Unterschied allerdings, dass
die Zahl derjenigen, die für die polnische Sache eintraten, hier
sehr viel geringer war. Dennoch mussten sie sich in Acht nehmen,
denn, wie Andreas Kossert schreibt: «Hass, unversöhnliche Härte
und Diskriminierung schlug allem entgegen, was polnisch war,
polnisch aussah oder Sympathien für Polen hegte.» Polnische Aktivisten aus der Abstimmungszeit wurden verfolgt, nicht selten
sogar regelrecht aus ihren Dörfern vertrieben. In dieser Stimmung
verließ ein Teil der polnischen Wortführer freiwillig das Land und
zog nach Polen.[26]

   In Masuren lebten immer noch mehrere hunderttausend polnischsprachige Protestanten, die Schätzungen reichen von 250 000
bis 500 000. Genaueres ist aufgrund der völlig unglaubwürdigen
Volkszählungsergebnisse schwer festzustellen: Ihnen zufolge
hätte es 1925 in ganz Masuren, wo noch vor dem Ersten Weltkrieg
eine deutliche Mehrheit der Bevölkerung Polnisch gesprochen
hatte, 83,4 Prozent Deutsch-Muttersprachler gegeben. Bei dieser
Zählung war wohl der Wunsch Vater des Gedankens gewesen –
und zwar sowohl der Wunsch der deutschen bzw. preußischen

Regierung und der Behördenvertreter vor Ort, die möglichst wenige Polen zählen wollten, als auch der Wunsch vieler Masuren selbst, die sich nur selten zu ihren polnischen Wurzeln bekennen mochten.[27]

Die ländlichen Regionen Masurens waren vermutlich nach wie vor weitgehend polnischsprachig, wenn auch das Polnische nur mehr mündlich überliefert wurde und der Gebrauch in der Regel auf Familie und Kirche beschränkt war. In den 1920er Jahren gab es noch in mehr als hundert Pfarreien polnischsprachige Gottesdienste, allerdings besuchten die Jüngeren immer häufiger deutschsprachige. In den polnischen Minderheitenorganisationen wollte sich kaum jemand engagieren, und die politische Minderheitenbewegung musste Masuren fast komplett abschreiben: Bei den Reichstagswahlen von 1928 stimmten in den südlichen Kreisen Ostpreußens nur 264 Wahlberechtigte für die polnischen Kandidaten.[28]

Die interessanteste Persönlichkeit der polnischen Bewegung war sicherlich der Volksdichter Michał Kajka (1865–1940), der sich eifrig für die Bewahrung der polnischen Sprache in Masuren einsetzte:

Póki słońce żarem grzeje,	Solange die Sonnengluten wärmen,
Póki wiatr po wydmach wieje,	Solange der Wind über die Dünen weht,
Gdzie mazurski naród słynie	Dort wo das masurische Volk lebt
Polska mowa nie zaginie…[29]	Wird die polnische Sprache nicht sterben …

Die polnische Masurenbewegung verfügte mit dem «Mazur» über eine – relativ wenig gelesene – Zeitung, in der auch Kajka publizierte, sie litt jedoch unter geringen Mitgliederzahlen und ständiger Anfeindung von Seiten der Deutschen. Polnische Dorfschulen gab es hier nach kurzlebigen Versuchen in der Abstimmungszeit gar nicht.

Während die katholischen Oberschlesier dem Nationalsozialismus distanziert gegenüberstanden, fand er im armen, von der Wirtschaftskrise besonders gebeutelten protestantischen Masuren überdurchschnittlich viele Anhänger: Bei der Reichspräsidentenwahl 1932 erreichte Hitler in allen masurischen Kreisen die absolute Mehrheit. Offensichtlich ließen sich die von jahrhunderte-

alten Minderwertigkeitskomplexen geplagten polnischsprachigen Masuren von der Aussicht blenden, als vollwertige Deutsche
in die große Volksgemeinschaft aufgenommen zu werden. Tatsächlich bot die NS-Zeit für Leute aus dem «einfachen» Volk
gewisse Aufstiegsmöglichkeiten, jedoch nur, wenn sie alles Polnische ablegten. Auch deshalb rollte eine große Umbenennungs-
welle durch das Land: Schon in den 1920er Jahren war eine
Reihe der oft merkwürdig fremd, exotisch und irgendwie putzig klingenden Orte umbenannt worden, und seit 1938 machte
sich die Eindeutschungskampagne neu ans Werk, mit dem Ziel,
alles Slawische zu verbannen und eine alte germanische Geschichte vorzuspiegeln. «Aus Makoscheyen wurde Ehrenwalde,
aus Romanowen Heldenfelde, Olschöwen Frauenfließ, Gortzit-
zen Deumenrode, Skomatzko Dippelsee, Prazwdzisken Reifen-
rode.»[30]

Widerstandsfähiger gegen den Nationalsozialismus waren die
ermländischen Katholiken – egal ob Deutsche oder Polen. Die
polnischen Ermländer besaßen ihr Zentrum in Allenstein, wo im
Polnischen Haus (*Dom Polski*) Vereine ihren Sitz hatten und wo
es eine Volksbank gab; unweit befand sich die Redaktion der
Tageszeitung «Gazeta Olsztyńska» und das Polnische Generalkonsulat. Nach dem Inkrafttreten einer preußischen Minderheits-
schulordnung entstanden im südlichen Ermland ab 1929 einige
polnische Schulen; zudem wurden zahlreiche polnische Volksbibliotheken eingerichtet. Dennoch verlor die polnische Bewegung an Einfluss – waren hier bei den Reichstagswahlen 1924
noch ca. 2800 Stimmen auf die polnische Liste entfallen, so verrin-
gerte sich die Zahl bis 1932 auf ca. 1500[31]

Auf dem ursprünglich westpreußischen, nun nach dem Krieg
zur Provinz Ostpreußen geschlagenen rechten Weichselufer gab
es bei Stuhm eine kleine, doch aktive polnische Minderheit: Der
Gutsbesitzer von Groß Waplitz, Stanisław Sierakowski, hatte
gemeinsam mit seiner Frau Helena nicht nur tatkräftig polnische
Plebiszitpropaganda betrieben, sondern wurde 1922 auch zum
Vorsitzenden des Bundes der Polen in Deutschland gewählt, was
er bis 1931 blieb; 1933 übersiedelte er aufgrund wirtschaftlicher
Schwierigkeiten nach Polen. In den westpreußischen Kreisen der

Provinz Ostpreußen hielt sich auch das polnische Schulwesen am besten; Ende 1937 wurde in Marienwerder nach Beuthen sogar das zweite polnische Gymnasium im Deutschen Reich eröffnet. Die Dominanz einiger adliger Landbesitzer in der polnischen *community* rief bei den Landarbeitern und Kleinbauern, die hier mehr als 90 Prozent der Polen stellten, allerdings einigen Unmut hervor.[32]

Nur eine relativ geringe Bedeutung hatten die polnischen Minderheiten in den übrigen Grenzgebieten. In Hinterpommern wurden 1925 noch knapp 4000 Polnisch- und Kaschubischsprachige gezählt; von den vier polnischen Schulen überdauerte nur diejenige von Bernsdorf bis zum Zweiten Weltkrieg. In den verstreuten Gebieten der Grenzmark Posen-Westpreußen, die bis zu den Teilungen Polens zu Polen gehört hatten, gab es laut Volkszählung von 1925 gut 13000 Polnisch- oder Zweisprachige, die hier auf eine jahrhundertelange Siedlungstradition zurückblicken konnten. In einigen Dörfern im Kreis Flatow waren die Polen – ganz überwiegend bäuerliche und unterbäuerliche Bevölkerung – gar in der Überzahl.[33]

Sonderfall Freie Stadt Danzig

Der Versailler Vertrag hatte nicht nur Grenzen verschoben und Abstimmungen angeordnet, sondern auch einen ganz neuen Staat geschaffen – die Freie Stadt Danzig. Er sollte als Kompromisslösung den deutschen und polnischen Ansprüchen auf Danzig gleichermaßen gerecht werden. Das Gemeinwesen, das zu weit mehr als 90 Prozent von Deutschen bewohnt war, wurde weiterhin deutschsprachig verwaltet, doch Polen, das die Stadt als sein Fenster am Meer nutzen wollte, erhielt zahlreiche Vorrechte: Die Eisenbahn wurde zum Beispiel polnischer Verwaltung unterstellt, der Hafen gemischt kontrolliert und das Staatsgebiet in einer Zollunion mit Polen verbunden; die Aufsicht führte der Völkerbund.

In Danzig lebten mehrere tausend Polen. Etwa die Hälfte besaßen als Nachkommen der Erwerbsmigration des 19. Jahrhunderts die Danziger Staatsangehörigkeit, die übrigen waren polnische Staatsbedienstete sowie neue Zuwanderer in die Stadt, die zu Beginn der 1920er Jahre kurzzeitig als internationaler Finanzplatz für Furore sorgte. Bei Wahlen gelang es in der Regel, über die polnische Liste zwei Abgeordnete in das Parlament, den Volkstag, zu entsenden. Zwar wurde die polnische Gemeinschaft der Stadt durch die Wirtschaftskrise und Assimilationstendenzen sowie durch den steten Druck von Seiten der deutschnational argumentierenden Regierung geschwächt, doch existierten dank starker Unterstützung der polnischen Regierung ein staatliches und ein privates polnisches Schulwesen (mit einem angesehenen Gymnasium), eine polnische Gesellschaft für Wissenschaft und Kunst, ein – auch bei Deutschen geschätztes – polnisches Konservatorium und eine ganze Reihe von Vereinen. Das Seebad Zoppot, das ebenfalls zum Gebiet der Freien Stadt gehörte, war beliebte Sommerfrische für betuchte Gäste aus der polnischen Republik. In seinen Romanen wie *Die Blechtrommel* oder *Der Butt* schildert Günther Grass die polnischen und kaschubischen Einflüsse in der weitgehend deutschsprachigen Stadt.[34]

Polen an Ruhr und Spree

Die bis zum Ersten Weltkrieg vitale polnische Gemeinschaft im Ruhrgebiet feierte bei den ersten Kommunalwahlen nach Kriegsende 1919 einen letzten politischen Erfolg: Zahlreiche polnische Vertreter wurden in die Kreisparlamente, Stadt- und Gemeinderäte gewählt, in Bottrop waren es 17, in Wanne, Recklinghausen-Amt, Recklinghausen-Stadt, Herne und Hamborn zwischen elf und 13, womit sie gewichtigen Einfluss auf das Geschehen vor Ort erhielten.[35]

Doch gleich nach dem Krieg begann die Minderheit durch Abwanderung, später dann durch Assimilation zu schrumpfen. Mehrere zehntausend Polen – in erster Linie Facharbeiter, Handwerker und Kaufleute –, brachen ihre Zelte in Westfalen ab und gingen in das neu entstandene Polen, wo sie sich gute Berufsaussichten erhofften. Ein vom Posener Nationalrat eingerichtetes Rückwandererbüro in Bochum half bei der Organisation. Dieser erste Strom von Remigranten ebbte 1920 ab, als sich herumgesprochen hatte, dass die wirtschaftliche Lage in Polen alles andere

14 ___ 1927 feierte der Gelsenkirchener Gesangverein Moniuszko sein 25-jähriges Bestehen. Zu diesem Anlass waren auch Minderheitenfunktionäre gekommen – der kor-
pulente Herr in der linken Bildhälfte ist Jakub Przybylski, Vorsitzender des Verbands
der polnischen Gesangvereine in Westfalen und im Rheinland; als zweiter von rechts
sitzt Antoni Józefczak, Landesverbandsvorsitzender des Bundes der Polen in Deutschland.

als rosig war.[36] Bald darauf waren die Ruhrpolen dazu gezwungen,
sich für Deutschland oder Polen auszusprechen: Etwa 30 000 bis
40 000 von ihnen optierten für Polen, was allerdings viel weniger
war als erwartet – ein Hinweis darauf, dass der Assimilationspro-
zess oder zumindest der Verwurzelungsprozess vieler Polen bereits weit fortgeschritten war.

Ein anderer Wanderungsstrom führte nach Westen: Während
der Inflationszeit und der französischen Ruhrbesetzung, teils
auch danach, wanderten zwischen 50 000 und 80 000 Ruhrpolen
weiter in die nordfranzösischen Industriestädte. Die Gründe hierfür waren nicht nur wirtschaftlicher Natur – vielfach wurden Polen von ihren deutschen Nachbarn und Kollegen angefeindet, sie
wurden bezichtigt, Partei für Frankreich zu ergreifen, und gerade
in den großen Konzernen wurden Polen sogar gezielt entlassen.
Diese Migrationsbewegungen ließen die polnische Minderheit an
der Ruhr bis 1929 von etwa einer halben Million auf 150 000 Men-

schen zurückgehen, wobei jedoch diese Zahlen nur ein Anhaltspunkt sein können: Viele Masuren galten schon längst nicht mehr
als Polen, und auch mancher polnische Arbeiter zog es vor, seine
Nationalität nicht offen zur Schau zu tragen. Sogar die traditionsreiche Tageszeitung «Wiarus Polski» stellte 1923 ihr Erscheinen
ein und kam seit 1924 im französischen Lille heraus, nur der «Narodowiec» hielt sich bis 1939. Jedenfalls handelte es sich zehn
Jahre nach dem Krieg bei den Ruhrpolen – so Christoph Kleßmann – um eine «in äußerer und innerer Auflösung begriffene
Volksgruppe».[37]

Die verbliebenen Polen waren tendenziell die weniger gebildeten, weniger mobilen und weniger ehrgeizigen – oder aber die
bereits besser angepassten. Die Adaptionsprozesse betrafen jedoch nur einen Teil der Bevölkerungsgruppe, ein anderer Teil
kapselte sich nach wie vor von der Mehrheitsgesellschaft ab: Gerade nicht berufstätige polnische Frauen blieben weiterhin vielfach unter sich und demonstrierten ihre Differenz auch nach dem
Krieg noch deutlich mit ihren langen dunklen Wollröcken und
Kopftüchern. Polnische Messen hatten für den Erhalt von Resten
einer polnischen Subkultur große Bedeutung – in den 1920er Jahren wurden im Ruhrgebiet noch in ca. 20 Pfarrgemeinden polnische Messen abgehalten.[38]

Das einst reiche Vereinsleben verarmte zusehends, auch wenn
es bis 1939 durch zwei Dachverbände Unterstützung erhielt:
Während sich der Bund der Polen bemühte, deutschlandweit politisch aktiv zu sein – sein Landesverband III Rheinland-Westfalen
hatte in seinen besten Jahren etwa 15 000 Mitglieder, in den 1930er
Jahren deutlich weniger –, wollte sich der Verband für gegenseitige Hilfe der polnisch-katholischen Vereine (*Związek Wzajem-
nej Pomocy Polskich Katolickich Związków*) bewusst auf katholische Basisarbeit beschränken, geriet zeitweise in heftigen Konflikt
mit dem Polenbund und konnte auch kaum mehr als 11 000 Mitglieder vereinen. Dennoch gab es 1926 im Ruhrgebiet immer noch
rund 700 offiziell registrierte polnische Vereine, die für einen Teil
der Gemeinschaft den Mittelpunkt ihres geselligen Lebens darstellten. Maria S. erinnerte sich in den 1990er Jahren an ihre
Jugend vor dem Zweiten Weltkrieg, als sich die Polen in Herne

regelmäßig zum Tanz trafen: «Mein Vater kam immer nach Hause, der hatte drei Hemden naß, so haben die getanzt. Und überhaupt, wenn der Krakowiak losging, mein lieber Scholli, den kann ich heute noch.»[39]

Nach einem anfänglichen Aufschwung des polnischen Unterrichts im Ruhrgebiet – einer polnischen Schulinspektion unterstanden 1921 92 Sprachvereine (*szkółki*), in denen etwa 10 000 Kinder Polnisch lernten –, gingen diese Zahlen durch Abwanderung, fehlendes Interesse sowie administrative Hürden von deutscher Seite rasch zurück; 1932 waren es nur noch 3000 Schülerinnen und Schüler in 62 Kursen, und 1939 hatten sich die Zahlen erneut halbiert. Die Lehrer fuhren oft von Schule zu Schule und wurden vom polnischen Staat unterstützt. Ebenfalls einen Niedergang erlebte die Ruhr-Sektion der Gewerkschaft «Zjednoczenie Zawodowe Polskie» (ZZP), der Ende der 1920er Jahre nur noch rund 3000 polnische Bergarbeiter angehörten, nachdem viele in deutsche Gewerkschaften übergetreten waren. Die ZZP wurde «allmählich zum sozialpolitisch bedeutungslosen Traditionsverband»; 1934 wurde die Geschäftsstelle Bochum geschlossen (die Zentrale war mittlerweile im oberschlesischen Hindenburg/Zabrze ansässig). Kaum verwunderlich, dass auch die Zahl der polnischen Stadtverordneten und Gemeinderäte stark zurückging: Hatte es in Herne 1919 noch elf polnische Ratsherren gegeben, so sank die Zahl bald auf einen, und bei den Wahlen vom April 1933 ging auch dieser letzte Sitz verloren.[40]

Das Erlöschen der polnischen Minderheit im Ruhrgebiet schien so wie in den anderen Zentren polnischer Erwerbsmigration nur eine Frage der Zeit zu sein, zumal es keine «frische» Zuwanderung aus polnischen Gebieten mehr gab. Da es sich um eine weitgehend proletarische Bevölkerung handelte, fehlte es ihr – von religiösen Fragen einmal abgesehen – weitgehend an kulturellem Selbstbehauptungswillen, so dass sich schon die zweite Generation stark an die deutsche Mehrheitsbevölkerung angepasst hatte. Ein Indiz hierfür ist die rasch steigende Zahl der Ehen zwischen Deutschen und Polen seit den 1920er Jahren – vor dem Krieg war das noch fast ausgeschlossen gewesen. Im Dritten Reich verstärkte sich der Anpassungsdruck weiter.[41]

15 ___ Mitglieder der polnischen Turnvereinigung «Sokół» (Der Falke) 1924 in Berlin.

Ein Instrument der Assimilation – und auch des gesellschaftlichen Aufstiegs – war der Fußball: Schon in den Zechensiedlungen hatte das Straßenkicken die verschiedenen ethnischen Gruppen einander nahe gebracht, denn hier zählte nicht die Herkunft,
sondern der sportliche Erfolg. Zu einem Symbol wurden manche
traditionsreiche Fußballvereine: Borussia Dortmund war aus einem stark von Polen geprägten katholischen Jünglingsverein her-
vorgegangen, vor allem aber galt Schalke 04 seit den 1920er Jahren
als «Polacken- und Proletenverein», und viele seiner berühmten
Spieler trugen polnische Namen, obwohl sie als Kinder masurischer Einwanderer in der Regel kaum mehr Polnisch sprachen. In
der Mannschaft, die 1934 deutscher Meister wurde, spielten we-
nigstens sechs davon: Fritz Szepan, Emil Rothardt (der ursprünglich Czerwinski hieß), Ernst Kuzorra, Ernst Kalwitzki, Rudolf
Gellesch und Walter Badorrek. Szepan und Kuzorra (der angeblich als einziger noch einige polnische Flüche radebrechen konnte)
brachten es zu reichsweiter Berühmtheit, wurden Vorbild für viele
Kinder aus Zuwandererfamilien und führten Schalke noch fünf-
mal zum Meistertitel; Szepan war auch Kapitän der deutschen
Fußballnationalmannschaft. Bis heute heißt es übrigens, «auf
Schalke gehen», wenn man ein Spiel des Traditionsvereins be-

sucht: Hier hat sich eine polnische Präposition («*na*», was vieles bedeuten kann, vor allem aber «auf») ins Ruhrgebietsdeutsch eingeschmuggelt.[42]

So wie im Ruhrgebiet verhielt es sich auch in den anderen Industriezentren mit polnischer Zuwanderung aus der Kaiserzeit: Wer nach 1918 blieb, hatte – wie Karl Marten Barfuß für Nordwestdeutschland schreibt – «in der Regel eine Entscheidung für die volle Eingliederung getroffen», oder aber er zog sich aus der Öffentlichkeit in alternde Einwanderermilieus zurück. Ein solches bildete etwa das Bremer Juteviertel, das in der Zwischenkriegszeit seinen polnisch-tschechischen Charakter behielt und wie ein «in sich abgeschlossene[s] Gemeinwesen» wirkte. Auch die durch die NS-Machtübernahme angestoßene Rückbesinnung auf polnische Wurzeln betraf letztlich nur kleine Teile der Minderheit und erwies sich als vorübergehendes Phänomen.[43]

Im großstädtischen Berlin lösten sich die polnischen Milieus relativ rasch auf; hier war der urbane – und deutschsprachige – Lebenswandel so attraktiv, dass sich die Zuwanderer in großer Zahl assimilierten. Da zudem nach 1918 viele tausend Polen aus Berlin in ihre Heimat zurückgegangen waren, dürfte die Zahl der Berliner Polen – wiewohl sehr schwer genau zu bestimmen – am Ende der 1920er Jahre bei etwa 20 000 bis 30 000 gelegen haben, auch wenn der Polenbund am Ende der 1930er Jahre die Zahl der in Berlin lebenden Polen sehr großzügig auf bis zu 100 000 schätzte. Im Verband der polnischen Vereine (*Związek Towarzystw Polskich*) waren 1919 56 Gesang-, katholische Arbeiter-, *Sokół*-, Frauen- und Berufsvereine zusammengefasst, 1926 nur mehr 42, die bald unter Überalterung litten. Der Organisationsgrad der Polen war in der Großstadt viel geringer als in anderen großen Zentren der Polen in Deutschland. Auch nach der Gründung des Polenbundes änderte sich daran nicht viel; bei den Reichstagswahlen von 1924 stimmten in der Hauptstadt nur knapp 3000 Wähler für die polnische Liste.[44]

Die Assimilation der Polen in Berlin schritt rasch voran. Zwar gab es einige polnische Sprachkurse, doch zeigte sich bei einer Visitation dieser Kleinschulen 1926/27, dass die meisten «Kinder Polnisch nur schlecht verstehen»; wenige Jahre später hatten sich nur rund 300 Schüler zum Unterricht angemeldet, von denen jedoch nicht wenige nur selten aufkreuzten. Überdies waren die deutschen Behörden darauf bedacht, den Polnischunterricht möglichst einzuschränken und zu behindern.[45]

Immer noch gefragt: Polnische Saisonarbeiter

Hatte die ostelbische Landwirtschaft ihren Bedarf an saisonalen Arbeitskräften während des Ersten Weltkriegs mit Kriegsgefangenen und Zwangsarbeitern decken können, so zogen diese im Herbst 1918 nach Hause. Deshalb wurden trotz aller politischen Antagonismen im Zeichen von Grenzkonflikten und Abstimmungskämpfen schon im Jahr darauf in großer Zahl polnische Arbeiterinnen und Arbeiter ins Land geholt. Die gesamten 1920er Jahre über waren es weit mehr als 100 000 jährlich, von denen etwa ein Zehntel in der Industrie (Rheinland) beschäftigt war, während das Gros auf die Güter Mitteldeutschlands zog. Daneben arbeiteten bis 1927 durchschnittlich 80 000 polnische Staatsbürger fest in Deutschland als Landarbeiter und lebten hier mit ihren Familien. Außerdem hielten sich Jahr für Jahr mehrere zehntausend polnische Saisonarbeiter illegal in Deutschland auf, vor allem auf den ostdeutschen Gütern, wo ihre primitiven Lebensbedingungen sich kaum von der Lage vor 1914 unterschieden.[46]

Unter dem Druck der hohen Arbeitslosenzahlen, aber auch aus politischen Gründen reglementierte Deutschland Zuwanderung und Aufenthalt polnischer Arbeitskräfte immer stärker – sie wurden zum Spielball der deutsch-polnischen Konfrontationspolitik. Zum einen wurde ihre Zahl kontingentiert, was hin und wieder zu Problemen führte, wenn etwa wie 1927 zu wenige Saisonarbeiter nach Pommern gelangten, so dass die Ernte nicht vollständig eingebracht werden konnte. Zum anderen wurde der bereits aus der Vorkriegszeit bekannte Rückkehrzwang im Winter wieder eingeführt.[47]

1932 wurde die Einreise von Saisonarbeitern nach Deutschland wegen der Weltwirtschaftskrise und der verstärkten politischen Konfrontation ganz unterbunden. Da jedoch durch den Ausbau

16 ___ Polnische Saisonarbeiter werden beim Grenzübertritt nach Deutschland von polnischen Grenzern kontrolliert, 1927.

der Rüstungsindustrie und die Abwanderung der Landbevölkerung die Nachfrage nach Arbeitskräften auf den Gütern bald stark anschwoll, warben diese zunächst illegal wieder polnische Sachsengänger an. Seit 1937 war die legale Zuwanderung wieder möglich die Kontingente betrugen 1937 10 000 und 1938 schon 60 000 Landarbeiter; die für 1939 vorgesehenen 90 000 Landarbeiter wurden von der polnischen Regierung aufgrund der wachsenden Spannungen dann nicht mehr nach Deutschland gelassen; schon bald darauf sollten sie durch Kriegsgefangene und Zwangsarbeiter ersetzt werden.[48]

Auf verlorenem Posten?
Die Interessenvertretung der Polen in Deutschland

Die Lage der in Deutschland lebenden Polen änderte sich mit der Entstehung der Republik Polen nach dem Ersten Weltkrieg grundlegend: Erstmals in ihrer Geschichte wurden sie von einem polnischen Nationalstaat unterstützt, der sich zudem gleich jenseits der Grenze befand und neben organisatorischer oder finanzieller Hilfe auch politische Unterstützung leisten konnte. Da die Minderheiten in beiden Staaten rasch Gegenstand von Propaganda und Auseinandersetzungen wurden, waren enge Kontakte zu den jeweiligen «Heimatregierungen» an der Tagesordnung. Die Polen in Deutschland fanden hierbei Ansprechpartner bei den konsularischen Vertretungen des Landes: Um 1930 gab es polnische Konsulate in 13 verschiedenen Städten – zwischen München und dem ostpreußischen Lyck, zwischen Hamburg und dem oberschlesischen Beuthen. Die Konsularbeamten bemühten sich – so wie auch die Mitarbeiter der polnischen Gesandtschaft in Berlin – nach anfänglichem Zögern, die zerstreuten und oftmals auch zerstrittenen Minderheitenorganisationen zu einen, was wiederum die deutschen Behörden veranlasste, diese Organisationen, die man staatsfeindlicher Betätigung verdächtigte, genau zu überwachen.

Nach dem Ersten Weltkrieg ging die Initiative zur Gründung eines Zentralverbandes der in Deutschland lebenden Polen von Berlin aus, wo 1919 ein – von der Nationaldemokratie dominiertes – Nationalkomitee der Polen im Ausland rechts der Elbe (*Komitet Narodowy Polaków na Obczyźnie po Prawym Brzegu Łaby*) entstand. Zur gleichen Zeit erklärte das christdemokratisch geprägte Bochumer Exekutivkomitee der Polen in Deutschland (*Komitet Wykonawczy Polaków w Niemczech*) seinen Alleinvertretungsanspruch, obschon es de facto nur im Westen Deutschlands Einfluss besaß, verständigte sich aber bald mit den Berlinern. Zusammen mit polnischen Verbänden aus Ostpreußen und Oberschlesien gründeten beide am 27. August 1922 in Berlin in Anwesenheit polnischer Regierungsvertreter den Bund der Polen in Deutschland (*Związek Polaków w Niemczech*). Erster Vorsitzender wurde der westpreußische Gutsbesitzer Stanisław Sierakowski, Generalsekretär der junge, aus Bochum stammende Jan Kaczmarek.[49]

Der Polenbund war in fünf Landesverbände (*Dzielnicy*) unterteilt: I Schlesien, II Berlin und Hinterpommern, III Rheinland/Westfalen, IV Ermland, Masuren und Weichseldelta, V Flatow-

Land, Bomst und Kaschubei (nach dem Anschluss Österreichs 1938 kam kurzzeitig noch VI Wien hinzu). Verbandsorgan war die Zeitschrift «Polak w Niemczech» (Der Pole in Deutschland). Die Zahl der zahlenden Mitglieder stieg zunächst bis auf 45 000 (1930), um anschließend auf die Hälfte zu fallen; 1938 waren es ca. 30 000. Damit waren nur wenige Prozent der im Reich lebenden Polnischsprachigen bereit, sich offen für polnische Belange zu engagieren. Die meisten Mitglieder gab es unter den Ruhrpolen, die – gemeinsam mit den Berliner Polen – den Ton angaben.[50]

Die satzungsmäßigen Ziele des Polenbunds verkündete dieser schon 1922 in der polnischen Presse:

> «Landsleute! Die Regierung muss uns die Rechte einer nationalen Minderheit verleihen, wie sie schon der deutschen Minderheit in Polen zuerkannt worden sind. (...) Um solche Rechte zu erlangen, um Wahlkämpfe zu veranstalten, aus denen unsere Abgeordneten hervorgehen werden, für die Verteidigung unserer Interessen im Reichstag und im Landtag, um für den gemeinsamen Nutzen Verbindung zwischen den im ganzen deutschen Staat verstreuten Landsleuten zu halten – darum gründen wir den Bund der Polen in Deutschland.»[51]

Der Polenbund beanspruchte den politischen Alleinvertretungsanspruch für alle im Reich lebenden Polen, um größere Rechte für die – außerhalb Oberschlesiens gesetzlich nicht als solche anerkannte – Minderheit zu erreichen. Dazu zählte an erster Stelle der Kampf um die polnische Sprache in den Schulen der Minderheitengebiete sowie ganz allgemein gegen die Diskriminierung von Polen in Deutschland. Es war jedoch nicht immer einfach, sich erfolgreich für den Erhalt der polnischen Identität zu engagieren, wenn sich viele Polnischsprachige in Deutschland so bereitwillig germanisieren ließen und die Minderheitenvertreter nur zu gerne in die Opferrolle schlüpften, wie dies in einem Wahlaufruf von 1924 deutlich wird:

> «Wir haben jedoch gehofft, dass sich im nachrevolutionären demokratischen Deutschland unser grausames Schicksal ändert. Heute wissen wir, dass unsere Rechnungen falsch waren. Wir befinden uns weiterhin unter dem Joch von Verfolgung und Rechtlosigkeit.»

Dieses Joch war jedoch zum Teil hausgemacht. Ein polnischer diplomatischer Beobachter formulierte es 1933 so:

> «Die polnische Gemeinschaft in Deutschland lebt heute hauptsächlich in Passivität und Zerstreuung. (...) Das Fehlen einer Bildungsschicht und von Anführern im eigentlichen Wortsinn verursacht eine gewaltige Ratlosigkeit.»[52]

Der von der polnischen Regierung finanziell unterstützte Polenbund war zentralistisch organisiert, was regionale Initiativen erschwerte, so dass es an geeignetem Nachwuchs fehlte, während sich gleichzeitig eine kleine, teilweise untereinander zerstrittene Funktionärsgruppe herausbildete. Eine der wichtigsten und erfolgreichsten Initiativen war der auf Betreiben des Bundes 1924 in Berlin gegründete «Verband der nationalen Minderheiten in Deutschland», an dem sich neben den Polen vor allem die Dänen aktiv beteiligten und dem außerdem Sorben, Friesen und Litauer angehörten. Die von Sierakowski herausgegebene Verbandszeitschrift «Kulturwehr» (Redakteur war der Sorbe Jan Skala) beschäftigte sich mit Minderheitenfragen in ganz Europa.[53]

Der Polenbund, an dessen Spitze 1931 der Priester Bolesław Domański trat, koordinierte die polnischen Listen bei Reichstags-, Landtags- und Kommunalwahlen, verfehlte aber sein Ziel, Abgeordnete in den Reichstag entsenden zu können. Er war im Preußischen Landtag (allerdings nur bis 1928) sowie in einer Reihe von Kreistagen vertreten. Er unterstützte die polnischen Tageszeitungen – die mit geringen Auflagen zu kämpfen hatten – durch eine Pressezentrale, kümmerte sich um die Stärkung polnischer Genossenschaften, gründete 1933 eine zentrale polnische Bank (*Bank Słowiański*, Slawische Bank) und organisierte mit Hilfe des Verbands der Schulvereine in Deutschland (*Związek Towarzystw Szkolnych w Niemczech*) gegen teils erheblichen deutschen Widerstand polnische Privatschulen bzw. Polnischkurse. Damit trug er wesentlich zur Stabilisierung zumindest eines Kerns der polnischen Minderheit bei; allerdings war er nicht alleine: Unabhängig vom Polenbund agierten in Deutschland weitere Dachverbände – zum Beispiel diejenigen der *Sokół*-Vereine oder der polnischen Pfadfinder.

Als sich mit dem Einbruch der Weltwirtschaftskrise die politische Stimmung in Deutschland radikalisierte, mehrten sich
Übergriffe auf die im Reich lebenden Polen – von administrativen
Hemmnissen bis hin zu Überfällen auf polnische Schulen. Diese
verstärkten sich nach der NS-Machtübernahme. Gleichzeitig gewannen die polnischen Organisationen an Attraktivität, da sie
im rasch gleichgeschalteten deutschen öffentlichen Leben eine
gewisse Freiheit der Meinungsäußerung erlaubten. Das Nicht-
angriffsabkommen von Anfang 1934 sorgte zwar auf dem Papier
für Entspannung, de facto änderte sich für die Polen in Deutschland aber nicht viel. Die aggressiven Töne gingen lediglich vom
Staat tendenziell auf den halbstaatlichen Bund Deutscher Osten
über.[54]

Angesichts des totalitären und auf das Kriterium der Rasse
gestützten Umbaus des deutschen Staates legte sich auch der
Polenbund ein strafferes Selbstbild zu, charakterisiert durch
ein an faschistischen Symbolen orientiertes neues Zeichen, das
1933 eingeführte «Rodło», ein stilisierter Weichsellauf. Man pro-
pagierte nun die Selbstbezeichnung *polactwo* (etwa: «Polentum») für die in Deutschland lebenden Polen – worunter man
«die Gemeinschaft einer für eine Sache kämpfenden Gruppe»
verstand.[55]

Da laut NSDAP-Programm Staatsbürger des Reichs nur
«Volksgenossen» sein konnten, die wiederum «deutschen Blutes»
sein mussten, zeichnete sich eine schwierige Zukunft für die im
Reich lebenden Polen ab. Es gab im gesamten Staat über die Jahre
hinweg unverändert zahlreiche Übergriffe auf Polen. Nachdem
der Minderheitenschutz in Oberschlesien 1937 ausgelaufen war,
einigten sich die beiden Staaten nicht auf einen völkerrechtlichen
Vertrag, sondern lediglich auf eine rechtlich nur wenig bindende
bilaterale Erklärung, die im Anschluss an einen Empfang einer
Delegation des Bundes der Polen durch Adolf Hitler (und parallel
einer deutschen Minderheitenabordnung durch den polnischen
Staatspräsidenten) veröffentlicht wurde. Hierdurch beflügelt,
aber auch als Zeichen von Stärke in einer immer schwierigeren
Lage der in Deutschland lebenden Polen, organisierte der Polenbund zu seinem 15-jährigen Bestehen einen großen Kongress. Am

17 ___ Ende der 1930er Jahre ließ sich auch die Vertretung der Polen in Deutschland
vom Zeitgeist beeinflussen: Das Plakat «Das kämpfende Polentum» knüpft deutlich
an Selbstdarstellungen autoritärer Bewegungen an.

8. März 1938 fanden sich über 5000 Teilnehmer im Berliner «Theater des Volkes» ein und stimmten angesichts der weiterhin latenten Gefahr durch die Deutschen für die Inkraftsetzung von fünf
Leitsprüchen – der «Wahrheiten der Polen»: «1. Wir sind Polen.
2. Unserer Väter Glaube ist der Glaube unserer Kinder. 3. Der
Pole dem Polen ein Bruder. 4. Jeden Tag dient der Pole der Nation. 5. Polen ist unsere Mutter, man darf nicht schlecht über seine
Mutter reden.»[56]
Doch den zunehmenden Repressionen im Reich hatten die
Polen – trotz einer organisatorischen Reform des Polenbundes –
kaum etwas entgegenzusetzen: Seit Ende 1938 mehrten sich wieder Ausweisungen, Geschäftsboykotte und Überfälle auf polnische Einrichtungen, gegen die auch die im Februar 1939 begonnenen Gespräche einer deutsch-polnischen Kommission nichts

ausrichten konnten, da sie von der NSDAP und ihren Unterorga-
nisationen konsequent politisch geschürt wurden. Seit Juni stellte
die Gestapo Karteien besonders aktiver Polen zusammen, durch-
suchte verschiedene polnische Büros und besetzte am 17. August
1939 schließlich die Berliner Zentrale des Polenbundes, wo einige
Mitarbeiter verhaftet wurden. Als in den letzten Friedenstagen die
polnischen Lehrer und Schüler des Gymnasiums in Marienwerder
interniert wurden, war klar, dass eine letzte Eskalation kurz be-
vorstand.[57]

Künstlerlieben und Leinwandstars

Das gesamte 19. Jahrhundert lang hatte sich eine deutsch-polnische Kultursymbiose entwickelt, die zwar einseitig und angesichts der Teilungen Polens keineswegs freiwilliger Natur war,
die jedoch dazu führte, dass die Lebenswege vieler polnischer
Künstlerinnen und Künstler aller Sparten durch deutsche Lande
führten oder dass sie zumindest wichtige Anregungen von dort
erhielten. Das Jahr 1918 veränderte diese Situation grundlegend:
Im wiederentstandenen Polen wurden rasch polnische Hochschulen gegründet, die für Studenten und Dozenten gleichermaßen attraktiv waren, konnte man sich doch hier auf oft hohem
Niveau im nationalen Kontext betätigen. So kehrte etwa der Lite-
raturwissenschaftler Roman Ingarden aus Heidelberg zurück,
um sich in Polen zu habilitieren und schließlich einen Lehrstuhl
zu bekleiden. Gewisse wissenschaftliche Kontakte nach Deutschland blieben aber bestehen, so auch im Fall des klassischen
Philologen und Kulturhistorikers Tadeusz Zieliński, der im
Zeichen der deutsch-polnischen Annäherung 1935 sogar in die
Preußische Akademie der Wissenschaften aufgenommen wurde
und seine letzten Lebensjahre – er starb 1944 – am Ammersee verbrachte.
   Nur verhältnismäßig wenige Polen suchten in der Zwischenkriegszeit den Weg nach Deutschland (viel attraktiver wurden die
Metropolen des Westens, insbesondere Paris). Oft waren es polnische Juden, die sich zunächst nach Berlin orientierten. Unter ih-

nen befanden sich zum Beispiel Marek Weber, zwischen 1914 und
1933 Leiter der Kapelle des Hotels Adlon, der Geiger Szymon
Goldberg, zeitweise Mitglied der Berliner Philharmoniker, der
Dirigent und Komponist Paweł Klecki (Paul Kletzki), der mehrfach Konzerte ebenjener Philharmoniker leitete, die Filmkompo-
nisten Karol Rathaus und Bronisław Kaper oder auch der Pianist
und Komponist Władysław Szpilman. Alle diese polnischen Musiker jüdischer Herkunft hatten das Land spätestens 1934 verlassen, teils nach Hollywood, teils zurück nach Polen. Einer der
wenigen bekannten Polen, die sich in dieser Zeit bewusst dazu
entschlossen, in die Reichshauptstadt zu ziehen, war der Chopin-
Interpret und Komponist Raoul Koczalski. Das einstige Wunder-
kind hatte bereits zuvor viele Jahre in Deutschland gelebt und
ließ sich 1934 in Berlin nieder. Er war international konzertierend
tätig, musste sich jedoch während des Kriegs auf Hauskonzerte
beschränken.[58]

Ein besonderes Kapitel deutsch-polnischer künstlerischer Zusammenarbeit zwischen den Kriegen schrieb das Ehepaar Kubicki: Die Berlinerin Margarete und der in Nordhessen geborene
Stanisław – Sohn eines polnischen Ingenieurs und einer deutschen
Mutter – hatten sich vor dem Ersten Weltkrieg an der Königlichen
Kunstschule in Berlin kennengelernt, wandten sich rasch dem Ex-
pressionismus zu und waren 1917 Mitgründer der Posener Künst-
lervereinigung «Bunt» (*Revolte*). Nach dem Krieg lebten sie
in Berlin, wo Stanisław Kubicki u. a. in der Galerie des «Sturm»
ausstellte und auch schriftstellerisch tätig war. Stanisław zog 1934
nach Polen; auf Druck der NS-Behörden ließ das Paar sich
scheiden. Stanisław wurde wegen seiner Betätigung für die Unter-
grundbewegung 1942 von der Gestapo zu Tode gefoltert; seine
Frau starb 1984 in Berlin. Von 1914 bis 1933 lebte der aus Lodz
stammende Maler Jankel (Jankiel) Adler in Deutschland, auch er
ein Avantgardist und Freund Kubickis; sein Lebensweg führte
durch Barmen, Berlin und Düsseldorf.[59]

Hatten polnische Schriftsteller vor 1918 noch enge Kontakte in
deutsche Lande gepflegt, so wurden zwischen den Kriegen Besu-
che an Elbe und Rhein oder enge Beziehungen zu deutschen Kollegen selten. Aber es gab Ausnahmen: So reiste Jarosław Iwasz-

kiewicz 1927 nach Heidelberg, wo er nicht nur an einem Kongress
des Europäischen Kulturbundes teilnahm, sondern sich kurz, aber
heftig in einen jungen Archäologiestudenten und Stefan-Geor-
ge-Verehrer verliebte und mehrere Wochen am Neckar blieb. Seiner Frau schrieb er nach Polen: «Ich entdecke Deutschland wie
Frau de Staël. Ich bin von diesem intensiven und für mich neuen
Geistesleben berührt und beginne viele Dinge irgendwie anders
zu sehen.» Für längere Zeit hielten sich nur wenige polnische
Autoren im westlichen Nachbarland auf, darunter der Satiriker
Konstanty Ildefons Gałczyński, der zwischen 1931 und 1933 als
Kulturattaché an der polnischen Botschaft in Berlin tätig war.
Manche reisten zu journalistischen Zwecken nach Westen, vor
allem in den 1930er Jahren, als das nationalsozialistische Deutsch-
land in Polen Schrecken, aber auch eine gewisse Faszination aus-
übte.[60]

Den größten Ruhm erlangten zwei polnische Filmstars in
Deutschland: Pola Negri, geboren 1897 als Apolonia Chałupiec
im russischen Teilungsgebiet, hatte schon zwischen 1918 und 1922
unter Ernst Lubitsch in Ufa-Produktionen gespielt. Von Hollywood abgeworben, ließ die Diva sich erst 1934, nachdem ihr
Stern in den USA gesunken war, wieder auf Engagements in
Deutschland ein. Mit der Rolle der Vera Kowalska in *Mazurka*
(1935) machte sie erneut Furore, und das NS-Regime war glück-
lich, mit der polnischen (väterlicherseits von slowakischen Roma
abstammenden) Künstlerin im In- und Ausland vermeintliche
Weltoffenheit demonstrieren zu können. Pola Negri biederte sich
«aus Opportunismus und Geltungssucht» (Karina Pryt) an und
spielte bis 1938 noch in fünf weiteren Ufa-Filmen mit, was ihr bei
Hitler und Goebbels höchstpersönlich größte Anerkennung, ja
Bewunderung eintrug. Noch vor dem Zweiten Weltkrieg ging sie
über Frankreich zurück in die USA und zog sich aus dem Film-
business weitgehend zurück. Heute vergessen ist ihre Landsfrau
Lya Mara, Hauptdarstellerin in mehr als 50 deutschen Stummfil-
men der 1920er Jahre.[61]

Eine ähnliche deutsche Episode hatte der Tenor Jan Kiepura,
einer der internationalen Sängerstars der Zwischenkriegszeit:
Nachdem er bereits an mehreren deutschsprachigen Bühnen ge-

18 ___ Dem polnischen Tenor Jan Kiepura flogen in den 1930er Jahren die Herzen von
Millionen Deutschen zu. Standbild aus dem Film «Mein Herz ruft nach Dir», 1934.

sungen hatte, wurde er noch nach der Machtergreifung trotz teilweise jüdischer Abstammung für mehrere deutsche Spielfilme
engagiert. Streifen wie *Mein Herz ruft nach dir* (1934) oder *Ich
liebe alle Frauen* (1935) zogen mit ihrer flotten Handlung, vor
allem aber den von Kiepura gesungenen Schlagern («Ob blond,
ob braun, ich liebe alle Frau'n») Massen in die Kinosäle. Der
«Vorzeigepole», wie Karina Pryt ihn nennt, genoss seinen Ruhm
im mächtigen Deutschland offensichtlich, war aber gut beraten,
gleichzeitig auch im westlichen Ausland zu drehen, weshalb ihm
später kaum ein böses Wort nachgesagt wurde.[62]

Schließlich noch kurz zu einem ganz besonderen Künstler –
einem Virtuosen der Spionage: Rittmeister Jerzy Sosnowski
wurde Mitte der 1920er Jahre vom polnischen Geheimdienst nach
Berlin geschickt, mit dem erklärten Ziel, unterbezahlte Sekre-
tärinnen des Reichswehrministeriums zu verführen. Der blendend aussehende Gentleman spielte den Typus des wohlhabenden
Polen perfekt, hatte mehrfach Erfolg und konnte die geheimsten

Dokumente zu Rüstungsprogrammen nach Warschau schmuggeln. Als *bon vivant* genoss er Ansehen in höchsten Kreisen und wurde schließlich zu sorglos, so dass er 1934 verhaftet, bald darauf verurteilt und schließlich bei einem Austausch von Spionen nach Polen freigelassen wurde.[63]

Polnische Juden zwischen Assimilation und Ausgrenzung

Wie schon im Kaiserreich saßen die «polnischen Juden» auch in der Weimarer Republik sozusagen zwischen den Stühlen: Von den deutschen, assimilierten Juden oft verschmäht und von den aus Polen stammenden Christen ebenso oft nicht als Polen anerkannt, waren sie immer wieder Gegenstand von kollektiven Vorurteilen und Feindbildern. Dafür, dass diese keineswegs abnahmen, waren mehrere Faktoren verantwortlich: Erstens hatten hunderttausende deutscher Soldaten im Weltkrieg an der Ostfront die elenden jüdischen Schtetl mit eigenen Augen wahrgenommen und – meist aus mangelndem Wissen – Abscheu, ja oft auch Angst verspürt. Zweitens wuchs im Reich die Zahl der Ostjuden nach Kriegsende rapide, da sie auf der Flucht vor Pogromen und revolutionären Wirren nach Westen flohen. Alleine nach Berlin kamen zwischen 1918 und 1920 rund 20000. Von den rund 500000 Juden, die um 1933 in Deutschland lebten, besaßen ca. 56500 einen polnischen Pass; da sich viele zehntausend Juden illegal aufhielten, könnten sich vor der NS-Machtübernahme sogar bis zu 170000 polnische Juden im Reich befunden haben. Sie lebten vor allem in den Großstädten (in Leipzig war 1933 fast die Hälfte der 11500 Juden Polen) und bestritten ihren Lebensunterhalt hauptsächlich mit Handel und Straßenhandel sowie im Bekleidungsgewerbe.[64]

Schließlich der dritte, folgenschwere Faktor, der verbreitete Antisemitismus in der deutschen Gesellschaft: Völkische, deutschnationale und radikale Kreise liefen Sturm gegen die ostjüdische Einwanderung. So erklärte der Deutschvölkische Schutz- und Trutzbund in einem Flugblatt in den 1920er Jahren:

«Hunderttausende galizischer und anderer landfremder Juden überschwemmen unsere Großstädte, wuchern und schachern ungehindert und leben herrlich und in Freuden, während der Deutsche schuftet und schindet, in der Hoffnung, endlich wieder emporzukommen.»[65]

Es kam mehrfach zu antijüdischen Ausschreitungen, so im November 1923 im Berliner Scheunenviertel; daraufhin meldeten sich im polnischen Generalkonsulat in Berlin 113 polnische Staatsbürger, die dabei misshandelt, verletzt oder in ihrem Vermögen geschädigt worden waren. Die polnischen Konsulate waren keineswegs erbaut: Man befürchtete durch die Juden mit polnischem Pass nicht nur eine Schädigung des Ansehens Polens in der Welt, sondern wusste mit den Menschen, die nicht selten gar kein Polnisch (sondern nur Deutsch, Jiddisch oder allenfalls Russisch) sprachen, nicht viel anzufangen und legte ihnen manche Schwierigkeit in den Weg, etwa bei der Passbeschaffung.[66]

Beispielhaft für die prekäre Lage polnischer Juden in Deutschland ist Herschel Grynszpan: 1921 in Hannover geboren, besaß er die polnische Staatsangehörigkeit nur deshalb, weil seine Eltern vor dem Ersten Weltkrieg aus dem russischen Teilungsgebiet eingewandert waren; in Polen selbst war er vermutlich nie gewesen. Der Jugendliche reiste 1936 illegal nach Paris, sollte, da sein polnischer Pass abgelaufen war, von dort ausgewiesen werden, doch das Dritte Reich ließ ihn aus demselben Grund nicht wieder einreisen. Als er dann noch hörte, dass seine Eltern nach Polen abgeschoben werden sollten, sah der 17-jährige Junge rot und schoss am 7. November 1938 auf Ernst vom Rath, Botschaftssekretär der deutschen Botschaft in Paris, der zwei Tage darauf starb. Dieser Mord kam der NS-Propagandamaschinerie gerade recht, um eine angebliche «jüdischen Weltverschwörung» an die Wand zu malen und die Novemberpogrome («Reichskristallnacht») auszulösen.

Abschiebungen von Polen und «Ostjuden» aus Deutschland hatten zu diesem Zeitpunkt bereits eine unrühmliche Tradition: Seit Anfang der 1920er Jahre wurden Ausländer aus Preußen abgeschoben, wenn sie straffällig, sonst irgendwie auffällig geworden waren oder wenn man sie aus anderen Gründen einfach loswerden wollte – zwischen 1922 und 1932 rund 16 000 Per-

sonen mit polnischer Staatsangehörigkeit, davon über 3200 Juden.
Auch Bayern agierte entsprechend: Mitte 1919 ordnete die Stadt-
kommandantur München die Abschiebung aller seit Kriegsbeginn zugezogenen Ausländer in ihre Heimat an; 1923 folgten
weitere Ausweisungen vor allem von Juden aus Bayern, was erhebliche diplomatische Konsequenzen hatte, da Polen den wirtschaftlich belastenden Zuzug mittelloser Juden gerne verhindern
wollte.[67]

Das NS-Regime übte seit der Machtübernahme immer stärkeren Druck auf die in Deutschland lebenden Juden aus, was schon
nach wenigen Wochen die polnische Diplomatie auf den Plan rief:
Ende März 1933 beklagte Warschau 119 Fälle von antisemitischen
Übergriffen auf polnische Staatsbürger im Reich. In den Folgejahren wurden polnische Juden zunehmend zum Verlassen des
Landes genötigt. 1938 eskalierte die Lage schließlich, wobei Aus-
löser ein polnischer Gesetzesakt war: Warschau führte kurz nach
dem «Anschluss» Österreichs ans Dritte Reich eine Regelung ein,
nach der Polen, die sich länger als fünf Jahre ununterbrochen im
Ausland aufgehalten und dadurch «die Verbindung zum polnischen Staat verloren» hatten, automatisch ihre Staatsbürgerschaft
einbüßten. Alle Polen im Ausland mussten bis zum 29. Oktober
ihren Pass bei einem polnischen Konsulat vorlegen und dessen
Gültigkeit bestätigen lassen. Diese ganz offensichtlich gegen die
befürchtete Zuwanderung zehntausender Juden aus Deutschland
und Österreich nach Polen gerichtete Aktion veranlasste die
NS-Behörden zu einer Gegenreaktion: Am 26. Oktober ordnete
Reinhard Heydrich als Chef der Sicherheitspolizei mit Zustimmung Heinrich Himmlers die Ausweisung aller Juden polnischer
Staatsangehörigkeit an. Diese «Polenaktion», wie sie später genannt wurde, war die erste brutale Massendeportation des Dritten
Reichs.[68]

Verhaftet wurden Männer, Frauen und Kinder, die in wenigen
Minuten oft nur ein kleines Handgepäck zusammenraffen durften; pro Person war nur die Mitnahme von zehn Reichsmark
erlaubt. Besitzer von Läden oder Handwerksbetrieben konnten
laufende Geschäfte nicht abwickeln, Eltern wurden deportiert,
während sich ihre Kinder in der Schule befanden. Der polnische

Konsul in Leipzig – der sich sehr für die Juden einsetzte – berichtete nach Warschau:

> «Auf dem Bahnhof von Leipzig, wie übrigens überall, wo sich Juden zusammenfanden, spielten sich schreckliche Verzweiflungsszenen ab. Überall jammerten Kinder und die Mütter weinten. (…) Die aus ihren Wohnungen gerissenen Juden konnten sich nicht ankleiden, hatten oft nichts auf dem Leibe, als was sie angehabt hatten.»[69]

Insgesamt wurden am 28. und 29. Oktober 1938 rund 17 000 Menschen mit Zügen nach Polen abgeschoben. Teils ließen die polnischen Grenzbeamten sie an den Grenzübergängen Bentschen (Zbąszyn) und Beuthen passieren, teils wurden sie von den Deutschen bei kaltem Nieselregen ganz einfach über die grüne Grenze getrieben – für die Betroffenen eine traumatische Erfahrung. Da die Warschauer Regierung die Juden nicht ohne weiteres ins Land lassen wollte, kampierten vor allem in der auf der polnischen Seite gelegenen Kleinstadt Bentschen mehrere tausend Polen wochenlang, ja zum Teil bis Sommer 1939 unter primitivsten Bedingungen. Unter den Deportierten aus dem Reich befand sich auch der 18-jährige Marcel Reich, der zwar im polnischen Włocławek geboren worden war, seine Jugend aber in Berlin verbracht hatte. Als er in Polen eintraf, fragte er sich: «Was sollte ich in dem Land machen, das mir vollkommen fremd war, dessen Sprache ich zwar verstand, doch nur mühselig und kümmerlich sprechen konnte?»[70]

Die «Polenaktion» war – um den Historiker Jerzy Tomaszewski zu zitieren – ein «Auftakt zur Vernichtung», ein Auftakt zur Vertreibung und Auslöschung von Millionen von Menschen, die knapp ein Jahr später mit dem Beginn des Zweiten Weltkriegs einsetzen sollten.[71]

Vertreibung, Germanisierung, Zwangsarbeit, Vernichtung

Der Zweite Weltkrieg war das tragischste Kapitel in der langen Geschichte von Polen in Deutschland: Da das Dritte Reich große Teile des östlichen Nachbarlandes annektierte, wurden Millionen von Polen, bevor sie teilweise vertrieben, verschleppt oder ermordet wurden, zu entrechteten Einwohnern eines verbrecherischen Staates. Das Maß von Leid, Terror und Grauen in diesen fast fünf Jahren ist so unfassbar und das Schicksal der Polen – Christen wie Juden – in «Großdeutschland» so vielschichtig, dass tausende von Büchern dazu entstanden sind, wissenschaftliche Untersuchungen ebenso wie autobiographische Berichte und fiktionale Werke. An dieser Stelle müssen wenige Seiten genügen, um eine Zeitspanne zu beleuchten, in der so viele Polen wie nie zuvor und nie danach in einem deutschen Staat lebten.

Polen im «Altreich»

Der Zweite Weltkrieg begann in Europa mit Deutschlands Überfall auf Polen, und so war es kein Wunder, dass gleich in den ersten Septembertagen des Jahres 1939 Polen nicht nur an der Front und in den besetzten Gebieten, sondern auch innerhalb des Deutschen Reichs massiv zu Opfern wurden. In besonderem Maße gefährdet waren alle diejenigen, die sich für die polnische Minderheitenbewegung engagiert hatten. Den noch nicht arretierten Spitzenvertretern des Bundes der Polen wurde am 7. September eröffnet, dass die gesamte polnische Infrastruktur zunächst ruhen müsse. Nach einer neuen Verhaftungswelle wenige Tage später befanden sich rund 1200 führende polnische Aktivisten in Konzentrationslagern. Während die meisten von ihnen im Frühjahr 1940 nach Unterzeichnung einer Loyalitätserklärung freigelassen wurden, kamen 136 ums Leben; ermordet wurde auch der langjährige Vorsitzende des Polenbundes, Stanisław Sierakowski. Formell aufgelöst wurden die polnischen Organisationen Ende Februar 1940 durch eine Verordnung der Reichsregierung, die außerdem die Beschlagnahme des polnischen Vermögens bestimmte.[1]

Im Gegensatz zum Führungspersonal der polnischen Organisationen mussten die meisten Polnischstämmigen im «Altreich» keine weiteren Repressionen fürchten, wenn sie sich nicht auffällig verhielten, sich in die Wehrmacht einziehen ließen und – natürlich – nicht jüdischer Herkunft waren. Wer die deutsche Staatsangehörigkeit nicht besessen hatte, dem wurde diese vielfach aufgenötigt, auch wenn sein «Deutschtum» später durch das Aufnahmeverfahren in die Deutsche Volksliste nochmals verifiziert wurde.[2]

Die Lage in den ehemaligen polnischen Minderheitengebieten, insbesondere in Westoberschlesien, war vergleichbar: Die wichtigsten Vertreter der Bevölkerungsgruppe wurden, sofern sie nicht geflohen oder untergetaucht waren, verhaftet, doch das Gros der Bevölkerung ließ das Regime in Ruhe. Hier, aber auch in Masuren, war während des Kriegs übrigens eine interessante Entwicklung festzustellen: Als verstärkt polnische Zwangsarbeiter ins Land kamen, nahm der öffentliche Gebrauch des Polnischen auch unter der autochthonen Bevölkerung wieder zu, und je offensichtlicher die Niederlage Deutschlands wurde, desto attraktiver wurde – gerade in den katholischen Gebieten – die polnische Option. Als dann die Front 1945 diese Gegenden überrollte, staunten manche nicht schlecht, wer plötzlich alles der polnischen Sprache mächtig war.[3]

Die eingegliederten Gebiete:
Terror, Vertreibung, Vernichtung

Mit einem Erlass des Führers und Reichskanzlers Adolf Hitler vom 8. Oktober 1939 wurden große Teile Polens an das Reich angegliedert, rund 92 000 km², also etwa ein Viertel des polnischen Staatsgebiets. Dabei beschränkten sich die Deutschen nicht auf diejenigen Territorien, die bis zum Ersten Weltkrieg zum Reich gehört hatten, sondern gliederten noch weitere Bezirke an, teils weil es dort kleine deutsche Minderheiten gab, teils weil strategische und wirtschaftliche Gesichtspunkte dafür sprachen. So kam der Reichsgau Wartheland mit der ehemaligen preußischen Provinz Posen sowie einem fast ebenso großen, östlich anschließenden Gebiet einschließlich der Großstadt Lodz zum Reich. Er wurde zu 85 Prozent von christlichen, zu acht Prozent von jüdischen Polen bewohnt, der Rest waren Deutsche. Der neue Reichsgau Danzig-Westpreußen bestand aus der Freien Stadt Danzig, der alten Provinz Westpreußen sowie einigen anschließenden großpolnischen und masowischen Kreisen; gut zwei Drittel der Bevölkerung waren Polen (und Juden). Der Provinz Ostpreußen wurde der zuvor zu Masowien gehörende Regierungsbezirk Zichenau (Ciechanów) zugeschlagen (zwei Prozent Deutsche). Zur Provinz Schlesien (ab 1941 Provinz Oberschlesien) kam nicht nur das polnische, nach dem Ersten Weltkrieg an Polen gefallene Ostoberschlesien, sondern außerdem im Osten noch ein zuvor zur Woiwodschaft Krakau gehörender, rein polnisch besiedelter Teil.

Die eingegliederten Gebiete gehörten zwar zum Reich, waren aber – mit Ausnahme der ehemaligen Freien Stadt Danzig und ab 1941 Ostoberschlesiens – durch eine Polizeigrenze vom «Altreich» getrennt, mithin Staatsgebiet «zweiter Klasse». In den eingegliederten polnischen Gebieten im Osten hatten kurz vor Kriegsbeginn rund 10,1 Millionen Menschen gelebt, davon 8,9 Millionen (88,1 Prozent) christliche Polen, 600 000 (5,9 Prozent) jüdische Polen und ebenso viele Deutsche. Nimmt man die bis zu 1,5 Millionen Menschen zählende polnischsprachige Reichsbevölkerung in den Grenzen von 1937 hinzu, so lebten nun im Großdeutschen Reich mehr als zehn Millionen Polen – mehr als elf Prozent der gesamten Staatsbevölkerung, Zwangsarbeiter und Kriegsgefangene nicht mitgezählt. Im Generalgouvernement, das vom Reich verwaltet wurde und als Arbeitskräftereservoir und Quasi-Kolonie fungierte, lebten weitere 11,5 Millionen Polen, von denen im Laufe des Kriegs rund eine Million zur Zwangsarbeit ins Reich geschickt wurden; die jüdische Bevölkerung – etwa zwei Millionen Menschen – wurde größtenteils vernichtet.[4]

In den Wochen nach Kriegsbeginn war die Zukunft des zerschlagenen polnischen Staates und seiner Bewohner noch ungewiss, doch die NS-Führung entwickelte mit Hilfe des SS-Apparats, der im Osten ungeahnte Betätigungsmöglichkeiten sah, rasch Pläne. Während die jüdische Bevölkerung nach den «Nürnberger Gesetzen» von 1935 ohnehin schon als «rassisch minderwertig» galt, wurden jetzt auch die Polen als «artfremde» Menschen eingestuft. Hitler selbst sprach Mitte Oktober von einem «harten Volkstumskampf», um «das alte und neue Reichsgebiet zu säubern von Juden, Polacken und Gesindel». Ziel war eine zügige Germanisierung des Landes, zu der eine große Zahl volksdeutscher Umsiedler vor allem aus dem Baltikum beitragen sollte.[5]

Drei Wege sollten zur «Säuberung» des Gebiets von Polen führen: Deportation, Mord und «Eindeutschung». Es begann mit Mord: Sondereinsatzgruppen von Sicherheitspolizei und SD, die der Wehrmacht gefolgt waren, brachten in den eingegliederten Gebieten bis Ende 1939 viele zehntausend Menschen um, meist Angehörige der polnischen Intelligenz – Politiker, Priester, Lehrer, Angehörige freier Berufe –, in besonderem Maße in Pommerellen (Westpreußen). Viel Federlesens wurde nicht gemacht. Ein Angehöriger einer Einsatzgruppe erinnerte sich später an einen Einsatzbefehl: «Es wurde uns mit auf den Weg gegeben, alle angetroffenen polnischen Männer zu erschießen, ganz gleich, ob sie Waffen trugen oder nicht.»[6]

In Ostoberschlesien wurden bereits im September rund 1400 Vertreter der polnischen Intelligenz und ehemalige Aufständische ermordet, in Danzig-Westpreußen sollen es in den Herbstmonaten 1939 im Zuge der «Intelligenzaktion» zwischen 30000 und 40000 Menschen gewesen sein – ein beträchtlicher Teil der polnischen Bildungs- und Funktionseliten sowie mehrere tausend Insassen psychiatrischer Kliniken. Alleine in Bromberg erschossen Einsatzgruppen und sogenannte «Selbstschutzverbände» rund 3000 Menschen (deklariert als Vergeltungsaktion für Ausschreitungen von Polen gegen Volksdeutsche gleich nach Kriegsbeginn).

In den Piasnitz-Wäldern im nördlichen Pommerellen wurden bei einer der ersten systematischen Tötungsaktionen ebenfalls mehrere tausend Polen ermordet. Wie viele es genau waren, ist bis heute umstritten. Während in der Literatur seit 1945 stets von 12 000 bis 14 000 Opfern die Rede war, kommen jüngste – noch nicht abgeschlossene – polnische Forschungen zu einem viel niedrigeren Ergebnis. Demzufolge wurden hier mindestens 900 Angehörige der lokalen polnischen Eliten und mindestens 2000 (vorwiegend deutsche) Insassen psychiatrischer Kliniken aus dem Reich ermordet.[7]

Diesem brutalen Terror folgten immer weitreichendere Deportationspläne der SS-Führung unter Heinrich Himmler, die zunächst dekretierte, dass bis Februar 1940 alle Angehörige der Bildungsschichten und Juden ins Generalgouvernement «umgesiedelt» werden sollten – ein völlig unrealistisches Ziel. Die NS-Behörden machten sich dennoch an die Umsetzung dieses Vorhabens, besonders brutal in Westpreußen, gingen dabei aber oft wahllos vor, so dass auch jede Menge Bauern und «normale Bürger» ausgesiedelt wurden, deren Höfe bzw. Wohnungen sich Staat, Parteibonzen oder Nachbarn aus dem einen oder anderen Grund aneignen wollten.[8]

Im neuen Reichsgau Wartheland agierte das Reichssicherheitshauptamt systematischer und deportierte im Dezember 1939 knapp 88 000 Polen und Juden ins Generalgouvernement, ohne dass dort aber Vorkehrungen für deren Aufnahme getroffen wurden, was zu schrecklichen Zuständen führte. Die de facto gesetzlose Zeit der «terroristischen Gewaltanwendung», wie dies Martin Broszat nannte, endete in den eingegliederten Ostgebieten im Frühjahr 1940, als die deutsche Zivilverwaltung aufgebaut war, obschon es auch später an Willkürakten nicht mangelte. Anfang 1942 wurde mit der Einführung eines Sonderstrafrechts für Polen und Juden die rassische Trennung der Gesellschaft noch weiter kodifiziert.[9]

Zwischen 1940 und 1942 ließ Heinrich Himmler als «Reichskommissar für die Festigung des deutschen Volkstums» im Rahmen des «Generalplans Ost» verschiedene Szenarien zur Umsiedlung von Polen, Juden und anderen Völkern aus dem deutschen Herrschaftsgebiet ausarbeiten, die auch die «Fremdvölkischen» im Reichsgebiet umfassten. Um die «Eindeutschung» der einge-

19 ___ Vertreibung von Polen aus dem Städtchen Schwarzenau (Czerniewo) bei Gnesen im Warthegau, 1940.

gliederten Gebiete zu ermöglichen, sollten nicht nur Juden sowie «Zigeuner», sondern auch die meisten christlichen Polen deportiert werden. Auch wenn die nicht «eindeutschungsfähigen» Polen erst nach dem Krieg vollständig abgeschoben werden sollten, kam es jetzt schon zur systematischen Deportation von Polen. Im Zuge der «völkischen Flurbereinigung», wie dies in der rassistischen Terminologie der Zeit hieß, wurden zwischen 1939 und 1944 ca. 780 000 nicht-jüdische Polen aus den eingegliederten Gebieten vertrieben bzw. von ihren Wohnorten verdrängt. Mindestens 250 000 von ihnen gelangten ins Generalgouvernement, rund 310 000 blieben, vor allem nachdem die Deportation im Frühjahr 1941 eingestellt werden musste, in Durchgangs- und Konzentrationslagern (auch in den innerhalb der Reichsgrenzen gelegenen KZs Stutthof und Auschwitz) oder bei Verwandten. Die restlichen wurden zur Zwangsarbeit vor Ort oder im Reich eingesetzt; einige «rassisch Hochwertige» bestimmte man zur «Germanisierung». Die Austreibung kam für die Betroffenen meist überraschend, oft nachts, sie hatten kaum Zeit, um das kleine Bündel zu packen, das sie mitnehmen durften.[10]

Auch nachdem die veränderte Kriegslage 1941 zur Unterbrechung der Transporte geführt hatte, hieß es in einer Broschüre des Rassepolitischen Amtes der NSDAP 1942 noch: «Das Fernziel rassepolitisch ausgerichteter Fremdvolkpolitik kann nur die restlose Entfernung des größten Teils der Polen aus dem Reiche sein.» Neben den «rassepolitischen» Gründen ließen sich die Deutschen von handfesten ökonomischen Anreizen leiten: Von der Ausplünderung verdrängter und vertriebener Polen profitierte nicht nur der Staat, der durch die Haupttreuhandstelle Ost bis Ende 1942 zum Beispiel 686 000 landwirtschaftliche Betriebe von Polen und – in geringem Umfang – von Juden mit insgesamt mehr als sechs Millionen Hektar beschlagnahmen ließ. Auch ungezählte deutsche Beamte, Soldaten und Privatpersonen hatten an der Entrechtung eines Großteils der Bevölkerung ihren persönlichen Nutzen.[11]

Die Juden in den eingegliederten Gebieten waren keineswegs eine homogene Gruppe – es gab unter ihnen viele deutsch bzw. polnisch Akkulturierte, aber auch viele, die einer vorwiegend jüdischen Lebenswelt entstammten: In den 1930er Jahren gaben rund 40 Prozent der in der Woiwodschaft Posen lebenden Juden Jiddisch als ihre Muttersprache an; in der Woiwodschaft Lodz waren es gar 95 Prozent.[12]

Die Entrechtung der Juden in den eingegliederten Gebieten war brutal und konsequent: Sie wurden sofort aus dem Wirtschaftsleben gedrängt, auf vielfältige Weise ausgebeutet und ausgeplündert, waren der Willkür der deutschen Besatzer ausgeliefert. Etwa 110 000 Juden wurden aus den eingegliederten Gebieten in das Generalgouvernement deportiert, die anderen in Ghettos gezwungen, deren größtes in Lodz (nun umbenannt in Litzmannstadt) eingerichtet wurde. Zunächst lebten hier 160 000 Menschen, später kamen mehrere zehntausend weitere aus den aufgelösten kleineren Ghettos des Warthelands sowie aus anderen Gegenden (vor allem aus dem übrigen Reichsgebiet) hinzu. Das Ghetto fungierte zunächst als Arbeitslager; schwierigste Lebensbedingungen, Hunger und Sterben gehörten zum Alltag. Bereits 1942 begannen jedoch auch die Deportationen der Juden aus Lodz und den anderen eingegliederten Gebieten in die Vernichtungslager.

Insgesamt wurden mehr als 400 000 Menschen zunächst in Gaswagen, dann vor allem in den beiden innerhalb der Reichsgrenzen
gelegenen Lagern Kulmhof (Chełmno) und Auschwitz-Birkenau
sowie in Treblinka vergast; das Ghetto Litzmannstadt wurde im
August 1944 aufgelöst. Von den einst 550 000 Juden Westpolens
hatten die Deutschen 500 000 ermordet.[13]

«Eindeutschung», Ausgrenzung und schwieriges Miteinander: Polen in den eingegliederten Gebieten

Da die nichtdeutsche Bevölkerung der eingegliederten Gebiete
anders, als dies manche Rasseideologen wünschten, trotz vieler
Anstrengungen nicht innerhalb kurzer Zeit vertrieben werden
konnte und auch längst nicht so viele deutsche Siedler wie nötig
eintrafen, mussten die Deutschen nach anderen Wegen suchen,
um die Provinzen zu germanisieren und ihren eigenen Herr-
schaftsanspruch durchzusetzen. Heinrich Himmler, der Reichs-
führer-SS, Chef der deutschen Polizei und Reichskommissar für
die Festigung des deutschen Volkstums, verkündete deshalb im
Mai 1940: «Eine Eindeutschung der Ostprovinzen kann nur gemäß rassischer Erkenntnis erfolgen, indem die Bevölkerung dieser
Provinzen gesiebt wird.»[14]
  Die NS-Behörden wollten eigentlich die gesamte Bevölkerung von «Eignungsprüfern» ihres Rasse- und Siedlungshaupt-
amts rassisch mustern lassen, doch dies ließ sich aufgrund des
großen Aufwands nur ansatzweise umsetzen, schließlich mussten
von Körperhaltung bis Nasenform und Haarfarbe alle möglichen
Faktoren bestimmt werden, um «eindeutschungsfähiges» Men-
schenmaterial herauszufiltern. Die Schreibtischtäter in den Amtsstuben der SS verfassten jede Menge Pläne und Erlasse, sprachen
von der «Rückvolkung verloren gegangenen Deutschtums» und
ließen zwischen 1940 und 1944 mindestens 30 000–35 000 Polen
zur «Wiedereindeutschung» – de facto aber zum Arbeitseinsatz –
ins Altreich bringen; auch wurden tausende «wiedereindeut-
schungsfähiger» polnischer Mädchen als Hausangestellte ins
Reich gebracht, die nicht selten bei Familien hoher SS-Offiziere

landeten. Von den «Wiedereindeutschungsfähigen» kehrte nach
dem Krieg offenbar nur eine Minderheit nach Polen zurück.[15]

Da die Planer jedoch errechneten, dass in den eingegliederten
Gebieten immerhin rund eine Million Polen für eine «Wiedereindeutschung» in Frage kämen, griff man auf eine «Erfindung» aus
dem Reichsgau Wartheland zurück – die Deutsche Volksliste,
die im Frühjahr 1941 auf alle eingegliederten Gebiete ausgedehnt
wurde. Ziel war es, die verbliebene Bevölkerung nach verschiedenen rassischen Kriterien zu kategorisieren und Deutsche von Polen zu trennen, wozu eine Abstufung von «richtigen Deutschen»
über «Halbdeutsche» bis hin zu «Eindeutschungsfähigen» dienen sollte. Die Volksliste gliederte sich in vier Gruppen: Während
in die Gruppen 1 und 2 unzweifelhafte Deutsche aufgenommen
wurden, sollte Gruppe 3 diejenigen Menschen umfassen, die «im
Laufe der Jahre Bindungen zum Polentum eingegangen» waren
und bei denen Chancen bestanden, sie zu «vollwertigen Mitgliedern der deutschen Volksgemeinschaft» umzuerziehen. Diese
Gruppe war bei weitem die größte. In Gruppe 4 kamen «aktiv
verpolte Deutschstämmige» bzw. «polonisierte Deutsche», die
«politisch im Polentum aufgegangen» waren. Keine Chance auf
die Volksliste hatten – zumindest theoretisch – Menschen, die sich
aktiv zu ihrem «Polentum» bekannt hatten, also in der Regel alle
Angehörigen der polnischen Intelligenz.[16]

Die einzelnen Gauleiter gingen sehr unterschiedlich vor. Im
Wartheland versuchte Arthur Greiser getreu seinem Wahlspruch
«Der Deutsche ist der Herr in diesem Gebiet, der Pole ist der
Knecht!», die rassischen Prinzipien streng umzusetzen und radi-
kal zwischen «Deutschen» und «Polen» zu trennen. Im Herbst
1940 wurde der private Umgang zwischen Deutschen und Polen
verboten, erst 1944 wurde diese harte Linie angesichts der Kriegslage etwas abgemildert. Daher wurden hier nur vergleichsweise
wenige Polen in die Volksliste (Gruppen 3 und 4) aufgenommen,
nämlich rund 90 000. Ähnlich war es im Gau Ostpreußen.[17]

Greisers Kollege und Intimfeind Albert Forster im Gau Danzig-Westpreußen ging ganz anders vor: Er wollte sein Herrschaftsgebiet möglichst rasch «eindeutschen» und ließ bis 1944
mehr als 700 000 Polen in die Gruppen 3 und 4 eintragen, oft auf

behördlichen Druck oder mit Hilfe der Drohung, Widerspenstige zu vertreiben, zur Zwangsarbeit zu verschicken oder in ein Lager deportieren zu lassen. So erging es beispielsweise Alfons Kruczyński aus dem kaschubischen Städtchen Karthaus: Er wurde im März 1941 verhaftet, misshandelt und dann vor die Wahl gestellt. Seine Schwester Stefania erinnerte sich später an den Dialog zwischen Mutter und Sohn:

> ««Mama, was soll ich tun? Unterschreiben oder nicht?› ‹Du musst selbst entscheiden›, sie unterdrückte ihre Tränen mit Gewalt. ‹Dich erwartet die Wehrmacht oder [das KZ] Stutthof.› (…) Er kehrte nach Hause zurück, als er die Liste unterschrieben hatte. Kurz darauf kam die Einberufung zur Armee.»

Seinen letzten Brief schickte er im Mai 1943 von den Ufern des Don an die Familie.[18]

Auch in den nach dem Ersten Weltkrieg zu Polen gekommenen Gebieten der Provinz Oberschlesien wurden massenhaft Polen als «Deutsche auf Widerruf» registriert – bis 1944 mehr als 900 000, darunter zahlreiche Oberschlesier (Schlonsaken), zusätzlich zu den etwa 480 000 Menschen, die in die Gruppen 1 und 2 der Volksliste gekommen waren. Der Kampf gegen das Polnische war in dieser Region mit ihren sich überlagernden Identitäten besonders verbissen. In Gestapo-Überlegungen zur «Vernichtung der polnischen Minderheit in Oberschlesien» hatte es schon im September 1939 geheißen: «Wer polnisch spricht, kriegt eins in die Fresse.» Auch in Danzig-Westpreußen wurde der Gebrauch des Polnischen verfolgt.[19]

Im Endeffekt waren in den eingegliederten Gebieten in den Gruppen 1 und 2 der Volksliste bis Kriegsende fast eine Million polnische Staatsbürger eingetragen, in den Gruppen 3 und 4 waren es 1,9 Millionen. Was den Rasseideologen der SS oft nicht gefiel, kam der Wehrmacht zugute, denn bis einschließlich Gruppe 3 durften Männer zum Militärdienst eingezogen werden. Ein weiterer Effekt war die «Atomisierung» der polnischen Gesellschaft in verschiedene Gruppen mit abgestuften Privilegien.[20]

Während die Angehörigen der Volksliste mehr oder weniger stark diskriminiert bzw. privilegiert wurden, waren die verbliebe-

nen Polen in den eingegliederten Gebieten noch stärker entrech-
tet: Sie durften erst ab einem bestimmten Alter heiraten, unter-
lagen einer Arbeitspflicht, mussten (zumindest im Wartheland)
uniformierte Deutsche grüßen, durften geprügelt werden, ihnen
war der Zutritt zu zahlreichen öffentlichen Einrichtungen untersagt («nur für Deutsche»), sie bezogen teils niedrigere Gehälter
und erhielten geringere Lebensmittelzuteilungen. Viele Kinder
konnten keine Schule besuchen – und wenn, dann oft nur Volksschulen mit deutscher Unterrichtssprache, da den Polen für die
Zukunft lediglich die Rolle als primitive Arbeiter zugedacht
war.

Besonders perfide waren die Bemühungen der Deutschen, polnische – und andere – Kinder ihren Eltern wegzunehmen und zu
germanisieren, wenn sie den «rassischen Idealen» der germanischen «Herrenrasse» entsprachen. Das konnte entweder «in ihrem Volkstum gefährdete Kinder» sein, die von der Nationalsozialistischen Volkswohlfahrt (NSV) in Heime nach Deutschland
gebracht wurden, oder aber polnische Waisen- und Pflegekinder,
die von der SS-Organisation «Lebensborn» als SS-Nachwuchs
herangezüchtet werden sollten. Sie wurden ihren Pflegefamilien
oft brutal entrissen, um in deutsche Familien gegeben zu werden,
die sie zum Teil adoptierten; mehrere hundert Kinder teilten dieses Schicksal. Oft waren deren Erlebnisse schrecklich. Doch bei
allem Unglück gab es hin und wieder Ausnahmen. Eines dieser
nach Deutschland geschafften Kinder war die 1938 in Gdingen geborene Barbara P., die bei ihrer Großmutter in Lodz gelebt hatte,
1942 in die Fänge des «Lebensborns» geraten und nach einigen
Monaten der sprachlichen Umerziehung bei einem Lehrerehepaar
in Lemgo gelandet war. Es nahm das völlig verstörte Mädchen auf
und bescherte ihm – wie Barbara P. selbst beteuert – die glück-
lichsten Jahre ihres Lebens. 1948 kam sie zurück nach Polen, lebte
bei verschiedenen Tanten, doch bei der deutschen Pflegefamilie –
zu der sie seit den 1960er Jahren wieder Kontakt hatte – fühlt sie
sich bis heute zu Hause. Die Rückführung mehrerer tausend polnischer Kinder, die so oder auf andere Weise ins Reich gelangt waren, war nach dem Krieg aufgrund vielfach fehlender Dokumente
sehr schwierig und zog sich bis Anfang der 1950er Jahre hin.[21]

Im Laufe des Kriegs änderte sich die deutsche Einstellung gegenüber den polnischen «Untermenschen» langsam. Da es spätestens seit dem Angriff auf die Sowjetunion überall an Arbeitskräften fehlte und nicht nur die eingegliederten Gebiete, sondern auch das ganze Großdeutsche Reich ohne polnische Hilfe gar nicht mehr funktioniert hätte, waren die Deutschen immer stärker auf die Polen angewiesen. Selbst Führungspositionen standen ihnen offen. Sogar der besonders eifrige Gauleiter von Posen, Arthur Greiser, ermunterte nun zum Gebrauch des Polnischen, auch wenn es ihm dabei nach wie vor um die Stärkung der deutschen «Herrenrasse» ging: «Ein Leiter, der nicht polnisch fluchen kann, wird nie aus seinem polnischen Knecht das Letzte herausholen.» Greiser musste es wissen – er sprach sehr gut Polnisch.[22]

Aufgrund der starken Überwachung war es in den eingegliederten Gebieten schwierig, größere Widerstandsgruppen zu organisieren – am ehesten noch in Ostoberschlesien, im Osten des Warthelands und in den Wäldern Pommerellens –, und trotz großer Vorsicht kam ihnen die Gestapo immer wieder auf die Spuren. Dennoch gelang es durch ein ausgedehntes Netz von Informanten sehr umfangreich Spionage zu betreiben, aber auch ausführliche Berichte über die Lage in den eingegliederten Gebieten zusammenzustellen, aus denen hervorgeht, wie prekär die Situation der Polen war. Beispielhaft ist ein Bericht, den die Delegatur der polnischen Exilregierung in London über die Lage in Posen von Mitte 1943 anfertigte:

«Ohne Ende finden z.B. Hausdurchsuchungen zur Suche nach Lebensmitteln statt, die aus illegalem Handel stammen. Sie erfolgen so, dass die Polizei ganze Blocks umstellt, die am dichtesten von Polen bewohnt sind, und in den Wohnungen genaue Durchsuchungen durchführt. (…) Ein Pole, bei dem während der Durchsuchung Waren wie Tabak oder Fleisch gefunden werden, wird von der Polizei verhaftet.»[23]

Schwarzhandel war eine von Polen wie Deutschen genutzte Möglichkeit, dem alltäglichen Elend Paroli zu bieten. Zwar war durch die Vertreibung von christlichen und jüdischen Polen Wohnraum freigeworden, doch Neusiedler, Verwaltungspersonal und Militär brauchte ihrerseits ein Dach über dem Kopf. Und so kam es auf

dem Land ebenso wie in den Städten zu einem von den Besatzern
völlig ungewollten Nebeneinander und erzwungenen Miteinander der unterschiedlichsten nationalen und sozialen Gruppen.
Der bereits zitierte Text der Regierungsdelegatur nennt ein Beispiel für die Wohnsituation in Posen:

«Eine Wohnung, 3 Zimmer und eine Küche – die Eigentümerin mit
ihrer Mutter in der Küche – eine schläft auf dem Sofa, die andere
auf dem Fußboden, ihre Möbel stehen auf dem Flur; in einem Zimmer eine deutsche Familie – ein SS-Polizist mit seiner Frau, im anderen 5 Personen; Möblierung – 2 Betten, Sofa, Tisch und Schrank;
im dritten Zimmer 4 Untermieterinnen, vom Alter her eine sehr
gemischte Gesellschaft, eine Professorin, eine Verkäuferin und eine
Kantinenangestellte – ein ‹sehr fröhliches und geselliges› Weibs-
bild –, sowie als vierte eine Beamtin; außerdem wird zeitweise ein
Sofa hinter einem Wandschirm auf dem Flur vermietet.»[24]

Überleben im Oflag

Während des deutschen Überfalls auf Polen im September 1939
gerieten hunderttausende polnischer Soldaten in deutsche Gefan-
genschaft, die sie in zahllosen über das ganze Reich verteilten Lagern verbrachten. Dabei wurden Offiziere von Mannschaften getrennt. In den Offizierslagern (kurz «Oflag») hielten sich 1941
mehr als 17000 Kriegsgefangene auf; nach der Niederschlagung
des Warschauer Aufstands 1944 vergrößerte sich die Zahl, da die
Kämpfer der Untergrundarmee als reguläre Soldaten behandelt
wurden. Die meisten polnischen Offiziere befanden sich in den
Lagern Neubrandenburg, in Arnswalde und Groß Born (beide in
Hinterpommern), Woldenberg (Neumark), Dössel (ein Stadtteil
von Warburg) sowie im oberbayrischen Murnau, wo – mit maleri-
schem Blick auf die Zugspitze – ausschließlich Polen festgehalten
wurden. Die Versorgungslage war vergleichsweise erträglich, auch
weil der Empfang von Päckchen aus Polen gestattet war. Versuchen der Reichsleitung SS, die polnischen Offiziere in Konzentrationslager zu verlegen, widersetzte sich die Wehrmachtsführung.
Auch Offiziere jüdischer Herkunft blieben den Krieg über in den

Oflags (teilweise in Lagerghettos). Wer zu fliehen versuchte, landete oft im KZ – so erging es 37 wieder gefassten Ausbrechern aus dem Lager Dössel, die in Buchenwald grausam umgebracht wurden.

In den Oflags existierten Gefangenenselbstverwaltungen, die dort, wo polnische Offiziere in der Überzahl waren, polnischen Armeegepflogenheiten folgten und die militärische Rangordnung einhielten. Um die Zeit totzuschlagen, wurden überall Vorträge, Lehrgänge und Sprachkurse durchgeführt, es gab Lagerbibliotheken, Cafés und Gottesdienste, Lagerzeitungen, Sportklubs, aber auch politische Vereinigungen und Untergrundorganisationen, sogar mit viel Mühe einstudierte Konzerte und Theateraufführungen, bei denen verkleidete Offiziere auch die Frauenrollen spielten. Führend beim kulturellen Leben war das Lager in Murnau, in dem übrigens der polnische Flottenkommandant Józef Unrug vier Jahre verbrachte. Der Regisseur Andrzej Munk schilderte das ereignislose Lagerleben in seinem berühmt gewordenen Spielfilm *Eroica* (1957): Aus Nichtigkeiten werden ernste Konflikte, und das ganze Lager lebt von der Erinnerung an den Mitgefangenen Zawistowski, dem vor Jahren die Flucht gelungen ist. Schließlich stellt sich jedoch heraus, dass Zawistowski überhaupt nicht geflohen ist, sondern in einem Verschlag unter dem Dach lebt und von einigen Mitgefangenen heimlich verpflegt wird, um die Hoffnung der übrigen Lagerinsassen nicht zu zerstören.

Anfang 1945 wurden die im Osten des Reichs gelegenen Offizierslager evakuiert, teils mit wochenlangen Fußmärschen; das Lager Murnau wurde am 29. April von US-Truppen befreit, blieb aber noch mehrere Jahre Lager für polnische Displaced Persons.[25]

Die einfachen Soldaten und Unteroffiziere waren im Herbst 1939 in Stammlager («Stalags») gekommen. Da die deutsche Wirtschaft angesichts der Kriegslage immer mehr Arbeitskräfte benötigte, wurden die meisten von ihnen zwischen 1940 und 1942 entlassen, wenn sie bereit waren, als Zivilarbeiter im Reich zu arbeiten: Rund 300 000 von ihnen mehrten nun die großen Scharen polnischer Zwangsarbeiter. Einige tausend wurden überdies freigelassen, wenn sie die Deutsche Volksliste unterschrieben (wo-

20 ___ In den Lagern für polnische kriegsgefangene Offiziere entwickelte sich ein reiches Kulturleben. Hier die Aufführung eines Theaterstücks im bayerischen Oflag Murnau.

raufhin sie zwangsläufig in die Wehrmacht übernommen wurden), so dass schließlich Anfang 1942 30 000 «einfache» Kriegsgefangene übrigblieben, die zumeist für die Kriegsgefangenen-Bau- und Arbeitsbataillone herangezogen wurden, zum Teil sogar in Norwegen.[26]

Kampf fürs fremde Vaterland: Polen in der Wehrmacht

Bis vor wenigen Jahren war die Einberufung von Polen in die Wehrmacht in Polen ein Tabu-Thema: Nach dem Krieg hatte sich kaum jemand zu seinem Dienst für die feindliche Armee bekennen wollen, sondern lieber geschwiegen, bis bei den Präsidentschaftswahlen von 2005 die nationalkonservative Partei «Recht und Gerechtigkeit» dem Kandidaten der liberalkonservativen Bürgerplattform, dem aus Danzig stammenden Donald Tusk, vorwarf, sein Großvater habe in der Wehrmacht gedient – und damit suggerierte, die Familie Tusk gehöre zu den in nationaler Hinsicht unsicheren Kantonisten.

Dabei waren es mindestens 200 000, vielleicht sogar bis zu

500 000 Polen, die im Laufe des Kriegs in die Wehrmacht einberufen wurden. Die Schwierigkeiten, genaue Zahlen zu nennen, hängen nicht nur mit fehlenden Quellen zusammen, sondern auch damit, dass nicht immer klar ist, wer genau als Pole zu bezeichnen ist: Schon bei den im Herbst 1939 mobilisierten Angehörigen der polnischen Minderheit in Deutschland ist nicht immer sicher, wie sehr sie sich im Einzelnen noch als Pole oder schon als Deutscher fühlten; gerade bei den Oberschlesiern, aber auch bei der zweiten bzw. dritten Generation der Ruhrpolen gab es die unterschiedlichsten Abstufungen im nationalen Zugehörigkeitsgefühl. Und auch bei denjenigen Männern, die aufgrund ihrer Unterzeichnung der Deutschen Volksliste einberufen wurden, ist das nicht immer eindeutig, da viele Einträge unter Zwang oder aufgrund von Opportunismus erfolgten, schließlich konnte man seine Familie vor weiterer Verfolgung schützen, wenn man dem deutschen Drängen nachgab, die Volksliste unterzeichnete und damit seiner Einberufung in die Armee zustimmte.[27]

Während in den ersten beiden Kriegsjahren relativ wenige Polen aus den eingegliederten Gebieten in die Wehrmacht kamen, veränderte sich die Situation nach der flächendeckenden Einführung der Deutschen Volksliste: Alle Angehörigen der ersten beiden Gruppen wurden problemlos eingezogen, diejenigen der dritten Gruppe folgten bald darauf, spätestens nachdem ihnen 1942 die deutsche Staatsangehörigkeit «auf Widerruf» zuerkannt worden war. Je größer die militärischen Verluste an den Fronten wurden, desto stärker war die Wehrmacht daran interessiert, auch eher «zweifelhafte» Deutsche einzusetzen, und so wurden Polen seit 1943 in großer Zahl in Wehrmachtsuniformen gesteckt. Donald Tusks Großvater ist hierfür ein gutes Beispiel: Er war am 1. September 1939 als Mitglied der polnischen Minderheit in Danzig verhaftet worden, saß bis 1942 in den KZs Stutthof und Neuengamme, wurde dann freigelassen und im August 1944 schließlich ins Grenadier-Ersatz- und Ausbildungs-Bataillon 328 in Aachen verlegt, geriet aber schon bald darauf in amerikanische Kriegsgefangenschaft.[28]

So wie dem Großvater Tusk erging es vielen. Ein Zeitzeuge, der seinen Namen nicht nennen möchte, berichtet in Kurzform:

«Jetzt denke ich oft an jene Zeit. Juli 1942: Einberufung, Mama weint, Schulung in Stettin, *verfluchte Polen*, dann Provence. Mein Gott, was für ein Albtraum! Im Gymnasium in Stargard hatte ich Cézanne kennengelernt, wäre es mir damals in den Sinn gekommen, dass ich Arles und Aix-en-Provence als deutscher Soldat sehen würde? Im Französischunterricht hatten wir den *Tartarin z Taras-con* gelesen, und ich brachte Sprengladungen auf einer Brücke über die Rhône an – nicht weit von Tarascon entfernt!»[29]

Aufgrund der unterschiedlichen Handhabung der Deutschen Volksliste wurden – abgesehen von Volksdeutschen – nur relativ wenige polnische Einwohner des Warthegaus und der polnischen Gebiete im Gau Ostpreußen eingezogen, jedoch viele aus den Gauen Danzig-Westpreußen und Oberschlesien. Es kam vor, dass die Rekruten bei ihrer Abfahrt von den Provinzbahnhöfen pol-nische Lieder anstimmten. Sie wurden mehrheitlich zur Infanterie geschickt, meistens im Westen des Reichs oder in den besetzten Gebieten in Süd- und Westeuropa; nach der Ausbildung und – falls nötig – rudimentärem Deutschunterricht ging es an die Front. Diese Reise in die weite Welt war für viele zunächst ein großes Abenteuer. Ein oberschlesischer Rekrut schrieb in schlesischer Mundart an seine Mutter: «Geliebte Mama, wir wurden nach Straßburg gebracht. (...) In den Kasernen bin ich in einen Saal gekommen, wo zwanzig von uns schlafen. Wir kennen uns noch nicht, aber es scheint mir, dass einer ein Schlesier ist.»[30]

Solange die Polen zusammenblieben, sprachen sie oft Polnisch miteinander, weshalb sie von der Wehrmacht bald auf unter-schiedliche Einheiten verteilt wurden, auch um gemeinschaft-lichen Desertionen vorzubeugen. Die Befehlshaber waren den anhand ihres Wehrpasses als Mitglieder der Volksliste kenntlichen Polen gegenüber misstrauisch. Polnische Soldaten zeichneten sich an allen Fronten aus, erhielten Eiserne Kreuze, ja einige sogar das Ritterkreuz. Viele fielen an den Fronten im Westen und im Os-ten – «für das Großdeutsche Reich» oder «für das deutsche Volk und Reich», wie es hieß.[31]

Aber längst nicht alle Polen dienten bereitwillig in den Reihen der Wehrmacht: Je länger der Krieg dauerte, desto mehr entzogen sich der Einberufung durch die Flucht in die Wälder – etwa in

Pommerellen. Auch die Desertionen mehrten sich, größtenteils an der Westfront und obwohl verschiedentlich zur Abschreckung Familienangehörige von Deserteuren ins KZ geschafft wurden. Die Überläufer im Westen wurden – sofern sie sich als Polen zu erkennen gaben – der an der Seite der Westalliierten kämpfenden Polnischen Armee zugeteilt, ebenso wie kriegsgefangene Polen, die in der Wehrmacht gedient hatten. Bis Kriegsende wechselten so fast 90 000 Soldaten ihren Dienstherren und standen bald ihren einstigen Kameraden gegenüber, zum Beispiel bei der Schlacht am Monte Cassino.[32]

Als in verzweifelter Lage Adolf Hitler schließlich im Oktober 1944 bereit war, auf Teile seiner Rassenpolitik zu verzichten und polnische «Hilfswillige» («HiWis») in die Wehrmacht einzuziehen, wollte sich kaum mehr jemand für die verlorene Sache opfern: Nur wenige hundert Polen ließen sich noch überzeugen. Allerdings waren sie sehr wohl bereit, in Deutschland zu kämpfen, nur eben nicht für die Wehrmacht, sondern für die polnischen Armeen im Westen und im Osten. Während von Westen im April 1945 polnische Verbände nach Ostfriesland vorstießen, fochten im Osten polnische Soldaten der 1943 gegründeten Polnischen Volksarmee gemeinsam mit der Roten Armee heftige Kämpfe: Beim Durchbruch durch die Pommernstellung, bei der Schlacht um Bautzen und schließlich bei der Eroberung Berlins fielen insgesamt 17 000 polnische Soldaten.[33]

Sklaven aus Polen: Zwangsarbeiter im Reich

Polnische Arbeitskräfte hatten in der deutschen Wirtschaft bereits seit langem eine wichtige Rolle gespielt, als landwirtschaftliche Saisonarbeiter ebenso wie als Industriearbeiter. Und so lag es nahe, bald nach Kriegsbeginn die Lücken im Produktionsprozess, die durch die Einberufungen zur Wehrmacht gerissen worden waren, durch Polen zu schließen. Schon Ende September 1939 gab es im besetzten Polen 70 deutsche Arbeitsämter, bis Mai 1940 wurden rund 560 000 polnische Landarbeiterinnen und Landarbeiter «ausgehoben», wie man das im Behördendeutsch damals

nannte, und die Zahl wuchs rasch weiter. Bis Mitte 1943 erreichte
die Zahl ihren Höchststand von mehr als 1,6 Millionen polnischen
zivilen Arbeitskräften im Reich (ein Drittel von ihnen Frauen),
wobei es bis Anfang 1945 blieb. Hinter den Sowjetbürgern, den
«Ostarbeitern» (von denen ein kleinerer Teil ebenfalls aus ethnischen Polen bestand), stellten sie unter den Fremdarbeitern die
größte Gruppe. Insgesamt dürften im Krieg innerhalb der Reichsgrenzen mehr als 2,8 Millionen Polen über kürzere oder längere
Zeit gearbeitet haben, von denen 95 Prozent zwangsrekrutiert
waren.[34]

Da sich die katastrophalen Lebensbedingungen der polnischen
Arbeiter im Reich bald herumgesprochen hatten, waren immer
weniger bereit, sich freiwillig zum Einsatz in Deutschland zu
melden, weshalb die Behörden seit Mitte 1940 zu Zwang greifen
mussten. Vor allem im Generalgouvernement kam es zu Razzien:
Zum Beispiel wurden ganze Straßenzüge abgesperrt und alle Ar-
beitsfähigen, derer die Deutschen habhaft werden konnten, ins
Reich deportiert. Hier wurden sie an die unterschiedlichsten Arbeitgeber verteilt, wobei es oft zuging wie auf einem Sklaven-
markt: «Als wir in den Morgenstunden nach Braunschweig
kamen, warteten schon die ‹Käufer› auf dem Bahnhof auf uns. Wir
wurden in Reihen aufgestellt. Die ‹Käufer› wählten [jeweils] zwei
bis vier Personen aus».[35]

Die Mehrzahl der polnischen Zwangsarbeiter war in der Landwirtschaft eingesetzt, 1944 etwa zwei Drittel, und zwar größtenteils isoliert voneinander auf einzelnen Höfen. Die Arbeits- und
Lebensbedingungen waren hier, natürlich jeweils abhängig vom
Arbeitgeber, oft besser als in der Industrie und im Bergbau, wo
die Fremdarbeiter aus dem Osten – auch hier abhängig von den
Umständen, vor allem vom zuständigen deutschen Leitungsper-
sonal – zuweilen nur geringe Überlebenschancen hatten, die
durch die alliierten Luftangriffe auf Industriebetriebe weiter san-
ken.[36]

Die Nationalsozialisten standen angesichts der Tatsache, dass
sie so viele rassisch vermeintlich minderwertige Menschen zur
Arbeit ins Reich holen mussten, vor einem Dilemma. Um an der
Entrechtung der Polen keinen Zweifel zu lassen, gab das Reichs-

21 ___ Polnische Zwangsarbeiter in einer Baracke im Braunschweiger Lager Acker-straße, 1942. Während in der Freizeit auch Freude aufkam, war der Arbeitsalltag polni-scher Arbeitssklaven im Reich oft bedrückend.

sicherheitshauptamt am 8. März 1940 eine Reihe von «Polenerlas-sen» heraus, die verschiedene Fragen der im Reich arbeitenden Polen regelten: Sie hatten sowohl in den Lagern als auch auf dem Land in einer von den Deutschen getrennten Unterkunft zu leben, mussten ein Zeichen auf ihrer Kleidung tragen – ein auf der Spitze stehendes Quadrat mit violettem «P» auf gelbem Grund –, von ihrem ohnehin niedrigen Lohn wurde eine 15-prozentige Zwangs-abgabe einbehalten, sie durften keine öffentlichen Verkehrsmittel benutzen, ihren Wohn- oder Arbeitsbezirk nicht verlassen, noch nicht einmal Fahrrad durften sie fahren, bald wurden ihnen auch alle Urlaubsansprüche und Zulagen gestrichen.[37]

Die Lebensmittelrationen der Zwangsarbeiter waren niedrig; wer allerdings auf dem Land arbeitete, bekam in der Regel mehr zu essen. In den Städten waren die Polen – wie auch die übrigen Fremdarbeiter – meist in Wohnlagern untergebracht, in großen Schlafsälen mit Etagenbetten, in denen sie über Jahre leben muss-ten. Ein Zeitzeuge erinnert sich: «Zum Frühstück bekamen wir 100 g Brot und etwas Kaffee. Nach dem Abendappell eine Schüs-sel Suppe. Das war alles. Manchmal dauerten diese Abendappelle ziemlich lange, wenn es z. B. einen Luftalarm gab. Die schlimmste

Sache waren die Läuse.»[38] Auch für kleinste Vergehen mussten Polen mit schweren Konsequenzen rechnen – etwa mit einer wochenlangen Einweisung in «Arbeitserziehungslager», körperliche Strafen waren an der Tagesordnung.

Die Erinnerungen an den Aufenthalt bei Landwirten sind im Durchschnitt besser, zumal hier die Kontakte zwischen Polen und Deutschen zwangsläufig enger waren. Für eine ganze Reihe von Landarbeitern war der mehrjährige Aufenthalt in der Ferne bei allen Gefahren auch ein Abenteuer. So trauerte der als 15-jähriger Bauernbursche aus der Gegend von Kielce zu einem Landwirt in Niederschlesien verschleppte Jan Sroka zwar den verlorenen Jugendjahren nach und beklagte die sehr schwere Arbeit, führte in seiner Bilanz aber auch positive Aspekte auf:

«a) Als junger, in die weite Welt geschickter Mensch sah ich viele Menschen unterschiedlicher Nationalität: Deutsche, Russen, Ukrainer und Tschechen. b) Ich habe das deutsche Volk, seine Sitten, seine Kultur und seine Mentalität besser kennengelernt. c) Ich habe in der harten Schule des Lebens Arbeitsdisziplin, Genauigkeit und Pünktlichkeit gelernt. d) Ich habe (in geringem Maße) Deutsch gelernt.»[39]

Im privaten Umgang von Deutschen und Zwangsarbeitern musste das Prinzip der Rassentrennung eingehalten werden; «geselliger Verkehr» war unter schwerer Strafe verboten. Dennoch wurden die Vorschriften oft nicht oder nur teilweise beachtet. Gastwirte ließen Polen bei sich feiern, Kinobetreiber gewährten manchmal Zutritt zur Vorstellung, und mit der Zeit wurden die Zwangsarbeiter zunehmend selbstbewusst. Berichte wie dieser häuften sich: «In der Reichsbahn benähmen sich die Polen ungeniert und anmaßend, sie würden sich in den Abteilen breitmachen, musizieren und ihre polnischen Lieder singen, als wären sie die Herren des Landes.» Offensichtlich hatte das Herrenvolk Mühe, seine Herrenattitüde durchzusetzen und duldete keine auch noch so geringe Konkurrenz.[40]

Vor einem aber hatten die Nazis besondere Angst und mahnten: «Wer mit einer deutschen Frau oder einem deutschen Mann geschlechtlich verkehrt, oder sich ihnen sonst unsittlich nähert, wird mit dem Tode bestraft.» Trotz dieser drakonischen Strafandrohung kam es immer wieder zu sexuellen Beziehungen zwischen Zwangsarbeitern und Deutschen. Gelegentlich kam es vor, dass deutsche Arbeitgeber oder Lagerführer junge Polinnen vergewaltigten; in solchen Fällen wurde die Polin mit einer mehrwöchigen Haft bestraft, die Vergewaltiger gingen aber oft straffrei aus oder hatten nur mit kurzem Arrest zu rechnen.[41]

Viel schlimmer erging es männlichen Polen, die mit deutschen Mädchen und Frauen anbändelten: Wenn er nicht das Glück hatte, im Nachhinein von den Rassekundlern noch als «eindeutschungsfähig» anerkannt zu werden, wurde er oftmals gehenkt, in den ersten Jahren öffentlich und vor einem Publikum, das aus anderen zusammengetriebenen Zwangsarbeitern bestand. Wie viele Polen so ihren Tod fanden, ist unbekannt, es dürfte sich jedoch um viele hundert gehandelt haben. Die beteiligten deutschen Frauen wurden (vor allem bis 1941) öffentlich gedemütigt – zum Beispiel kahlgeschoren, durch das Dorf getrieben und wie im Mittelalter an den Pranger gestellt –, ehe sie ins Zuchthaus oder ins KZ kamen, wo sie nicht selten ihr Leben ließen. Rolf Hochhuth hat eine solche Geschichte in seinem Buch *Eine Liebe in Deutschland* eindrücklich dargestellt.[42]

Diese tragischen Liebschaften sind in den einzelnen Dörfern und Städten teils nicht vergessen: Im niederbayrischen Städtchen Landau an der Isar heißt ein Waldstück bis heute «Polenhölzl»: Hier wurde am 6. August 1941 der Pole Józef Berdziński hingerichtet, der eine Nacht mit der Österreicherin Rosina Bichler verbracht hatte und dann denunziert wurde. Und ein Lokalhistoriker aus Hütting im Landkreis Passau kommt beim Pilzesuchen oft an der Hinrichtungsstätte des 18-jährigen Kazimierz Rutkowski vorbei: «Da denke ich immer daran, dass das unschuldige Bürscherl da aufgehängt worden ist, weil er mit einem Dirndl was gehabt hat.»[43]

Schwangere polnische Zwangsarbeiterinnen wurden bis 1942 in ihre Heimat abgeschoben. Da hierdurch für die deutsche Kriegswirtschaft wertvolle Arbeitskräfte verloren gingen, mussten sie ab 1943 bis direkt vor der Entbindung weiter arbeiten und ihre Arbeit nach der Geburt gleich wieder aufnehmen. Die Säuglinge kamen in eine der mehreren hundert «Ausländerkinder-Pflegestätten», wo sie oft vernachlässigt wurden, verhungerten oder an Krankheiten starben: Allein im Kinderheim Velpke im Kreis Helmstedt starben zwischen Mai und Dezember 1944 89 von 102 eingelieferten Kindern, darunter 76 polnische. So musste die auf einem Bauernhof arbeitende Mutter der Natalie M. ihr Kind mit 4 ½ Monaten auf Druck des Bauern in Velpke abgeben, wo es schon zwei Wochen später tot war. «Die Eltern fanden es schwarz und blau am ganzen Körper gefärbt. Es wurde den Eltern wegen des Arbeitseinsatzes nicht ermöglicht, sich um die Beerdigung zu kümmern.» Die Zahl der so gestorbenen Zwangsarbeiterkinder – nicht nur von Polinnen – wird reichsweit auf 30 000 bis 50 000 geschätzt.[44]

Bei der Auswahl der Zwangsarbeiter waren die Deutschen nicht zimperlich und sammelten auch Kinder und Jugendliche ein. Nicht alle von ihnen verkrafteten die Abwesenheit von daheim, so der 16-jährige Walerjan Wróbel: Aus Heimweh steckte er Heu in einer Scheune des Hofes an, auf dem er in der Nähe von Bremen als Zwangsarbeiter eingesetzt war. Das Feuer konnte zwar – mit seiner Hilfe – gelöscht werden, doch die Bäuerin zeigte ihn an, er wurde zum Tode verurteilt und trotz eindringlicher Gnadengesuche 1942 mit dem Fallbeil hingerichtet. Durch den Spielfilm *Das Heimweh des Walerjan Wróbel* (1991) und ein gleichnamiges Buch wurde sein Schicksal weithin bekannt.[45]

Die Behandlung der Zwangsarbeiter verbesserte sich 1944 ein wenig, da kaum «Nachschub» mehr eintraf und die Kriegswirtschaft des Reichs ohne sie zusammengebrochen wäre; doch die entsprechenden Erlasse der Behörden wie zum Beispiel ein Prügelverbot wurden vor Ort oft nicht zur Kenntnis genommen. Angesichts der sich auflösenden Ordnung und katastrophalen Versorgungslage waren die Zwangsarbeiter in den letzten Kriegsmonaten zunehmend gezwungen, selbst für ihr Überleben zu sorgen. Gerade wenn ihre Betriebe oder Lager bei Luftangriffen zerbombt wurden, setzten sie sich teils ab und sicherten sich – mitunter gemeinsam mit Deutschen – durch Plünderung, Schwarzhandel und Überfälle ihren Lebensunterhalt. Erst in den 1990er Jahren wurden die ehemaligen polnischen Zwangsarbeiter von Deutschland finanziell entschädigt.[46]

«Hier hörten wir auf, Menschen zu sein»:
Polen in den reichsdeutschen Konzentrationslagern

Jerzy Giergielewicz aus Warschau hätte sich gewiss eine schö-
nere Jugend vorstellen können. Doch als er 14 war, begann der
Krieg, und kaum war er 17, wurde er von der Gestapo verhaftet.
Nach monatelangem Aufenthalt in Warschauer Polizeigefängnis-
sen kam er zunächst in das Konzentrationslager Majdanek, dann
im April 1943 in das bayrische KZ Flossenbürg. Als die völlig
erschöpften Gefangenen aus den überfüllten Güterwagen stiegen,
um die paar Kilometer zum Lager zu laufen, fanden sie sich in
einer für sie fast unwirklichen Landschaft wieder. Giergielewicz
erinnerte sich noch viele Jahre später daran:

> «Neben uns gab es immer mehr schöne Häuschen mit schönen
> Vorgärten und mit schon blühenden Obstbäumen, immer mehr
> Neugierige auf den Bürgersteigen. Ganze Familien mit Kindern
> wollten uns sehen. In ihren Augen waren wir wahrscheinlich Bar-
> baren aus Osteuropa. (...) Viele drohten uns mit ihren Fäusten,
> viele spuckten in unsere Richtung. Hier hörten wir auf, Menschen
> zu sein.»[47]

Nach zwei Monaten Aufenthalt in Flossenbürg – wo die Hälfte des
Transports an Auszehrung und Krankheiten starb – ging es weiter
ins niederschlesische KZ Groß-Rosen. Als Anfang 1944 die deutsche Rüstungsindustrie verzweifelt nach Arbeitskräften suchte,
wurde Giergielewicz ins Außenlager Drütte des Hamburger KZ
Neuengamme verlegt, wo er als Schlosser in den Hermann-Gö-
ring-Werken arbeiten musste. Bei der überstürzten Evakuierung
des Lagers im April 1945 gelangte der Transport im allgemeinen
Chaos nur noch bis Celle, wo Giergielewicz nach einem alliierten
Luftangriff auf seinen Zug sozusagen in die Freiheit stolperte:

> «Instinktiv suchte ich Zuflucht im nächsten Treppenhaus und lief
> die Treppe in den Keller hinunter. Ich befand mich in einem niedri-
> gen, engen, schlecht beleuchteten Raum, in dem ich eine Gruppe
> von Zivilisten, vor allem Frauen und Kinder, sah. Bei meinem An-
> blick fingen alle schrecklich an zu schreien, als ob sie ein Gespenst
> vor sich gesehen hätten.»[48]

Giergielewiczs Schicksal im SS-Lagerkomplex ist eines von mehreren Millionen polnischer Staatsbürger, die im Zweiten Weltkrieg
deutsche KZs erlebten oder in den Vernichtungslagern ihr Leben
verloren. Viele von ihnen gelangten dabei auf Reichsgebiet, mehrten also die Zahl der «Polen in Deutschland» erheblich. Aber auch
etwa 200 000 innerhalb der neuen Reichsgrenzen lebende nicht-
jüdische und 10 000 jüdische Polen wurden in KZs im «Altreich»
verschleppt, Stutthof, Kulmhof und Auschwitz also nicht mitgezählt.[49]
     Polen wurden gleich in den ersten Kriegswochen in KZs ge-
bracht: Führende Angehörige der polnischen Minderheit im Reich
wurden nach Dachau bei München transportiert (von der Lager-
leitung zynisch als «Heckenschützen» bezeichnet und äußerst brutal behandelt). Später war Dachau das zentrale Lager für gefangene
katholische Geistliche –1780 polnische Priester gelangten hierher,
von denen rund die Hälfte umkam. Bis 1945 durchliefen mehr als
40 000 Polen das Lager, womit sie unter den insgesamt 190 000 Häftlingen die größte nationale Gruppe stellten – 10 000 von ihnen
starben.[50]
     Ebenfalls kurz nach Kriegsausbruch begann die Einlieferung
von jüdischen und nicht-jüdischen Polen in das KZ Sachsenhausen nahe Berlin. Bis Ende 1939 waren es gut 2000, darunter die
im November in Krakau verhafteten 169 Professoren der Jagiel-
lonen-Universität, von denen – ehe die Gruppe auf internationalen Druck hin freigelassen wurde – 15 den Tod fanden. 1940 kamen mehr als 10 000 Polen in das Lager, die in Sachsenhausen mit
seinen vielen Außenlagern bis 1942 nach den Deutschen die
zweitgrößte Gruppe stellten. In den Folgejahren mehrte sich
die Zahl um einige zehntausend weitere Polen, darunter viele verhaftete Zwangsarbeiter. Als nach der Niederschlagung des Warschauer Aufstands von 1944 viele zehntausend Polen als Arbeitssklaven auf die deutschen KZs verteilt wurden, kamen mehrere
tausend Warschauer Polinnen in ein Außenlager von Sachsenhausen. Im KZ Sachsenhausen starben rund 20 000 Polen, darunter
die Opfer der ersten Massenerschießung in diesem Lager überhaupt – 33 polnische Häftlinge, die am 9. November 1940 umgebracht wurden – sowie im August 1944 der im Vorjahr verhaftete

Oberbefehlshaber der polnischen Untergrundarmee, Stefan Ro-
wecki (Tarnname Grot).[51]

Auch nach Buchenwald bei Weimar wurden schon bald nach
Kriegsbeginn Polen deportiert – Mitte Oktober trafen mehr als
2000 ein. Sie kamen zum Teil in ein eigens errichtetes Sonderlager,
in dem aufgrund der katastrophalen Lebensbedingungen innerhalb weniger Monate viele hundert von ihnen an Hunger und
als Opfer sadistischer «Belustigungen» der SS starben. Im Oktober 1944 vegetierten hier 18 000 Polen, viele weitere lebten in den
zahlreichen Außenlagern. Ein letzter Zustrom vor allem polnischer Juden kam im Winter 1944/45 aus den aufgelösten KZs im
Osten in das Lager. Bei den «Todesmärschen» – der Evakuierung
von Buchenwald kurz vor Kriegsende – kamen zahllose ge-
schwächte Häftlinge ums Leben, ein Schicksal, das auch Gefangene vieler anderer Lager ereilte.[52]

Das bekannteste Außenlager von Buchenwald war Mittel-
bau-Dora, das seit Herbst 1944 als selbstständiges KZ galt: Beim
Bau von Stollen für die Rüstungsproduktion im Berg Kohnstein
litten die Häftlinge unbeschreiblichen Durst und Hunger, fro-
ren, lebten wochen- und monatelang in den Stollen, so dass die
Fachliteratur schlicht schreibt: «Das Hauptprodukt des Mittel-
bau-Projektes war der Tod.» Die Polen stellten hier die größte
Gruppe – zwischen 25 und 32 Prozent, also zwischen 8000 und
13 000 Menschen.[53]

Im Frauen-KZ Ravensbrück 100 km nördlich von Berlin machten Polinnen schon im Herbst 1940 ein Viertel der Häftlinge
aus, 1944 waren es dann 30 Prozent; insgesamt durchliefen rund
40 000 Polinnen das Lager, von denen 17 000 starben. Viele von
ihnen waren verhaftete Zwangsarbeiterinnen, die Liebesbezie-
hungen zu Deutschen gehabt hatten oder denen man Sabotage
vorwarf. Mit der Zeit erarbeiteten sich die Polinnen, die zunächst – wie ihre Landsleute in fast allen anderen Lagern – ganz
am Ende der Häftlingshierarchie gestanden hatten, eine relativ
geachtete Position, was die Überlebenschancen entscheidend verbesserte. 1942/43 gab es bereits «so viele polnische Blockälteste,
Stubenälteste und Kolonnenführerinnen, daß die polnischen
Wörter ‹Blockowa›, ‹Stubowa› und ‹Kolonkowa› allmählich in

den allgemeinen Sprachgebrauch im Lager übergingen.» Berüchtigt ist Ravensbrück unter anderem wegen der medizinischen Versuche durch SS-Ärzte, denen schließlich 75 Polinnen zum Opfer fielen. Das Lager diente auch als Rekrutierungsbasis für KZ-Bordelle, von den nachgewiesenen Sex-Zwangsarbeiterinnen im KZ-System waren gut ein Viertel Polinnen.[54]

Auch in anderen Lagern spielten Polen eine große Rolle, etwa in den Steinbruch-Lagern Flossenbürg (Oberpfalz) und Mauthausen (Oberösterreich). Nach Mauthausen wurden schon 1940 viele Polen deportiert; im März 1944 war mit 8000 Menschen fast die Hälfte der «Schutzhäftlinge» Polen. In den Steinbrüchen des Außenlagers Gusen schufteten 1940 ca. 8000 weitere Polen unter dem Terrorregime eines sadistischen Lagerführers, der wie zum Hohn einen polnischen Namen trug – Chmielewski.[55]

Besonders stark in die Rüstungsproduktion eingebunden war das KZ Neuengamme, wo Polen mit 16000 Personen im Stammlager (es gab bis zu 80 Außenlager) die zweitgrößte Häftlingsgruppe darstellten und wo es ihnen ebenfalls erst nach Einlieferung sowjetischer Kriegsgefangenen besser erging und sie überlebenswichtige Funktionsstellen ergattern konnten. Das niederschlesische KZ Groß-Rosen nahm ebenso Polen auf wie das elsässische KZ Natzweiler sowie die Emslandlager, ja sogar das SS-Sonderlager Hinzert bei Trier, wo diejenigen polnischen Zwangsarbeiter untergebracht wurden, die zwar sexuelle Beziehungen zu deutschen Frauen unterhalten hatten, jedoch von der Nazi-Rassenbürokratie als «eindeutschungsfähige Polen» eingestuft wurden – nach erfolgreicher Prüfung konnten sie das Lager zur Heirat der deutschen Frau verlassen, anderenfalls wurden sie in Natzweiler umgebracht. Bergen-Belsen nahm «Austauschhäftlinge» aus dem Generalgouvernement auf – Juden, die irgendwelche zur Auswanderung berechtigende Papiere besaßen, mehrheitlich schließlich aber doch in Auschwitz vergast wurden.[56]

Das erste Lager in den angegliederten Gebieten war Stutthof im ehemaligen Staatsgebiet der Freien Stadt Danzig, wo gleich in den ersten Kriegstagen 1500 Polen aus Danzig und Umgebung eingeliefert wurden; in späteren Jahren kamen – neben vielen anderen Häftlingsgruppen – auch Polen aus dem Generalgouvernement. Da Polen hier im Unterschied zu fast allen anderen KZs zur «ersten Lagergeneration» gehörten, konnten sie sich eine gute Position in der Lagerhierarchie erarbeiten, was einige polnische Funktionshäftlinge aus der Gruppe der «Kriminellen» für sich ausnutzten; erst im Frühjahr 1944 konnten die «Politischen» die Leitung der Häftlingsselbstverwaltung übernehmen.[57]

Das Lager Kulmhof (Chełmno) nordwestlich von Lodz wurde zum ersten NS-Vernichtungslager auf polnischem Boden und zum Vorbild für alle anderen – hier wurden zwischen Ende 1941 und Juli 1944 mehr als 150000 Menschen mit Gaswagen ermordet, zunächst die Juden kleinerer Ghettos des Warthegaus, dann ein Teil der Lodzer Juden. Und schließlich, ebenfalls auf Reichsgebiet gelegen, Auschwitz. Das Konzentrationslager wurde 1940 in Gebäuden eingerichtet, die während des Ersten Weltkriegs im damals noch österreichischen Städtchen Auschwitz als «Saisonarbeiter-Durchgangsstation» errichtet und zwischen den Kriegen von der polnischen Armee genutzt worden waren. Als offizieller Gründungstag gilt der 14. Juni 1940, als eine Gruppe von 728 polnischen Häftlingen aus Tarnów eintraf. Bis Frühjahr 1942 bildeten die Polen die Mehrheit im Stammlager Auschwitz. Das 1941/42 in nächster Nähe gebaute Vernichtungslager Auschwitz-Birkenau wurde zur größten Mordstätte für die Juden Europas und «gigantisches Sklavenreservoir für die deutsche Kriegsindustrie». Insgesamt wurden zwischen 1942 und Herbst 1944 290000 polnische Juden nach Auschwitz deportiert und größtenteils vergast, außerdem durchliefen fast 150000 nichtjüdische Polen das Lager, von denen etwa die Hälfte umkam.[58]

Die Konzentrationslager waren auch gewaltige internationale Begegnungsstätten unter Extrembedingungen: Polen trafen hier auf Deutsche (und viele andere Nationalitäten), auf Mitgefangene und auf Bewacher, auf gute und auf schlechte Menschen. Noch über Jahrzehnte sollten die hunderttausendfach gemachten Erfahrungen von Polen in deutschen Lagern die deutsch-polnischen Beziehungen zwischenmenschlich wie politisch prägen. Doch bei aller Unmenschlichkeit – gelegentlich gab es einen Hoffnungsschimmer der Menschlichkeit. Władysław Kostrzeński erlebte dies, als er im Dezember 1944 aus einem Mannheimer Außenlager

des KZ Natzweiler floh und sich über Heidelberg und Würzburg
bis Bayreuth durchschlug, immer wieder in Gefahr, entdeckt zu
werden, aber auch immer wieder unterstützt von Deutschen –
vom Fahrer eines Militärlastwagens, von einem Eisenbahner,
schließlich von einer jungen Mutter in einem Dorf bei Schwein-
furt:

> «Nie werde ich ihre guten Augen vergessen, es war eine blonde,
> hübsche Frau, ziemlich schlank. Sie führte ein kleines, etwa vier-
> jähriges Kind mit sich, welches ein mit Zierband verschnürtes
> Päckchen trug. Als das Kind mir das Päckchen gab, sagte sie (...),
> das sei mein Weihnachtsgeschenk von ihrer Tochter.»[59]

Koztrzeński überlebte den Krieg und kam später noch gelegentlich nach Mannheim, um seine Erinnerungen an die schwere Zeit
mit jungen Deutschen zu teilen.

Versprengte Existenzen und Masseneinwanderung

Zwar verlor Deutschland 1945 die innerhalb seiner Grenzen gelegenen historischen Siedlungsgebiete polnischsprachiger Menschen, doch bedeutete dies keineswegs ein Ende polnischer Präsenz in deutschen Landen, im Gegenteil: Fast pausenlos wanderten in den Jahrzehnten danach Menschen aus Polen in die beiden deutschen Staaten – Vertriebene, Aussiedler und Asylbewerber, Arbeiter und Intellektuelle. Dennoch blieben die Polen weitgehend eine «unsichtbare Minderheit», da viele rasch die deutsche Staatsbürgerschaft erhielten und ihnen aufgrund einer latent ablehnenden Haltung der Mehrheitsbevölkerung Anpassung oft als die beste Strategie erschien.

Wo ist die Heimat? Polnische Displaced Persons

Der Krieg war vorbei. Millionen Menschen waren tot, Abermillionen hatten ihre Heimat verloren, Millionen waren noch nicht in ihre Heimat zurückgekehrt. Alleine die Armee von Zwangsarbeitern, befreiten nicht-deutschen KZ-Insassen und Kriegsgefangenen zählte im ehemaligen Reichsgebiet acht Millionen Menschen. Im Sprachgebrauch der Zeit hießen diese sich nach Kriegsende in Deutschland aufhaltenden Ausländer «Displaced Persons», was wortwörtlich etwa «verlagerte Menschen» heißt, besser aber als «Heimatlose» zu übersetzen ist. Unter diesen Heimatlosen befanden sich viele Polen: In der sowjetischen Besatzungszone schätzte man deren Zahl im Mai 1945 auf etwa 700 000, in der britischen Zone auf 540 000, in der US-Zone auf 400 000 und in der französischen Zone auf 68 000 – das machte insgesamt mehr als 1,7 Millionen Menschen.[1]

22 ___ Eine Lehrerin unterrichtet in einem Lager für polnische Displaced Persons in Brauweiler bei Köln kurz nach dem Krieg Kinder in Mathematik.

Anders als noch kurz zuvor durften sich die Polen frei in der Öffentlichkeit bewegen, was den Deutschen schlagartig klar machte, wie viele Ausländer sich in ihrem Land befanden. Aber auch ausländische Besucher waren überrascht. Wenige Monate nach Kriegsende bemerkte der polnische Journalist Jan Górski über Augsburg:

> «Die deutschen Städte sind voller Ausländer. Einst gingen sie verschämt durch die Straßen der Stadt. Auf einigen durften sie sich gar nicht blicken lassen. (…) Es gibt auch viele Polen. Oft, sehr oft hört man auf der Straße Polnisch. Das sind KZ-Häftlinge und Zivilarbeiter. Es sind Arbeiter und Bauern aus allen Gegenden des Landes. Auch in Augsburg gibt es eine beträchtliche Gruppe von polnischen Kriegsgefangenen.»[2]

Nach einer ersten Übergangszeit war für die Displaced Persons die UNRRA zuständig, die *United Nations Relief and Rehabilitation Administration*, deren Hauptziel es war, die DPs, wie sie abgekürzt genannt wurden, möglichst rasch in ihre Heimatländer zurückzubringen. Zu diesem Zweck wurden sie – nach Nationalitäten getrennt – in zahlreichen Lagern zusammengeführt. Und so wurden monatelang hunderttausende von Polen quer durch das zerstörte Land transportiert.

Tadeusz Borowski hatte keinen weiten Weg: Der Schriftsteller, der Auschwitz überlebt hatte, war am 1. Mai 1945 im KZ Dachau befreit worden und lebte bis September im DP-Lager Freimann bei München, einer ehemaligen SS-Kaserne. In seinem «Tagebuch aus Freimann» hielt er die trotz wiedererlangter Freiheit eher deprimierende Stimmung fest:

> «Ich schaue auf den an der Stubentür aufgehängten Kalender. 15, *Freitag, Juni.* An das Jahr erinnere ich mich selbst: 1945. Die Stube ist schmutzig und stinkt. Zwanzig Doppelstockbetten, die fast nie gemacht sind, unordentliche Lager freier Menschen. Auf dem Tisch stehen, mit dreckigem Papier bedeckt, ungewaschene Schüsseln voller Abfall und verwelkte, rosarote Rosen.»[3]

In München selbst, in dem Borowski bis Mai 1946 für das Polnische Rote Kreuz tätig war, wanderte er oft stumm durch die Straßen, sah deutschen Männern ins Gesicht, die kurz zuvor noch in Uniformen gesteckt hatten, und erblickte allerorten Zerstörung. Die Stimmungen hielt er in Gedichten fest: «München, schöne Stadt – Himmel und Ruinen.»[4]

Während bis Herbst 1945 schon fast alle Franzosen und viele Sowjetbürger unter den DPs heimgekehrt waren, hatten von den Polen erst rund zehn Prozent die Heimfahrt angetreten, vor allem in organisierten Transporten aus der britischen Zone; andere waren auf eigene Faust losgezogen. Viele Polen blieben jedoch aus den unterschiedlichsten Gründen in Deutschland und erhielten durch neue Flüchtlinge aus Polen sowie polnische Zuwanderer aus anderen Staaten Zuwachs. Zwar warben seit Herbst 1945 staatliche polnische Repatriierungsmissionen im Auftrag der auf ein sozialistisches System hinarbeitenden neuen Herren in Warschau für eine Rückwanderung, gleichzeitig aber versuchte die bürgerliche polnische Exilregierung in London, Einfluss auszuüben. Bei einem Besuch im Lager Murnau warnte Exil-General Władysław Anders bereits im Mai 1945 vor der Remigration ins kommunistisch beherrschte Polen: «Wer zurückkehren möchte,

der kehre zurück. Das ist seine Angelegenheit. Meine Pflicht
ist es aber, Euch davor zu warnen.» In der Folge entwickelten
sich manche DP-Camps zu Rückzugsgebieten des alten, bürger-
lich-konservativen und antikommunistischen Polens, weshalb
auch die Sowjetunion als neue Hegemonialmacht im östlichen
Mitteleuropa wenig Interesse hatte, hunderttausende potentiell
systemkritische Polen in ihren Herrschaftsbereich zurückzu-
holen.[5]

Der zögerliche Rückkehrwille der Polen bereitete der UNRRA
große Sorgen. Als sie im Mai 1946 die noch verbliebenen DPs
fragte, ob sie jetzt repatriiert werden wollten, antworteten von
den rund 250000 angesprochenen Polen rund 90 Prozent mit
«Nein». Die Gründe waren nicht nur politischer, sondern teils
auch ökonomischer Natur. Die wirtschaftliche Lage in Polen, das
sich gerade in seinen neuen Grenzen einrichtete und zunächst einmal seine Bevölkerungsverschiebungen organisieren musste, war
nach allem, was man hörte, schwierig; es fehlte außerdem an geeigneten Transportmöglichkeiten. Relativ groß war aber auch die
Gruppe derer, die aus den nun an die UdSSR abgetretenen polnischen Ostgebieten stammten und schlechterdings nicht wussten,
wohin sie in Polen gehen sollten. Manchen, die jahrelang in KZs
vegetiert, Schreckliches erlebt, oft auch Angehörige verloren hatten, fehlte schließlich schlicht die Kraft, ihr Schicksal in die eigene
Hand zu nehmen.[6]

Vor allem in der amerikanischen Zone fanden einige zehntausend DPs – darunter viele Polen – Arbeit in teilweise rein polnischen Wachbataillonen und Sondereinheiten der US Army, andere arbeiteten – häufig gegen den Widerstand der UNRRA – bei
deutschen Arbeitgebern oder gingen einer Beschäftigung innerhalb der Lager nach, viele aber blieben über Jahre hin beschäf-
tigungslos und mussten weiterhin unterstützt werden. Die UN-
RRA ließ sich verschiedenerlei einfallen, um der Apathie der DPs
entgegenzuwirken. Anfang 1946 gründete sie in München in den
Räumen des Deutschen Museums zum Beispiel eine eigene Universität für DPs, an der sich neben Ukrainern zahlreiche Polen
einschrieben; viele hundert weitere studierten an den regulären
deutschen Hochschulen. Im März 1946 gab es für die DPs in den

westlichen Besatzungszonen insgesamt 978 polnische Schulen, an denen mehr als 3000 Lehrer mehr als 50000 Schüler unterrichteten, im Schuljahr 1947/48 waren es immerhin noch 260 Schulen mit knapp 18 000 Schülern. Der schulische Nachholbedarf war jedenfalls groß, immerhin hatten während des Kriegs sechs Jahrgänge keinen polnischen Schulabschluss erwerben können. Neben Schulbüchern erschienen in den DP-Lagern zahlreiche weitere polnische Publikationen, es gab Amateurtheater, Kunstausstellungen, Konzerte und viele Zeitungen, von denen sich die in Mannheim herausgegebenen «*Ostatnie Wiadomości*» (Letzte Neuigkeiten) bis 1990 halten konnten.[7]

Ein Problem des zerstörten und verarmten Deutschlands in der Nachkriegszeit war die gestiegene Kriminalität. Die deutsche Öffentlichkeit machte vielfach die «fremden» DPs dafür verantwortlich; man beschuldigte sie, zu plündern, Vieh zu stehlen, illegal Schnaps zu brennen und vor allem Schwarzhandel zu betreiben. Im Einzelfall waren «gestrandete» Ausländer sicherlich dafür verantwortlich – der Überfall einer polnischen Bande auf das Dorf Fürstenau bei Paderborn mit acht deutschen Todesopfern machte von sich reden –, doch die Kriminalität von polnischen DPs dürfte in der unruhigen Nachkriegszeit kaum höher gelegen haben als im Durchschnitt der deutschen Bevölkerung, vielmehr folgten die Schuldzuweisungen den alten, dann von den Nazis neu genährten Stereotypen gegen die Zuwanderer aus dem Osten.[8]

Trotz aller Zweifel kehrten bis Mitte 1947, als die UNRRA ihre Tätigkeit einstellte, rund 760 000 polnische DPs aus den deutschen Ländern nach Polen zurück. Mitte 1948 waren etwa 218 000 übrig, davon 76 000 Juden, womit sie bei weitem die größte nationale Gruppe unter den verbliebenen «Heimatlosen» waren. Die Lage der DPs war schwierig, sie saßen sozusagen zwischen allen Stühlen. In einer zeitgenössischen Darstellung heißt es plakativ:

«‹Faschisten, Volksdeutsche›, schrien die einen.
‹Menschen, die ein leichtes Auskommen suchen. Schmarotzer, Faulpelze›, riefen die zweiten.
‹Banditen, Diebe, Schieber›, beschuldigten frech die dritten.»[9]

In den Folgejahren – mittlerweile hatte die *International Refugee Organisation* (IRO) die Aufgaben der UNRRA übernommen – kehrten noch rund 40000 weitere Polen in ihre Heimat zurück. Andere nutzten die Möglichkeiten, in andere Länder weiterzuwandern: Einige tausend fanden Arbeit in französischen und belgischen Bergwerken, eine größere Gruppe verdingte sich als Holzfäller in Kanada; für jüngere, gesunde und möglichst gebildete Menschen waren auch die USA, Australien, Großbritannien und für jüdischstämmige Polen Israel wichtige Zielländer. Jüdische DPs wurden größtenteils in eigenen Lagern konzentriert, auch die meisten polnischen Juden; diese Lager wuchsen durch viele zehntausend neue polnisch-jüdische Flüchtlinge, die vor den Verhältnissen in ihrer Heimat fliehend in den Westen strömten. Viele von ihnen hatten sich mittlerweile gegen eine polnische Identität entschieden: «Nein, wir sind keine Polen, trotzdem wir in Polen geboren sind (…). Wir sind Juden!», rief ein jüdischer DP bei einer Versammlung in einem Lager in Landsberg am Lech. Die meisten verließen Deutschland bald, viele in Richtung USA und Israel, andere zurück nach Polen, darunter Stanisław Wygodzki, der als KZ-Überlebender in einem Lager für jüdische DPs in Gauting bei München Ende 1945 sein Gedicht *Rückkehr* schrieb:

> «Zeit für die Rückkehr. Eng ist's mir hier.
> Fremd sind die Menschen, fremd diese Mauern. (…)
> Zeit für die Rückkehr. Schon morgen früh
> sind Stadt und Fluß mir vertraut.
> Aussteigen werd' ich, am Bahnhof stehn,
> am Bahnhof, wo niemand mich mehr erwartet.»[10]

Einige blieben auch in Deutschland, wie Jurek Becker, Artur Brauner – auf die noch zurückzukommen sein wird – oder auch Arno Lustiger: Die Auswanderung des Überlebenden mehrerer KZs und Todesmärsche in die USA scheiterte, und so schlug er, der später für seine historischen Bücher bekannt wurde, in Frankfurt am Main mit einer Firma für Damenbekleidung neue Wurzeln.[11]

Ende 1949 gab es in der jungen Bundesrepublik noch rund 250 DP-Lager, 1951 waren 80000 polnische DPs übrig, von denen viele auf Dauer in Westdeutschland «hängenblieben». Kazimierz

Zenon, der seit Kriegsende in den verschiedensten Lagern gelebt hat, beschrieb in seinen DP-Erinnerungen unter dem Jahr 1953 seinen Alltag:

«Ich bin arbeitslos, aber ich halte es aus. Die Deutschen zahlen wöchentlich Arbeitslosenunterstützung, sie ist zwar karg, aber sie wird gezahlt. Gelegentlich kann man sich auch bei einem Bauern etwas verdienen, aber so, dass das *Arbeitsamt* nichts erfährt, denn sie brummen einem gleich eine *Strafe* auf.»[12]

Manche DPs fanden nie mehr zurück zu einem geordneten Leben und endeten als «Stadtstreicher» oder «Landstreicher», wie sie der Schriftsteller Marek Hłasko in seinen 1966 erschienenen Erinnerungen *Die schönen Zwanzigjährigen* schilderte:

«Im Gefängnis in München ist es nicht schlecht, besonders wenn einer Kontakt zu seiner Muttersprache anknüpfen will (...): Jeder dritte Häftling ist Pole. Diese Herren führen hier einen unkomplizierten Lebenswandel: Sie schlafen auf dem Bahnhof, und am Tag treffen sie sich im Kaufhaus im Stadtzentrum, dort legen sie zusammen für eine Flasche Puschkin».[13]

Andere konnten sich eine geregelte, wenn auch oft bescheidene Existenz aufbauen und die Lager verlassen; viele tausend, später noch einige hundert arbeiteten in Nachfolge der Wachbataillone für den *Labor Service* der US-Armee, hauptsächlich in Mannheim und Kaiserslautern, bis diese Einheiten schließlich 1989/1990 aufgelöst wurden. Auch die britische Armee beschäftigte noch lange polnische DPs, zum Beispiel in Hamm. Mit finanzieller Hilfe der UNO gelang es, die Lage der «heimatlosen Ausländer», wie sie nun genannt wurden, zu verbessern; bis in die 1960er Jahre entstanden mehrere Wohnsiedlungen, etwa im Dortmunder Stadtteil Eving, in Hannover-Buchholz oder Ludwigsburg-Grünbühl, wo sie oder ihre Nachkommen teilweise bis heute leben.[14]

Die Integration der DPs und ihrer Kinder in die deutsche Gesellschaft dauerte zuweilen Jahrzehnte und erforderte viel Selbstverstellung. Zbigniew Wilkiewicz, 1949 als Kind eines polnischen DP und einer – ebenfalls in Deutschland «hängengebliebenen» – lettischen Mutter geboren, erinnert sich daran, wie schwierig man als formell staatenloses, aber doch polnisches Kind in den 1950er Jahren in Kaiserslautern aufwuchs:

«Mein Bruder und ich lernten recht früh, dass es sehr unangenehm werden konnte, wenn man draußen Polnisch sprach. Wurde man von mitspielenden Kindern als Fremder oder gar als Pole enttarnt, so konnte es schnell geschehen, dass man als *Polacke* vom Spiel ausgeschlossen wurde. Wir waren also schon sehr früh auf der Hut und aufgrund unseres vorsichtigen Umgangs mit der Außenwelt erfolgte der brutale Ausschluss Gott sei Dank nicht so oft.»[15]

Erst 1980 erhielt Wilkiewicz, der heute das Gesamteuropäische Studienwerk in Vlotho leitet, einen deutschen Pass.

Maczków: Eine polnische Enklave in Deutschland

Ein besonderes Kapitel polnischer Präsenz in Deutschland ist die «polnische Enklave» im Emsland: Nachdem die an der Seite der Westalliierten kämpfende polnische Armee bei ihrem Vormarsch auf Nordwestdeutschland im Frühjahr 1945 polnische Zwangsarbeiter, Kriegsgefangene und Lagerhäftlinge befreit hatte, stellte sich die Frage, was mit diesen schließlich 30 000 Menschen – und den 18 000 polnischen Soldaten – geschehen sollte. In Ermangelung geeigneter Unterbringungsmöglichkeiten entschlossen sich die Alliierten im Mai, die deutsche Bevölkerung aus einigen Dörfern und der Kleinstadt Haren sowie aus Teilen der Städte Papenburg und Meppen auszuweisen, um hier Platz für die Polen zu schaffen. Der Besatzungsdienst in diesem Gebiet wurde der 1. polnischen Panzerdivision übertragen. Eine weitere Konzentration von Polen in der «polnischen Besatzungszone» – man dachte an bis zu einer halben Million Menschen – scheiterte an Bedenken Churchills, aber auch am Einspruch der Sowjetunion, die gegen die «polnischen Faschisten» (gemeint waren die nichtkommunistischen Polen) wetterte.

Zum Zentrum der polnischen Zone wurde Haren, das zunächst in «Lwów» (Lemberg), aber nach Protesten der Sowjets schließlich in «Maczków» umbenannt wurde – nach dem General der 1. Panzerdivision, Stanisław Maczek. In Maczków, in dem bis zu 4000 Polen lebten und das sogar polnische Straßennamen erhielt, entstanden Theater – wo kein geringerer als der berühmte Leon

Schiller Regie führte – und Kinos, ein polnisches Gymnasium und eine ganze Anzahl polnischer Geschäfte. Der Geiger Yehudi Menuhin, der hier kurz nach Kriegsende gemeinsam mit Benjamin Britten ein Konzert gab, erinnerte sich in höchsten Tönen an das junge Gemeinwesen: «Eine fröhlichere, scheinbar unbeschwert lebende Stadt hat es wahrscheinlich nicht gegeben. In einem fort wurden Feste gefeiert, Hochzeiten und Geburtstage.»[16]

Doch die Wirklichkeit war nicht ganz so rosig: Konflikte mit der UNRRA waren an der Tagesordnung, denn während sich die heimatlosen Polen im Emsland, so gut es ging, einzurichten versuchten, wollte die UNRRA sie so rasch wie möglich in ihre kommunistisch werdende Heimat zurückschicken. Viele Polen im Umland von Maczków lebten in Barackenlagern, die Kriminalität gerade unter den entwurzelten polnischen DPs scheint zeitweise hoch gewesen zu sein, nicht zuletzt, weil es an Beschäftigungsmöglichkeiten fehlte. Leidtragend war die deutsche Bevölkerung der Umgebung. Am meisten zu tun hatten die regulären Soldaten der polnischen Einheiten, die in ihrem Besatzungsgebiet nicht nur für Recht und Ordnung sorgten, sondern teilweise auch Dienst an der deutsch-niederländischen Grenze versahen. Nachdem die polnischen Militäreinheiten 1947 nach Großbritannien verlegt wurden, um dort größtenteils aufgelöst zu werden (ein Teil der Soldaten hatte sich zuvor für eine Repatriierung nach Polen entschlossen), kam auch das Ende der «polnischen Enklave» im Emsland: Wer von den DPs nicht nach Polen zurückkehren wollte, zog nun in andere Lager oder ließ sich – eine kleine Minderheit – in der Gegend nieder. Mitte 1948 war zur Erleichterung seiner deutschen Einwohner, die nun zurückkehren durften, aus Maczków wieder Haren geworden.[17]

München funkt nach Polen

Die wichtigsten Zentren der polnischen politischen und intellektuellen Emigration während und nach dem Zweiten Weltkrieg waren London und Paris. Kaum ein politisch oder publizistisch aktiver Pole hätte daran gedacht, sich ausgerechnet in dem Land

niederzulassen, das die eigene Heimat mit Furcht und Schrecken
überzogen hatte, wäre nicht 1949 in München – also in der amerikanischen Besatzungszone – vom CIA das «*Radio Free Europe*»
(Radio Freies Europa, RFE) als Sprachrohr der antikommunistischen Propaganda gegründet worden. Bis zum Ende des kommunistischen Systems war der 1973 vom US-Kongress übernom-
mene Rundfunksender für die am Weltgeschehen interessierten
Inlandspolen die wichtigste regimeunabhängige Informationsquelle. Einen Sensationserfolg hatte die seit Mai 1952 bestehende,
vom charismatischen Jan Nowak-Jeziorański (bis 1976) geleitete
polnische Redaktion in München bereits 1954, als der aus Warschau übergelaufene hochrangige Geheimdienstfunktionär Józef
Światło in rund 140 von RFE ausgestrahlten Sendungen die Stali-
nisierung Polens bloßlegte und damit entscheidend zum politischen «Tauwetter» im Land beitrug. Auch später konnte die Redaktion von RFE durchaus Einfluss auf das politische Geschehen
in Polen nehmen, wo hunderttausende allabendlich am Rundfunk-
empfänger drehten, um die Nachrichten aus der freien Welt zu
empfangen.

Die im großen Gebäude des Senders direkt am Englischen Gar-
ten arbeitende, finanziell üppig ausgestattete Redaktion hatte verschiedene Schwierigkeiten zu überwinden. Gerade für die Grün-
dergeneration war es keineswegs selbstverständlich, in einer Stadt
zu leben, die als «Hauptstadt der Bewegung» im Dritten Reich
eine hervorgehobene Rolle gespielt hatte. Als seine amerikanischen Arbeitgeber Jan Nowak-Jeziorański kurz nach seiner Ankunft in München im Herbst 1951 mit aufs Oktoberfest nahmen,
reagierte dieser perplex:

> «Beim Blick auf diese feiernde Menge war es schwer, sich bewusst
> zu machen, dass Deutschland ein geteiltes und besetztes Land ist.
> Die Erinnerungen an die Besatzungszeit waren noch sehr frisch.
> Ich dachte, dass es nicht leicht werden würde, unter Deutschen zu
> leben.»[18]

Dies war auch ein Grund, warum es zwischen den polnischen
Rundfunkleuten und der deutschen Gesellschaft kaum Kontakte
gab, vielmehr hielt man sich für einen Teil des in der Diaspora verstreuten antikommunistischen Häufleins aufrechter Polen: «Wir

23 ___ Die polnische Sektion von Radio Freies Europa in München war ein Zentrum der polnischen politischen Emigration im Kalten Krieg. Jeden Morgen traf sich die Redaktion zur Konferenz. Links hinten in der Ecke der Schriftsteller Tadeusz Nowakowski.

lebten zwar in Deutschland, in der bayrischen, nahe der Alpen gelegenen Hauptstadt, doch lebten wir (...) irgendwie schwebend im Äther über Warschau, Krakau, Breslau und Danzig.» Offizielle Kontakte zu deutschen Stellen gab es nicht, viele polnische Mitarbeiter von RFE in München sprachen auch kaum Deutsch, dafür gaben sich führende polnische Oppositionelle, mit der Zeit auch liberale Vertreter aus Volkspolen im Rundfunkgebäude die Klinke in die Hand. Nur mit einem der führenden polnischen Emigranten, dem extrem antikommunistischen Schriftsteller und Politiker Józef Mackiewicz, der seit 1955 bis zu seinem Tod 1985 ebenfalls in München lebte, wollte kaum jemand etwas zu tun haben.[19]

Über die Jahre arbeiteten für kürzere oder längere Zeit mehrere hundert Polen für die Münchener Rundfunkanstalt, darunter nicht wenige verdiente Künstler: Der Liedermacher Jacek Kaczmarski, die Dichter Tadeusz Nowakowski (Autor des DP-Romans *Polonaise Allerheiligen*) und Włodzimierz Odojewski oder

der Komponist Roman Palester; einige blieben – wie Nowakowski und Odojewski – für immer in München, selbst nachdem
die polnische Sektion im Jahre 1994 aufgelöst wurde. Auch Alfred
Longin Schütz nahm 1961 eine Arbeit für RFE auf – der 1999 an
der Isar verstorbene Unterhaltungsmusiker hatte u. a. die Melodie
zu dem in ganz Polen berühmten Lied «Der rote Mohn auf dem
Monte Cassino» (*Czerwone maki na Monte Cassino*) geschrieben.

Fast schon in Polen und doch so ganz anders: Polnische Künstler in der Bundesrepublik

Polnische Intellektuelle und Künstler hatten es in Deutschland
schwer. Während sie sich in der DDR allenfalls zu Besuch aufhielten, ließen sich über die Jahrzehnte einige in Westdeutschland
nieder, ohne dass sich jedoch ein polnisches Künstlermilieu
hätte entwickeln können. Manche verließen Polen aus politischen
Gründen, so der in Polen zu rascher Berühmtheit gelangte, junge
und rebellische Schriftsteller Marek Hłasko, der 1959 in West-Berlin politisches Asyl erhielt. Artur Brauners CCC-Film hatte 1957
seine Erzählung *Der achte Tag der Woche* verfilmt, die Hauptrolle
spielte Sonja Ziemann, eine der deutschen Starschauspielerinnen
der 1950er Jahre, in die Hłasko sich prompt verliebte. Nach seiner
Ausreise in den Westen lebte er zeitweise in Deutschland, aber
auch in Israel und in den USA, heiratete Sonja Ziemann, ließ sich
von ihr scheiden, schrieb, trank und starb 1969 auf der Durchreise
in Wiesbaden, wahrscheinlich an einer Überdosis Schlaftabletten.

> «Ich hatte es in Deutschland nicht leicht, als ich einmal um Asyl
> gebeten und alle Untersuchungen hinter mir hatte. (…) Über
> Deutschland kann ich nichts sagen; während des Kriegs hatte ich
> keine Angst vor den Deutschen gehabt, und nach dem Krieg hatte
> ich nie wieder daran gedacht; wirklich zu fürchten begann ich
> mich, als ich eine Weile dort lebte, und als ich sah wie sie lebten:
> friedlich, gemütlich und still.»[20]

Das Wirtschaftswunderland musste Zuwanderern aus Polen tatsächlich merkwürdig vorkommen, so rasch schien der Krieg hier
vergangen zu sein, während er in den eigenen Köpfen immer noch

präsent war. Nur wenige hatten das Glück gehabt, ihm ganz entkommen zu sein, etwa Witold Gombrowicz: Der Schriftsteller, eine der größten – und exzentrischsten – Begabungen der polnischen Literatur, war in Argentinien vom Kriegsausbruch überrascht worden und blieb bis 1963 dort. Erst als ihn die Ford Foundation für ein Jahr nach West-Berlin einlud, verließ er Südamerika. In Berlin fühlte er sich eigenartig heimisch:

> «Dann aber (als ich in Tiergarten spazieren ging) drangen gewisse Gerüche zu mir, eine Mischung aus Kräutern, Wasser, Steinen, Rinde, ich kann es nicht genau sagen … ja, Polen, das war bereits polnisch, wie in Małoszyce, Bodzechów, Kindheit, ja, ja, das gleiche, es war ja auch nicht mehr weit, einen Steinwurf, dieselbe Natur … die ich vor einem Vierteljahrhundert verlassen hatte. Tod. Der Kreis hatte sich geschlossen, ich war zurückgekehrt zu diesen Gerüchen, das bedeutete Tod. Den Tod.»[21]

Auf der einen Seite fühlte er sich fast schon in Polen, auf der anderen Seite am Ende der westlichen Welt: «Dieses Glitzerding Westberlin, letzte Koketterie des luxuriösen Europa – dahinter Öde, als wäre dort nicht mehr Stadt, sondern nur gigantischer Raum, bis weit nach China.»[22]

West-Berlin, vergleichsweise leicht zu erreichen und die Polen nächstgelegene westliche Großstadt, übte eine gewisse Anziehungskraft auf polnische Intellektuelle aus. Dabei half mit sanftem Druck das Literarische Colloquium nach, das zahlreiche Schriftsteller aus Polen, aber auch aus der Emigration zu einem Aufenthalt am Wannsee einlud. Viele bedeutende Vertreter der polnischen Literatur verbrachten hier einige Zeit – Czesław Miłosz, Zbigniew Herbert, Tadeusz Różewicz und Tadeusz Konwicki, um nur einige zu nennen. Auf Dauer ließen sich jedoch nur wenige an der Spree nieder. Zu diesen Ausnahmen gehörten der Schriftsteller und Thomas-Mann-Übersetzer Witold Wirpsza, der 1970 zusammen mit seiner Frau Maria Kurecka-Wirpsza Polen aus politischen Gründen verlassen musste und nach Berlin ging.

Ein anderer Förderer polnischer Aufenthalte in der Bundesrepublik war der Deutsche Akademische Austauschdienst. Diesem war es zum Beispiel zu verdanken, dass der Avantgardekomponist Witold Szalonek Anfang der 1970er Jahre nach Berlin kam, wo er bis zu seinem Tod 2001 blieb und große Anerkennung als Kompositionslehrer genoss. Überhaupt spielte die zeitgenössische Musik eine wichtige Rolle. So pilgerten – wenn sie einen Pass erhielten – die meisten führenden polnischen Komponisten zu dem Festival für zeitgenössische Musik in Donaueschingen oder zu den renommierten Darmstädter Ferienkursen. Musiker und Komponisten nutzten die Chance und übernahmen Lehraufträge an deutschen Hochschulen – was nicht nur künstlerisch, sondern auch materiell verlockend war: Krzysztof Penderecki etwa lehrte von 1966 bis 1968 an der Folkwang-Hochschule in Essen und schrieb auf bundesdeutsche Bestellung eine ganze Reihe von Auftragskompositionen, darunter die 1966 in Münster mit sensationellem Erfolg uraufgeführte *Lukas-Passion*.

Auch Dirigenten fanden Berufsmöglichkeiten: Henryk Czyż war in den 1970er Jahren eine Zeitlang Generalmusikdirektor in Düsseldorf, Kazimierz Kord leitete von 1980 bis 1986 das Radio-Symphonieorchester Baden-Baden, Stanisław Skowraczewski ist seit 1994 Ständiger Gastdirigent des Rundfunksymphonieorchesters Saarbrücken. Zu den in Deutschland lebenden polnischen Virtuosen zählte der aus Lemberg stammende Pianist Stefan Askenase, einer der bedeutendsten Chopin-Interpreten seiner Zeit, dessen Lebensmittelpunkt seit 1966 Bonn war. Es ist gar nicht möglich, all die bedeutenden polnischen Musiker aufzuzählen, die an deutschen Opernhäusern, in Orchestern und an den Akademien tätig waren. Deshalb an dieser Stelle nur ein Beispiel: Düsseldorf. Als Grischa Barfuss – selbst mit familiären Wurzeln in Wilna – 1964 seine Intendanz an der «Oper am Rhein» begann, holte er eine Reihe bedeutender polnischer Sänger dorthin: Die Sopranistin Teresa Żylis-Gara, die später 15 Jahre lang an der New Yorker «Met» sang, die Koloratursopranistin Bogna Sokorska, die bis 1970 in Düsseldorf und anschließend in Essen auftrat, sowie Nina Stano, die in Düsseldorf nicht nur als Opernsängerin, sondern viele Jahrzehnte lang auch als weithin geschätzte Gesangspädagogin tätig war.

Wie so oft im deutsch-polnischen Miteinander sind auch die Biographien von Künstlern und Intellektuellen komplex deutsch-polnisch verflochten. Während der Dirigent Marek Janowski zwar 1939 in Warschau geboren wurde, jedoch in Deutschland aufwuchs und nur einen eindeutig polnischen Namen trug, verbrachten zwei der wichtigsten westdeutschen Übersetzer polnischer Literatur, Karl Dedecius und Klaus Staemmler, ihre gesamte Jugend im Polen der Zwischenkriegszeit, in Lodz und Bromberg. Was sie an Polnischem erlernt und lieben gelernt hatten, setzten sie nach dem Krieg in der Bundesrepublik ein, um den Deutschen polnische Literatur näherzubringen.

Eine besondere Gruppe sind deutsche Intellektuelle und Künstler polnisch-jüdischer Herkunft, die nicht nur die Erinnerung an den überlebten Holocaust mit sich durch die bundesdeutsche Nachkriegsgesellschaft schleppten, sondern auch polnische Teilidentitäten. Am wenigsten besaß diese sicherlich Jurek Becker, der – in Lodz geboren – als Kind Ghetto und Konzentrationslager überlebt hatte und nach der Befreiung aus dem KZ in Deutschland geblieben war, wo ihn sein Vater fand. Polnisch hatte er aber vergessen.

Sehr viel «polnischer» verlief das Leben von Marcel Reich-Ranicki: Der in Berlin aufgewachsene hatte das Ghetto in Warschau überstanden, auf der «arischen Seite» Zuflucht gefunden, nach dem Krieg in Polen eine Karriere als Geheimdienstmitarbeiter und Literaturkritiker gemacht und war 1958 gemeinsam mit seiner Frau nach Westdeutschland geflohen, wo er es bis zum «Literaturpapst» brachte. Sein Verhältnis zu Polen war zwiespältig:

> «Als Pole habe ich mich nie verstanden, auch nicht als halber Pole (…). Was bindet mich – auch heute noch – an Polen? Die Sprache ist es, über die ich immer noch verfüge, die Dichtung der Polen ist es, die ich liebe, die große Poesie der Romantik, die herrliche Lyrik des zwanzigsten Jahrhunderts. Und Chopin ist es, natürlich.»[23]

Eine besondere Karriere legte auch Artur Brauner hin: 1918 in Lodz geboren («In Lodz … verbrachte ich die Abende meiner Jugendtage ausschließlich im Kino»), hatte er den Krieg in der Sowjetunion überlebt und war bald nach Kriegsende nach Berlin gekommen. Als Filmproduzent prägte er mit seiner Firma CCC jahrzehntelang die deutsche Kinematographie, verantwor-

tete nicht nur die klassischen Karl-May-Verfilmumgen, sondern
auch zahlreiche Streifen, die sich mit der NS-Vergangenheit und
deutsch-polnischen Themen auseinandersetzten.[24]

Von der «alten Emigration» zu einer neuen Minderheit: Tradition und Neubeginn

Der Verlust der deutschen Ostgebiete im Jahre 1945 hatte noch
einen weiteren Verlust zur Folge: Deutschland kamen seine historischen polnischen Minderheitengebiete abhanden. Und da die
freiwillige Erwerbsmigration in die deutschen Industriezentren
aus dem preußischen Osten bereits mit dem Ersten Weltkrieg zum
Stillstand gekommen war, hatte sich die Zahl der Polen im Ruhrgebiet und anderswo bereits stark verringert, nicht zuletzt aufgrund der forcierten sprachlichen und kulturellen Assimilierung
während des Dritten Reichs. Als die Besatzungsmächte im Oktober 1946 die Bevölkerung zählen ließen, gaben in allen vier
Besatzungszonen nur mehr rund 97 000 Menschen Polnisch als
ihre Muttersprache an. Da die Bewohner von Lagern nicht gefragt
wurden, dürften diese Polnischsprachigen zu einem größeren Teil
aus Angehörigen der alten Erwerbsmigration bestanden haben,
jedoch auch aus nicht in Lagern lebenden DPs. Die Zahl war
jedenfalls verhältnismäßig gering. Noch dazu machte das neu entstandene Polen Werbung für eine Rückwanderung in die Heimat,
die viele Polen gar nicht mehr aus eigenem Erleben kannten. Angesichts der ungewissen Zukunft Deutschlands folgten aus dem
Ruhrgebiet tatsächlich bis zu 5000 Menschen diesem Ruf, kleinere
Gruppen machten sich aus Hamburg, Bremen, Mannheim und
Berlin, aber auch aus den mitteldeutschen Industriegebieten auf
den Weg (nicht wenige von ihnen kehrten später enttäuscht als
Aussiedler zurück nach Deutschland).[25]

All diese Prozesse führten zur allmählichen Auflösung der
traditionellen polnischen Gemeinschaften, deren größte sich nach
wie vor im Ruhrgebiet befand. Bereits 1949 stellte die evangelische Kirche mangels Nachfrage die polnischen Gottesdienste für
Masuren im Ruhrgebiet ein. Auch viele katholische Zuwanderer

aus dem polnischen Sprachgebiet bzw. deren Nachfahren hatten
größtenteils ihre polnische Identität aufgegeben und noch nicht
einmal Interesse daran, über ihre Herkunft zu erzählen – nichts
Ungewöhnliches bei Familien, die aus einfachsten Verhältnissen
stammten und deren Kinder den Mief von Armut und sozialer
Marginalisierung am liebsten ganz vergessen wollten. Zwar gibt
es heute im Ruhrgebiet laut Johannes Hoffmann, der vor einigen
Jahren die Telefonbücher der Region durchgesehen hat, trotz
der vielen Namenseindeutschungen mehr als 600000 Träger von
Namen, die auf -ski, -cki, -rek oder -czyk enden oder sonst irgendwie polnisch klingen. Doch ihre Familiengeschichte ist vielen
Trägern polnischer Namen kaum geläufig. So wussten von 17 Trägern polnischer Namen, die Barbara Ozopek-Kopciuch um das
Jahr 2000 befragte, nur zwei etwas mehr über ihre Familiengeschichte. Gar nicht selten erfuhren Kinder und Enkel erst nach
Jahrzehnten, dass ihre Eltern und Großeltern Polnisch sprechen
bzw. sprachen oder dass sie noch entfernte Verwandte in Polen
besitzen.[26]

Doch nicht alle deutschen Staatsbürger mit polnischen Wurzeln
hatten vergessen, woher sie kamen. Als sie nach dem Krieg wieder
die Möglichkeit erhielten, sich öffentlich zu ihrer polnischen
Identität zu bekennen, machten sie sich gleich an die Gründung
neuer Organisationen. Allerorten schossen meist kleine polnische
Vereine aus dem Boden – 1946 soll es alleine im Ruhrgebiet
27 polnische Chöre gegeben haben. Allerdings blieben nur wenige
der damals gegründeten Initiativen auf Dauer bestehen.[27]

Bereits im Mai 1945 hatten sich in Bochum einige Polen getroffen, um den alten Dachverband wiederzubeleben: den Bund
der Polen in Deutschland. Zunächst reaktivierten sie den für
das Ruhrgebiet zuständigen Landesverband III, der 1948 offiziell
wieder knapp 30000 Mitglieder besaß. Auch anderenorts fanden sich Polen zusammen und gründeten Verbände. Schon bald
kam es jedoch zu politischen Auseinandersetzungen zwischen
den Verfechtern einer katholisch-konservativen Linie, die tendenziell auf Seiten der Exilregierung standen, und denjenigen, die
Kontakte zu den konsularischen Vertretungen des kommunistischen Polens suchten. Letztlich führte diese Entwicklung 1952

zur Spaltung des Polenbundes: Die regimefreundliche Gruppe
mit Schwerpunkt im Ruhrgebiet gründete mit tatkräftiger Unterstützung volkspolnischer Diplomaten den «Bund der Polen ‹Ein-
tracht› in der BRD» (*Związek Polaków ‹Zgoda› w NRF*), während
der eigentliche Bund der Polen – zunächst mit Sitz in Frankfurt
am Main, später in Bochum – bei seiner ablehnenden Haltung
gegenüber der kommunistischen Regierung blieb, ohne jedoch
völlig auf Kontakte zu verzichten; in späteren Jahren gehörten
Polenreisen sogar zu den Hauptaktivitäten beider Dachverbände.[28]

Da die Polenbünde zunächst vor allem die Interessen der deutschen Staatsbürger polnischer Zunge vertraten, sahen sich die
staatenlosen polnischen DPs schon bald nach Kriegsende veran-
lasst, eigene Organisationen zu gründen, aus denen schließlich
1951 eine «Vereinigung der Polnischen Flüchtlinge» (*Zjednoczenie Polskich Uchodźców*) entstand, der anfangs 5000 Mitglieder
angehörten und die ihren Sitz lange in Velbert hatte. Wie sich die
Mitglieder der strikt antikommunistisch auftretenden Vereinigung in Deutschland eingerichtet hatten, zeigt ein Zitat, das der
Schriftsteller Andrzej Brycht in einem – allerdings umstrittenen –
Buch vom Ende der 1960er Jahre einem der Verbandsvertreter in
den Mund legte:

> «Die Paradoxie des Schicksals hat es gewollt, dass wir, die wir
> gegen die Deutschen gekämpft haben, nun hier leben müssen und
> jeden Tag Kontakt mit ihnen haben. Aber wir retten unsere natio-
> nale Eigenart und Würde wie wir nur können.»[29]

Der Bund der Polen, der sich wie vor dem Krieg wieder *Rodło*
nannte, wurde 1951 ins Vereinsregister eingetragen. Einige Jahre
später gelang es, einen Teil des 1940 enteigneten alten Eigentums
wiederzuerhalten, so das Haus in der ehemaligen Bochumer Klosterstraße 6, heute Am Kortländer 6; erst nach langen Gerichtspro-
zessen folgten in den 1960er Jahren weitere Entschädigungen.
Seine Ziele formulierte der Bund patriotisch-konservativ. So
wollte er 1962 ein Gelübde ablegen, «in unseren Bemühungen um
den Erhalt der Muttersprache auszuharren und unsere Bindung
an den Glauben der Väter und an die polnische Kultur zu vertie-
fen». Die Konkurrenz von «Zgoda» verkündete ähnlich nebulöse

und pathetische Allgemeinplätze, etwa 1958 aus dem Mund des stellvertretenden Vorsitzenden: «Wir bilden eine einzige große Familie, die gemeinsam und einträchtig für das Gemeinwohl arbeitet – für die polnische Sache.»[30]

Angesichts der Assimilierung eines Großteils der in Deutschland lebenden Polen stellte sich jedoch die Frage, was diese «polnische Sache» eigentlich war und wie attraktiv das Verbandsprogramm überhaupt sein konnte. Um seine Legitimität in den Augen der polnischen *community* und seine Relevanz für die bundesdeutsche Politik zu vergrößern, stellte der Polenbund schon relativ früh die Forderung nach Minderheitenrechten für die Polen in den Mittelpunkt seiner politischen Agenda. Da es jedoch – anders als im Falle von Dänen und, mit Einschränkungen, auch Friesen – kein geschlossenes, historisch gewachsenes Minderheitengebiet der Polen mehr gab, war die Bundesrepublik zu keinem Zeitpunkt bereit, den Polen diesen Status zu gewähren; vielmehr scheinen sich alte antipolnische Ressentiments mit antikommunistischen Phobien vermengt zu haben, so dass die beiden zentralen Dachverbände offenbar sogar vom Verfassungsschutz observiert wurden.[31]

Trotz aller Bemühungen ließ das Engagement der in Deutschland lebenden Polen für die immer wieder von internen Zerwürfnissen geschwächten Verbände jedoch zu wünschen übrig. Die Zahl der – bald überalterten – Mitglieder von *Rodło* schrumpfte bis auf 1000, um in den 1970er Jahren mit der anschwellenden Zuwanderung aus Polen wieder anzuwachsen. 1981 zählte der Verband ca. 3600 Mitglieder. Allerdings konnten die meisten neuen polnischsprachigen Zuwanderer mit den polnischen Vereinen nicht viel anfangen, und viele Mitglieder wendeten sich bald enttäuscht wieder von ihnen ab. Der von Warschau unterstützte Konkurrenzverband *Zgoda* legte sich ein eigenes Gebäude in Recklinghausen zu. Mitte der 1970er Jahre gehörten ihm nach eigenen Aussagen rund 10000 Mitglieder an, also viel mehr als der Konkurrenz von *Rodło*, was nicht zuletzt seiner besseren finanziellen Situation zuzuschreiben war sowie der Tatsache, dass er leichter Visa für Polenreisen beschaffen konnte; auch die Zahl der Mitgliedsvereine war größer.[32]

Die polnischen Vereine «vor Ort» taten das, was Minderheitenvereine auf der ganzen Welt tun – sie begingen Nationalfeiertage,
erinnerten mit Vorträgen oder Kranzniederlegungen an wichtige
historische Ereignisse, trafen sich zu Oster- oder Weihnachtsfeiern, manchmal auch zu Bällen, zwängten sich in Volkstrachten,
um singend und tanzend Brauchtum zu pflegen, und schufen
so Begegnungsräume für Gleichdenkende. Ein wichtiges Betätigungsfeld waren Polnischkurse (Nachmittags- und Samstagsschulen) für Kinder, doch deren Teilnehmerzahl sank bis Ende der
1960er Jahre bis auf wenige hundert; es hing hier oft von der Initiative einzelner Eltern ab, ob Kurse zustande kamen. Wie gering
das Interesse an kultureller Betätigung vielfach war, zeigt sich
etwa daran, dass die polnische Bibliothek in Mannheim-Sandhofen in den 1970er Jahren im Schnitt 300 Bücher und 20 Leser
besaß.[33]
     Als die Zuwanderung polnisch sozialisierter und denkender
Menschen in den 1980er Jahren sprunghaft anstieg, veränderte
sich auch das Vereinsleben. Getragen von einer Welle patriotischer
Euphorie, aber auch dem Wohlwollen der deutschen Öffentlichkeit, wurden nach der Verhängung des Kriegsrechts in Polen neue
Organisationen gegründet, darunter mehrere in der Regel recht
kurzlebige *Solidarność*-Unterstützungsgruppen und der ebenfalls
von *Solidarność*-Sympathisanten gegründete Polnische Sozialrat
in Berlin. Dieser kurzzeitige Aufschwung des zivilgesellschaftlichen Engagements von Polen in Deutschland fand ein natürliches Ende, denn was Angelika Eder für Hamburg festgestellt
hat, lässt sich problemlos verallgemeinern: «Für viele Zuwanderer
aus Polen war die Zugehörigkeit zum ‹polnischen Leben› am Ort
häufig nur eine vorübergehende – und so verändert sich auch
dieses Leben mit seinen Akteuren und Teilnehmern.» Nach mehr
oder weniger gelungener Adaption an das neue Lebensumfeld
verloren die formellen polnischen Organisationen – anders als die
informellen Netzwerke – für einen Großteil der Zuwanderer an
Bedeutung.[34]

Zwischen Heimat und Fremde:
Vertriebene und Aussiedler

1944/45 hörte für viele Menschen in Europa die gewohnte Welt
auf zu bestehen, während für viele andere eine neue Welt begann.
Auch für die Einwohner der alten preußischen Ostgebiete ging
ein Kapitel zu Ende, ganze über Jahrhunderte gewachsene Gemeinschaften lösten sich mit Flucht, Vertreibung und Aussiedlung
auf. Im Zuge dieser gewaltigen Wanderungsbewegungen gelangten hunderttausende Menschen in die Gebiete westlich von Oder
und Neiße, deren Muttersprache Polnisch war oder die zumindest
Polnisch beherrschten.

Es ist unmöglich festzustellen, wie viele Polnischsprachige bereits im Zuge von Flucht und Vertreibung in den Westen kamen.
Das perfide NS-System der «Volksliste», das die polnische Gesellschaft in den eingegliederten polnischen Gebieten in verschiedene
Gruppen mehr oder weniger «deutscher» bzw. «eindeutschungs-
fähiger» Menschen zerschlagen hatte, produzierte die unterschiedlichsten individuellen Schicksale: Mancher der bis zu zwei
Millionen Polen in der Volksliste hatte sich arrangiert, hatte eine
zu enge Zusammenarbeit mit den Besatzern gepflegt, zu viel von
der Entrechtung der christlichen und jüdischen Nachbarn profitiert und zog es vor, als «Volksdeutscher» noch vor der Front
zu fliehen; andere fürchteten die sowjetische Herrschaft und ließen sich bereitwillig «vertreiben». Auch polnischsprachige Oberschlesier und Masuren strömten nach Westen, selbst wenn sich die
polnischen Behörden gerade in diesen beiden Regionen darum
bemühten, einen Großteil der Bevölkerung als slawische «Au-
tochthone» zunächst nicht ausreisen zu lassen. Wem allerdings im
Zuge der Überprüfung die «Rehabilitierung» als polnischer
Staatsbürger verweigert wurde, musste das Land verlassen und
wurde, selbst wenn seine Muttersprache Polnisch war, zum deutschen Vertriebenen.[35]

Wer nun als Flüchtling oder Vertriebener in den Westen
Deutschlands gelangte, war daran interessiert, seine möglicherweise vorhandene polnische (Teil-)Identität zu verbergen. Es ge-

nügte schon, dass die Vertriebenen mit ihren ungewohnten, öst-
lich klingenden Dialekten von den Einheimischen pauschal als
«Polacken» beschimpft wurden. In Reaktion darauf wurden viele
Vertriebene, selbst wenn sie polnische Wurzeln oder eine deutsch-
polnische Doppelidentität besaßen, zu ganz besonders eifrigen
Deutschen.[36]

Auch nach dem Abschluss der eigentlichen Vertreibung der
Deutschen aus den polnischen Gebieten 1947/48 endete der Be-
völkerungstransfer von Ost nach West keineswegs. In Artikel 116
des Grundgesetzes hatten die bundesdeutschen Verfassungsväter
festgelegt, dass Deutscher sei, «wer die deutsche Staatsangehörigkeit besitzt oder als Flüchtling oder Vertriebener deutscher Volkszugehörigkeit oder als dessen Ehegatte oder Abkömmling in dem
Gebiete des deutschen Reiches nach dem Stande vom 31. Dezember 1937 Aufnahme gefunden hat». Das Bundesvertriebenenge-
setz von 1953 präzisierte: «Deutscher Volkszugehörigkeit im
Sinne dieses Gesetzes ist, wer sich in seiner Heimat zu deutschem
Volkstum bekannt hat, sofern dieses Bekenntnis durch bestimmte
Merkmale, wie Abstammung, Sprache, Erziehung, Kultur bestä-
tigt» wird. Wie viele Einwohner der Volksrepublik Polen auf dieser Grundlage ein Recht zur Aufnahme in Deutschland besaßen,
war nicht bekannt. Dass die Zahl der Aussiedler in dem halben
Jahrhundert nach 1950 auf 1,4 Millionen anwachsen würde, hätte
sich jedenfalls niemand vorstellen können.

Die erste Welle von Aussiedlern verließ Polen nach dem politischen Tauwetter im Land – zwischen 1955 und 1959 waren es im
Zuge der «Familienzusammenführung» etwa 250000. Im Jahr-
zehnt darauf folgten weitere 150000. Die nach wie vor in Polen
lebenden Deutschen wurden dabei zur politischen Verhand-
lungsmasse: Warschau genehmigte neue Ausreisekontingente,
nachdem Bonn zu den Ostverträgen bereit war (1970) oder Kre-
dite gewährte (1975). Zwischen 1971 und 1980 kamen so weitere
220000 Aussiedler ins Land, die man nun häufig als «Spätaussiedler» bezeichnete, ein Begriff, der heute zumindest gesetzlich für
nach 1993 eingereiste Aussiedler reserviert ist. Angesichts der
schlechten wirtschaftlichen Lage in Polen und der Liberalisierung
der Ausreisebestimmungen folgte in den 1980er Jahren die größte

und letzte Welle. Sie schwoll immer weiter an und erreichte zwischen 1988 und 1990 ihren Höhepunkt, als mehr als 520 000 Polen ihr Aussiedler-Glück in Deutschland suchten.

Diese Zuwanderung – die seit Ende der 1980er Jahre von der Aufnahme von Russlanddeutschen noch übertroffen wurde – rief in Deutschland große politische Debatten und eine latent ausländerfeindliche Stimmung hervor, was die Regierung zum Handeln bewog. Hatte es bis Mitte 1990 genügt, als Angehöriger der deutschen Minderheit in Polen nach Deutschland einzureisen und hier einen Antrag auf Verleihung der deutschen Staatsbürgerschaft zu stellen, um rasch eingebürgert zu werden, musste der Antrag nun in Polen selbst gestellt werden. Ab 1992 wurde die Aufnahme weiter erschwert, wodurch der Zuzug von Spätaussiedlern aus Polen praktisch zum Erliegen kam. Durch diese rechtlichen Änderungen wurde eine jahrzehntelange Fiktion revidiert: Dass nämlich Deutsche in Polen einem steten Vertreibungsdruck ausgesetzt seien, weshalb man ihnen Tür und Tor öffnen müsse, damit sie sich nach Deutschland in Sicherheit bringen könnten. 1957 waren Aussiedler den Vertriebenen gleichgestellt worden, sie bekamen einen Vertriebenenausweis und zahlreiche Privilegien: Neben der Staatsangehörigkeit waren dies ein Begrüßungsgeld, Sozialwohnungen (häufig in den neu errichteten Trabantenstädten) und zinsvergünstigte Darlehen sowie die Möglichkeit, im Rahmen des Lastenausgleichs Entschädigungszahlungen zu beantragen. Auch Förderschulen und Integrationskurse gehörten zu einem immer wichtiger werdenden Angebot des deutschen Staates, denn je weiter der Krieg zurücklag, desto geringer waren die Deutschkenntnisse der Zuwanderer.[37]

Waren die Aussiedler der 1950er und 1960er Jahre mehrheitlich «zur deutschen Zeit» noch in einer deutschsprachigen Umgebung aufgewachsen und hatten sie in ihrer neuen Umgebung nur relativ geringe Anpassungsschwierigkeiten, so änderte sich die Lage seit den 1970er Jahren merklich: Immer häufiger sprachen sie nun schlecht oder gar kein Deutsch. Das hatte verschiedene Gründe: Selbst wenn Familien sich in Polen als Deutsche fühlten, war es eigentlich unmöglich, in der Öffentlichkeit Deutsch zu sprechen; auch zuhause verwendete man im Gespräch mit den Kindern in der Regel Polnisch bzw. in Oberschlesien die dortige Mundart und verbarg seine deutsche Herkunft. Doch auch wenn sie rein polnisch aufwuchsen, kultivierten die Kinder aus solchen Familien oft ein Bewusstsein ihrer deutschen Identität, die umso eher aktiviert werden konnte, je schlechter die Wirtschaftslage in Polen war: Denn neben der mit der Zeit nachlassenden, faktischen Unterdrückung durch den polnischen Staat zweite wichtige Motiv, der Wunsch nach einer wirtschaftlichen Verbesserung der eigenen Lebensumstände, trat immer stärker in den Vordergrund.[38]

Während auf der einen Seite zehntausende von Familien deutscher Herkunft hartnäckig einen Ausreiseantrag nach dem anderen bei den polnischen Behörden einreichten, um schließlich – nicht selten erst beim zehnten Mal – Erfolg zu haben, suchten auf der anderen Seite immer mehr Polen nach einem «deutschen Großvater», um die Eintrittskarte in eine anscheinend bessere Welt zu lösen. Da auch die Zugehörigkeit zur Deutschen Volksliste III und die «deutschen Papiere» von Ehepartnern anerkannt wurden, war es gerade in den 1980er Jahren oftmals einfach Glück, als Aussiedler nach Deutschland zu gelangen und nicht als Asylbewerber, die eine ungleich schlechtere rechtliche Stellung besaßen. Kenntnisse der deutschen Sprache und Kultur hatten weder die einen noch die anderen in größerem Umfang, sie waren mittlerweile vollständig polnisch sozialisiert.[39]

Diese Rechtslage führte oft zu merkwürdigen Situationen. Ein Sachbearbeiter des Durchgangslagers Friedland meinte 1989: «Es ist jeden Tag dasselbe traurige Spiel: Da sitzen uns reihenweise Antragsteller aus Polen gegenüber, die so tun, als ob sie Deutsche wären. Und wir müssen so tun, als ob wir ihnen das glauben.» Diese Situation – die Gespräche wurden auf Polnisch geführt! – war absurd und Folge einer ungebrochen deutschtümelnden Politik der regierenden Christdemokraten: Immer noch war man eifrig bestrebt, die Umsiedlungspolitik des Dritten Reichs zu vollenden und alles «deutsche Blut» in die Heimat zu holen. Zu diesem Zweck wurde die Utopie eines «Vertreibungsdrucks» in den «Vertreiberstaaten» bis Anfang der 1990er Jahre aufrecht erhalten, so dass völkischer Anspruch und sprachlich-kulturelle Wirklichkeit immer krasser auseinanderklafften. Das führte auf dem Höhe-

punkt der Aussiedler-Zuwanderung aus Polen um 1989 zu enor-
men Problemen: Da rund 90 Prozent der Aussiedler kein Deutsch
sprachen und sich nun vorübergehend Tendenzen einer polnischsprachigen Milieubildung abzeichneten, verlief die Integration
schleppender als in früheren Zeiträumen. Noch Mitte der 1990er
Jahre beherrschte rund die Hälfte der Zuwanderer der 1980er
Jahre schlecht oder höchstens befriedigend Deutsch.[40]

Der erste Ort, den Aussiedler in Deutschland sahen, war in der
Regel eines der Grenzdurchgangslager in Friedland, Nürnberg,
Unna-Massen und (seit 1989) Osnabrück oder das Notaufnahme-
lager Berlin-Marienfelde. Anschließend wurden sie auf die einzelnen Bundesländer verteilt, wo es jeweils weitere eigene Durch-
gangslager gab. Hier wurden sie in einem Mehrbettzimmer untergebracht und absolvierten innerhalb einiger Tage einen Parcours
durch verschiedene Amtsstuben. Der oberschlesische Filmema-
cher Josef Cyrus, der 1986 mit seiner Frau ausreiste, erinnert sich
an Friedland:

> «Nach zweitägigem Rundgang durch die Instanzen erhielten
> wir das ganz wichtige Papier, welches gut aufbewahrt werden
> sollte: den Registrierschein. Außerdem als ‹Reiselektüre› drei
> Bücher: ‹Der Wegweiser für Aussiedler›, herausgegeben vom Bun-
> desministerium des Innern, ‹Starthilfe des Arbeitsamtes für Aus-
> siedler› in deutscher und polnischer Sprache und ein kleines
> ‹Langenscheidts-Universal-Wörterbuch› in Polnisch-Deutsch und
> Deutsch-Polnisch. Das erste Geld, das wir bekamen, war die ein-
> malige Überbrückungshilfe der Bundesregierung in Höhe von
> 445 DM. Wir bekamen auch von der Caritas neue Kleidungs-
> stücke.»[41]

Und wenige Tage später, nun bereits in Unna-Massen:

> «Seit einigen Tagen wandern wir wieder von einer Amtsstube zur
> anderen: Beratungs- und Vermittlungsstelle des Arbeitsamtes,
> Mutterschaftsversorgungsschein für meine schwangere Frau, Ren-
> tenversicherung der Angestellten für mich, beglaubigte Überset-
> zungen aus dem Polnischen von unseren Urkunden, Zeugnissen
> usw., Anträge auf den Vertriebenenausweis, Wohnberechtigungs-
> bescheinigung usw. Ist es ein Wunder, wenn Aussiedlern wie mir
> von diesem Einbürgerungskarussell schwindlig wird? Noch dazu

die fehlenden oder mangelnden Sprachkenntnisse bei vielen. Auch ich habe Probleme mit dem Deutschen; das isoliert einen, ja degradiert einen, so fühle ich es jedenfalls.»[42]

Oft lebten Aussiedler mehrere Wochen in Übergangslagern, anschließend wurden sie auf die einzelnen Bundesländer verteilt – am häufigsten nach Nordrhein-Westfalen und Hessen – und kamen für mehrere Monate, nicht selten für bis zu zwei Jahre in Übergangswohnheime: Hier herrschte auf engem Raum oft eine angespannte Atmosphäre, denn es fehlte an Privatheit und der Griff zum Alkohol verhieß Trost. Erst nach einer Wartezeit bekamen die Aussiedler eine Sozialwohnung zugeteilt, auf die sie bis 1989 bevorzugten Anspruch hatten.[43]

Die Situation von Aussiedlern, den «fremden Deutschen», wie Klaus J. Bade sie genannt hat, war seit den 1970er Jahren nicht einfach: Zu den Problemen mit der eigenen Identität kam die Notwendigkeit, sich in einer fremden Umgebung zurechtzufinden, vor allem aber eine Arbeit zu suchen. Während sich Personen mit einer Berufsausbildung relativ leicht in den Arbeitsmarkt integrieren konnten, hatten es Personen mit Hochschulbildung schwieriger. Wenn sie weniger qualifizierte Tätigkeiten annahmen, blieb persönliche Frustration meist nicht aus; Frauen fanden oft nur als Putzfrauen einen Broterwerb. Adam Soboczynski, Redakteur der Wochenzeitung «Die Zeit», hat das als Spätaussiedlerkind in den 1980er Jahren in Koblenz selbst erlebt:

> «(…) ich bin der Sohn einer polnischen Putzfrau, der Neffe putzender polnischer Tanten. Die ersten Schritte im ersehnten Wirtschaftswunderland wurden von polnischen Frauen auf Knien gemacht: Sie wischten und polierten, sie drangen mit ihren Händen in die dunklen, in die dreckigen Ecken der Republik. Dem Armenhaus Polen entkommen, putzten sich Polinnen einen tief ersehnten Wohlstand herbei.»[44]

Nur dann, wenn Aussiedler Zeit und Geduld in Zusatzqualifikationen investierten, hatten sie die Chance, nach einigen Jahren ihren aus Polen gewohnten Sozialstatus wieder zu erreichen.

Die Kinder waren für die Erwachsenen oft die Rechtfertigung zum Umzug nach Deutschland: Man müsse ihnen schließlich eine bessere Zukunft ermöglichen. Da die Kinder jedoch in der Regel

den Verlust ihres bisherigen Freundeskreises und die Verpflan-
zung in eine völlig andere Umgebung beklagten, kam es in der
ersten Zeit nach der Übersiedlung häufig zu Konflikten mit
den Eltern. Auch wurden sie aufgrund ihrer schlechten Sprachkenntnisse oft in Hauptschulen eingeschult, was ihre Entwick-
lungschancen beeinträchtigte. Andererseits waren sie in der Lage,
relativ rasch Deutsch zu lernen, selbst wenn die erste Zeit alles
andere als einfach war.[45]

Renata erinnerte sich zwei Jahre nach ihrer Aussiedlung an ihre
Anfangszeit auf dem deutschen Gymnasium: «Das erste Jahr war
schlimm. Irgendwie waren alle total freundlich zu mir, aber ich
hatte keine Freunde und konnte mit niemandem reden. (...)
Durch Zuhören habe ich Deutsch gelernt. (...) Inzwischen kann
ich sagen, ich bin mehr deutsch als polnisch.» Sie fand – im Gegensatz zu anderen Aussiedlerkindern – rasch Kontakt zu deutschen Jugendlichen, von denen sie sich drei Jahre nach der Aussiedlung kaum mehr unterschied. In seiner Kindererzählung *Ben
liebt Anna* schilderte der Schriftsteller Peter Härtling 1979 die Integration des Aussiedlermädchens Anna, das in die vierte Klasse
eingeschult wird: «Alles war komisch an Anna. Sie hatte keine
Jeans an, sondern ein zu langes, altmodisches Kleid. Sie hatte nur
einen Zopf und auch der war zu lang. Sie war blass und dünn und
schniefte. Ben fand Anna scheußlich.» Dennoch finden sie Gefallen aneinander.[46]

Die Diskrepanz zur Generation der Eltern wurde größer: Deren privater Umgang beschränkte sich vielfach auf andere aus Polen stammende Menschen; in den Familien sprachen sie weiter
Polnisch. Der Schriftsteller Krzysztof Mik, der 1990 im Alter von
30 Jahren als Spätaussiedler nach Deutschland kam, schildert in
seiner autobiographisch gefärbten Prosa *Wiegenlied für die Nachzügler* die Situation der Anfangsjahre:

> «Die zu Hause gesprochene Sprache war immer Polnisch, die
> wichtigsten Bekannten sowohl beim Wodkatrinken als auch beim
> Tapezieren der Wohnung oder beim Kauf eines Autos die alten
> (polnischen) und neuen (deutschen) Landsleute. (...) Auch die Ein-
> käufe im großen Kaufhaus liefen bei ihm immer nach dem gleichen
> Ritual ab: drinnen, besonders an der Kasse, unterhielt er sich mit

seiner Frau und dem Kind ausschließlich auf Deutsch (‹Um sich bloß nicht zu verraten!›), während er ein paar Meter weiter, auf dem Parkplatz, schon auf das viel leichter zu gebrauchende Polnische zurückkam.»[47]

Und so entwickelte ein Teil der Aussiedler quasi ein Doppelleben: Nach außen hin gaben sie sich überangepasst als «Turbo-Deutsche», wie Andrzej Kaluza dies genannt hat. Doch die polnischen Wurzeln konnte man nicht so einfach abschneiden, und so besannen sich viele nach einiger Zeit wieder auf ihre eigentlich polnische Identität, ohne sie jedoch offen zu zeigen. Sie zogen sich vielmehr aus dem öffentlichen Leben zurück und entwickelten Haltungen in einem ganzen Spektrum zwischen Frustration und pragmatischem Realismus. Dabei kam vielen zupass, dass sie ihre polnischen Pässe nicht abgegeben hatten. Als sie in den 1990er Jahren wieder problemlos in die alte Heimat fahren konnten, nutzten sie diese Möglichkeit wann immer es ging, oft drei oder vier Mal im Jahr.[48]

Für einen Teil der Spätaussiedler war es schwierig, sich zwischen Deutschland und Polen eine neue Identität zurechtzulegen. Wojtek, der mit seiner Frau Ende der 1980er Jahre als Aussiedler nach Deutschland kam, hat kaum mehr Kontakt nach Polen:

> «Oft denke ich darüber nach, wer ich bin, ob es die richtige Entscheidung war, herzukommen. Einiges habe ich mir schon erklärt. Ich war Pole, bin es aber nicht mehr. Ich habe alle Brücken abgebrochen, die mich mit dem Land verbanden: Ich habe dort keine Wohnung, keine enge Familie – alle sind ausgewandert (…), und die Kontakte zu Freunden oder Bekannten sind nach der Ausreise abgebrochen. (…) Seit einigen Jahren war ich nicht mehr dort, den Urlaub verbringe ich in Südeuropa.»[49]

Doch gleichzeitig ist Wojteks geistige Heimat immer noch Polen:

> «Polen, mit denen wir in Deutschland sowie in Polen Kontakt haben, sehen in mir keinen Polen. Für sie bin ich ein ‹Wolf im Schafspelz›, ein Schlitzohr, das es zu etwas gebracht und sein Vaterland im Stich gelassen hat. Was mich für immer an Polen bindet, ist die Sprache. Obwohl ich eigentlich mit deutschen Worten denke, spreche ich viel lieber Polnisch. Polnische Witze schlagen die deutschen

um Längen, ich liebe es, polnisches Kabarett und Unterhaltungs-
sendungen zu schauen. Polnische Lebensmittel kann ich in einem
Verkaufswagen kaufen, der zwei Mal in der Woche zu uns auf den
Platz kommt. Polnische Wurst, Schinken, Pilze, Gurken oder Waf-
feln gibt es bei uns zu Hause immer …»[50]

Vielfach gelang es erst der zweiten Generation oder jenen, die
schon als Kinder und Jugendliche ausgereist waren, ein entspanntes
Verhältnis zu den «beiden Heimaten» zu entwickeln. So erklärt
die Studentin Katarzyna, die 1989 als Teenager nach Deutschland
gekommen ist:

> «Meine Andersartigkeit in Deutschland könnte vielleicht mein pol-
> nischer Nachname bezeugen, an der Sprache oder am Verhalten
> kann man mich nicht erkennen. Doch in Deutschland bin ich für
> die Deutschen nicht völlig eine Deutsche, da ich sehr oft hervor-
> hebe, aus Polen zu stammen. Ich bin keine Polin, aber ich komme
> von dort, denn das empfinde ich wirklich. Ich schäme mich dessen
> nicht, obwohl ich weiß, dass sich viele dessen schämen. Für mich ist
> das eine Bereicherung, ein unglaubliches Kapital. Darauf bin ich
> stolz.»[51]

Und so ist die Gruppe der Aussiedler und Spätaussiedler aus Polen bei allen Gemeinsamkeiten äußerst heterogen: Manche haben
sich vollständig integriert, andere nicht im Geringsten und tragen
sich heute, wo sie das Rentenalter erreichen, mit dem Gedanken
an eine Rückkehr. Dazwischen gibt es eine Fülle von Zwischen-
formen, Zwischen- und Doppelidentitäten, nicht zuletzt bei den
Oberschlesiern, die auch nach ihrer Übersiedlung nach Deutschland vielfach an ihrer regionalen Identität – und ihrer polnischen
Mundart – festhielten und eine Eigenidentität kultivierten, die sie
weder zu Deutschen noch zu Polen werden ließ.

Die Versuchung:
Polnische Flüchtlinge zwischen Asyl und Duldung

Zuwanderung aus Polen in die Bundesrepublik beschränkte sich
nach dem Zweiten Weltkrieg nicht nur auf Personen mit Aussied-
lerstatus. Die rasch wieder wohlhabend gewordene Demokratie

wurde aus wirtschaftlichen oder politischen Gründen für eine immer größere Zahl von Menschen attraktiv, nicht zuletzt für Einwohner Polens. Zwar standen mannigfache Hindernisse im Weg, darunter ganz zuoberst die noch relativ frischen Erinnerungen an die Kriegsereignisse, doch je weiter der Krieg zurücklag, desto weniger spielte er bei den Entscheidungen zur Auswanderung nach Deutschland eine Rolle.

Zunächst war die Zahl von Polen ohne «deutsche Papiere», die auf Dauer in die Bundesrepublik auswanderten, relativ gering. Einen gewissen Eindruck vermitteln die Angaben der statistischen Jahrbücher, insbesondere zu dem seit 1958 verzeichneten Wanderungssaldo, also der Zahl der Zuzüge aus Polen abzüglich der Fortzüge nach Polen (von denen es regelmäßig erstaunlich viele gab). Demnach kamen 1958 «netto» insgesamt 14 177 Menschen aus Polen in die Bonner Republik, davon allerdings die meisten als Aussiedler und nur 915 als «Ausländer», also ohne Anspruch auf einen deutschen Pass. Während die Aussiedlerzahl bald rasch sank, war die Zahl der zuwandernden «Ausländer» aus Polen zwar nie besonders groß, betrug aber zwischen 1958 und 1970 insgesamt 7251 Personen. 1969 und 1970 war die Zahl so hoch wie nie zuvor – eine Reaktion auf die Niederschlagung der Studentenproteste 1968, aber auch Folge der «antizionistischen» Kampagne, die einige polnische Juden dazu veranlasste, sich in Deutschland eine neue Heimat zu suchen, zum Beispiel den Dichter Arnold Słucki. Auch Roma aus Polen kamen verstärkt nach Deutschland. Seit 1972 schnellten die Zuwanderungszahlen von «Ausländern» aus Polen in die Höhe – von knapp 3000 auf etwa 7800 1979 (1972 bis 1979 insgesamt: 34 465 Personen).[52]

Waren die Möglichkeiten zur Ausreise in den 1970ern schon leichter gewesen, so führte die Liberalisierung der Passausgabe in Polen in der Hochzeit der *Solidarność*-Bewegung zu einem gewaltigen Zustrom: 1980 und 1981 suchten – abgesehen von den Spätaussiedlern – mehr als 58 000 Polen ihr Glück in der Bundesrepublik. Während nach Verhängung des Kriegsrechts Ende 1981 die Zuwanderung kurz ins Stocken kam, nahm sie 1984 wieder Fahrt auf. Nachdem 1988 der Visumzwang für Polen zur Einreise in die Bundesrepublik aufgehoben worden war, erreichte die Zu-

wanderung 1989 mit mehr als 117000 Menschen einen neuen Höhepunkt (zu denen noch weit mehr als 200000 Spätaussiedler kamen). Insgesamt flohen zwischen 1980 und 1990 mehr als
200000 Polen in die Bundesrepublik; wenn man die Wanderungs-
saldi addiert, sind es sogar mehr als 300000.[53]

Ein Teil der «ausländischen» Zuwanderer aus Polen beantragte
in der Bundesrepublik als «politische Flüchtlinge» politisches
Asyl. Das war ein relativ sicherer Schritt, da Asylbewerber aus
dem kommunistischen Ostblock hier seit 1966 eine bevorzugte
Behandlung genossen und selbst nach Ablehnung des Asylantrags
nicht in ihre Heimat zurückgeschickt wurden. Nicht alle «Ost-
blockflüchtlinge» stellten allerdings einen Asylantrag – Kinder
und Jugendliche mussten keinen stellen –, sondern beschieden
sich von Vornherein mit dem Duldungsstatus («De-facto-Flücht-
linge»), zumal die Anerkennungsquote bei den Anträgen von
23 Prozent (1985) auf 1,1 Prozent (1989) sank: Den wenigsten Polen konnte nun noch eine politische Verfolgung in ihrer Heimat
nachgewiesen werden. Nachdem Polen 1993 von Deutschland als
«sicherer Drittstaat» eingestuft wurde, waren Asylanträge ohnehin aussichtslos und unverdrossene Asylbewerber von Abschiebung bedroht.[54]

Während die Aussiedler mehrheitlich aus kleineren Städten und
vom Land sowie aus dem oberschlesischen Industrierevier stammten, kamen viele der polnischen Flüchtlinge aus den Großstädten
und waren vergleichsweise gut ausgebildet. Unter ihnen befanden
sich Lehrer, Ingenieure, Ärzte, Künstler, die der bedrückenden
Atmosphäre von Stagnation und Aussichtslosigkeit, wie sie in
Polen in den 1980er Jahren herrschte, entkommen wollten oder
als Anhänger der Opposition auch konkret politisch verfolgt
wurden. Angezogen wurden sie vor allem von den großen Städten: Das besonders leicht erreichbare West-Berlin entwickelte sich
nun zu einem neuen polnischen Zentrum der Emigration und bot
vielen zehntausend Polen vorübergehend oder auf Dauer eine
neue Heimat. Auch Städte wie Bremen und Hamburg wurden zu
Zentren der neuen polnischen Zuwanderung, alleine in Hamburg
stieg die Zahl polnischer Staatsbürger zwischen 1977 und 1990
von 1141 auf fast 21000.[55]

Viele tausend Polen, die sich eigentlich nur vorübergehend in der Bundesrepublik aufhalten wollten, wurden am 13. Dezember 1981 von der Verhängung des Kriegsrechts überrascht und entschlossen sich kurzerhand, im Westen zu bleiben. So der Musiker Tomasz, der im Dezember 1981 zu Konzerten nach Berlin gekommen war:

> «Wir hatten schon alles eingepackt und dann kam der Sonntag. Wir haben noch bis um halb zwei in der Nacht gefeiert nach dem Konzert. Und dann als wir erfahren haben, es ist Kriegszustand ... Ich konnte es nicht glauben. Ich habe noch das Wörterbuch geholt und da hab' ich noch mal gelesen: Kriegszustand. Das bedeutet die Grenzen waren zu – alles zu – die ganze Machtübernahme wie ein Putsch.»[56]

Tomasz blieb in Berlin, schlug sich mehrere Jahre lang irgendwie durch und konnte sich dann als Musiker etablieren. Ähnlich der Architekt Zbigniew Pszczulny: Während eines Praktikums in Deutschland war in Polen der Kriegszustand ausgerufen worden, weshalb er blieb und nach einiger Zeit auch seine Familie nachholen konnte. Pszczulny sollte es nicht bereuen, denn er machte rasch Karriere; seine Firma zählt heute zu den führenden Büros für die Planung von Flughäfen und Fußballstadien.

Der Status des Asylbewerbers oder des Geduldeten hatte einen schwerwiegenden Nachteil – man erhielt nur schwer eine Arbeitserlaubnis, vielfach erst nach fünf Jahren bzw. nach Anerkennung des Asylantrags. Ein Teil der Zuwandernden war daher entweder zur Tatenlosigkeit verurteilt oder musste schwarz arbeiten, in der Regel weit unterhalb ihrer eigentlichen beruflichen Qualifikationen, oft als Putzfrauen oder Hilfsarbeiter auf dem Bau. Nach Lockerung der Reisebestimmungen konnte man durch wiederholte Aus- und Einreise zumindest saisonal legal arbeiten, doch die Möglichkeiten, seinen Aufenthaltsstatus auf Dauer zu legalisieren, waren nach wie vor begrenzt; manchmal half nur eine überstürzte Ehe, aus Liebe oder zum Schein.[57]

Als gegen Ende der 1980er Jahre die Zahl der Asylbewerber rasch stieg, führte das vielfach zu schwierigen Situationen. Einer von ihnen äußerte sich 1987 frustriert:

«Abgesehen davon, dass ich viel mit meinem Instrument zu Hause übe, tue ich gar nichts. Ich darf nicht arbeiten, ich darf kein Studium aufnehmen, ich darf Stuttgart nicht verlassen (…). Ich darf nur von Tag zu Tag leben und warten, bis meine Asylsache fertig ist. Wann? Es weiß keiner.»[58]

Der soziale Abstieg und die unsichere Lebenssituation – bis heute trauriges Schicksal von Asylbewerbern in Deutschland – führten bei einem Teil der polnischen Flüchtlinge zu einer latent ablehnenden Haltung gegenüber Deutschland, während polnisch-traditionelle Werte überhöht wurden. Aus diesem Grund hatten sie anders als die Aussiedler auch keine Scheu, sich in polnischen Vereinen zu organisieren und sich patriotisch zu betätigen. Vielerorts entstanden *Solidarność*-Arbeitsgruppen, man ging sogar vor die volkspolnische Botschaft in Köln, um zu demonstrieren, oder man gründete – in Berlin – einen Ableger des in Polen verbreiteten «Klubs der Katholischen Intelligenz» (*Klub Inteligencji Katolickiej*).[59]

Auf der anderen Seite musste man sich aber auch irgendwie an die neue Lebensumgebung anpassen. Eine Zeitzeugin berichtet von dieser schwierigen Zeit:

«Es war schwer, sich an diese Sitten anzupassen. In unserem Block durfte man zwischen 13 und 15 Uhr weder staubsaugen noch Fernsehen schauen. Wenn ich frei hatte und etwas waschen wollte, musste ich immer schauen, wieviel Uhr es ist. (…) Wir warfen auch kein Papier auf den Boden, denn dafür gab es Papierkörbe.»[60]

Obwohl die Flüchtlinge und Asylbewerber sich nicht wie viele Aussiedler der späten 1980er Jahre gewaltsam in Deutsche verwandeln mussten, waren ihre Alltagsprobleme oft ähnlich, wenn nicht größer. Wer keinen beruflichen Erfolg hatte, trägt zum Teil bis heute das Gefühl sozialer und kultureller Benachteiligung in sich oder hadert angesichts der Karrierechancen, die in der Heimat gebliebene Freunde zu Beginn der 1990er Jahre hatten, mit seiner Entscheidung, das Land zur Unzeit verlassen zu haben.

Pendler und Händler: Polen in der DDR

Die Lage der Polen in der DDR unterschied sich grundsätzlich von den Verhältnissen in Westdeutschland. Das zeigte sich bereits am Umgang mit den Displaced Persons in der Sowjetischen Besatzungszone (SBZ): Die sich hier aufhaltenden rund 700 000 heimatlosen Polen wurden bis 1946 repatriiert (wem das nicht passte, dürfte sich rechtzeitig in die westlichen Besatzungszonen abgesetzt haben). Bei dieser Gelegenheit überredete man gleich noch einige tausend seit längerem ansässige Polen zur Übersiedlung.[61]

Da es jedoch viele, die im Rahmen der älteren polnischen Erwerbsmigration ins Land gekommen waren, vorzogen, in Deutschland zu bleiben, lebten nach Schätzungen des polnischen Außenministeriums im Mai 1949 immer noch rund 60 000 Polen auf dem Gebiet der sowjetisch besetzten Zone, von denen 20 000 als «national bewusst» bezeichnet wurden. 7000 hielten sich demnach in Ost-Berlin auf, außerdem gab es größere Gruppen in den Industriestädten Sachsens und Thüringens. Nachdem bald nach Kriegsende spontan erste polnische Vereine entstanden waren – unter anderem in Leipzig und Senftenberg –, kam es Ende 1947 zur Gründung eines Dachverbands, dem nach wenigen Jahren knapp 4000 Mitglieder in 79 Ortsgruppen angehörten, der jedoch Anfang der 1950er Jahre auf Ersuchen der Volksrepublik Polen aufgelöst wurde. Die «alte Emigration» hatte es später schwer, sich organisatorisch neu aufzustellen; die Älteren beschränkten sich erzwungenermaßen auf private Netzwerke, während die Jüngeren in der Regel kein Interesse an ihrer polnischen Herkunft hatten.[62]

Ebenso wie im Westen gab es auch im Osten Deutschlands eine Zuwanderung von Flüchtlingen und Vertriebenen mit polnischer (Teil-)Identität oder zumindest mit polnischer Muttersprache – in der DDR hießen sie «Umsiedler». Dazu gehörte zum Beispiel der 1926 im polnischen Teil Oberschlesiens geborene Henryk Bereska, der es 1946 vorzog, in die DDR zu gehen. Nach seinem Studium der Germanistik und Slawistik/Polonistik in Ost-Berlin wurde er als Schriftsteller und Übersetzer zu einem der wichtigsten kulturellen Vermittler zwischen Polen und der deutschsprachigen Welt.[63]

Auch Aussiedler aus Polen kamen in die DDR, wo sie «Übersiedler» genannt wurden. Im Rahmen der «Aktion Link» 1950/1951 und später gelangten zum Zweck der Familienzusammenführung mehrere zehntausend Personen in den jungen ostdeutschen Staat, reisten allerdings zum Teil rasch in den Westen weiter. In den 1960er Jahren folgten rund 35 000 weitere meist deutschstämmige «Übersiedler», mit denen die DDR ihren Arbeitskräftemangel lindern wollte, die jedoch den Staat gerade bei der Bereitstellung von Wohnraum auch vor große logistische Probleme stellten. Zu diesen Übersiedlern gehörte Heinrich Olschowsky, der – aus Oberschlesien stammend – seit 1958 im deutschen Arbeiter- und Bauernstaat lebte und zum führenden Spezialisten für polnische Literatur in der DDR wurde.[64]

Ab Mitte der 1960er Jahre kamen immer mehr Polen in die DDR. Unter anderem begegnete man nun häufiger polnischen Reisegruppen, die an den Sehenswürdigkeiten des Nachbarn, vor allem jedoch an den Erzeugnissen seiner Konsumgüter- und Lebensmittelindustrie interessiert waren. Als 1972 die «Freundschaftsgrenze» zwischen Polen und der DDR geöffnet und der visafreie Verkehr ermöglicht wurde, kauften die polnischen Gäste zum Unmut der ostdeutschen Bürger und ihrer Regierung die Geschäfte leer – im Görlitzer Warenhaus «Centrum» stiegen die Umsätze innerhalb weniger Monate um 200 Prozent. Vor allem Grundnahrungsmittel und Haushaltsgeräte waren gefragt und so attraktiv, dass Mitte der 1970er Jahre bis zu sieben Millionen Polen jährlich ins Nachbarland kamen (so wie DDR-Bürger auch in Polen auf Einkaufstour gingen).[65]

Dieser Einkaufstourismus war Anzeichen für gravierende wirtschaftliche Strukturschwächen im kommunistischen Ostblock, die einen grenzüberschreitenden florierenden Schleichhandel mit defizitären Gütern in Gang setzten. Ein weiteres Signal war der Arbeitskräftemangel in der DDR, die bis zum Mauerbau 1961 einen steten Aderlass an Facharbeitern in Richtung Bundesrepublik hatte hinnehmen müssen. Da dies den wirtschaftlichen Fortschritt gefährdete, sah man sich nach Abhilfe um. Unterbeschäftigte Ar-

beitskräfte gab es jenseits der Grenze in Polen zur Genüge. Und
so wurden bereits Anfang der 1960er Jahre mehrere hundert
Vertragsarbeiter für den Braunkohletagebau angeworben. Bald
arbeiteten polnische Grenzpendler im Chemiefaserwerk in Guben – denen zuliebe eigens der lange geschlossene Grenzübergang
wiederhergestellt wurde – oder auch im VEB Schaltgerätewerk
Görlitz.

Der zunächst auf regionaler Ebene ausgehandelte Einsatz polnischer Arbeitskräfte in der DDR-Wirtschaft wurde 1966 in einer
Pendlervereinbarung vertraglich geregelt. Der polnischen Seite
und den Beschäftigten machte man den Einsatz in der DDR unter
anderem durch das Versprechen auf Weiterbildung schmackhaft.
Während Pendler nur in grenznahen Betrieben eingesetzt werden konnten, meist unbefristet, wurden Vertragsarbeiter – für die
ebenfalls rechtliche Regelungen geschaffen wurden – in grenz-
ferneren Fabriken eingesetzt, wo sie meist zwei, drei Jahre blieben. Insgesamt waren 1971 3900 Vertragsarbeiter und 3600 Pendler in der DDR beschäftigt. Vor allem die Zahl der Vertragsarbeiter stieg später – eine Folge der Grenzöffnung zu Polen – rasch auf
über 7000 an und sank erst seit 1985 wieder deutlich; allerdings
finden sich auch viel höhere Zahlenangaben. Der polnische Staat
verdiente an der Ausleihe der meist jungen Arbeiter übrigens
kräftig mit; die DDR musste nicht nur einen Teil der polnischen
Sozialabgaben zahlen, sondern auch die legale Ausfuhr von De-
visen und Gütern durch die Arbeiter erlauben.[66]

Zu den Betrieben mit großen polnischen Belegschaften gehörten das Halbleiterwerk in Frankfurt (Oder), wo in der Regel
Frauen im Schichtbetrieb arbeiteten, oder auch das Synthesewerk
Schwarzheide und der VEB Reifenkombinat Fürstenwalde. Im
Chemiefaserwerk Guben arbeiteten bis zu 700 Polinnen, was 1981
rund ein Drittel der Belegschaft ausmachte. Während die Pendler
morgens mit Bussen im polnischen Grenzgebiet eingesammelt
und zu ihren Arbeitsstätten in der DDR gebracht wurden, um
abends wieder zu ihren Familien zurückzukehren, lebten die
Vertragsarbeiter getrennt von der deutschen Umgebung in Ge-
meinschaftsunterkünften, wo sie auch ihre Freizeit häufig verbrachten. Immer wieder gab es Berichte über auffällige polnische

Vertragsarbeiter – es war von Betrunkenen, von Schlägereien usw. die Rede. Tatsächlich dürften die Polinnen und Polen in der oft von biederen Umgangsformen geprägten DDR aufgefallen sein, anders als viele Polen in Westdeutschland, die sich in einer bunteren Umgebung kaum bemerkbar machten. Doch obwohl antipolnische Vorurteile in der DDR keine Seltenheit waren, zeigten sich die Betriebe mit den Pendlern und – meistens – auch mit den Vertragsarbeitern zufrieden. In dem Arbeitszeugnis eines polnischen Lehrlings aus den 1970er Jahren heißt es: «Er ist ein anständiger, hilfsbereiter, höflicher Kollege und wurde ausgezeichnet als Mitglied einer sozialistischen Brigade.»[67]

Die meisten in der DDR arbeitenden Polen lernten etwas Deutsch, wurden jedoch nur in den seltensten Fällen hier sesshaft. Für ihr seelisches Wohl wurde jedenfalls gesorgt: Die polnische Seite hatte dafür Sorge getragen, dass sie katholische Priester in das westliche Nachbarland delegieren durfte. Als Polen in den 1980er Jahren in einer schweren Wirtschaftskrise steckte und die Grenze zur DDR wieder geschlossen war, galt eine Arbeit in der DDR als besonders attraktiv, nicht nur wegen der Löhne, sondern vor allem wegen der Möglichkeit, dort einzukaufen. Mit dem Verkauf von DDR-Waren in Polen ließen sich je nach Artikel angeblich Gewinnspannen zwischen 100 und mehr als 1000 Prozent erzielen. Jede Möglichkeit zum Handel wurde genutzt; die Züge, die Vertragsarbeiter übers Wochenende nach Polen brachten, waren voll mit erlaubten oder unerlaubten – weil das zugestandene Ausfuhrkontingent überschreitenden – Waren. Vielfach versuchten Polen auch, an Haustüren in Wohnsiedlungen oder auf der Straße Geschäfte zu machen. Ein Stasi-Mitarbeiter hielt 1978 fest:

«Der Verkauf von rechtswidrig eingeführten Waren erfolgt (...) zunehmend auf Märkten, besonders sogenannten Trödelmärkten, im ambulanten Straßenhandel auf Fußgängerboulevards, in Fußgängertunneln, auf Bahnhofsvorplätzen und ähnlichen stark frequentierten Stellen, in Betrieben, in denen polnische Werktätige beschäftigt sind sowie in Einrichtungen des Gebrauchtwarenhandels.»[68]

Neben Werkvertrags- und Pendelarbeitern – deren Arbeitsverträge 1990 oder spätestens 1991 ausliefen – gab es in der DDR auch polnische Bau- und Montagekräfte als Angestellte polni-

scher Außenhandelsbetriebe: 1981 waren es rund 10 000, Ende
1988 gar fast 30 000, die vor allem im Süden und in Ost-Berlin
eingesetzt wurden. Daneben wurden Saisonarbeiter beschäftigt,
vor allem im gastronomischen Bereich, außerdem Schüler und
Studenten, die meist für drei Wochen im Sommer über Oder und
Neiße kamen, um in Industrie oder Landwirtschaft zu arbeiten; in
den 1980er Jahren waren es nicht selten mehr als 10 000 im Jahr.
Mehrere tausend Polen fuhren seit den 1970er Jahren zu Berufs-
praktika in die DDR. Schließlich initiierte die DDR, um die bilateralen Beziehungen nach der Schließung der Grenze zu verbessern, 1983 einen deutsch-polnischen Jugendaustausch, bei
dem zwischen 1983 und 1989 jährlich zwischen 100 000 und
160 000 polnische Jugendliche zwischen zehn und 18 Jahren in die
DDR kamen – sei es zu Ferienlagern, sei es zur Arbeit in Arbeits-
brigaden, sei es im Rahmen eines direkten Schulaustauschs.[69]

Trotz aller Erschwernisse lebte in der DDR dauerhaft eine größere Zahl von Polen; gegen Ende der 1980er Jahre waren es rund
15 000 (obwohl auch höhere Zahlen genannt werden). Teilweise
handelte es sich um polnische Ehepartner von DDR-Bürgern,
teilweise um Studierende – in der ganzen DDR waren 1980 537
polnische Studenten immatrikuliert, davon knapp 100 in Leipzig.
Seit 1964 gab es in Ost-Berlin eine polnische Schule, zunächst vor
allem für Kinder von im staatlichen Auftrag in Berlin arbeitenden
Polen; 1982 begann das Polnische Kultur- und Informationszent-
rum in Ost-Berlin mit Polnischkursen für Kinder aus Mischehen.
Gelegentlich machten sich auch lokale Initiativen stark, so in
Schmalkalden, wo in den 1980er Jahren rund 140 deutsch-polnische Familien lebten, oder auch in Leipzig.[70]

Die Messestadt Leipzig entwickelte sich zu einem gewissen
Zentrum von Polen in der DDR, nicht nur wegen der Messebesu-
cher: Hier dürften in den 1980er Jahren bis zu 2000 Polen gelebt
haben. Darunter befanden sich nicht nur Vertragsarbeiter, sondern auch polnische Studenten, die bei einigen ihrer deutschen
Kommilitonen als Gesprächspartner und Informationsquellen
über die Ereignisse in Polen und der Welt durchaus begehrt waren. Einen sehr wertvollen Beitrag zur Verbreitung polnischer
Kultur in der DDR leisteten die beiden polnischen Kulturzentren

in Berlin (seit 1956) und in Leipzig; gerade Pop und Rock aus Polen standen hoch im Kurs, und die Bands wurden bei ihren Gastspielen in Ostdeutschland bejubelt: Für viele DDR-Bürger war der östliche Nachbar ein Fenster in den Westen. Auch in politischer Hinsicht waren die Polen manchmal ein Vorbild, gerade für die ostdeutschen Dissidenten. Die Wende von 1989 setzte jedoch diesen Rezeptionsgewohnheiten ein jähes Ende.[71]

VI Die unsichtbare Minderheit?
Polen in Deutschland heute

Zu Beginn der 1990er Jahre waren die Polen Deutschlands «unsichtbare Minderheit»: Aufgrund lange eingeübter Anpassungsstrategien fielen sie im Alltag wenig auf, und die Öffentlichkeit machte sich kaum bewusst, wie groß der Anteil Polnischsprachiger im Lande war. Während die Bonner Regierung von 300 000 ausging (so viele Besitzer eines polnischen Passes waren gemeldet), schätzten polnische Vertreter die Zahl auf anderthalb Millionen. Im Laufe zweier Jahrzehnte veränderte sich die Lage: Polen sind aus der bundesdeutschen Gesellschaft nicht mehr wegzudenken – als Ärzte und Ingenieure, Putzfrauen, Erdbeerpflücker, Pflegekräfte oder einfach als ganz normale Mitbürger. Besonders sichtbar sind sie aber nach wie vor nicht.

Geregelte Verhältnisse:
Die Rahmenbedingungen polnischer Präsenz

Zu Beginn der 1990er Jahre veränderten sich wesentliche Rahmenbedingungen für die Präsenz von Polen in Deutschland. Nachdem die Regierung Helmut Kohl Mitte 1990 wieder eine Visumspflicht für Polen eingeführt hatte, um angesichts der großen Zuwandererzahlen die öffentliche Stimmung zu beruhigen, besann sie sich bald eines anderen: Seit April 1991 durften Polen erneut und von nun an auf Dauer ohne Visum einreisen. Ein weiterer Schritt der Annäherung war der deutsch-polnische Vertrag über gute Nachbarschaft vom 17. Juni 1991, der in Artikel 20 die Rechte der Polen in Deutschland regelte:

«Personen deutscher Staatsangehörigkeit in der Bundesrepublik Deutschland, die polnischer Abstammung sind oder die sich zur polnischen Sprache, Kultur oder Tradition bekennen, haben das Recht, einzeln oder in Gemeinschaft mit anderen Mitgliedern ihrer

Gruppe ihre ethnische, kulturelle, sprachliche und religiöse Identität frei zum Ausdruck zu bringen, zu bewahren und weiterzuentwickeln, frei von jeglichen Versuchen, gegen ihren Willen assimiliert zu werden.»[1]

Deutschland war an einer guten Behandlung seiner Staatsbürger polnischer Nationalität nicht zuletzt deshalb interessiert, weil in Polen eine deutsche Minderheit existierte, die nun nach vielen Jahrzehnten der Benachteiligung ebenfalls erstmals Rechtssicherheit erhielt. Im Gegensatz zu diesen hauptsächlich in Oberschlesien lebenden, altansässigen Deutschen (laut Volkszählung von 2011 bis zu 150 000 Menschen, deren Alltagssprache heute jedoch meist das Polnische ist) genießen die Polen in Deutschland allerdings nicht den Status einer anerkannten Minderheit – ein Privileg, das hierzulande lediglich den altansässigen Minderheiten der Sorben, Dänen und Friesen in ihren historischen Siedlungsgebieten, de facto einigen Landkreisen, sowie außerdem den Sinti und Roma zukommt. Diese vermeintliche Ungleichbehandlung der beiden Bevölkerungsgruppen sollte bei Vertretern polnischer Verbände in Deutschland noch lange für Unzufriedenheit sorgen.

Die Gruppe der Polen mit deutscher Staatsangehörigkeit wuchs, auch nachdem die Zuwanderung von Spätaussiedlern faktisch 1990 zu Ende gegangen war, kontinuierlich weiter. Zwischen 1990 und 2011 wurden rund 190 000 Polen in Deutschland eingebürgert, Aussiedler nicht mitgezählt. Eine erste Einbürgerungswelle gab es in der ersten Hälfte der 1990er Jahre, als sicherlich viele ehemalige Asylbewerber und Geduldete die ersehnten Papiere erhielten. Die Einbürgerungszahlen stiegen dann wieder seit 2004 und lagen in den letzten Jahren jeweils zwischen 3000 und 5 000.[2]

Daneben lebten in Deutschland polnische Staatsbürger. Direkt nach der Vereinigung der beiden deutschen Staaten im Herbst 1990 waren 241 300 registriert. Das Wachstum dieser Gruppe war in den Folgejahren langsam, aber konstant, bis es sich mit dem EU-Beitritt Polens 2004 deutlich beschleunigte. Alleine zwischen 2009 und 2013 stieg die Zahl von knapp 400 000 auf fast 610 000. Damit stellten Menschen mit polnischer Staatsangehörigkeit hinter Türken und Italienern die größte Ausländergruppe in Deutschland.[3]

Eine relativ neue statistische Methode, um nationale bzw. ethnische Zugehörigkeiten zu erfassen, ist der sogenannte «Migrationshintergrund». Einen solchen Hintergrund haben laut Definition des Statistischen Bundesamtes «alle nach 1949 auf das heutige Gebiet der Bundesrepublik Deutschland Zugewanderten, sowie alle in Deutschland geborenen Ausländer und alle in Deutschland als Deutsche Geborenen mit zumindest einem zugewanderten oder als Ausländer in Deutschland geborenen Elternteil». Damit werden die meisten Polnischsprachigen in Deutschland erfasst, abgesehen von denjenigen, die vor 1949 bereits in Deutschland lebten, und deren Kindern, also Angehörige der polnischen Minderheit vor 1939, sowie Flüchtlinge und Vertriebene. Beim Mikrozensus 2011 – einer aus einer Stichprobenbefragung hochgerechneten Statistik – ergab sich folgendes Bild: 1,47 Millionen Einwohner Deutschlands besitzen einen polnischen Migrationshintergrund, davon hatten 1,14 Millionen selbst Migrationserfahrung (alle anderen waren Nachkommen) und 579 000 waren Spätaussiedler. Allerdings dürfte die Bedeutung polnischer Identitäten für die Nachkommen von Menschen mit direkter Migrationserfahrung sehr unterschiedlich sein, eine Mehrheit dürfte sich jedenfalls in erster Linie eher als «Deutscher» denn als «Pole» bezeichnen, und viele sprechen auch nicht mehr oder nur noch schlecht Polnisch.[4]

Die Zahl der in Deutschland lebenden Polen, Polnischsprachigen und Menschen mit polnischer (Teil-)Identität dürfte jedoch um einiges höher liegen als jene 1,14 Millionen aus Polen Zugewanderten, zu denen vielleicht 200 000 «Nachgeborene» zu addieren sind. Neben den Angehörigen der «alten Emigration» sowie polnischsprachigen Flüchtlingen und Vertriebenen von vor 1949 sind außerdem noch bis zu 200 000 nicht gemeldete Schwarzarbeiter hinzuzuzählen, vielleicht auch mehr, außerdem Jahr für Jahr eine hohe Zahl von Saisonarbeitern – ebenfalls bis zu 200 000. Insgesamt werden es also grob geschätzt etwa 1,6 bis zwei Millionen Menschen sein, die in Deutschland Polnisch sprechen, und etwas mehr dürften sich zumindest an ihre Herkunft aus Polen erinnern.[5]

Die rechtlichen Bestimmungen, die einen Aufenthalt in Deutschland ermöglichten, waren lange Zeit kompliziert. Für alle Polen, die nicht als Aussiedler kamen, gab es bis zum EU-Beitritt des Landes verblüffend viele Regelungen: Im Idealfall erhielt man eine Aufenthaltsberechtigung, wenn man weniger Glück hatte, bekam man eine befristete oder eine unbefristete Aufenthalts-erlaubnis, eine Aufenthaltsbewilligung (das galt etwa für Studenten) oder allenfalls eine Aufenthaltsbefugnis, auch gab es um 2004 nach wie vor – warum auch immer – noch mehr als 1000 Polen mit «Duldung».[6]

Die Zuerkennung des Aufenthaltstitels war teilweise offenbar willkürlich. So wird von Fällen berichtet, in denen ein Pole in Hannover als Spätaussiedler anerkannt wurde, sein Bruder in Berlin nur die «Duldung» erhielt, ihrer gemeinsamen Schwester in Frankfurt am Main eine unbefristete Aufenthaltserlaubnis erteilt wurde, während der Vater der drei aus München nach Polen abgeschoben wurde. Die 1989 beschlossene Abschiebung nicht anerkannter polnischer Asylbewerber und «Geduldeter» wurde jedoch nach Protesten bald wieder ausgesetzt.[7]

Als die EU-Osterweiterung näherkam und sich damit auch eine Öffnung des Arbeitsmarktes für Polen und andere Einwohner Ostmitteleuropas abzeichnete, setzte in der deutschen Öffentlichkeit eine erregte Debatte über den befürchteten Bevölkerungszustrom aus dem Osten ein. Es waren vor allem sozial Schwächere und ihre Interessenvertretungen, die befürchteten, dass durch die Zuwanderung gering qualifizierter Arbeitskräfte Jobs verloren gehen würden. Besondere Ängste gab es in den strukturschwachen Regionen im östlichen Deutschland: Hier an der Grenze zwischen zwei Staaten mit einem der größten Wohlstandsgefälle in ganz Europa wollten politische Akteure aus der besonderen sozioökonomischen Situation Kapital schlagen. Rechtsradikale Parteien wie die NPD versuchten immer wieder, und dies nicht ohne Erfolg, mit antipolnischen Parolen Wählerstimmen zu gewinnen. Dies war der Hintergrund, weshalb die Bundesregierung Niederlassungsbeschränkungen für Polen aushandelte, die von der EU-Aufnahme Polens am 1. Mai 2004 sieben Jahre lang bis 2011 gültig blieben und zumindest ein Ergebnis hatten: Auf einen

Schlag wurden Länder wie Großbritannien, Irland und Schweden, die keinerlei Zuwanderungshürden einführten, zu begehrten polnischen Wanderungszielen, während Deutschland gerade für besser ausgebildete Polen aufgrund der verschiedenen rechtlichen Beschränkungen an Attraktivität verlor. Doch obwohl zwischen 2004 und 2012 etwa eine halbe Million Polen nach Großbritannien auswanderte, stieg gleichzeitig die polnische Zuwanderung nach Deutschland weiter, besonders rasch, seitdem 2011 auch hier die Arbeitnehmerfreizügigkeit uneingeschränkt gilt.[8]

Die Niederlassungsbeschränkungen in Deutschland konnten zudem umgangen werden, insbesondere durch die Gründung von Kleinstunternehmen. Deshalb waren plötzlich tausende von polnischen Fliesenlegern und Rohbauern mit eigenen Firmen in Deutschland registriert, obwohl sie in vielen Fällen in abhängigen Arbeitsverhältnissen tätig waren, es sich also um Scheinselbständigkeit handelte. 2010 waren im deutschen Handwerksregister etwa 27 500 polnische Firmen eingetragen. Auch Hochschulabsolventen konnten relativ leicht mit einer Arbeitserlaubnis rechnen.[9]

Die vielen verschiedenen Wege, die Polnischsprachige im Laufe des 20. und 21. Jahrhunderts nach Deutschland genommen haben, die unterschiedlichen rechtlichen Möglichkeiten, ihren Aufenthalt hier zu legalisieren, und die diversen Abstufungen von Assimilation, Akkulturation oder kultureller Selbstbehauptung in der fremden Umgebung haben Menschen aus Polen zu einer sehr heterogenen Gruppe werden lassen, die anders als vor 1945 über das ganze Land verstreut wohnt.

Die neue Migration: Zentren und Ränder

Wohin zieht es die Polen in Deutschland?

Menschen polnischer Zunge, Identität oder Herkunft gibt es heute in allen Bundesländern und sicherlich auch in ausnahmslos allen Städten Deutschlands. Wie schon am Ende des 19. Jahrhunderts ist das gefühlte polnische Zentrum Deutschlands das Ruhrgebiet. Hier und in ganz Nordrhein-Westfalen lebt die größte

Zahl von Polen (2011 waren es im Bundesland 546 000 Menschen
mit polnischem Migrationshintergrund), gefolgt von Bayern,
Hessen und Baden-Württemberg. Die Gründe hierfür sind vielfältig. Es gab nach dem Krieg sicherlich noch einige verwandt-
schaftliche Kontakte zu den alten, größtenteils bereits assimilierten «ruhrpolnischen» Familien, was den Zuzug von Aussiedlern,
später auch von anderen Zuwanderern aus Polen in diese Gegend
zur Folge hatte. Dadurch wurde ein Mechanismus in Gang gesetzt, der von Generation zu Generation neue Menschen in den
Westen der Republik beförderte. Viel wichtiger waren jedoch die
sozioökonomischen Faktoren: Bergwerke und Schwerindustrie
waren einerseits auf qualifizierte Facharbeiter angewiesen und
zogen deshalb zehntausende von Oberschlesiern – deutschsprachige wie polnischsprachige – an, hatten andererseits aber auch
Verwendung für klassische «Malocher». Gerade wer mit der deutschen Sprache (noch) auf Kriegsfuß stand, hatte kaum eine andere Wahl, als physische Tätigkeiten anzunehmen. Schließlich entwickelte sich mit der Zeit an Rhein und Ruhr eine polnische Infrastruktur – «ethnische Ökonomie» – aus Vereinen, aber auch
Dienstleistungen (Ärzte, Juristen, Handwerker, Läden, Medien),
die es Zuwanderern erleichtert, sich in der neuen Umgebung ein-
zuleben, was auch besser gebildeten Schichten die Gelegenheit
bietet, sich hier eine Existenz aufzubauen. Abgesehen von einigen
Institutionen, künstlich aufrecht erhaltenen Traditionen und wenigen Familien, die das polnische Erbe kultivierten, erlosch jedoch
die Kontinuität zur Erwerbsmigration der Kaiserzeit, was im Übrigen für ganz Deutschland gilt.[10]
 Zu Zentren der polnischen Migration in Deutschland entwickelten sich auch fast alle anderen westdeutschen Ballungsräume:
Hier stellen Menschen aus Polen oft die zweitstärkste Zuwande-
rergruppe. In Hamburg leben heute zum Beispiel rund 70 000 Personen mit polnischem Migrationshintergrund, in Bremen 22 000,
in Mannheim sind es 18 000, in Frankfurt am Main knapp 19 000.
Überall existieren polnische Vereine, Sprachkurse für Kinder, polnische Geschäfte, manchmal auch Galerien, Kneipen, Restaurants.
Es dauerte allerdings eine Zeitlang, bis Polen es wagten, sich in der
deutschen Öffentlichkeit tatsächlich als Polen zu «outen»: Fuhren

24 ___ Die Infrastruktur von Polen in Deutschland wird immer dichter. In vielen Städten gibt es heute polnische Lebensmittelgeschäfte wie diesen Laden der Polin Ewa
Ochtyra in München-Sendling, 2000.

noch in den 1990er Jahren Wurstverkaufswagen verschämt als
«Schlesische Metzger» durch die Gegend, werden heute verstärkt
«polnische Delikatessen» angeboten. Nur in Ostdeutschland ist –
abgesehen von Berlin – die Zahl der Polen gering, dennoch bilden
sie angesichts der dort generell niedrigen Auslanderzahlen vielerorts die größte Migrantengruppe.[11]

Polenmarkt: Orientalisches Gewusel am Potsdamer Platz

Eine Sonderstellung nimmt Berlin ein, schon alleine aufgrund
seiner geographischen Lage: Kaum hundert Kilometer von der
Grenze zu Polen entfernt, ist es das natürliche urbane Zentrum
für ein bis weit in den Nachbarstaat reichendes Umland. Aber
auch die politische Sonderstellung West-Berlins als kapitalistische
Insel im sozialistischen Meer machte die Stadt zu einem extrem
begehrten «Ost-West-Bahnhof, zu einer Durchgangsstation», wie
Basil Kerski schreibt. Allerdings blieben die wenigsten Intellektuellen, die aus Polen den Weg nach Berlin fanden, hier: Die meisten zogen weiter in die westliche Welt.[12]

Erst durch die massenhafte polnische Zuwanderung in den 1980er Jahren wurde West-Berlin, für das man kein Visum benötigte, plötzlich zu einem Zentrum der polnischen Emigration, sogar zum wichtigsten neben Paris und London. Diesen beiden Metropolen hatte Berlin die Nähe zur Heimat und die vergleichsweise günstigen Lebenshaltungskosten voraus. Tausende von *Solidarność*-Aktivisten lebten hier in Sicherheit vor Verfolgung, wenn auch oft in materiellen Nöten, gründeten Initiativen und Vereine, sogar auch Exilzeitschriften.[13]

Doch erst das Jahr 1989 sollte den Berlinern vor Augen führen, dass ihre polnischen Nachbarn zu einem Teil ihrer Lebenswirklichkeit geworden waren: Der Polenmarkt südlich vom Potsdamer Platz direkt an der Mauer war gewissermaßen das Begleitkonzert zur Vereinigung Deutschlands, Vorbote und Ausdruck der elementaren Veränderungen, die das östliche Mitteleuropa in dieser Zeit erlebte. Direkt neben einem regelmäßig stattfindenden Trödelmarkt fanden sich seit Anfang 1989 jedes Wochenende polnische Händler ein. Mitte Mai bevölkerten bereits 25 000 von ihnen das schlammige Brachland, später noch mehr, und zogen viele zehntausend preisbewusste Käufer – Deutsche wie Türken – und Schaulustige an. Berlin erreichten die Polen mit der Bahn, mit Bussen (bis zu 300 am Tag!) und einer unübersehbaren Zahl kleiner polnischer Fiats.

Ursula Weber hat das Treiben damals eingehend beobachtet:

«Alle verkauften irgend etwas. Es war ein großes und manchmal bizarres Durcheinander. Auf einer Ecke Plastikfolie oder einem Stückchen Stoff, der als Unterlage und als Grenze zum Nachbarn diente, wurde Ware feilgeboten. Es ging zu wie auf einem orientalischen Bazar (...). Polnische Wurst erfreute sich großer Nachfrage. Es gab außerdem ‹Gewürzsardinen Universal›, Süßigkeiten, Teebeutel in chinesisch anmutender Verpackung und Schokolade der Sorte ‹Bettina› oder ‹Konzertewa›. Neben Eiern und Fisch lagen selbstgepflückte Beeren und im Wald gesammelte Pilze zum Verkauf bereit. (...) Ein Stück Butter für eine Mark, eine Stange Zigaretten für 20 Mark, eine Flasche Wodka für sieben Mark, fünf Ping-Pongbälle für zwei Mark, ein Geschirrtuch aus Leinen für eine Mark, Lippenstifte, Cremedosen, Seife, eine Bernstein-

kette für sechs Mark. Für das fabrikneue Bügeleisen verlangte der
Händler acht Mark, für eine russische Uhr der Marke ‹Packeta›
[Raketa] mit Metallarmband wollte die alte Frau aus Posen zehn
Mark.»[14]

Dieser Einbruch des augenscheinlichen Chaos in die Metropole,
mit Produkten einer unbekannten Welt, verwirrte und empörte,
begeisterte und faszinierte die Berliner, denen nach Jahrzehnten
der Abschottung und künstlichen Alimentierung nun plötzlich
schwante, dass hier eine ganz neue Zeit begann und der Osten
doch näher lag, als man gedacht hatte.

Rechte Parteien und Wirtschaftsverbände forderten die Schließung des Marktes, doch Versuche der Behörden, das Verbot
durchzusetzen, scheiterten trotz großen Polizeiaufgebots an der
fulminanten Macht der verkaufenden Masse, die sich einfach in
andere Stadtteile ergoss, so dass der Markt schließlich wieder
am Potsdamer Platz geduldet wurde. Der Wechselkurs zwischen
Złoty und D-Mark ermöglichte vor allem in den ersten Monaten
seines Bestehens hervorragende Geschäfte, später zogen sich die
Schwarzmarktprofis vom Potsdamer Platz zurück und überließen
das Feld bis zur endgültigen Schließung 1993 den Halbprofis und
Amateuren, oft armen Schluckern und gerissenen Schurken, die
neben Wurst und Eiern auch mitgereiste Frauen verkauften. Nach
wenigen Jahren war der Polenmarkt Geschichte, und die einstigen
Verkäufer, von denen einige viel Geld gemacht und sich mit eigenen Firmen in Polen etabliert hatten, zogen es vor, über diese ver-
rückten Jahre verschämt zu schweigen.[15]

Ihre Einnahmen gaben die polnischen Händler vorrangig für
Unterhaltungselektronik und den Warenbestand der Discount-
märkte aus. *Die Zeit* berichtete im April 1990 mit deutlicher Irri-
tation:

«Schon frühmorgens strömen Hunderte meist junger polnischer
Touristen mit ihren Rucksäcken, Reisetaschen und Wägelchen die
Westberliner Kantstraße hinauf und verteilen sich auf Import-Ex-
port Geschäfte für Unterhaltungselektronik, Geschenkartikel,
Telephone, Spielzeug, Feuerzeuge und Aldi Filialen. (…) die neuen
Goldgruben heißen ‹Kantech›, ‹Protech› oder ‹Comtec›, Afrikaner
bedienen Polen.»[16]

Die einheimischen Berliner musterten das Treiben argwöhnisch, zumal dann, wenn es ihren gewohnten Alltag durcheinanderbrachte oder aufgrund fehlender Toilettenanlagen und Müllcontainer zu einer vielfach als lästig empfundenen Verschmutzung der Stadt kam. Auch die langen Schlangen vor den Billig-Supermärkten sorgten für Ärger. Dem bereits zitierten Artikel der *Zeit* zufolge hat man sich die Lage 1990 so vorzustellen:

> «Vor Aldi steht ein Muskelmann, der ab und zu aus der Kassenschlange einen Schwung polnischer Käufer ins überfüllte Innere läßt. Westberliner kommen längst nicht mehr; und manchmal geht ein Eimer Wasser aus einem Wohnungsfenster auf die Wartenden nieder. Zu beeindrucken scheint das niemanden. Gelassen erzählt ein Germanistik-Student aus Lodz, der zweimal wöchentlich von einem polnischen Unternehmen organisierte Gruppenreisen betreut, er stehe in der Schlange nach Sonnenblumenöl, Schokolade, Heringen und Gelatine an.»[17]

Bei aller Fremdheit – ein verblasstes Bild im Kopf der Berliner und deutschen Öffentlichkeit gewann neue Farben: Polen traten bei dem ganzen Marktgeschehen, das sich in den folgenden Jahren dann direkt hinter der Grenze in Polen fortsetzte, als Menschen aus einem Land zweiter Güte auf, als Boten aus einer Welt des Mangels und der Unsicherheit, denen in der Begegnung mit der saturierten Welt des Westens oft das kulturelle Selbstbewusstsein abhanden kam. «Unkultur» traf auf «Kultur», «Chaos» auf «Ordnung», «Improvisation» auf «Planung». Es war kein weiter Weg bis zu den Vorstellungen von polnischen Banden, die das ganze Land durchstreiften, sei es, um – ohne fragen und zahlen zu müssen – den zur Abfuhr bereitgestellten Sperrmüll auf die Anhänger ihrer Lieferwagen zu laden, sei es – ebenfalls ohne zu fragen –, um sich aus dem großen Bestand hübscher Karossen der Marken Mercedes und BMW zu bedienen («kaum gestohlen, schon in Polen»).

Berlin: Zentrum neuer Migration

Die neue geopolitische Lage Berlins und das Wohlstandsgefälle zwischen Deutschland und Polen ließen die Zahl der Polen in Berlin rasch wachsen. Nicht alle Zuwanderer blieben dauerhaft;

viele verbrachten einige Zeit an der Spree und kehrten zurück, andere begannen ein Leben als Pendler. Insgesamt war die materielle Situation vieler Polen in Berlin Mitte der 1990er Jahre schlecht: Nur ein kleinerer Teil der sich damals legal in Berlin aufhaltenden Polen ging auch legal einer Arbeit nach (die Zahlen schwanken stark zwischen zwölf und 39 Prozent), viele arbeiteten schwarz, hielten sich teils ohne polizeiliche Anmeldung hier auf, andere bezogen Sozialhilfe, fielen zwar kaum auf, waren aber auch kaum in die deutsche Gesellschaft integriert. Eine große Zahl von Polen – darauf wird noch ausführlich zu kommen sein – verdingte sich als Bauarbeiter und Putzfrauen.[18]

Für andere waren an Berlin vor allem die Universitäten von Interesse, die Bibliotheken, Museen und Konzerte. Die kulturell vibrierende Metropole bot so vieles, was es in Polen nicht gab, und man konnte so vieles tun, was in Polen noch Verstörung hervorrief. Gerade wer sich zu Subkulturen hingezogen fühlte, hatte Gelegenheit, sich in Berlin auszuleben, sei es als Punk, sei es als Homosexueller. Künstler fanden ebenso Betätigungsräume wie Musiker, und so wurde Berlin zu einer Art natürlichem Ergänzungsraum für die Republik Polen. Kein Wunder, dass sich die Zahl der in Berlin lebenden Polen auf hohem Niveau stabilisiert hat: 2012 waren hier 96 000 Menschen mit polnischem Migrationshintergrund gemeldet, zu denen sicherlich noch einige zehntausend statistisch nicht erfasste Polen bzw. Polnischsprachige hinzukommen.[19]

Die Transformation der polnischen Bevölkerung in Berlin drückte sich auch in einem zunehmend selbstbewussten Gestus aus: Geschäfte entstanden, in denen Polnisches feilgeboten wurde, einige Künstler und Intellektuelle gründeten 2001 den angesagten «Club der polnischen Versager», dessen Name augenzwinkernd auf das von Komplexen und Frustration geprägte Selbstverständnis eines Teils der polnischen Emigration nach Deutschland anspielt. Eine seiner Selbstaussagen: «Der Club der polnischen Versager ist eine slawische Insel des Misserfolgs, eine polnische Oase des Scheiterns inmitten der germanischen Perfektionslandschaft.» Andere machten Theater, etwa der Regisseur Andrej Woron mit seinem «Teatr Kreatur».[20]

Saisonale Arbeitsmigration nach Deutschland

Schwarzarbeit im «goldenen Westen»

Die politische Teilung des Kontinents unterbrach ein Migrationssystem, das seit Jahrhunderten Menschen von Ost nach West und
von West nach Ost in Gang gesetzt hatte, immer auf der Suche
nach einem besseren Leben oder vorübergehender Beschäftigung.
Doch der Eiserne Vorhang war löcherig. Die verführerischen Verdienstmöglichkeiten – mit wenigen Wochen Arbeit im Westen
verdiente man mehr als in einem ganzen Jahr in Polen – sorgten
schon seit den 1960er Jahren dafür, dass wahrscheinlich mehrere
zehntausend Polen, die Touristenvisa für den Westen erhielten,
dort nicht nur Burgen und Schlösser besichtigten, sondern auch
mehrere Wochen arbeiteten. Größeren Umfang nahm diese statistisch kaum zu erfassende saisonale Beschäftigung jedoch erst seit
Beginn der 1980er Jahre an, als die Zahl der legal eingereisten, aber
illegal arbeitenden Polen in Westdeutschland bei 200 000 gelegen
haben dürfte, eine Zahl, die durch die illegal arbeitenden anerkannten Asylbewerber oder «Geduldeten», die offiziell keine Arbeit aufnehmen durften, noch erheblich stieg.[21]

1980/81 und dann wieder seit 1985 war es relativ leicht, mit drei
Monate gültigen Touristenvisa in die Bundesrepublik einzureisen.
Daraufhin setzten sich Jahr für Jahr ganze Karawanen polnischer
Fiats in Richtung Westen in Bewegung. Es waren zunächst mo-
bile, besser ausgebildete, aber in der Heimat schlecht bezahlte
Männer, die von deutschen Arbeitgebern mit offenen Armen
empfangen wurden und vielfach ebenfalls irregulär beschäftigte
außereuropäische Asylbewerber als Arbeitskräfte verdrängten.
Bald folgten Arbeiter und Facharbeiter, nach dem Zusammen-
bruch der sozialistischen Wirtschaft oft getrieben durch existen-
zielle Not.

In den ersten Jahren fuhren die Polen mit ihren kleinen Autos
quer durch die Republik, kampierten unterwegs, lebten von mit-
gebrachter Konservennahrung und nahmen jede sich bietende
Arbeit an. Großen Bedarf an den gering bezahlten, flexiblen und
anspruchslosen Arbeitern hatte neben der Landwirtschaft das

Baugewerbe. In einigen Städten bildete sich ein «Arbeiterstrich» (*stójka* genannt) heraus, wo Polen in Jeans und Jeansjacken warteten, um als Tagelöhner verdingt zu werden, in Frankfurt zum Beispiel bis weit in die 1990er Jahre an der von Gewerbebetrieben und Autohäusern gesäumten Hanauer Landstraße. Dabei galten ganz primitive Auswahlkriterien: Die kräftigsten und am «gepflegtesten» aussehenden Polen hatten die besten Chancen auf einträgliche Tätigkeiten. Aufgrund des gewaltigen Lohngefälles zwischen der Bundesrepublik und Polen war eine solche Tätigkeit selbst bei den niedrigen Löhnen (oft fünf DM in der Stunde) sehr lukrativ.[22]

Waldemar Biernacki erinnert sich an sein erstes «Engagement» auf dem Arbeiterstrich:

> «Ein Deutscher fuhr vor und fragte auf Deutsch, ob wir arbeiten möchten. Deutsch konnten wir nur so viel wie ‹Guten Tag› und ‹Heil Hitler› [lacht], denn das war der Anfang [unser Arbeiten in Deutschland]. Ich hatte mir auf einen Zettel aufgeschrieben, wie man nach Arbeit und der Uhrzeit fragt. Stunden, Wochentage lernte ich dann später, und da sagten wir: ‹JA, wir wollen arbeiten›.[23]

Auch für landwirtschaftliche Betriebe, die in Stoßzeiten einen großen Arbeitskräftebedarf haben, waren die unverhofft ins Land strömenden Polen, und immer stärker auch Polinnen, höchst willkommen, und schon bald waren sie aus den Weinbergen – vor der Mechanisierung der Weinlese – ebenso wenig mehr wegzudenken wie aus Spargelfeldern, Gurken- und Erdbeerplantagen, Hopfen- und Blumenfeldern. Vorsicht war allerdings angebracht. Zwar waren die Behörden vielfach tolerant, doch wer bei den hin und wieder stattfindenden Razzien als Schwarzarbeiter entdeckt wurde, wurde ausgewiesen und durfte ein Jahr lang nicht mehr einreisen.[24]

Spargelstecher, Erdbeerpflücker

Um die illegale Arbeitsaufnahme einzudämmen, legalisierte Deutschland 1990 die Saisonarbeit. Aufgrund des Saisonarbeiterabkommens wurden Kontingente zwischen 131 000 (1992) und 324 000 (2003) polnischen Saisonarbeitern genehmigt, die maximal drei Monate (sozialversicherungsfrei aber nur bis zu 50 Tage), seit 2005 vier Monate arbeiten dürfen, wenn für die Tätigkeiten auf dem deutschen Arbeitsmarkt keine geeigneten Kräfte gefunden werden können. Dies ist meist der Fall, denn die freigegebenen Beschäftigungsfelder – Hotels und Gaststätten, das Schaustellergewerbe und die Landwirtschaft – sind für deutsche Arbeitssuchende nicht attraktiv. Kaum ein deutscher Jahrmarkt ist bis heute ohne polnische Gehilfen denkbar, die mit Karussells, Schießbuden und Waffelständen quer durch die Republik kutschieren.

Es sind aber vor allem die Landwirte, die oft und vernehmlich über die ihnen von den Arbeitsämtern vermittelten deutschen Arbeitslosen klagen und sich die tüchtigen und anspruchslosen Polen herbeiwünschen. Die Legalisierung der Saisonarbeit verdrängte die illegale Beschäftigungsaufnahme zwar nicht völlig, eröffnete aber vielen arbeitsintensiven Betrieben eine längerfristige Entwicklungsperspektive: Nur mit der Sicherheit, längerfristig auf die flexible und günstige Arbeitskraftreserve aus Polen zurückgreifen zu können, wagten etwa Spargel- und Erdbeerbauern ihre Betriebe in großem Maßstab auszubauen. «Ohne Polen wird der Betrieb geschlossen», antwortete ein Blumenzüchter vom Niederrhein knapp auf die Frage eines Wissenschaftlers. Die Landwirte waren deshalb besorgt, als die Zahl der polnischen Saisonarbeiter nach dem EU-Beitritt Polens zu sinken begann – 2010 lag sie nur noch bei 174000. Dies war eine Folge des wirtschaftlichen Aufschwungs in Polen, aber auch der umfangreichen und zeitweilig viel beliebteren Migration von Polen nach Großbritannien. Aufgrund der abnehmenden Bereitschaft von Polen, in Deutschland Saisonarbeit zu leisten, wurden verstärkt Rumänen und Bulgaren angeworben.[25]

Je nach Größe setzten (und setzen) die Höfe in der Erntezeit bis zu mehrere hundert Polinnen und Polen ein, die in umgebauten Wirtschaftsgebäuden, Wohncontainern oder – in kleineren Betrieben – in Wohnwagen leben; entweder wird für sie zentral gekocht oder sie bereiten sich ihre Mahlzeiten aus mitgebrachten Lebensmitteln zu. Angeleitet von Vorarbeitern, die auch als Übersetzer tätig sind, beginnt der Arbeitstag bei der Erdbeerernte um fünf oder sechs Uhr und dauert – mit einer mehrstündigen Mittagspause – bis zum späten Nachmittag, gelegentlich sogar bis 21 Uhr oder noch länger. In der Regel handelt es sich dabei um Akkordarbeit; durchschnittlich kommen die Arbeiter auf Netto-Monatslöhne von 2000 Euro, in Einzelfällen auch doppelt so viel. Die meisten Saisonarbeiter werden durch «Mund-zu-Mund-Propaganda» angeworben: Auf einem Erdbeerhof in Schleswig-Holstein hatten von den befragten Saisonarbeitern mehr als 80 Prozent über Familie, Freunde und Bekannte von der Arbeit gehört – ein Beispiel für jene auf Kettenwanderung beruhenden Migrationssysteme, die sich auch schon im 19. Jahrhundert quasi von selbst etabliert hatten. Kamen zu Beginn der 1990er Jahre noch verhältnismäßig viele besser ausgebildete Menschen aus den westlichen Woiwodschaften Polens, so waren es später Personen mit niedriger oder allenfalls mittlerer Schulbildung von meist nicht mehr als 45 Jahren, die immer häufiger aus den strukturschwachen ostpolnischen Woiwodschaften stammten. Meist kamen sie viele Jahre hintereinander auf denselben Hof.[26]

Die Motive zur Arbeitsaufnahme waren unterschiedlicher Natur: Teilweise dienten die Einkünfte der reinen Überlebenssicherung, teilweise auch der Finanzierung besonderer Ausgaben. Dabei standen oft die eigenen Kinder und deren Berufsausbildung im Mittelpunkt, so wie dies Anna schildert, die 1999/2000 in Polen als Köchin in einem Kindergarten arbeitete:

> «Seit zehn Jahren komme ich nach Deutschland und arbeite in der Küche, ich koche für die bei der Apfelernte arbeitenden Polen. Ich muß für über zweihundert Leute kochen, die Arbeit ist schwer. Ich möchte vor allem meinen Kindern eine gute Ausbildung ermöglichen. Mein Sohn ist schon fast mit seinem Marketingstudium fertig, die Tochter hat noch einige Jahre. Sie studiert an der Kunstakademie. Sie braucht teure Farben. Ich muß alles finanzieren.»[27]

Auch der Bau eines Hauses oder die Anschaffung eines Autos waren Anlass, um saisonal nach Deutschland zu wandern. Manche Polen entwickelten zusätzlich kulturelle Interessen, man besichtigte hin und wieder etwas, und eine Saisonarbeiterin genoss trotz der langen Trennung von ihrer Familie ihren Aufenthalt: «Ich

komme sehr gerne hierher. Das Klima hier ist für mich sehr güns-
tig. Für mich ist das wie eine Kur.»[28]

Teilweise entstanden enge Beziehungen zwischen Bauern und
Saisonarbeitern, vor allem in kleineren Betrieben und zu Vorarbeitern, die schon jahrelang beim selben Arbeitgeber tätig waren.
Es kam vor, dass besonders vertraute Beschäftigte die deutschen
Landwirte zum Gegenbesuch nach Polen einluden, und andersherum, dass sich Polen als Landarbeiter in Deutschland niederließen: Solange dies noch nötig war, fuhren sie «nur mal kurz»
über die Grenze, um einen neuen Einreisestempel für den legalen
Aufenthalt zu bekommen, aber immer häufiger gelang die formelle Legalisierung ihres unbefristeten Aufenthalts. Das «Leben
zwischen zwei Welten», wissenschaftlich «Transmigration» genannt, bereicherte beide Seiten, Deutsche wie Polen, erweiterte
ihre Erfahrungshorizonte und trug nicht zuletzt dazu bei, Vorurteile über den Nachbarn abzubauen. Dafür wurden andere
Stereotype gestärkt, vor allem in Polen: Da Arbeitsmigranten, Saisonarbeiter und Pendler aus verständlichen Gründen dazu neigen,
ihre oft wenig angenehmen Arbeitsbedingungen in den Erzählungen aufzuhübschen, mit Geschenken und Geld ihren beruflichen Erfolg im «goldenen Westen» zu dokumentieren, erschien
Deutschland viel erstrebenswerter, als es von den Migranten tatsächlich wahrgenommen wurde. Die dadurch entstehenden Er-
wartungshaltungen bei den Daheimgebliebenen verstärkten mithin den Druck auf die in Deutschland arbeitenden Polen, das
nächste Mal mit einem noch schöneren Wagen und noch größeren Geschenken anzukommen, waren aber zugleich ein Anreiz
für weitere Polen, es einmal mit der Arbeit in Deutschland zu pro-
bieren.[29]

Neben den Saisonarbeitern legalisierte die deutsche Regierung zu
Beginn der 1990er Jahre auch eine auf zwei, maximal drei Jahre
begrenzte Arbeitsaufnahme als «Werkvertragsarbeiter». Damit
wurde eine Tradition fortgesetzt, die bereits seit den 1960er Jahren
bestanden hatte; in den 1980er Jahren waren jährlich zwischen
3000 und 7000 Polen auf diese Art und Weise in der Bundesrepublik beschäftigt, zum Beispiel Experten für Denkmalschutz, die

sich um historische Bauwerke wie den Trierer Dom oder das Schloss Augustusburg in Brühl verdient machten.[30]

Diese Werkvertragsarbeiter, von denen es nach einer ersten Boomzeit ab 1994 pro Jahr rund 20 000 gab, arbeiteten vor allem im Baugewerbe, relativ häufig in Berlin, mussten in Polen sozialversichert sein und begnügten sich mit geringen Löhnen. Teils wurden die Arbeiter über die Arbeitsverwaltungen vermittelt, teils von großen polnischen Unternehmen entsandt; wenn sie sich verletzten oder krank wurden, schneite oft gleich die Kündigung ins Haus – vielmehr: in das Mehrbettzimmer. Im Laufe der Jahre, vor allem nach 2004, nahm diese Form der Arbeit jedoch stark ab; 2008 gab es nur noch knapp 6000 «delegierte» Arbeiter.[31]

Viele Jahre lang – und eigentlich bis in die Gegenwart – waren größere Baustellen in Deutschland ohne Beteiligung polnischer Arbeiter kaum denkbar. Die häufigen Kontrollen durch den Zoll deuteten aber auch auf ein latentes Problem hin: Wer als Pole «ins Reich fuhr» – diese Floskel *«jechać do Reichu/Rajchu»* hatte die alte Bezeichnung von den «Sachsengängern» (*«jechać na saksy»*) längst abgelöst –, verdiente nach wie vor häufig irregulär sein Geld: Zu groß waren die finanziellen Anreize vor allem für die Arbeitgeber, teils auch zu verzweifelt die Lage der nach Deutschland gekommenen Polen. Anfang der 1990er Jahre waren zum Beispiel rund 40 Prozent der in Berlin festgenommenen ausländischen Schwarzarbeiter Polen. Genaue Zahlen gibt es nicht, aber Ende der 1990er Jahre wurde geschätzt, dass in Deutschland rund 500 000 Polen illegal beschäftigt wurden: Männer vor allem im Baugewerbe und bei der Wohnungsrenovierung, Frauen als Putzfrauen, bei Hausarbeit, privater Pflege oder auch als Prostituierte. Aufgrund ihrer vielfach schlechten Deutschkenntnisse fielen sie häufig auf skrupellose Arbeitgeber herein; es gibt viele Berichte über hemmungslose Ausbeutung, über geprellten oder zu gering gezahlten Lohn oder darüber, dass sie alleine gelassen wurden, wenn sie Probleme mit den Behörden bekamen. Gelegentlich landeten sie als Obdachlose auf der Straße. Die deutschen Gewerkschaften sahen sich als Interessenvertretung der regulären Arbeitnehmer nicht für die polnische Konkurrenz zuständig.[32]

Die Lebensumstände der Bauarbeiter waren unterschiedlich, oft aber spartanisch: Meist schliefen mehrere in einem Zimmer, sie kochten selbst und mussten sich gerade in den 1990er Jahren in ihrem Alltag nicht selten gegen die Anfeindungen anderer Migrantengruppen zur Wehr setzen, denen sie die Arbeit wegnahmen, etwa der Türken. Eine gewisse Zahl polnisch-türkischer Ehen zeigt jedoch auch, dass es, wenn man sich in derselben Nische des Arbeitsmarktes wiederfand, durchaus friedliche Kontakte gab.

In einer besonders komfortablen Lage waren Angehörige der deutschen Minderheit in Oberschlesien. Viele zehntausende von ihnen besorgten sich in den 1990er Jahren einen deutschen Pass, blieben aber in Polen wohnen und konnten nun vergleichsweise unbesorgt und unbescholten in Deutschland arbeiten. Doch für sie galt, was auch viele andere Pendelmigranten betraf – sie lebten in zwei unterschiedlichen Ländern zugleich, hier mit dem einen und dort mit dem anderen Bein. Die Familien blieben oft in der Heimat; wenn beide Eltern im Westen arbeiteten, landeten die Kinder als «Eurowaisen» bei Großeltern oder Tanten. Alle paar Wochen reisten Mama und Papa nach Hause, mit dem Bus, dem Zug oder dem eigenen Auto, seit dem Aufkommen der Billigflieger immer öfter auch mit dem Flugzeug, viele von ihnen beladen mit schlechtem Gewissen und vielen Geschenken. Dieses intensive Hin und Her zwischen Deutschland und Polen prägt den Alltag zahlreicher in Deutschland lebender Menschen polnischer Herkunft.[33]

Die Möglichkeit, seinen Rechtsstatus durch den Schritt in die Selbstständigkeit (die oft nur eine Scheinselbstständigkeit war) zu verbessern, ließ die Zahl der Schwarzarbeiter langsam sinken – 2012 ging man noch von 100000 bis 200000 illegal Beschäftigten aus Polen in Deutschland aus. Allerdings wurde auch fortan in vielen Fällen nur ein Teil des Lohns offiziell gezahlt, während ein anderer Teil «schwarz lief». Ohne polnische Baufachleute könnten sich jedenfalls viele deutsche Familien die Renovierung ihrer Wohnung kaum mehr leisten, ganz abgesehen davon, dass sie mit ihrem Fleiß und ihrer Flexibilität alle altbekannten Bilder vom «faulen Polen», von «Wirtschaftsflüchtlingen» und «Sozialschmarotzern» Lügen straften. Der Kabarettist Thomas Freitag hat in

25 ___ Polnische Bauarbeiter sind von deutschen Baustellen kaum mehr wegzudenken. Hier posieren drei von ihnen an einem Sommertag des Jahres 1995 in Berlin.

einem bekannt gewordenen Sketch – natürlich überzogen – dargestellt, welche Alleskönner «Polen am Bau» sind, während deutsche Handwerker mit ihren begriffsstutzigen Lehrlingen bei ihm
als Inbegriff für Trägheit und Beschränktheit dienen. Auch diese
Konfrontation ließ Konflikte und in bestimmten, von Konkurrenz bedrohten Bereichen neue antipolnische Stereotype entstehen, obschon sie keine Chance auf größere gesellschaftliche Reso-
nanz hatten: Denn wer hat schon etwas gegen geschickte und
tüchtige Helfer?³⁴

In deutschen Ecken, an deutschen Betten

Was für die polnischen Männer die Arbeit «auf dem Bau» war,
wurde für die polnischen Frauen der Haushalt: Putzen und Pflegen, Tätigkeiten also, die wenig Sozialprestige verheißen, bei denen
man relativ wenig verdient, nach denen jedoch eine große Nachfrage besteht. Nicht nur Polinnen, die sich bereits in Deutschland
aufhielten, ergriffen diese Möglichkeit des Gelderwerbs, sondern

zunehmend auch Pendlerinnen. Besondere Anziehungskraft entwickelte Berlin. Ähnlich wie in anderen Bereichen waren es Ende
der 1980er Jahre zunächst besser gebildete Frauen, die an die Spree
kamen, hier Putzstellen annahmen und anfangs nicht selten das
Vierzigfache des polnischen Durchschnittsgehalts verdienten. Die
Soziologin Małgorzata Irek hat eine ursprünglich studentische
Putzfrauenclique beschrieben (durch den Nachweis eines Studien-
platzes konnte man seinen Aufenthalt in Deutschland legalisieren):

> «Halina kam zu Teresa nach Berlin. Sie haben mit anderen Mäd-
> chen zu acht in einer Ein-Zimmer-Wohnung gewohnt. Es gab keine
> Zentralheizung, und da sie nicht wußten, wie ein Kachelofen funk-
> tioniert, haben sie einfach in Trainingsanzügen geschlafen. (…) Alle
> Mädchen arbeiteten für 10 DM pro Stunde plus Fahrgeld als Putz-
> frauen in Privatwohnungen und Restaurants. Alle blieben in Ber-
> lin und heirateten schließlich. Fünf von ihnen haben wohlhabende
> Männer geheiratet und sind dadurch reich geworden. Drei haben
> gut bezahlte Jobs. Ela wurde schwanger (…). Vom Italiener bekam
> sie dann noch eine Tochter. Seine Pizzeria beschäftigte zusätzlich
> sieben Schwarzarbeiter aus Polen.»[35]

Andere Polinnen kehrten nach Polen zurück, darunter Krystyna,
die 1987 zum ersten Mal nach Berlin gekommen war. 1993 besaß
sie statt eines Eigenheims «nun drei Häuser, ein Sommerhaus, eine
Gaststätte und ein Lebensmittelgeschäft, einen Audi und einen
kleinen Mercedes-Bus». Die Folgen der Putzerei waren drastisch – ihr Mann hatte sich von ihr scheiden lassen und ihre Tochter war Alkoholikerin geworden –, doch sie hatte nun einen deutschen Freund, der in Berlin ein kleines Putzfrauenunternehmen
führte.[36]

2003 wurde die Zahl der Polen, die regelmäßig nach Berlin
pendelten, auf 100 000 geschätzt; die meisten von ihnen arbeiteten
illegal. Auch nachdem die legale Beschäftigung im Haushalt ver-
einfacht wurde, ziehen es fast alle privaten Arbeitgeber und die
Putzfrauen vor, weiterhin schwarz zu arbeiten. Zum Teil bemü-
hen sich Frauen, sich in ihren Putzstellen mit anderen Frauen ab-
zuwechseln, um jeweils für zwei bis drei Monate zur Familie nach
Hause fahren zu können. Dieses Rotationssystem haben diejeni-

gen nicht nötig, die in Grenznähe leben und Tag für Tag oder etwa von Mittwoch bis Freitag mit Bus oder Bahn zu ihren Arbeitsplätzen in Berlin und Umgebung pendeln können.[37]

Polnische Putzfrauen sind in Berlin zwar besonders verbreitet, doch es gibt sie natürlich auch in allen anderen Städten und Regionen Deutschlands, wo sie zwar ebenfalls meist schwarz arbeiten und ähnlich organisiert sind, jedoch häufiger dauerhaft leben. Der informelle Arbeitsmarkt hat für Polinnen aber noch eine weitere Beschäftigungsmöglichkeit parat – die der Pflegerin. Fast jeder kennt eine Familie, in der Polinnen die Pflege älterer Menschen übernehmen, zu Konditionen, wie sie kaum eine Deutsche akzeptieren würde. Wie abhängig die Gesellschaft von dieser Unterstützung ist, zeigte sich, als 2001 der Staat meinte, durchgreifen zu müssen, zahlreiche illegal in Deutschland arbeitende polnische Pflegekräfte abschob und ihnen ein befristetes Wiedereinreiseverbot auferlegte: Die Empörung war groß, denn wer hätte Oma und Opa, Tante oder Onkel ohne Kasia, Magda oder Ola aus Polen betreuen sollen? Der fürsorgliche Staat reagierte darauf und erfand ein fürchterliches Wort – die «Anwerbestoppausnahmeverordnung», welche die Beschäftigung von Pflegekräften aus Ostmitteleuropa durch Vermittlung der Arbeitsämter ermöglichte. Aber das finanzielle Interesse der Beteiligten – Polen wie Deutschen – behielt Oberhand, und so sind die meisten polnischen Altenpflegerinnen bis heute illegal tätig, was offenbar im gesamtgesellschaftlichen Interesse liegt und ein weit verbreitetes polnisches Stereotyp von den Deutschen widerlegt, dass nämlich Gesetzestreue in einem für seine «preußischen Tugenden» bekannt gewordenen Land ein besonderer Wert sei.[38]

Pflegekräfte sind tendenziell ältere Frauen mit einer starken Persönlichkeit, oft auch mit einer verhältnismäßig guten Ausbildung, was sie für die deutschen Arbeitgeber attraktiv macht. Aufgrund der anfallenden Kosten für eine gute Pflegerin gehören die Arbeitgeber eher der finanziell gut situierten Mittelschicht an. In den ersten Jahren des neuen Jahrtausends erhielten die polnischen Frauen 600 bis 800 Euro im Monat bar auf die Hand, ohne dass Versicherungs- und Sozialbeiträge abgeführt werden mussten. Erkrankungen und Verletzungen mussten am offiziellen Sys-

tem vorbei geregelt werden. Heute werden je nach Arbeitsauf-
wand und Schwere des Pflegefalls legal 1200 bis 2000 Euro gezahlt,
in denen Versicherung und andere Abgaben bereits enthalten sind;
im privaten Bereich sind aber nach wie vor illegale Beschäfti-
gungsverhältnisse häufig. Die Arbeit ist anstrengend, denn pflege-
bedürftige Senioren brauchen oft eine Rund-um-die-Uhr-Be-
treuung, und selbst wenn dies nicht der Fall ist, wird von den
Pflegekräften neben physischer Arbeit emotionale Beteiligung,
Unterhaltung und nicht selten auch die Erledigung gewöhnlicher
Haushaltsarbeiten erwartet. Sie werden vielfach über Bekannte
empfohlen, es gibt aber auch zahlreiche Vermittlungsagenturen.[39]

Polnische Pflegerinnen kommen ebenso wie die Putzfrauen
überwiegend aus materiellen Gründen nach Deutschland. Aufgrund des Charakters ihrer Tätigkeit treten sie jedoch in noch
engeren Kontakt mit Deutschen, der oft bis hin zum Familien-
anschluss reicht – gelegentlich sogar bis zur gemeinsamen Fahrt
in den Urlaub. All dies führt dazu, dass sie ihre Lebensweise in
vielen Fällen positiv definieren. Einer Wissenschaftlerin zufolge
vermittelt ihnen das Pendeln «das Bewusstsein von Stärken und
Belastungsfähigkeit und einigen auch das Gefühl der Überlegenheit gegenüber ihren Arbeitgeber/inne/n im Ausland, weil diese
nicht so tüchtig sind wie sie selbst».[40] Der intime Einblick in deutsche Befindlichkeiten und Mentalitäten bewegt die Polinnen oft
zur Selbstreflexion, insbesondere über Frauenrollen. Eine Pflegerin bekannte:

> «In Deutschland gibt es mehr Freiheit in der Ehe, deshalb will ich
> auch am liebsten einen Deutschen heiraten. Die Männer denken
> hier anders und erwarten auch etwas anderes. (…) Als Frau in Po-
> len kann man nicht das machen, wozu man Lust hat; in Deutsch-
> land ist das ganz anders.»[41]

Eine Putzfrau führte aus:

> «Mittlerweile ist mein Leben hier ganz stark verwurzelt. Wenn ich
> in Polen bin, fehlt mir Deutschland sogar – nicht direkt Deutsch-
> land, sondern mein Leben hier, das ist jetzt mein ‹richtiges› Le-
> ben.»[42]

Und noch eine Stimme, eine 49-Jährige, die seit 1996 illegal in Berlin lebte und sich 2008 folgendermaßen äußerte:

«Ich fühle mich sehr, sehr wohl hier [in Berlin]. Weil, zum Beispiel als Frau in meinem Alter in Polen in ein Restaurant oder in eine Disko zu gehen, das kann man vergessen. In Polen würde ich schon mit Kopftuch rumlaufen, ohne Zähne (…). Das sehe ich bei meinen Freundinnen in meinem Alter, leider. (…) Wir sind total anders. Und hier fühle ich mich wohl, weil ich relativ jederzeit ausgehen kann.»[43]

In diesen Äußerungen steckt viel biographische Konstruktion; es ist ganz natürlich, seinen Lebenslauf «schönzureden» und seine Migrationsentscheidung argumentativ zu rechtfertigen. Doch offensichtlich setzt bei Migrantinnen und Migranten in Deutschland ein «reflexiver Modernisierungsprozess» ein, der sie «schrittweise aus vorgegebenen Verhaltensnormen und Lebensstilen» herauslöst.[44] Die Kommentare drücken die stille Sehnsucht nicht weniger Polinnen nach etwas mehr Selbstverwirklichung und etwas weniger Patriarchat aus, konkret oft nach weniger Brutalität und Alkoholismus sowie nach mehr Gleichberechtigung in der Ehe. Diese Faktoren lassen manche Pendlerinnen – Transmigrantinnen – schließlich in Deutschland sesshaft werden.

Etwa die Pflegekraft Ewa Holler. Aus einem Dorf stammend, zog sie zunächst nach Oberschlesien, heiratete und gebar eine Tochter, begann dann aber ein Leben als Saisonarbeiterin bei der Gurkenernte in Deutschland, auch um sich finanziell von ihrem Mann unabhängig zu machen, von dem sie sich schließlich trennte. 2001 fand sie «schwarz» Arbeit als Pflegerin, später regulär über das Arbeitsamt (damit ihre Tochter die Schule besuchen konnte). Schließlich lernte sie in Mainz einen türkischen Mann kennen, zu dem sie 2004 zog. Die Wissenschaftlerin, die Ewa Holler interviewt hat, kommentiert diese Biographie folgendermaßen:

«Zum Zeitpunkt des Interviews [2004] lebt sie in einer harmonischen Liebesbeziehung gemeinsam mit ihrer Tochter geographisch weit entfernt von ihrer Herkunftsfamilie und ist finanziell unabhängig. Die Tatsache, dass sie es geschafft hat, ihre eigenen Handlungsoptionen zu erweitern und sich ein eigenes Leben aufzubauen, ist dabei weit bedeutsamer für sie, als die Art ihrer Tätigkeit oder die Bedingungen ihres Aufenthalts.»[45]

Wer jedoch in Polen eine funktionierende Familie besitzt, muss das Leben zwischen den Welten – das auch als «plurilokale Lebensform» bezeichnet wird – meistern, die Abwesenheit von Kindern und Ehemännern organisieren, die Kommunikation mit den «Eurowaisen» daheim planen – die in Zeiten von Internet und Skype so viel einfacher geworden ist –, regelmäßig zurückkreisen und dort nicht nur für sich, sondern auch für die Umwelt ein möglichst positives Bild der Arbeit in Deutschland zeichnen. Eine Altenpflegerin drückt sich so aus:

> «Na ja, wenn ich jetzt nach Polen fahre, erzähle ich ja selbst eher die guten Seiten, weil man das Schlechte eher vergisst oder vergessen will, oder weil man kein Mitleid wünscht, sondern Bewunderung und Neid ernten möchte. Man schämt sich, wenn man schon Polen verlässt und gegen Deutschland eintauscht, wenn man es dann doch nicht schafft.»[46]

Im privaten Gespräch sprechen die Polinnen aber oft auch von Heimweh, Sehnsucht nach Familie und Kindern und außerdem von Scham, diese als erniedrigend wahrgenommenen Tätigkeiten auszuüben.

Nur der Vollständigkeit halber sei noch der Begriff «Au Pair» genannt: Viele junge Frauen auch aus Polen erhoffen sich seit den 1980er Jahren von einem Aufenthalt in Deutschland als Au-Pair-Mädchen kulturelle und sprachliche Bereicherung sowie ein nettes Startkapital in eine berufliche Zukunft. Nicht wenige bleiben gleich ganz in Deutschland und nehmen etwa ein Studium auf. Aber je nach Veranlagung und Aufnahmefamilie fallen die Au-Pair-Erfahrungen ganz unterschiedlich aus, nicht selten auch so negativ, wie dies eine im Rahmen einer Studie befragte Polin angab: «Ich war Gärtnerin, Putzfrau, Kindermädchen – einfach Sklavin. Das war eine schlimme Zeit, ich war auch noch jung und wusste vieles nicht.»[47]

Prostitution

Prostitution ist eine Sonderform polnischer Migration nach Deutschland, aber keineswegs eine seltene. Bereits in der Mitte der 1980er Jahre reisten nicht wenige Polinnen mit Touristenvisa nach Deutschland, vor allem nach West-Berlin, um hier ihren

Körper zu verkaufen, teils freiwillig, teils gezwungen; bisweilen wurden sogar regelrechte Tages-Busreisen für Frauen organisiert, die innerhalb weniger Stunden in Berlin mehr Geld «anschafften» als sie in einem Monat in Polen verdienen konnten. Ende der 1980er Jahre sollen ein Drittel aller Berliner Prostituierten Polinnen gewesen sein, was sich natürlich nicht überprüfen lässt, wie überhaupt der Bereich der käuflichen Liebe statistisch kaum greifbar ist. Die Polinnen nahmen in der Hierarchie der Prostituierten zunächst die unterste Position ein. Auch polnische Strichjungen suchten in Berlin nach Kundschaft.[48]

In der deutschen Vorstellungswelt hat sich trotz aller Verwerfungen des 20. Jahrhunderts ein Stereotyp des 19. Jahrhunderts hartnäckig gehalten – das der reizenden, verführerischen Polin. Das modebewusste und gepflegte Auftreten sehr vieler polnischer Frauen selbst in den grauen Zeiten des real existierenden Sozialismus ließ dieses Bild weiterleben. Die «Polin» genießt deshalb unter deutschen Freiern einen guten Ruf. Deshalb, aber auch aus Gründen der geographischen Nähe und des Wohlstandsgefälles, sind von den vielleicht 400 000 Prostituierten, die heute in Deutschland ihr Werk verrichten, möglicherweise 30 000 Polinnen; sie arbeiten vorwiegend in Berlin und Norddeutschland. Von den 4000 käuflichen Frauen Hamburgs um das Jahr 2000 dürfte ein Viertel und mehr aus dem östlichen Nachbarland gestammt haben.[49]

Manche polnische Sexarbeiterinnen haben ein ganz pragmatisches Verhältnis zu ihrem Gelderwerb – sie verdienen für ihre berufliche Zukunft, die sie natürlich anders verbringen wollen, gelegentlich auch für ihr Studium. Eine bemerkt dazu lakonisch: «Das hier ist wie eine Rolle, die man spielt und dafür Kohle kassiert.» Andere leben von Tag zu Tag und arrangieren sich mit ihrem Tun. Aber kaum eine berichtet daheim im katholischen Polen von den Quellen ihres pekuniären Erfolgs – das geht nur die deutschen Männer etwas an. Doch da es auch die Männer vorziehen, am häuslichen Herd nichts über die Reize der Polinnen zu erzählen, ist über diese Ebene deutsch-polnischer Kontakte nach wie vor wenig bekannt.[50]

Auf der Suche nach dem großen Glück: Heiratsmigration nach Deutschland

Schon in den 1980er Jahren stieg die Zahl deutsch-polnischer Ehen stark, wobei stets mehr als fünf Mal so viele deutsche Männer polnische Frauen ehelichten als deutsche Frauen polnische Männer. Während ein Teil dieser Heiratsmigration auf nachziehende polnische Frauen deutscher Spätaussiedler oder Polen mit deutschem Pass zurückgeführt werden kann, gab es vielfach andere Hintergründe: Mit der verstärkten gegenseitigen Durchdringung der Gesellschaften, polnischer Wanderung nach Deutschland, aber auch immer häufigeren beruflichen oder touristischen Aufenthalten von Deutschen in Polen wuchsen die Möglichkeiten privater Kontaktaufnahme. Das traditionalistischere Weltbild mancher polnischer Frauen kam deutschen Männern offensichtlich ebenso entgegen wie polnischen Frauen die Aussicht, ihre materielle Situation durch eine Heirat auf einen Schlag zu verbessern, einen dauerhaften Aufenthaltsstatus in Deutschland zu erhalten oder der selbst als traditionalistisch empfundenen Gesellschaft in Polen in eine gleichberechtigtere Welt zu entkommen. Das schloss Liebe keineswegs aus: Deutsch-polnische Ehen werden statistisch weitaus seltener geschieden als der Durchschnitt aller Ehen.[51]

Wurden in den 1960er und 1970er Jahren in der Bundesrepublik jährlich im Schnitt nur – aber auch: immerhin! – 200 bis 300 deutsch-polnische Eheschließungen registriert, so überschritt die Zahl 1985 die Tausendermarke, 1989 waren es fast 3000 und in den 1990ern jährlich oft über 6000. Insgesamt dürften seit 1989 mehr als 120 000 deutsch-polnische Ehen geschlossen worden sein, davon mehr als 100 000 zwischen deutschen Männern und polnischen Frauen. Zwar gehen die Zahlen seit Anfang der 2000er Jahre wieder zurück, doch auch 2011 erhielten alleine in Deutschland noch gut 3000 deutsch-polnische Paare ihre Heiratsurkunden, davon 2660 Paare mit deutschem Mann und polnischer Frau. Seit mehr als einem Vierteljahrhundert liegen Polinnen mit weitem Abstand an der Spitze aller ausländischen Ehepartnerinnen deutscher Männer.[52]

Die ökonomischen Faktoren ließen den deutsch-polnischen Heiratsmarkt rasch auch für kommerzielle Anbieter interessant werden. Schon in den 1980er Jahren machten Agenturen wie «Polonia-Kontakt» per Zeitungsannoncen oder durch den kostenpflichtigen Versand von Kontaktadressen Reklame bei deutschen Männern, die von den Vorzügen polnischer Frauen überzeugt waren. Ein seit Jahresfrist mit einer Polin verehelichter süddeutscher Landwirt erklärte 1985 dem Nachrichtenmagazin «Spiegel»: «Die polnische Frau ist rassig und anschmiegsam, sie ist häuslich, fleißig und bescheiden und fragt nicht nach Luxus.» Auch die Bild-Zeitung griff das Thema damals bereits auf und berichtete über die Gründe deutscher Männer, sich keine deutsche Frau ins Haus zu holen: «Meine deutsche Freundin wäscht mir nicht mal die Hemden.»[53]

Im Prinzip hat sich an diesen Vorstellungen eines Teils der deutschen Männer bis heute wenig geändert, auch wenn natürlich die veränderten politischen Verhältnisse, die vielfältigen Reisemöglichkeiten und die sich verringernden materiellen Unterschiede die Motivlagen sehr viel komplexer werden ließen. Doch es genügt, in die führende Internet-Suchmaschine den Begriff «polnische Frau» einzugeben, und schon landet man bei Seiten wie «www.polishharmony.de» oder «www.polenliebe.de», wo deutschen Männern die Vorzüge polnischer Frauen folgendermaßen angepriesen werden (auf eine Korrektur der Rechtschreibung habe ich verzichtet):

> «(…) die polnischen Frauen sehen in der Liebe, in der Partnerschaft weit mehr, als die eher fordernden westlichen Frauen. Für die Polinnen steht die Familie an erster Stelle einer Partnerschaft! Das sind die Werte, die eine polnische Frau auszeichnen. Nicht die Sucht nach Konsum oder westlichem Wohlstand, vielmehr die Ursprünglichkeit des Lebens, dass ist was die polnische Frau in Ihrer Partnerschaft sucht.»[54]

Unter deutschen Männern scheinen derartige Stereotype nach wie vor auf fruchtbaren Boden zu fallen. Doch unabhängig von der jeweiligen Motivation ist die Heiratsmigration von Polinnen nach Deutschland auf jeden Fall zu einem wichtigen Teil der symbiotischen deutsch-polnischen Nachbarschaft geworden.[55]

Intellektuelle Zuwanderung

Die immer niedriger werdenden Hürden für Polen, sich ins
Nachbarland zu begeben, zeigten sich nicht zuletzt an der Bil-
dungsmigration. Während polnische Schülerinnen und Schüler
an deutschen Gymnasien im Grenzgebiet immer noch eher
eine Ausnahme darstellen, haben sich die deutschen Hochschulen zu einem wahren Eldorado für Polen entwickelt, die hier
teilweise bessere Studienbedingungen als in ihrer Heimat finden.

Betrug die Zahl polnischer Studierender – sogenannter «Bil-
dungsausländer» – an deutschen Hochschulen 1997 noch rund
4500, so wuchs sie anschließend rasch, um 2005/06 mit mehr als
15 000 einen Höhepunkt zu erreichen; bis 2012 sank sie aber wieder auf knapp 7000. Die Zahl der polnischen Absolventen stag-
niert seit einiger Zeit. Die rückläufigen Studierendenzahlen könnten ein Anzeichen für die sinkende intellektuelle Attraktivität
Deutschlands für Polen sein, wo Englisch mittlerweile mit weitem
Abstand an der Spitze der erlernten Fremdsprachen steht – nicht
von ungefähr studierten zur gleichen Zeit in Großbritannien rund
18 000 Polen. Sie könnten aber auch darauf zurückzuführen sein,
dass früher die Immatrikulation einer der wenigen Wege war, zumindest für einige Jahre das Aufenthaltsrecht zu erhalten. Langsam steigend ist lediglich die Zahl der polnischen Erasmus-Stu-
denten, von denen es 2011 rund 2000 gab. Große Anziehungskraft
übt Deutschland übrigens auch auf polnische Wissenschaftler
aus – 2012 lagen sie mit knapp 1200 Personen an zehnter Stelle
ausländischer Wissenschaftler und Künstler an deutschen Hochschulen, besonders in den naturwissenschaftlich-technischen und
medizinischen Fakultäten.[56]

Auch wenn sie nicht in Deutschland studiert haben, bauen
sich polnische Ärzte gerne eine Existenz in Deutschland auf.
Angezogen von vergleichsweise hohen Gehältern und einer großen Nachfrage nach bestimmten ärztlichen Dienstleistungen, ist
die Zahl polnischer Ärzte in Deutschland von knapp 700 (1999)
auf etwa 1600 (2012) gestiegen. Damit gehört Polen zu den größ-

ten «Ärztelieferanten» für die Bundesrepublik; alleine mehr als
200 polnischsprachige Zahnärzte praktizieren hier.[57]

«Es gibt mich weder hier noch dort»: Künstlerexistenzen

Die Zahl polnischer Künstlerinnen und Künstler in der Bundesrepublik lässt sich kaum bestimmen, doch eins ist gewiss: Sie ist
groß. Durch die Zuwanderungswellen der letzten Jahrzehnte,
aber auch individuell angelockt durch die Anziehungskraft der
kulturellen Zentren, haben sich so viele von ihnen in Deutschland
niedergelassen wie wohl nie zuvor. Das fällt nicht unbedingt auf:
Die polnischen Kulturschaffenden in Deutschland sind bestens in
die bunte Welt der «Szenen» integriert; nicht immer ist ihre Herkunft für ihr Wirken von Bedeutung, oft sind sie als «Polen» gar
nicht erkennbar, ja sie wollen gar nicht durch eine polnische Brille
rezipiert werden.[58]

Die Wanderung von polnischen Musikern nach Deutschland
hat eine lange Tradition, doch ihr Charakter hat sich gewandelt:
Waren vor dem Ersten Weltkrieg viele junge Musiker nach
Deutschland gekommen, um sich an den vorzüglichen hiesigen
Hochschulen weiterzubilden, so kommen heute viele von den
vorzüglichen polnischen Hochschulen, um in Deutschland – wo
die traditionelle, konservative Ausbildung an den Akademien an
Bedeutung verloren hat – anschließend Karriere zu machen. Das
Land ist attraktiv für Musiker verschiedener Genres. Es genügt ein
Blick auf den Jazz und ins Rhein-Main-Gebiet, wo seit vielen Jahren zwei weithin bekannte Musiker verwurzelt sind: Der Pianist
Janusz Maria Stefański befand sich gerade auf Tournee, als 1981
das Kriegsrecht in Polen verhängt wurde, blieb im Exil und konnte
sich als führender Jazzschlagzeuger einen Namen machen. Der
Bassist Vitold Rek kam einige Jahre später nach Deutschland und
folgte einer Strategie vieler polnischer Zuwanderer: Er verzichtete
auf einen im neuen Umfeld wenig aussprechbaren Nachnamen
und rettete von «Szczurek» nur das «-rek», gab sich mit dem Wandel von Witold zu Vitold zudem ein besonderes Markenzeichen,

denn im Polnischen ist der Buchstabe «V» so gut wie unbekannt. Rek ist auf führenden Festivals zu hören und greift gerne auf das reiche Erbe der polnischen Volksmusik zurück, um es in den unterschiedlichsten Ensembles und Konstellationen – genauso wie seinen eigenen Namen – sozusagen zu internationalisieren.

Im Bereich der klassischen Musik waren es nicht zuletzt die großen deutschen Orchester und Opernbühnen, die Künstlern aus Polen ein erträgliches Auskommen verhießen. Auch die Hochschulen und Akademien profitierten von Zuwanderern aus Polen, etwa die Staatliche Hochschule für Musik in Köln: Hier lehrte zwischen 1987 und 2008 mit Krzysztof Meyer einer der herausragenden polnischen Gegenwartskomponisten, der bis heute im Westerwald lebt und deutsche, gewissermaßen Brahms'sche Formstrenge mit einer komplexen, emotionalen und spannungsreichen Tonsprache füllt.

Polen genießen auch im Bereich der bildenden Kunst in Deutschland große Anerkennung: Die seit 1986 in Recklinghausen lebende Danuta Karsten wird für ihre Installationen und Skulpturen geschätzt; der Maler Roman Lipski, der sich seit 1989 in Berlin aufhält, hat sich mit seinen mystisch wirkenden Landschaftsbildern über Deutschland und Polen hinaus einen Namen gemacht. Gerade Berlin ist zu einem Zentrum polnischer Kultur geworden – vom «Club der Polnischen Versager» und anderen Initiativen war bereits die Rede gewesen –, es gibt polnisch geführte Kneipen, Lokale, Cafés, Clubs; von den bekannten polnischen Künstlern der Spreemetropole sei nur der Plakatkünstler Jan Lenica genannt, der die Jahre von 1986 bis zu seinem Tod 2001 hier verbrachte. Aber auch abseits der Zentren findet Polnisches statt: Seit 1990 betreibt der Künstler Gerhard Jürgen Blum-Kwiatkowski – der bereits 1974 als Aussiedler nach Deutschland gekommen war – in der osthessischen Provinz ein «Museum Modern Art Hünfeld».

Zu einem weiteren Zentrum wird derzeit das Ruhrgebiet. Waren Polnischsprachige hier viele Jahrzehnte lang bemüht, ihre kulturelle Herkunft bloß nicht öffentlich zur Schau zu tragen, so treten sie seit einigen Jahren immer selbstbewusster auf. Dabei gibt es eine ganze Reihe von sozusagen «innerpolnischen» Veran-

staltungen, die auf Polnisch stattfinden und Polnisches für Polen
bieten – populäre Großkonzerte in Oberhausen oder Essen, Wahlen zur «Miss Polonia in Deutschland» oder Veranstaltungen im
inoffiziellen Kulturzentrum der Ruhrgebietspolen, dem Restaurant «Gdańska» in Oberhausen –, aber auch viele Bemühungen,
zur kulturellen Vermittlung beizutragen: Dies will etwa die 2008
in Bochum gegründete Künstlergruppe «Kosmopolen».

Schriftsteller tun sich mit Migration oft schwer. In eine anders-
sprachliche Umgebung versetzt, haben sie im Grunde drei Möglichkeiten: Weiter in ihrer Muttersprache schreiben – auf die Gefahr hin, kein Gehör zu finden –, die Sprache zu wechseln oder
das Schreiben ganz aufzugeben. Polen hat mit emigrierten Dichtern viele Erfahrungen gesammelt; schon im 19. Jahrhundert lebten viele seiner größten Schriftsteller in der Ferne. Die Teilung
des Kontinents 1945 ließ in den folgenden Jahrzehnten wiederum
viele Autoren den Weg in die Fremde wählen. Sie steuerten zumeist die traditionellen Ziele der politischen Emigration an und
gingen nach Großbritannien, Frankreich oder Nordamerika, wo
seit dem Krieg ein intellektuelles Netzwerk bestand, das es ihnen
auch im Ausland erlaubte, auf Polnisch eine breite Leserschaft zu
finden. Die Bundesrepublik bot dies zunächst kaum. Erst als sich
in den 1980er Jahren der große, vor allem ökonomisch motivierte
Wanderungsstrom von Spätaussiedlern und Flüchtlingen nach
Westdeutschland in Gang setzte, änderte sich die Lage, denn nun
kamen viele humanistisch gebildete Polen ins Land, die sich hier
weiter literarisch betätigen wollten. Und so entstand seit dem
Ende der 1980er Jahre in Deutschland eine umfangreichere, teils
untereinander vernetzte Literatur auf Polnisch oder von Polen,
die in Deutschland auf Deutsch schreiben.

Die meisten heute im deutschen Sprachraum lebenden polnischsprachigen Autoren arbeiten sich an ihrer deutschen Umgebung ab oder beschäftigen sich mit der polnischen Heimat. Immer wieder kommen sie in ihren Texten auf die Migration von
dort nach hier zurück, die viele von ihnen auch auf längere Sicht
als «Demütigung» und «Entwürdigung» interpretieren, insbesondere wenn sie es – wie man in Polen sagt – «einem deutschen
Großvater» zu verdanken hatten, dass sie als Spätaussiedler nach

Deutschland kamen. Der offene oder unausgesprochene Anpassungsdruck der deutschen Umgebung führte nicht selten zu bitteren Reflexionen über «Vaterlandsverrat» und «Männlichkeitsverlust». Brygida Helbig-Mischewski, Literaturwissenschaftlerin und selbst polnische Schriftstellerin in Berlin, fasst das Schaffen einiger ihrer männlichen Kollegen folgendermaßen zusammen: «Migration in der Literatur geht meist mit einer tiefen Krise einher, mit Lähmung, Machtverlust, Selbsthass sowie diversen Formen von Selbstaggression.»[59]

Spürbar ist dies beispielsweise in den Gedichten Krzysztof Niewrzędas. Der 1964 in Stettin geborene Dichter kam 1989 nach Bremen und lebt heute in Berlin. In seinem Gedicht *druga rozmowa* (Das zweite Gespräch) geht es um die Verachtung des Westens für den Osten:

«Ich heiße Niewrzęda
wenn also hier
jemand
meinen Namen nicht sofort
verdreht
weiß ich dass ich es mit einem Asiaten
in weißen Socken zu tun habe
der Rest
pflegt die europäische Gewohnheit so zu tun
als sei alles von dort
unaussprechlich
schlechter»[60]

Die doppelte Heimat in Polen und Deutschland macht viele Autoren nachdenklich. Janusz Rudnicki, der seit drei Jahrzehnten in Deutschland lebt, schreibt seit mehr als zwei Jahrzehnten unter dem Titel «Briefe aus Hamburg» monatliche Feuilletons für die traditionsreiche polnische Literaturzeitschrift «Twórczość», eine sich über Jahre hin erstreckende Selbstbeobachtung. Einen der ersten dieser Texte verfasste er 1994: «In Polen, auf meinem ‹Heimatboden›, bin ich nicht mehr so richtig daheim, in Hamburg bin ich es noch nicht. Es gibt mich weder hier noch dort.»[61] Rudnicki gehört mittlerweile in Polen zu den viel beachteten Schriftstellern.

Andere gehen – wie Krzysztof Maria Załuski – ähnliche Wege und betreiben deutsch-polnische Nabelschau, entziehen sich durch ihre Transnationalität aber «eindeutigen nationalen Kategorisierungen».[62] Eine andere Strategie hat die seit 1985 in Hamburg lebende Natasza Goerke gewählt, die ebenfalls zu den bekannten polnischen Autorinnen zählt und in zahlreiche Sprachen übersetzt worden ist. Sie vermeidet deutsch-polnische Engführungen und nimmt sich und ihre Leser stattdessen immer wieder nach Nepal mit, wo sie eine dritte Heimat gefunden hat. Auch polnische Bestsellerautoren haben ihren Lebensmittelpunkt in Deutschland: Der in Frankfurt am Main beheimatete Janusz L. Wiśniewski erreicht als «Frauenversteher» mit seinen Romanen in Polen (und in Russland) sechsstellige Auflagen; Iwona Menzel, die viele Jahre in Darmstadt wohnte, ist mit ihren in Deutschland spielenden Unterhaltungsromanen bekannt geworden.

Den Mut zum Sprachwechsel haben nur wenige nach Deutschland gewanderte polnische Schriftsteller aufgebracht. In den Literaturredaktionen bestens bekannt ist Artur Becker, der wie viele seiner Schriftstellerkollegen Mitte der 1980er Jahre nach Deutschland kam, in seinem Fall als fast erwachsener Spätaussiedler aus Masuren; spätestens mit der Verleihung des Chamisso-Preises 2009 für deutschsprachige Werke nicht im deutschen Sprachraum geborener Autoren ist er endgültig in der deutschen Literatur «angekommen». Becker versteht es, in seinen zahlreichen auf Deutsch verfassten Romanen (Gedichte schreibt er gelegentlich auch noch auf Polnisch) seine Erfahrungen in phänomenale Erzählbögen einzuspannen, die mal im masurischen Landstädtchen Bartoszyce/Bartenstein, mal im westdeutschen Norden spielen, meist aber an beiden Orten zugleich. Ein Beispiel für seine augenzwinkernde Konfrontation der Kulturen findet sich in seinem Roman *Das Herz von Chopin* (2006). Der aus Polen stammende Gebrauchtwagenhändler Chopin – eine wie viele von Beckers Protagonisten nach dem Vorbild ihres Erfinders modellierte Figur – erinnert sich:

> «Hegte jemand wegen meines Akzentes und des harten *R*s an meiner germanischen Herkunft Zweifel, sagte ich, ich sei Ostpreuße. Für die Rentner war ich somit ein Heiliger. ‹Sie sind ein so genannter Vertriebener!›, sagten sie gerührt.

Für junge Leute war eine andere Strategie angesagt. Denn in ihrem schwarz-weißen Schubladendenken, das sich *Political Correctness* nannte, stellten sie sich unter einem Ostpreußen ein Fossil aus der Nazizeit vor, und das war nicht gerade die Rolle, die ich in der Hansestadt spielen wollte. Jungen Käufern sagte ich deswegen, in meinen Adern flösse das Blut von vier Sippen: deutsches, polnisches, russisches und jüdisches. So! Und es entsprach sogar der Wahrheit.»[63]

Ähnliche Erfahrungen mit der bundesdeutschen Wirklichkeit hat auch Dariusz Muszer gemacht, der sich ebenfalls für die deutsche Sprachheimat entschieden hat. Andere Autoren mit polnischem Migrationshintergrund sind so jung, dass sie größtenteils in Deutschland aufgewachsen sind und sich das Deutsche nicht erst mühsam im Erwachsenenalter aneignen mussten. Zu ihnen gehört neben Matthias Nawrat auch Sabrina Janesch, die ihre Themen im deutsch-polnischen Grenzland sucht und deren betont präziser Diktion man anzuhören meint, dass sie sich als Kind zu einer neuen Sprache zwingen musste.

Trotz dieser relativ vielen polnischen Schriftsteller hatte es eine polnische literarische Szene in Deutschland schwer. Ansätze gab es in Berlin, wo in den 1980er und 1990er Jahren einige Literaturzeitschriften herauskamen – das liberal-katholische «Słowo», die Magazine «Pogląd» oder «Archipelag» sowie die Buchedition «WIR». Später erschien zwischen 2001 und 2011 in Messel bei Darmstadt das Kulturmagazin «Zarys», dessen Herausgeber Roman Ulfik jedoch enttäuscht die Segel strich, weil sein Jahrbuch bei den Polen in Deutschland kaum auf Interesse stieß: «Für sie ist Kultur, gleichgültig in welcher Form, zum Leben einfach nicht erforderlich. Haus, Auto, Urlaub, gewiss doch, und wenn schon ein Buch, dann unbedingt etwas Leichtes.»[64]

In Berlin entstanden in jüngerer Zeit das Kulturmagazin «P+» und die Neuköllner Buchhandlung «Buchbund», die sich zu einem Zentrum polnisch-literarischen Lebens in der Stadt entwickelte. Schließlich tingeln führende polnische Autoren immer wieder auf Lesereise durch deutsche Literaturhäuser und Buchhandlungen. Andrzej Stasiuk hat darüber sogar ein bissiges kleines Buch mit dem Titel *Dojczland* geschrieben:

«Ich habe also sechzig deutsche Hotels hinter mir, sechzig deutsche
Städte, sechzig Bahnhöfe und sieben deutsche Flughäfen. Dreimal
bin ich auf dem Rhein gefahren und einmal mit dem Boot über die
Donau gesetzt. Das war in Ulm. (…) Nirgendwo länger als zwei
Tage. Meistens nur einen Tag und weiter, einen Nachmittag mit
Duschen, Rasieren, einem Schluck Jim Beam, alles in Eile, dann ein
kurzes Nickerchen, die Lesung, Abendessen beim Italiener, Schlaf,
Frühstück und Bahnhof. Ich bin ein wandernder Gastarbeiter.»[65]

Besondere Aufmerksamkeit erregten schließlich zwei Theater-
initiativen: Bundesweit das von Andrej Woron in den 1990er Jahren in Berlin gegründete «Teatr Kreatur», das an die Bild- und
Bühnenwelt Tadeusz Kantors anknüpfte und für einige Zeit eine
der meistbeachteten Off-Bühnen des Landes war («der wahrscheinlich aufregendste Theatermacher Großberlins» schrieb der
«Spiegel» 1991). Diese Tradition wird an der Spree heute von
Kleinbühnen wie «Teatr Studio» oder der Schauspielschule «Re-
duta» fortgesetzt. Für regionales Aufsehen sorgt seit 1983 in Kiel
das «Polnische Theater», eine Off-Bühne, die unter der künstlerischen Leitung Tadeusz Galias regelmäßig Stücke in deutscher
Sprache aufführt.[66]

Polen in Deutschland als Sportidole

Was wäre der deutsche Sport ohne den Wanderungsraum Polen!
Besonders im Fußball spiegelt sich die Attraktivität Deutschlands
als Migrationsziel für Menschen aus dem Nachbarland. Beispiel Miroslav Klose: 1978 im oberschlesischen Oppeln geboren –
seine Mutter war polnische Handballnationalspielerin, sein
deutschstämmiger Vater Fußballer – und 1985 mit seiner Familie
als Spätaussiedler nach Deutschland übergesiedelt, tat er sich zunächst mit der ungewohnten Sprache schwer und suchte Bestäti-
gung im Fußball: «Jeder wollte, dass ich in seiner Mannschaft
spielte. Das gab mir Selbstsicherheit und half mir, mich in der
neuen Lage zurechtzufinden. Schließlich hat mir diese Erfahrung
auch erlaubt, mich bei den Deutschen zu integrieren.»[67] Tatsächlich ermöglichte der Fußball immer noch rasante Aufstiege. Doch

trotz Kloses «deutscher» Karriere, die ihn unter anderem zu Bayern München und zur Nationalmannschaft führte, und obwohl er sich mehrfach als «Deutscher» bezeichnete, hat er eine polnische Frau geheiratet und spricht daheim Polnisch – wieder ein Beleg für die schwierigen Zwischenidentitäten von Aussiedlern. Auch Lukas Podolski, 1985 im oberschlesischen Gleiwitz geboren, kam als Aussiedlerkind nach Deutschland und heiratete ebenfalls eine polnische Frau. Anders als Klose ist er jedoch auch öffentlich stolz auf den polnischen Bestandteil seiner Identität.[68]

Obwohl die Aussiedlerwelle seit Anfang der 1990er Jahre verebbt ist, wird es auch in Zukunft mit Sicherheit Kinder polnischer Migranten geben, die in Deutschland eine Fußballerlaufbahn einschlagen. Ob sie dann aber noch für die deutsche Nationalmannschaft auflaufen werden? Schon jetzt haben sich einige Aussiedlerkinder für die polnische Auswahl aufstellen lassen, zum Beispiel Eugen Polanski, der jedoch wiederum über sich sagt, er fühle sich eher als Deutscher ... [69]

Die finanzstarke Bundesliga zieht nicht nur Spätaussiedler an. Schon in den 1980er Jahren durften polnische Erstligaspieler zu deutschen Clubs wechseln. Talente wie Andrzej Buncol, Włodzimierz Smolarek oder Jan Furtok spielten sich in die Herzen der Fans. Besonders bekannt wurden die drei Polen von Borussia Dortmund, das zeitweilig scherzhaft auch «Polonia Dortmund» genannt wurde: Jakub Błaszczykowski kam 2007 zu dem Spitzenverein (und ließ sich wegen seines für deutsche Zungen relativ unaussprechlichen Nachnamens zunächst «Kuba» nennen), Łukasz Piszczek und Robert Lewandowski folgten 2010, sorgten für Furore und 2010/11 sowie 2011/12 zweimal für die Deutsche Meisterschaft. Lewandowski sicherte sich mit seinen vier Toren in der Champions League-Partie gegen die «Königlichen» von Real Madrid 2013 einen Ehrenplatz in den Vereinsannalen. Insgesamt kickten 2013 mehr als 20 polnische Profis in den obersten drei deutschen Ligen.

Doch nicht nur im Fußball machten Polnischsprachige von sich reden. Auch im deutschen Handball gibt es traditionell viele Polen, etwa Bogdan Wenta, der sich als 185-facher polnischer Nationalspieler sogar in Deutschland einbürgern ließ, um dann als

deutscher Nationalspieler an den Olympischen Spielen teilnehmen zu können; später trainierte er lange die polnische Nationalmannschaft. Der Boxer Dariusz Michalczewski («Tiger»), der
sich 1988 als polnischer Meister in die Bundesrepublik abgesetzt
hatte, war später mehrere Jahre lang für Deutschland Weltmeister
im Halbschwergewicht; der Stabhochsprung-Olympiasieger von
Moskau 1980, Władysław Kozakiewicz, siedelte 1985 in die Bundesrepublik über und hielt hier eine Zeitlang den deutschen Re-
kord; heute arbeitet er als Sportlehrer an einer Schule in Nieder-
sachsen.

Verwirrspiel der Verbände:
Polnische Dachorganisationen

Ähnlich wie in den Jahrzehnten zuvor spielten die polnischen Organisationen in Deutschland auch nach 1990 nur eine marginale
Rolle; weniger als ein Prozent der hier lebenden Polnischsprachigen gehörte ihnen als Mitglied an. Als grundlegendes Problem
stellte sich heraus, dass es zwar eine Reihe von Dachverbänden der
in Deutschland lebenden Polen gab, jedoch eine einheitliche Organisation, die im Geiste des Deutsch-Polnischen Nachbarschafts-
vertrags die polnische Seite gegenüber der deutschen Regierung
hätte repräsentieren können, fehlte. Es gab verschiedene Versuche,
dem abzuhelfen: Etwa die 1990 gegründete «Polnische Verständigung in Deutschland» (*Porozumienie Polskie w Niemczech*),
der jedoch die alten Dachverbände *Rodło* und *Zgoda* nicht angehörten. Der 1992 aus der Taufe gehobene «Polnische Kongress in
Deutschland» (*Kongres Polonii Niemieckiej*) versuchte mit einem
polnisch-nationalen Profil die verschiedenen polnischen Vereine
und Verbände zu einen. In Konkurrenz hierzu entstand das weniger national agierende «Polnische Forum in Deutschland» (*Forum
Polskie w Niemczech*). Das national-katholische «Christliche
Zentrum zur Förderung der polnischen Sprache und Tradition
in Deutschland» (*Chrześcijańskie Centrum Krzewienia Kultury
Tradycji i Języka Polskiego w Niemczech*) existiert seit 1994 und
konzentriert sich in enger Verbindung mit der Polnischen Katho-

lischen Mission erfolgreich auf die Organisation von Schulunterricht; 1999 erwarb es als Veranstaltungszentrum das «Haus Concordia» im Westerwalddorf Herdorf-Dermbach.[70]

Da diese Verbände weltanschaulich und organisatorisch zu disparat waren, drängte das Bundesinnenministerium auf eine Veränderung, woraufhin 1995 der «Bundesverband Polnischer Rat in Deutschland» (*Polska Rada w Niemczech*) gegründet wurde, der jedoch ähnlich wie seine Vorgänger bald aufgrund von Personalquerelen in eine Krise geriet. Auch die «Union der deutschen Polonia» (*Unia Polonii Niemieckiej*) hatte keinen Erfolg. Verschiedene – aber nicht alle – Dachverbände gründeten daraufhin 1998 den «Konvent der polnischen Organisationen in Deutschland» (*Konwent Organizacji Polskich w Niemczech*), doch die Zwistigkeiten hatten kein Ende. Der schrumpfende und überalterte Polenbund *Rodło* trat dem Konvent nicht bei, sein alter Konkurrent *Zgoda* war so ausgezehrt, dass er seine Tätigkeit um 2010 gleich ganz einstellte, und 2013 verließ der «Kongress» den «Konvent». Gleichzeitig gewann die «Polnische Medizinische Gesellschaft in Deutschland» (*Polskie Towarzystwo Medyczne w Niemczech*) aufgrund ihrer zahlungskräftigen Mitglieder viel Einfluss in der *community*. Die Einrichtung einer «Ständigen Konferenz der polnischen Dachverbände» (*Stała Konferencja Polskich Organizacji Dachowych*) ist nur ein weiterer Versuch, die verworrenen Verhältnisse zu ordnen.[71]

Die polnischen Aktivisten in Deutschland waren nicht nur untereinander zerstritten und bemüht, sich mit ihrer jeweils eigenen Vereinigung als einzig wahre Vertreter der in Deutschland lebenden Polen zu profilieren, sondern sie zeichneten sich häufig auch durch eine kritische Haltung gegenüber Deutschland aus. Der Journalist Jacek Tyblewski kommentierte das so:

«Ich fürchte, dass in der Psychologie vieler polnischer Exilaktivisten das Bild des Deutschen als des ewigen Feindes des Polentums zu lange herumgeistert hat. (…) Die Polen in Deutschland werden von der polnischen Politik instrumentalisiert, sie sind ein nettes, unkompliziertes Schmuckstück einer jeden Wahlveranstaltung, oft übrigens ein unverbindliches, ihre Vertreter jedoch haben den Kontakt zu der deutschen Realität verloren.»[72]

Tatsächlich wurden die Verbandsvertreter vor allem während der zwei Jahre amtierenden rechtskonservativen Regierung in Polen (2005 bis 2007) bestärkt, nicht zuletzt durch die damalige Außenministerin Anna Fotyga, deren Eltern – beide Ärzte – selbst vor Verhängung des Kriegsrechts Polen verlassen hatten und bis heute in Westfalen leben. Was Fotyga der deutschen Regierung vorwarf, war nichts anderes als die alte Klage der deutschen «Polonia», dass den in Deutschland lebenden Polen nämlich der Status einer nationalen Minderheit verweigert werde. Sie legte aber noch nach, etwa dass die Polen in Deutschland zur Assimilation gezwungen würden. Auch andere Politiker der polnischen Rechten, darunter Jarosław Kaczyński, forderten immer wieder Minderheitenrechte für Polen in Deutschland, so wie sie auch den Deutschen in Polen zustünden.[73]

Polnische Verbandsvertreter ergänzten dies durch Forderungen nach größerer finanzieller Unterstützung der Polen in Deutschland und formulierten mehrfach die Erwartung, die deutsche Seite möge polnisch-muttersprachlichen Unterricht in deutschen Schulen ermöglichen, um den Verlust nationaler Identität bei Kindern von Polen zu verhindern. Dass viele Vertreter dieser «polnischen Minderheit in Deutschland» als Spätaussiedler, also als Angehörige der deutschen Minderheit in Polen, oder als «politische Flüchtlinge» in die Bundesrepublik gekommen sind, steht auf einem anderen Blatt und ist nur ein weiterer Beleg dafür, wie komplex, gebrochen und vielfältig deutsch-polnische Biographien zu sein pflegen und wie sehr sich manche von den alten nationalen Narrativen einfangen lassen, um sich eine eindimensional polnische (oder andersherum auch eine lupenrein deutsche) Identität zuzulegen. Marek Wójcicki, eine Zeitlang Vorsitzender des Polenbunds *Rodło*, gab in einem Gespräch mit der Tageszeitung «Die Welt» 2010 unumwunden zu: «Ich bin als Aussiedler gekommen, ich war im Aussiedlerheim. Aber ich bin Pole. Das war eine schizophrene Zeit: Man musste sich als Deutscher ausgeben, damit man in den Westen kam.»[74]

Letztlich ist in Frage zu stellen, dass die in Deutschland lebenden Polnischsprachigen tatsächlich die von den polnischen Dachverbänden verkörperten Einstellungen teilen. Die Tatsache, dass

nur ein verschwindend geringer Teil bereit ist, sich für die Verbände oder überhaupt für polnische Vereine zu engagieren und
ihre polnische Identität offen zu demonstrieren, ist nämlich keineswegs auf eine vermeintliche Diskriminierung durch den deutschen Staat zurückzuführen, sondern – wie Christoph Pallaske
schon 2002 urteilte – «vielmehr darauf (…), dass der Großteil der
Migranten aus Polen offenbar kein Bedürfnis danach verspürte».[75]
Die Bedürfnisse der Mehrheit sehen offensichtlich ganz anders aus, als dies die Dachverbände schildern. Bei einer Umfrage
unter Besuchern der polnischen Gottesdienste in München und
Nürnberg meinten mehr als drei Viertel der Befragten, das größte
Problem von Polen in Deutschland seien mangelnde Sprachkenntnisse. Nicht mangelnde Polnischkenntnisse wohlgemerkt,
sondern mangelnde Deutschkenntnisse. Und wenn sie sich über
Benachteiligung durch die Behörden oder auf dem Arbeitsmarkt
beklagen, so nicht etwa, um spezielle Rechte für die polnische
Gruppe zu fordern, sondern als Ausdruck einer unvollendeten
eigenen Integration – und einer nach wie vor allerorten spürbaren
Zurückhaltung des deutschen Staates, seine Zuwanderer dabei zu
unterstützen, rasch einen gleichberechtigten Platz in der Gesellschaft zu erhalten.[76]
Tatsächlich sind die Interessen und Erwartungen der Polnischsprachigen, von Spätaussiedlern und Bauarbeitern, Studierenden,
Künstlern und Angehörigen der Emigration aus *Solidarność*-Zei-
ten höchst disparat. Sie alle haben ihre private Haltung gegenüber
der polnischen Herkunft, deren Bedeutung für ihre individuelle
Identität ganz unterschiedlich ist und von größter Distanz bis hin
zu größter Affirmation reicht. Diese riesige Interessendivergenz
einer so heterogenen und regional zudem äußerst zerstreuten Bevölkerungsgruppe führt die Forderungen nach einem Status als
nationale Minderheit eigentlich *ad absurdum*, ganz abgesehen
davon, dass dieser Status sowieso nur Besitzern eines deutschen
Passes zustehen würde. Im Vergleich zu allen anderen Migrantengruppen besitzen die Polen und Polnischsprachigen in Deutschland ohnehin eine privilegierte Stellung, da ihr Heimatstaat als di-
rektes Nachbarland besondere Einflussmöglichkeiten besitzt und
der deutsch-polnische Nachbarschaftsvertrag für die Polen in

Deutschland ausdrücklich einen «Gruppenstatus» – also die An-
erkennung einer in Deutschland lebenden polnischen ethnischen
Gruppe – vorsieht, was kaum eine andere Migrantengruppe für
sich beanspruchen kann. Anna Wolff-Powęska und Eberhard
Schulz haben deshalb schon vor Jahren ein klares Urteil gefällt:
«Bisher hat niemand nachweisen können, daß der Minderheiten-
status den Menschen wesentlich mehr Vorteile bringt als der (...)
Gruppenstatus.»[77]

Eine Erfolgsgeschichte:
Lokale polnische Organisationen und Medien

Die Geschichte polnischer Organisationen in Deutschland lässt
sich auch als Erfolgsgeschichte erzählen. Allerdings muss man
dazu die Ebene der Dachverbände verlassen und sich in die Regionen und Kommunen begeben. Hier haben sich vielerorts polnische Vereine gegründet, die seit Jahren und Jahrzehnten für die
Integration von Polnischsprachigen sowie für die deutsch-polnische Verständigung arbeiten. Diese Vereinslandschaft ist ständig
in Bewegung, viele Initiativen sind das Werk weniger Personen
und lösen sich nach einigen Jahren wieder auf. Einer Analyse zufolge sind nur 20 bis 30 der 100 bis 200 Vereine «zu regelmäßiger
Projektarbeit und Aktivitäten in der Lage» und werben dafür Mittel ein. Eine Sonderrolle nehmen die Deutsch-Polnischen Gesellschaften ein, die meistens auf Initiative von Deutschen entstanden,
teilweise jedoch auch den Polnischsprachigen einen Begegnungs-
raum bieten.[78]

   Zu den verdienstvollsten Vereinigungen zählt sicherlich der
1982 in Berlin von Witold Kamiński gegründete «Polnische Sozialrat», dessen Ziel es war (und ist), sich gegen die Benachteiligung polnischer und anderer Migranten in Deutschland einzusetzen. Dieser vom Berliner Senat unterstützte Verein zeichnet sich
durch seine Vitalität aus, durch das Engagement junger Menschen,
vor allem aber dadurch, dass sein Angebot in Berlin auf große
Nachfrage stößt: Hier lebt sicherlich die größte Gruppe von Polen in Deutschland, die sich in schwierigen oder gar prekären Si-

tuationen befinden, Hilfe und Beratung benötigen. Vergleichbar
aktive polnische soziale Einrichtungen gibt es sonst nicht in
Deutschland, wohl aber lebhafte Kulturvereine in Städten wie
Wiesbaden, Stuttgart, Karlsruhe, Darmstadt, Göttingen und einigen anderen mehr. Nach wie vor führend bei der Zahl – nicht unbedingt bei der Aktivität – sind Vereine in Nordrhein-Westfalen,
wo einige sogar noch Traditionen aus der Vorkriegszeit weiterfüh-
ren oder zumindest dieses Erbe für sich beanspruchen. Eine per-
sonelle Kontinuität gibt es jedoch auch hier nicht mehr, die einstigen «Ruhrpolen» sind ausgestorben: Als der Düsseldorfer Chor
«Polonia» 1998 sein 100-jähriges Bestehen feierte, entstammte
kein einziges Mitglied mehr der «alten Migration».[79]

Gegenstand der Vereinstätigkeit sind neben allgemein kultureller Betätigung Chorgesang und Tanz; es gibt auch einige Sportvereine, die meist auf den Namen «Polonia» hören. Vielfach benötigen Polen jedoch keinen Verein, um sich zu treffen: Freizeit-
sportler verabreden sich zwanglos zum Kicken, und Tanzlustige
besuchen eine der vielerorts durchgeführten polnischen Tanzver-
anstaltungen oder einen der Bälle. Das geringe Interesse, sich für
«die polnische Sache» zu engagieren, zeigt sich auch daran, dass in
den wenigsten kommunalen Ausländer- oder Integrationsbeiräten
Polen vertreten sind (allerdings besitzen viele einen deutschen
Pass und kommen deshalb von vornherein für diese Räte nicht in
Frage).

Eine gewisse Bedeutung für das Milieu besitzen die Polnischen
Kulturinstitute in Berlin, Leipzig (seit 2009 als Filiale von Berlin)
und Düsseldorf sowie die polnische Botschaft in Berlin und die
Generalkonsulate in Hamburg, Köln und München. Derjenige
Faktor, der die Polnischsprachigen in Deutschland – neben der
katholischen Kirche – jedoch am häufigsten zusammenführt, sind
Sprachkurse für polnischstämmige Kinder. Sie wurden entweder
im Umfeld der Pfarrgemeinden organisiert oder aber von welt-
lichen Schulvereinen, auch von den Konsulaten und der Botschaft.
In Berlin wurde 1996 etwa der traditionsreiche Bildungsverein
«Oświata» wiederbelebt. In Köln befindet sich der Sitz eines Ver-
eins der Polnischlehrer und Pädagogen in Deutschland, der seit
Jahren darum kämpft, dass Polnisch als Herkunftssprache (also

nicht als Fremdsprache) an deutschen Schulen unterrichtet wird. Dies ist bislang nur in einigen westdeutschen Bundesländern der Fall, besonders in Nordrhein-Westfalen; insgesamt machen etwa 3000 Schülerinnen und Schüler von diesem Angebot Gebrauch. Polnischstämmige Schüler nehmen teils auch am Polnisch-Fremdsprachenunterricht teil, was allerdings den Nachteil hat, dass Kinder ohne polnischen Hintergrund, die in der Schule Polnisch lernen möchten, durch die doch recht guten Sprachkenntnisse von Kindern aus polnischen Familien abgeschreckt werden.[80]

Um die Polnischsprachigen in Deutschland mit Nachrichten zu versorgen und eine gewisse Vernetzung des Milieus herbeizuführen, entstanden noch vor Anbruch des Internet-Zeitalters einige polnische Rundfunkprogramme: Der zum RBB gehörende Berliner Sender «Radio Multikulti» besaß bis zu seiner Schließung 2008 über viele Jahre hinweg eine sehr aktive polnische Redaktion. Zum Glück übernahm dann der WDR, bei dem es schon in den 1990er Jahren eine polnische Redaktion gegeben hatte, das Programm für seinen Sender «Funkhaus Europa». Auch die «Deutsche Welle» verfügt über eine sehr engagierte polnische Redaktion, deren Berichterstattung von in Deutschland lebenden Polen ebenfalls verfolgt wird. Daneben ist eine Reihe von gemeinnützigen lokalen Radioprogrammen für Polen entstanden, die in Freiburg, Hannover oder Darmstadt gemacht werden, über Internet mittlerweile aber weltweit empfangen werden können.[81]

Gerade in den 1990er Jahren waren Zeitungen und Zeitschriften oft noch die einzige polnische Informationsquelle für Polnischsprachige in Deutschland; bis heute haben einige von ihnen ihre Stellung halten können. Marktführer sind die seit 1990 im Rhein-Main-Gebiet erscheinende «Info & Tips» sowie die 1995 gegründete Zeitung «Samo Życie», die beide alle zwei Wochen herauskommen, kommerziell ausgerichtet sind und im Bahnhofsbuchhandel vertrieben werden. Sie berichten über das Geschehen in Deutschland, Polen sowie über das Leben von Polen in Deutschland, bringen das Programm polnischer Fernsehsender und jede Menge Anzeigen für die polnischsprachige *community* – von polnischen Rechtsanwälten, Busunternehmen, Bestattungsunternehmen und einsamen Herzen. Darüber hinaus existieren regionale (ebenfalls anzeigenfinanzierte) Informationsmagazine, Vereins-postillen sowie die relativ weit verbreitete Kirchenzeitung «Nasze Słowo». Eine Fülle unterschiedlichster Internetplattformen informiert überregional oder regional über «polnisches Leben» in Deutschland. Diese Form informeller Informationsweitergabe ist heute sicherlich die wichtigste, während die übrige polnische Medienlandschaft in Deutschland im Vergleich zu anderen Migrantengruppen eher schwach entwickelt ist. Durch Satellitenempfang und die Einspeisung polnischer Sender in die Kabelnetze entstanden jedoch auch neue Informationsmöglichkeiten. Heute schauen viele hunderttausend Polnischsprachige in Deutschland täglich polnische Fernsehkanäle wie «TV Polonia».[82]

Exkurs: Kirchliche Strukturen

Über Jahrhunderte hin galt die katholische Kirche als Zentrum polnischer Identität, auch und vor allem unter Migranten: Die Zugehörigkeit zur Glaubensgemeinschaft und die regelmäßige Teilnahme an Messen und Festen gab im fremden Umfeld Halt und ließ Netzwerke am neuen Lebensmittelpunkt entstehen. Auch nach dem Krieg blieb die katholische Kirche wichtigstes Bindeglied für die Polnischsprachigen in Deutschland. Gleich 1945 berief der Heilige Stuhl einen Ordinarius für die Polen in Deutschland und Österreich, der in Rom residierte – zunächst hatte der aus Oberschlesien stammende frühere polnische Armeebischof Józef Gawlina dieses Amt inne. Wegen der vielen im besetzten Deutschland lebenden Polen gab es hier für polnische Priester in den ersten Nachkriegsjahren viel zu tun. Allein in München bestanden Mitte 1945 bereits zehn kirchliche Einrichtungen, in denen 14 polnische Priester arbeiteten und 12 250 Polen versorgten. Bis 1954 sank die Zahl der polnischen Pfarreien in der Bundesrepublik dann aber auf etwa 40; Gottesdienste fanden oft in improvisierten Kapellen statt. Zu polnischen Marienwallfahrten, vor allem nach Neviges, fanden sich zuweilen mehrere tausend Menschen ein.[83]

Ein gewisses Zentrum vor allem der südwestdeutschen polni-

schen Katholiken wurde das Dorf Carlsberg westlich von Lud-
wigshafen, in dem seit den 1950er Jahren ein «Haus der Polnischen Jugend» (*Dom Młodzieży Polskiej*) bestand: Es war lange
Kinderheim, vor allem für polnische Kinder, und wurde 1982
von Priester Franciszek Blachnicki übernommen, der hier ein
Internationales Evangelisierungszentrum Licht-Leben (*Między-
narodowe Centrum Ewangelizacji Światło-Życie*) einrichtete: Bis
heute finden in Carlsberg verschiedene polnisch-katholische Se-
minare und Veranstaltungen statt.[84]

1975 wurde das Personalbistum für die in Deutschland lebenden
Polen aufgelöst und eine «Polnische Katholische Mission» (*Polska
Misja Katolicka*) in Deutschland gegründet, die der Deutschen Bi-
schofskonferenz untersteht. Ihr gehören heute etwa 65 Gemeinden an, in denen rund 100 Priester in mehr als 300 Kirchen und
Kapellen Seelsorge leisten. Kirchlichen Angaben zufolge werden
die polnischsprachigen Messen wöchentlich von ca. 70000 bis
90000 Menschen besucht, oft sind sie besser gefüllt als deutschsprachige Messen.

Die Gemeinden sind auch wichtige Zentren des polnischen Lebens, in vielen Städten sind es die wichtigsten überhaupt: Vor und
nach dem Gottesdienst besteht Gelegenheit zum Gespräch mit
Freunden und Bekannten, «alteingesessene» Polen begegnen sich
ebenso wie Saison- oder Schwarzarbeiter, die ihre Erfahrungen
austauschen: «Hast du Arbeit? Wo schaffst du? Bei wem und für
wieviel? Was springt für mich heraus? Könnte ich woanders nicht
mehr verdienen? Werde ich nicht betrogen?» Es werden Werbe-
zettel polnischer Dienstleister oder Einladungen zu polnischen
Konzerten und Vereinen verteilt, Pakete nach Polen eingesammelt
oder polnische Lebensmittel verkauft. Einige Gemeinden organisieren Polnischkurse oder Tanzgruppen. Doch die Bindekraft der
Kirche lässt nach, je länger Polen in Deutschland leben – teils
wandern sie in weniger traditionalistische deutsche Gemeinden
ab, teils geht auch der Kirchenbesuch insgesamt zurück. Nach wie
vor einer gewissen Beliebtheit erfreuen sich die Marienwallfahrten, insbesondere in die rheinländischen Wallfahrtsorte.[85]

Die polnische Zuwanderung macht sich längst auch in den traditionellen deutschen Gemeinden bemerkbar, und zwar nicht nur

durch einen verstärkten Gottesdienstbesuch durch Polnischsprachige. Es gibt aufgrund des Priestermangels in Deutschland vielmehr auch einen Priesterimport aus Polen: Mehr als ein Viertel
der in Deutschland arbeitenden ausländischen Priester, weit über
400, stammen aus dem Nachbarland; sehr viele kommen zusätzlich aushilfsweise, etwa zur Urlaubsvertretung. Das fördert zwar
die deutsch-polnischen Kontakte, führt aber aufgrund des oft
konservativeren Verständnisses kirchlicher Arbeit der polnischen
Geistlichen immer wieder auch zu Problemen zwischen den
Geistlichen und den Gemeinden.

Eine neue Grenzminderheit

Während die Polen in Deutschland seit 1945 nicht mehr in geschlossenen Gebieten, sondern verstreut in der Diaspora siedelten,
entsteht seit einigen Jahren direkt an der Grenze zu Polen ein
neues, noch kleines Minderheitengebiet: Im Kreis Uecker-Randow,
unweit der Großstadt Stettin, lassen sich auf der Suche nach er-
schwinglichem Wohnraum und guter Infrastruktur immer mehr
Polen nieder. Ende 2010 waren es mehr als 1200, 2013 ging man
im Grenzgebiet bei Stettin bereits von 4000 polnischen Neusied-
lern aus. Zentrum dieser neuen polnischen Bevölkerung ist die Ge-
meinde Löcknitz, die sich aktiv um den neuen Zuzug bemüht,
um der Abwanderung und Überalterung der Gesellschaft entgegenzuwirken. Viele der neuen Bürger pendeln zur Arbeit nach
Stettin, schicken ihre Kinder aber in die örtlichen Kindergärten
und Schulen, die – wie das Gymnasium – teilweise auf zweispra-
chigen Betrieb umgestellt haben. Langsam kommen sich Polen
und Deutsche trotz der Sprachbarrieren näher. Ein von Soziologen
befragter Pole berichtet:

> «Am Anfang, als wir hierherzogen, waren die Vorhänge in den
> Nachbarhäusern geschlossen. Aber wir sagten zu jedem ‹Guten
> Tag›, hielten an, um uns zu unterhalten. Einmal haben wir einen
> Grillabend für die Nachbarschaft organisiert. Und am Tag darauf,
> als wir aus dem Haus kamen, fingen die Vorhänge an, sich zu bewe-
> gen: ‹Hallo, Hallo!› – riefen sie.»[86]

Im örtlichen Fußballverein VfB Pommern kickten 2012 bereits sieben Polen. «Ohne unsere polnischen Leistungsträger wäre unsere Mannschaft um Welten schlechter!», verriet einer der deutschen Spieler der Bild-Zeitung, die prompt jubelte: «Polen haben unser Dorf reich gemacht!» Allerdings nutzten auch die Rechtsradikalen die Situation und versuchten, mit antipolnischen Parolen Wählerstimmen zu gewinnen.[87]

Selbst wenn die Entwicklung nach wie vor überschaubar ist, zeichnet sich hier ein Trend ab, der auch an anderen Abschnitten der deutsch-polnischen Grenze langsam sichtbar wird. In Görlitz zum Beispiel, wo 1995 nur 300 Personen polnischer Herkunft lebten, waren es 2012 rund 1500. Zwar machte diese einzige umfangreiche Migrantengruppe in der Stadt nur knapp drei Prozent der städtischen Bürger aus, und teils waren sie hier auch nur gemeldet, um eine deutsche Adresse zu haben, doch ihr kontinuierliches Wachstum hat den seit der Wende anhaltenden Schrumpfungsprozess von Görlitz immerhin gestoppt, zumindest statistisch.[88]

Neben den dauerhaften Übersiedlern gibt es in den grenznahen Gebieten Ostdeutschlands auch Berufspendler aus dem Nachbarland. So arbeiten – nur ein Beispiel – angesichts des dramatischen Ärztemangels in den strukturschwachen Gebieten immer mehr polnische Mediziner, ob in der Klinik von Pasewalk, im Krankenhaus von Schwedt oder im Klinikum von Görlitz. Auch verwaiste Landarztpraxen werden von Polen übernommen. Im Bundesland Brandenburg waren 2012 insgesamt 204 polnische Mediziner registriert, was aber immer noch nicht mehr als 1,6 Prozent aller bei der Landesärztekammer gemeldeten Mediziner ausmachte.[89]

Eine besondere Art von Berufspendlern sind – das soll nicht verschwiegen werden – polnische Kriminelle, die vor allem seit der vollständigen Grenzöffnung 2007 im Grenzgebiet zu Polen verstärkt aktiv sind. Von den 516 Autodieben, die 2012 im Bundesland Brandenburg erwischt wurden, stammten 321 aus Polen und auch die Zahl kleinerer Diebstähle nimmt zu. In anderen Teilen Deutschlands halten sich ebenfalls polnische Straftäter auf, von Langfingern bis zu bandenmäßig organisierten Schwerkriminellen. Vor allem in den 1990er Jahren machte die Redewendung «Kaum gestohlen, schon in Polen» Karriere. Heute liegen Besitzer

26 ___ Endlich ein Neuer: Landärztin Heide Schmidt (links) übergibt 2012 ihre Praxis in Klockow (Ueckermark) an ihren polnischen Nachfolger Dr. Marcin Florczak aus Stettin.

eines polnischen Passes in den Kriminalstatistiken, deren Aussagekraft übrigens sehr kontrovers diskutiert wird, bei den nichtdeutschen Tatverdächtigten hinter den Türken – mit großem Abstand – an zweiter Stelle, allerdings in den letzten Jahren mit leicht steigender Tendenz. Polen fallen – neben Rumänen – vor allem bei Diebstählen auf; bei Autodiebstählen stellten sie 2012 nach den Straftätern mit deutschem Pass bundesweit die größte «nationale Gruppe». Auch vor deutschen Gerichten und in deutschen Gefängnissen ist Polnisch alles andere als eine exotische Sprache.[90]

Polen in Deutschland heute: Immer noch unsichtbar, doch nicht mehr wegzudenken

Polen in Deutschland – das ist eine komplexe Geschichte und eine nicht minder komplexe Gegenwart. Die vielen Teilgruppen, die sich durch Migrationsverlauf, Integrationsweg, Bildungsstand, Rechtsstatus, materielle Lage, Konfession und Identität unterscheiden, machen es eigentlich unmöglich, pauschal von «den Polen in Deutschland» zu sprechen. Aber das betrifft auch andere Zuwanderergruppen. Eine gewisse Vereinfachung hat die Einführung der Arbeitnehmerfreizügigkeit für Polen zum 30. April 2011 bewirkt, durch die sich in den kommenden Jahren zumindest die Binnendifferenzierung nach dem Aufenthaltsstatus verringern wird.

Eine deutliche Entwicklung der letzten Jahre ist der Trend zur Transmigration: Polen verlassen ihr Land nicht auf Dauer, sind aber durch Saisonarbeit, berufsbedingtes Pendeln oder andere Gründe schon so fest in Deutschland verankert, dass sie im Grunde in beiden Kulturen gleichzeitig heimisch sind. Die modernen Kommunikationstechniken erleichtern diesen Lebenswandel. Ein Berliner Interviewpartner vertraute der Ethnologin Agnieszka Szczepaniak-Koll an:

> «Ich sage Ihnen, dass ich das als eine geographische Region ansehe. Ich sehe keinen Unterschied, ich fühle mich dort gut und hier gut. Dort aus einem anderen Grund und hier aus einem anderen Grund. In Polen fühle ich mich gut, weil wir ausgezeichnete Würste und Essen haben. Hier, weil wir eine länger bestehende Demokratie mit gut ausgebildeten Regeln haben.»[91]

Es ist beides möglich – man kann sich in beiden Ländern zu Hause fühlen oder auch in beiden Ländern entwurzelt. So empfindet es die Leipziger Studentin Marta, die erst wenige Jahre in Deutschland lebte, als sie interviewt wurde:

> «Wenn ich in Polen bin, ich weiß, dass ich nicht mehr ganz dazu gehöre. Ich hab den Eindruck, es hat sich so viel in der Zeit verändert in mir, (…) das ist nicht das gleiche wie vorher. Aber in Deutschland bin ich immer noch nicht bei mir.»[92]

Offensichtlich werden beide Welten vielfach doch noch als unterschiedlich wahrgenommen. Oftmals ist das jedoch nicht durch unüberbrückbare kulturelle Gegensätze bedingt, sondern dadurch, dass die eine die Welt von unbeschwerter Kindheit und Jugend und die andere die Welt des beschwerlichen Erwachsenendaseins ist. Eine wirkliche «Transidentität» ist trotz allem relativ selten. Meist gewinnt die eine oder die andere Seite die Überhand, entweder man entschließt sich zur physischen Rückkehr nach Polen oder zumindest zur psychischen Rückkehr – man igelt sich in einer konservativen polnischen Emigrationsmentalität ein – oder man entscheidet sich dafür, sich in Deutschland auf Dauer einzurichten: Dann nehmen nach einer gewissen Zeit die Kontakte in die alte Heimat zwangsläufig ab, was sich zum Beispiel daran zeigt, dass die Zahl der Polenbesuche im Laufe der Jahre immer geringer wird.[93]

Was die Polen nach wie vor von vielen anderen Zuwanderergruppen unterscheidet, ist, dass sie immer noch – wenn auch weniger extrem als noch vor 20 Jahren – eine relativ «unsichtbare Minderheit» sind. Adam Soboczynski hat das treffend ausgedrückt: «Weder haben sie sich integriert, noch kann man sagen, daß sie sich nicht integriert hätten. Sie haben sich einfach unsichtbar gemacht.»[94] Zu dieser Unsichtbarkeit tragen verschiedene Faktoren bei: Bei allen Unterschieden zeichnen sich Zuwanderer aus Polen durch eine ziemlich große kulturelle Nähe zu den Deutschen aus; viele der oft hervorgehobenen vermeintlich großen Unterschiede entpuppen sich bei näherer Betrachtung lediglich als Konstruktion von Selbst- und Fremdbildern. Die große Heterogenität der Polen verhindert es außerdem, dass größere Gruppen von ihnen mit einer vernehmbaren Stimme sprechen. Die Tendenz, sich kollektiv Gehör zu verschaffen, um bestimmte Rechte durchzusetzen oder eigene Vorstellungen publik zu machen, ist sehr gering, nicht nur wegen des extrem geringen Organisationsgrads der Polen, sondern auch, weil es eigentlich wenig durchzusetzen gibt. Schließlich fehlen ausgeprägte Siedlungsschwerpunkte: Weder gibt es historisch gewachsene Minderheitengebiete, noch auch nur ansatzweise eine Ghettobildung in den Städten. Selbst im Ruhrgebiet wohnen die Polen, Polnischsprachigen bzw. Menschen mit polnischem Migrationshintergrund zwar in größerer Zahl, doch stark verstreut.[95]

Auch wissenschaftliche Untersuchungen haben gezeigt, dass sich Polen in Deutschland besonders leicht in die deutsche Gesellschaft integrieren. Von allen in Deutschland lebenden ausländischen Bevölkerungsgruppen ohne deutschen Pass haben die Polen am häufigsten Kontakt zu Deutschen an Arbeitsplatz, Schule oder Universität; sie haben – gemeinsam mit den Ex-Jugoslawen und teilweise Italienern – auch am häufigsten Kontakte zu deutschen Nachbarn, zu Familienangehörigen deutscher Herkunft oder zu deutschen Freunden. In Deutschland lebende Polinnen sind, wie die Heiratsstatistiken zeigen, in hohem Maße bereit, sich mit Deutschen ohne Migrationshintergrund zu verehelichen, während bei polnischen Männern in Deutschland polnische Frauen deutlich höher im Kurs stehen.[96]

Im heutigen Deutschland, einem von jahrzehntelanger Einwanderung geprägten Land, das sich erst seit kurzem der großen Auswirkungen dieser Einwanderung für Kultur und Gesellschaft bewusst wird, in dem Politiker oder Journalisten mit italienischen, persischen oder türkischen Namen längst keine Irritationen mehr hervorrufen, überrascht es kaum, dass auch Menschen mit polnischer Herkunft zu Meinungsmachern der Republik gehören. Sie definieren sich zwar in der Regel nicht als Teil einer polnischen *community*, sind aber immerhin bereit, ihre Herkunft nicht zu verleugnen – und tragen eindeutig polnische Namen: Während man sich an polnische Nachnamen seit dem 19. Jahrhundert längst gewöhnt hat, sind die Vornamen oft noch ein wenig fremd. Nur einige Beispiele: Jerzy Montag, kurz nach dem Krieg im oberschlesischen Kattowitz als Sohn eines polnischen Juden und einer katholischen Mutter geboren, kam in den 1950er Jahren nach Mannheim, zog später nach Bayern und ist nicht nur Rechtsanwalt, sondern zwischen 2002 und 2013 auch Bundestagsabgeordneter für Bündnis 90/Die Grünen gewesen. Agnieszka Brugger, geboren 1985 als Agnieszka Malczak im niederschlesischen Liegnitz, sitzt seit 2009 ebenfalls für die Grünen im Bundestag; sie war 1989 als vierjähriges Mädchen nach Deutschland gekommen und hatte sich zeitweise «Agnes» genannt.

Viele dieser Lebensläufe sind klassische Migrantenbiographien. Etwa derjenige der im Mai 2013 zur Politischen Geschäftsführerin der Piratenpartei gewählten Katharina Nocun, die 1986 als Katarzyna Nocuń in Polen geboren wurde:

> «Wir sind nach Deutschland ausgewandert als ich drei Jahre alt war und haben die ersten Jahre in einem Asylbewerberheim gelebt. Wir Kinder hatten eine Plastikbadewanne und die Kinder aus der Straße durften nicht mit uns spielen. Später in der Grundschule betrug der

Anteil von Kindern mit Migrationshintergrund geschätzte 50 Prozent. Immer war jemand in der Klasse, der kein Wort Deutsch konnte. Wir hatten nur eine Lehrerin auf 30+ Kinder. Keinen Sozialarbeiter. Wir Kinder mussten uns gegenseitig helfen. Ich ließ immer andere beim Diktat von mir abschreiben und bei den Aufgaben haben wir uns gegenseitig geholfen – war ja sonst keiner da. Oft hat jemand gefehlt, weil er oder sie den Eltern auf dem Amt etwas übersetzen musste. Die Lehrer hatten dafür überhaupt kein Verständnis.»[97]

Es ist eigentlich bewundernswert, dass die Missachtung der Gäste durch ihre Gastgeber nicht zu Groll, sondern zu Engagement und politischer Partizipation führt. Auch einige wichtige Akteure der Medienwelt haben Wurzeln in Polen: Bascha Mika, die 1954 als Barbara Mika in Oberschlesien geboren wurde und mit fünf Jahren in die Bundesrepublik kam, leitete zehn Jahre lang als Chefredakteurin die Tageszeitung «taz» und wurde 2014 Chefredakteurin der «Frankfurter Rundschau» (Basia, gesprochen «Bascha», ist die polnische Koseform von «Barbara»); Henryk M. Broder kam ein Jahr nach Kriegsende im oberschlesischen Kattowitz als Kind polnisch-jüdischer Überlebender auf die Welt, siedelte Ende der 1950er Jahre mit seinen Eltern nach Deutschland über und machte sich später als streitbarer Publizist einen Namen.

Die polnische Bevölkerungsgruppe in Deutschland befindet sich zumindest zahlenmäßig sicherlich auf ihrem Scheitelpunkt: Wer Ende der 1980er Jahre auf dem Höhepunkt der massenhaften Migration aus Polen nach Deutschland gekommen ist, sei es als Aussiedler, sei es als Flüchtling, befindet sich in der Regel noch im aktiven Berufsleben, seine Kinder besitzen vielfach zumindest noch polnische Teilidentitäten. Die Arbeitsmigration der vergangenen 25 Jahre hat ebenfalls ihre deutlichen Spuren hinterlassen. Allerdings geht Polen noch stärker als Deutschland demographisch schwierigen Zeiten entgegen; die Geburtenrate ist noch niedriger als beim westlichen Nachbarn, und die millionenfache Auswanderung zu Beginn des 21. Jahrhunderts hat eine ganze Generation geschwächt. Deshalb wird Polen in absehbarer Zeit ein «Rohstoff» ausgehen, den es jahrhundertelang im Übermaß besaß – der «Rohstoff» Mensch. Angezogen von der Hoffnung auf ein wenig Wohlstand, privates oder berufliches Glück, werden natürlich auch weiterhin Polen nach Deutschland wandern, doch das funktionale Arbeitskräftereservoir Polen, von dem Deutschland seit 150 Jahren erheblich profitiert hat, droht langsam zu versiegen.

Trotzdem: Polnische Menschen, polnische Sprache, polnische Identitäten werden in Deutschland noch lange ganz normal sein, werden wie selbstverständlich «dazugehören», so wie auch der Nachbar Polen nicht ohne Deutsche sein wird – Angehörige der Minderheit ebenso wie Zuwanderer. Gegenseitige Durchdringung ist Teil der tausend Jahre alten deutsch-polnischen Symbiose. Doch wenn die politische, wirtschaftliche und gesellschaftliche Lage in Polen halbwegs stabil bleibt, wird kaum mehr mit einem neuen Massenansturm über Oder und Neiße zu rechnen sein. Das ist für die Deutschen allerdings kein Grund, sich nicht mehr für ihre polnischen Nachbarn zu interessieren, ob sie nun östlich von Oder und Neiße oder nur auf der anderen Seite des Treppenhauses wohnen. Im Gegenteil: Was sie mitbringen, bereichert uns alle. Polen sind aus Deutschland nicht wegzudenken.

Anmerkungen

Einleitung

1 Den Buchtitel «Wir Unsichtbaren» vorweggenommen hat Adam Soboczynski in seinem Artikel «Wir Unsichtbaren» über die polnische Integration in Deutschland, in: Die Zeit vom 17. 8. 2006 (Nr. 34).

2 Nowosielski, Polacy w Niemczech, S. 8–11; Pallaske (Hg.), Die Migration.

3 Die Geschichte von Polnischsprachigen in der Republik Österreich nach
dem Zweiten Weltkrieg konnte dagegen nicht mehr berücksichtigt werden; sie ähnelt in vielerlei Hinsicht derjenigen in Deutschland. Auch in
der Schweiz gibt es eine polnische Gemeinschaft mit bis in die erste Hälfte
des 19. Jahrhunderts zurückreichenden Traditionen.

4 Zu verschiedenen Definitionen von «Polen in Deutschland» siehe auch
Lesiuk/Ptzcielińska-Polus, Unterschiedliche; Miera, Polski Berlin, S. 21 f.

5 Heckmann, Ethnische Minderheiten, S. 62.

6 Grundlegende bibliographische Hilfsmittel: Andreas Lawaty/Wiesław
Mincer (Hg.): Deutsch-polnische Beziehungen in Geschichte und Gegenwart: Bibliographie 1900–1998. Wiesbaden 2000; www.litdok.de.

I Wie alles begann: Mittelalter und Frühe Neuzeit

1 Grundlegend Wünsch, Deutsche und Slawen; Lübke, Das östliche Europa, Norbert Kersken/Przemysław Wiszewski, Deutsch-Polnische Geschichte Bd. 1 (erscheint Darmstadt 2015).

2 Agnieszka Gąsior: Dynastische Verbindungen der Jagiellonen mit den
deutschen Fürstenhäusern. In: Omilanowska/Torbus (Hg.), Tür an Tür,
S. 212–217, hier S. 213.

3 Sebastian Hiereth: Herzog Georgs Hochzeit zu Landshut im Jahre 1475.
Eine Darstellung aus zeitgenössischen Quellen, Landshut [o. J.], S. 78.

4 Hiereth, Herzog Georgs.

5 Tresp, Eine «famose und grenzenlos mächtige Generation».

6 Pirożyński, Die Herzogin Sophie; Bömelburg/Kizik, Altes Reich.

7 Reinhold, Polen/Litauen, S. 22 f., 75 und passim; Gerard Koziełek: Der
Verlag W. G. Korn – Mittler zwischen Ost und West. In: ders.: Reformen,
Revolutionen, S. 18–39; Aleksandra Mandykowa: Kornowie. Wrocław
1980.

8 Józef A. Gierowski: Die Juden in Polen im 17. und 18. Jahrhundert und
ihre Beziehungen zu den deutschen Städten von Leipzig bis Frankfurt
a. M. In: Grözinger (Hg.), Die wirtschaftlichen, S. 3–19; Michael Graetz:
Der kulturelle Austausch zwischen den jüdischen Gemeinden in Polen
und Deutschland im 17. und 18. Jahrhundert. In: Grözinger (Hg.), Die
wirtschaftlichen, S. 79–88.

9 Marian Biskup in: Historia Pomorza, Bd. I, S. 669.

10 Kossert, Masuren, S. 40–46; Toeppen, Geschichte Masurens, S. 112–122.

11 Kossert, Masuren, S. 47–119.

12 Rüther, Region und Identität, 218 f. (hier das Zitat); Bahlcke (Hg.), Schlesien, S. 34; Harasimowicz, Deutschland und Polen.

13 Bahlcke (Hg.), Schlesien, S. 38 f.; Korta, Historia Śląska, S. 223–226, 392 f.;
Kuhn, Geschichte der deutschen Ostsiedlung, Bd. 1, S. 100–106; Kowalska, Dzieje języka; Hierasimowicz, Deutschland und Polen, S. 23; Konieczny, Polnisches Kulturleben, S. 26, 65.

14 Molik, Die Polen, S. 427; Żołądź-Strzelczyk, Peregrinatio, S. 29 (hier das
erste Zitat); Czapliński/Długosz, Podróż, S. 28, S. 53 (hier das zweite Zitat).

15 Czapliński/Długosz, Podróż, S. 35 f.; Die Reise des Kronprinzen Władysław Wasa in die Länder Westeuropas in den Jahren 1624/1625, München 1988.

16 Andrea Langer: Jan Polack, in: Neue Deutsche Biographie 20 (2001),
S. 593 f. [Onlinefassung: http://www.deutsche-biographie.de/pnd-
118831860.html].

17 Wünsch, Deutsche und Slawen, S. 32, 64–68, 78 f., 87–89.

18 Jürgens, Johannes a Lasco.

19 Bahlcke/Korthaase (Hg.), Daniel Ernst Jablonski.

20 Staszewski, Polacy.

21 Staszewski, Polacy, S. 128–146; Pachoński, Generał.

22 Ewa Tomicka-Krumrey: «Iam scintillam excitavi …» – Zu den Bemühun-
gen des Fürsten Józef Aleksander Jabłonowski, im 18. Jahrhundert eine
Gelehrten-Gesellschaft zu gründen, in: Klecker (Hg.), Sachsen und Polen,
S. 314–327.

II Die größte Minderheit Preußens und des Reichs:
Von den Teilungen Polens bis zum Ersten Weltkrieg

1 Vgl. auch Główny Urząd Statystyczny: Historia Polski w liczbach,
Bd. 1: Państwo i Społeczeństwo, Warszawa 2003, S. 192 f.; http://www.ge-
sis.org/histat/, Datensatz ZA 8049 (11.6. 2013); Andrzej Chwalba: Historia Polski 1795–1918. Kraków 2001, S. 19, Wachowiak (IIg.), Prusy,
S. 730 f.

2 Die Zitate aus verschiedenen Schriften Friedrichs II. nach Bömelburg,
Friedrich II., S. 78–86; die Kabinettsordre an v. Domhardt, 1.4. 1772, zit.
nach ebd., S. 94.

3 Bömelburg, Zwischen polnischer, S. 339–370; Bömelburg, Zwischen Lan-
desbewusstsein; Schmitt, Der polnische Adel, S. 373; Wachowiak (Hg.),
Prusy, S. 346 f.

4 Wachowiak (Hg.), Prusy, S. 730–738, 895–901; Wasicki, Ziemie.

5 Als Überblick immer noch unverzichtbar: Broszat, Zweihundert Jahre.

6 Belzyt, Sprachliche Minderheiten, S. 24.

7 Belzyt, Sprachliche Minderheiten, S. 17 f.

8 Neubach, Die Ausweisungen; Trzeciakowski, Pod pruskim; Rimmele,
Sprachenpolitik, S. 129–160; Wehler, Polenpolitik.

9 Broszat, Zweihundert, S. 155 (hier das Zitat).

10 Belzyt, Sprachliche, S 17 f.; vgl. auch Serrier, Provinz Posen, S. 25.

11 Streiter, Die nationalen Beziehungen, S. 20.

12 Streiter, Die nationalen Beziehungen, S. 14 (hier das erste Zitat), S. 44 f.;
   Sprachenerlass des Kultusministers von Altenstein, 13. 12. 1823, zit. nach
   Broszat, Zweihundert, S. 90 (das zweite Zitat).

13 Broszat, Zweihundert, S. 100 f. (hier Grolmans Äußerung vom März
   1832), vgl. auch Streiter, Die nationalen Beziehungen, S. 60 f.

14 Nodzyński, Naród, S. 127 f.

15 Paprocki, Wielkie Księstwo.

16 Zum Kulturleben der Stadt Posen im Überblick Topolski/Trzeciakowski
   (Hg.), Dzieje Poznania, Bd. 2, Teil 1, S. 584–740.

17 Kieniewicz, Społeczeństwo polskie.

18 Grabowski, Deutscher und polnischer, S. 292 f.

19 Serrier, Provinz Posen, S. 50; Jaworski, Handel und Gewerbe; Korth, Die
   preußische, S. 42, 47, 85 f.; Rimmele, Sprachenpolitik, S. 99–127; Glück,
   Die preußisch-polnische, S. 279–317.

20 Korth, Die preußische, S. 116–158.

21 Korth, Die preußische, S. 109, 111 (hier das Zitat); Rimmele, Sprachenpolitik, S. 127.

22 Zu den Bevölkerungsverhältnissen siehe Historia Pomorza, Bd. III/1,
   S. 159–167, 173–176; Bd. IV/1, S. 97–105.

23 Zit. nach Bömelburg, Friedrich II., S. 149 f.

24 Bömelburg, Zwischen polnischer, S. 365–368.

25 Hierzu auch Barełkowski, Vom «Schlagetot», S. 142 f.

26 Pletzing, Vom Völkerfrühling, S. 150 (hier das Zitat); Böhning, Die nationalpolnische, S. 64–101.

27 Schattkowsky, Identitätenwandel; Bukowski, Waplewo; Wierzchosławski, Flity; Borzyszkowski, Inteligencja.

28 Pletzing, Vom Völkerfrühling, S. 225; Wajda, Przemiany; Banach, Prasa
   polska, S. 138–145, 180–190 und passim.

29 Szews, Filomaci pomorscy, v. a. S. 149–172.

30 W. Seidel [Justizrath]: Das Land und Volk der Kassuben. In: Preußische
   Provinzialblätter N.F. 2 (1852), S. 104–121, hier 115, 118.

31 Pieróg, Florian Stanisław Ceynowa; Neureiter, Geschichte, S. 24–56 (das
   Zitat auf S. 46).

32 Ernst Seefried-Gulgowski: Von einem unbekannten Volke in Deutschland. Ein Beitrag zur Volks- und Landeskunde der Kaschubei. Berlin
   1911, S. 37.

33 Neureiter, Geschichte, S. 87.

34 Otto von Bismarck: Die gesammelten Werke. Bd. 14: Briefe. 1. Bd.: 1822–
   1861. Berlin 1933, S. 49.

35 Historia Pomorza, Bd. III/2, S. 171; Belzyt, Sprachliche Minderheiten,
   S. 164, 167; Tetzner, Die Slowinzen, S. 41 (hier das Zitat).

36 Tetzner, Die Slowinzen, S. 92.

37 Tetzner, Die Slowinzen, S. 104 (hier das Zitat) vgl. auch ders., Die Slawen,
   S. 391 f.

38 Kossert, Masuren, S. 148; Kętrzyński, O Mazurach, S. 26 f.

39 Oldenberg, Zur Kunde, S. 96 (hier das Zitat); Jasiński, Mazurzy, v. a. S. 23–34.

40 Aus dem «Kalendarz Królewsko-Prusko ewangelicki» 1866, S. 90, nach Jasiński, Mazurzy, S. 46 (hier das Zitat).

41 Kossert, Masuren, S. 149.

42 Toeppen, Geschichte Masurens, S. 477 (erstes Zitat), 487 (zweites Zitat), 493 f. (drittes Zitat); Kossert, Preußen, Deutsche oder Polen?, S. 94–104.

43 Kossert, Masuren, S. 190, 202; Tetzner, Die Slawen, S. 184; Sakson, Od Kłajpedy, S. 25 f.

44 Kossert, Preußen, Deutsche oder Polen, S. 116–123; Kłoskowska, Kultury narodowe, S. 147–163; Kętrzyński, Aus dem Liederbuch, S. 81 (erstes Zitat), 99 (zweites Zitat).

45 Jasiński, Świadomość narodowa na Warmii; Achremczyk, Warmia, S. 233–301; Traba, Niemcy; Sakson, Od Kłajpedy, S. 26 f.; Sowa, Po obu stronach, S. 6 (hier das Zitat).

46 Im Überblick Bahlcke/Gawrecki/Kaczmarek (Hg.), Historia Górnego Śląska.

47 Zit. nach: Konieczny, Polnisches Kulturleben, S. 41.

48 August F. Ephraim Hammard: Reise durch Oberschlesien zur Russisch-kaiserlichen Armee nach der Ukraine und zum Feldmarschall Rümanow, in: Dobbelmann/Husberg/Weber (Hg.): «Das preußische England …», S. 35–44, hier S. 37.

49 Briefe über Oberschlesien von P., in: Dobbelmann/Husberg/Weber (Hg.), «Das preußische England …», S. 73–76, hier S. 73 (erstes Zitat), S. 74 (zweites Zitat).

50 Lustreise durch Oberschlesien, in: Dobbelmann/Husberg/Weber (Hg.), «Das preußische England …», S. 156–168, hier S. 166.

51 Bahlcke u. a. (Hg.), Historia Górnego Śląska, S. 52 f.; Konieczny, Polnisches Kulturleben, S. 47.

52 Georg Samuel Bandtke: Über die polnische Sprache in Schlesien (1802), zit. nach Konieczny, Polnisches Kulturleben, S. 77 (hier das Zitat).

53 Schofer, Die Formierung, S. 30, 43, 47, 59–67, 242; Puls, Rochaden, v. a. S. 167–186; Czapliński/Kaszuba/Wąs/Żerelik: Historia Śląska. Wroclaw 2002, S. 324 f.

54 Karol Miarka: Głos wołającego na puszczy górnośląskiej, czyli O stosunkach ludu polskiego na Ślązku. Katowice 1984 (Erstdruck 1867), S. 52 (hier das Zitat).

55 Korth, Die preußische Schulpolitik, S. 41 (hier das Zitat).

56 Lewandowski, Wojciech Korfanty; Orzechowski, Wojciech Korfanty; Czapliński (u. a.), Historia Śląska, S. 324–331; Bjork, Neither; Ther, Die Grenzen; Bahlcke u. a. (Hg.), Historia Górnego Śląska, S. 53; Struve, Nationalismus- und Minderheitenforschung.

57 Wrzesiński (Hg.), Dolny Śląsk, S. 398–402, 442–448; Konieczny, Polnisches Kulturleben, S. 93–105.

58 Als Überblick Helmut Bleiber/Jan Kosim: Einleitung. In: dies. (Hg.), Dokumente, S. IX–LXXIII; Brudzyńska-Němec, Polenvereine, v. a. S. 167–220.

59 Langewiesche, Humanitäre, S. 84 (hier das Zitat).

60 Józef Alfons Potrykowski: Tułactwo Polaków we Francji. Dziennik emigranta (1974), zit. nach Bleiber/Kosim (Hg.), Dokumente, S. 159–169, hier S. 159 f. (das erste Zitat), 160 (zweites Zitat).

61 J. G. A. Wirth: Das Nationalfest der Deutschen zu Hambach. 2. Heft. Neustadt a.H. 1832, S. 96 (hier das Zitat).

62 Fuchs, Der große Polenprozess, S. 26 (das erste Zitat), 27 (das zweite Zitat).

63 Fuchs, Der große Polenprozess, S. 29 (hier das Zitat).

64 Karl August Varnhagen von Ense: Tagebücher, Bd. 4, Leipzig 1862, S. 161, zit. nach Szarota, Der 18.–19. März 1848, S. 70 (das Zitat).

65 Die Öffnung des Polen-Kerkers in den blutigen Tagen in Berlin, Flugblatt, 1848, zit. nach Booms/Wojciechowski (Hg.), Deutsche und Polen, S. 173 f. (das Zitat).

66 Erklärung polnischer Urwähler, Posen, 29. April 1848, unterzeichnet von 3577 Personen, zit. nach Booms/Wojciechowski (Hg.), Deutsche und Polen, S. 310 (das erste Zitat); Kotowski, Zwischen Staatsräson, S. 23 (das zweite Zitat).

67 Petition, Frankfurt, 23. 5. 1848, zit. nach Booms/Wojciechowski (Hg.), Deutsche und Polen, S. 347 (das Zitat).

68 Owsińska, Powstanie, v. a. S. 111–120, das Zitat auf S. 140; Real, Die Revolution, v. a. S. 141–163.

69 Stephan Lipinski: Jan Polak. Berlin 1928, S. 6 f.

70 Wajda, Migracje, S. 66–69; Weber, Die Verhältnisse, S. 277.

71 Wajda, Migracje, S. 115, 120 (hier das Zitat, nach Gazeta Toruńska 1890, Nr. 86).

72 Wajda, Migracje, S. 175 f.; Mai, Die preußisch-deutsche, S. 41 (hier das erste Zitat); Reichstagssitzung vom 1. 12. 1885, zit. nach Neubach, Die Ausweisungen, S. 88 (das zweite Zitat); Sitzung vom 16. 1. 1886, zit. nach Neubach, Die Ausweisungen, S. 102 (das dritte Zitat); Sitzung vom 28. 1. 1886, zit. nach Neubach, Die Ausweisungen, S. 109 (das vierte Zitat).

73 Wajda, Migracje, S. 180; Herbert, Geschichte der Ausländerpolitik, S. 22 f., 26 (hier das erste Zitat); Weber, Die Verhältnisse, S. 795 (das zweite Zitat); vgl. auch Conrad, Globalisierung, S. 124–167.

74 Julian Marchlewski: Wanderarbeiter, in: Leipziger Volkszeitung vom 23. 1. 1909, zit. nach: ders. (J. Karski): Zur Polenpolitik der preußischen Regierung. Auswahl von Artikeln aus den Jahren 1897 bis 1923. Berlin (Ost) 1957, S. 94–97, hier S. 94 f.

75 von Trzciński, Russisch-polnische, S. 48 f.

76 Herbert, Geschichte der Ausländerpolitik, S. 35–37; Nichtweiß, Die ausländischen, S. 225 (hier das Zitat, aus einem Gut im Kreis Groß Glogau, enthalten in einem Schreiben des Breslauer Kardinals Kopp an die preußische Regierung).

77 Grundlegende Literatur: Kleßmann, Polnische Bergarbeiter; Murzynowska, Die polnischen; Stefanski, Zum Prozeß; Murphy, Gastarbeiter.

78 Kleßmann, Polnische Bergarbeiter, S. 37; Tab. 3, S. 262; Tab. 7, S. 267.

79 Kleßmann, Polnische Bergarbeiter, S. 35, 39, 42, 54; Murzynowska, Die polnischen, S. 26, 48.

80 Herbert, Geschichte der Ausländerpolitik, S. 52.

81 Kleßmann, Polnische Bergarbeiter, S. 43, 51 f., 69, 71, 134.

82 Oltmer, Wanderungsraum Deutschland, S. 17; Murphy, Gastarbeiter, S. 131 (hier das Zitat).

83 Stefanski, Zum Prozeß, S. 37–76; Holger Wilke: Der Alltag in der Kolonie. In: Briesen/Fras/Ruchniewicz (Hg.), Migracja, S. 128–142; Kleßmann, Polnische Bergarbeiter, S. 42, 47–49, 94.

84 Peters-Schildgen, Das polnische Vereinswesen, S. 54; Kleßmann, Polnische Bergarbeiter, S. 95–101; Matwiejczyk, Katolickie; Murzynowska, Die polnischen, S. 130–132; Stefanski, Zum Prozeß, S. 150; Kozłowski, Rozwój, S. 68–90, 129–173.

85 Kossert, Preußen, Deutsche oder Polen?, S. 98.

86 Murzynowska, Die polnischen, S. 85 (hier das erste Zitat), 94–109; Matwiejczyk, Zwischen kirchlicher Integration; Kleßmann, Polnische Bergarbeiter, S. 104, 140, 58 (hier das zweite Zitat).

87 Kulczycki, The Polish Coal.

88 Kleßmann, Polnische Bergarbeiter, S. 63–65, 75 f.; Stefanski, Zum Prozeß, S. 135–140.

89 Kleßmann, Polnische Bergarbeiter, S. 104.

90 Stefanski, Zum Prozeß, S. 173–182.

91 Eugeniusz Nowak: Das «Radbod»-Unglück der Jadwiga Walenciak. Die Geschichte einer Bergmannsfamilie. Hamm 1999.

92 Wojciechowski, Życiorys, Bd. 1, S. 430.

93 Kleßmann, Polnische Bergarbeiter, S. 207 (Anm. 2).

94 Herbert, Geschichte der Ausländerpolitik, S. 74; Hauschildt, Polnische Arbeitsmigranten, S. 12 u.a.; vgl. auch Kozłowski, Rozwój; Barfuß, «Gastarbeiter», S. 125.

95 Hauschildt, Polnische Arbeitsmigranten, S. 12, 63, 72–80, 91, 253, 260 (hier das Zitat).

96 Frackowiak, Wanderer; Rzepa, Socjaliści polscy.

97 Weber, Die Verhältnisse, S. 108, 114, 115 (hier das erste Zitat); Barfuß, «Gastarbeiter», S. 67–72; Mitscherlich, Die Ausbreitung, S. 223 (hier das zweite Zitat).

98 Wanke, Am königlichen; Nowakowski, Die Radziwills, S. 271–298.

99 Kerski, Polski Berlin, in: Danieliewicz-Kerski/Górny (Hg.), Berlin, S. 22 (hier das Zitat); Steinert, Berlin – Polnischer Bahnhof, S. 80–91; Dorota Praszałowicz: Polen, in: Bade (Hg.), Enzyklopädie, S. 258–271, hier S. 261.

100 Szarota, Die Polen, hier auch auf S. 91 das Zitat (aus: Konrad Rakowski: Kolonia polska w Berlinie. In: Biblioteka Warszawska, Bd. 2, 1901, S. 234–272, hier S. 237).

101 Hartmann, Polen in Berlin, S. 689; Steinert, Berlin – Polnischer Bahnhof, S. 93, 101, 104.

102 Hartmann, Polen in Berlin, S. 680–687, 683 (hier das erste Zitat), 719 (hier das zweite Zitat), 756–758; Steinert, Berlin – Polnischer Bahnhof, S. 156–160; Szenic, Za zachodnią, S. 136; Kozłowski, Rozwój, S. 46–62, 94–115.

103 Berliner Börsen-Courier, 23. 1. 1910, Nr. 37, Zweite Beilage. Zit. nach: Traba, Auf der Suche, S. 48.

104 Dziennik Berliński vom 20. 6. 1897, nach einer deutschen Pressübersicht zit. nach Hartmann, Polen in Berlin, S. 697.

105 Hartmann, Polen in Berlin, S. 764 f., 768; Steinert, Berlin – Polnischer Bahnhof, S. 113, 179.

106 Hartmann, Polen in Berlin, S. 673, 743 f.; Steinert, Berlin – Polnischer Bahnhof, S. 144 f., 227 f.

107 Szenic, Za zachodnią, S. 137–144.

108 Kotowski, Zwischen Staatsräson, S. 40, 81; andere Angaben bei Trzeciakowski, Posłowie, S. 34.

109 Streiter, Die nationalen Beziehungen, S. 135; Trzeciakowski, Posłowie, S. 253; Wierzchosławski, Elity, S. 46; Kotowski, Poslowie, S. 85; ders., Zwischen Staatsräson, S. 192–194.

110 Kotowski, Zwischen Staatsräson, S. 48–58.

111 Zit. nach Kotowski, Zwischen Staatsräson, S. 95.

112 Kotowski, Zwischen Staatsräson, S. 110–121; Bernhard, Die Polenfrage, S. 136–150.

113 Tych, Rosa Luxemburg.

114 Karol Szymański: Z Warszawy i Heidelbergu. Wspomnienia z lat 1843–1863. Warszawa 1967, S. 95.

115 Sauerland, Deutsch-polnische Symbiosen, S. 336.

116 Zur Entwicklung der Slavistik vgl. vor allem Zeil, Slawistik.

117 Molik, Polskie peregrynacje, S. 59, 67, 69, 105, 139–153; Steinert, Berlin – Polnischer Bahnhof, S. 124; Becker, 1912.

118 Staszewski, Polacy, S. 147–173; Raczyński, Noch ist Polen, S. 109 (hier das Zitat).

119 Jäckel, Adam Mickiewicz.

120 Danek, Kraszewski, S. 280 (hier das Zitat aus den Erinnerungen einer Zeitgenossin).

121 Przybyszewski, Ferne, S. 26; Jodełka, Jan Kasprowicz, S. 59 (hier das Zitat); Lipski, Twórczość.

122 Przybyszewski, Ferne, S. 36.

123 Kolokol, in: Freie Bühne für den Entwicklungskampf der Zeit 1893, H. XII, S. 1363, zit. nach Matuszek, «Der geniale Pole», S. 18 (hier das erste Zitat); Przybyszewski, Ferne, S. 109 (hier das zweite Zitat), 235 (hier das vierte Zitat); Trepte, Zur Zweisprachigkeit, S. 32 f. (hier das dritte Zitat).

124 Jan Matejko an Leonard Serafiński, 8. 3. 1859, zit. nach Dariusz Konstantynów: Polnische Künstler in München, in: Omilanowska/Torbus (Hg.), Tür an Tür, S. 462–467, hier S. 463 f.

125 Baumgartner, Fałat und Kossak.

126 Keym, Symphonie-Kulturtransfer, S. 71–73.

127 Brief an Władysław Górski, 23. 1. 1882, zit. nach Piber, Droga, S. 85 (das erste Zitat); Keym, Symphonie-Kulturtransfer, S. 200 (das zweite Zitat); Paul Schwers in Allgemeine Musikzeitung, 7. 4. 1911, S. 400, zit. nach Keym, Zur Bedeutung, S. 260 (das dritte Zitat).

128 Zit. nach Keym, Symphonie-Kulturtransfer, S. 208.

129 Zum Gesamtkomplex «Junges Polen» außerordentlich eindrucksvoll Keym, Symphonie-Kulturtransfer, S. 194–212; zu Różycki ebd., S. 213–229.

130 Kleßmann, Polnische Bergarbeiter, S. 101 f. (das Zitat auf S. 101).
131 Kozłowski, Rozwój, S. 254–256; Szulczyński, Zarys, S. 11 f.; Grabowski,
    Deutscher und polnischer, S. 275.
132 Kleßmann, Polnische Bergarbeiter, S. 110–125; Kulczycki, Polish.
133 Der «polnische Jude». In: Allgemeine Zeitung des Judentums, 7. 9. 1906,
    S. 421 (hier das Zitat); Maurer, Ostjuden, S. 15.
134 Heid, Maloche, S. 156.
135 Heinrich von Treitschke: Unsere Aussichten. In: Preußische Jahrbücher
    44 (1879), S. 559–576, hier S. 572 f. Treitschke griff Bilder auf, die damals
    bereits verbreitet waren, vgl. Koch, DruckBilder, S. 56 f.
136 Weiss, Deutsche, S. 24 f.
137 Obenaus, Zur Migrationsproblematik, S. 166, 173; Bade, Europa in Bewe-
    gung, S. 215; Maurer, Ostjuden, S. 65.
138 Rubinstein, Erinnerungen. Die frühen Jahre, S. 41.
139 Auch in dem kleinen Teil von Schlesien, der Mitte des 18. Jahrhunderts als
    «Herzogtum Ober- und Niederschlesien» bei Österreich verblieben war
    und 1849 zum Kronland erhoben wurde, lebte eine ansässige polnische
    Bevölkerung, insbesondere im Herzogtum Teschen sowie in und um Bie-
    litz.
140 Marschall von Bieberstein, Freiheit; Mark, Galizien; Litwin-Lewandow-
    ska, O Polską, S. 37.
141 Kucharski (Hg.), Polacy; Rydel, W służbie; Litwin-Lewandowska, O
    Polską; Binder, Galizien; Łazuga, Kalkulować.
142 Forst-Battaglia, Polnisches Wien; Kucharski, Polacy i Polonia, v. a. S. 17–
    35; Litwin-Lewandowska, S. 40 f.; Taborski, Polacy.
143 Kucharski, Polacy i Polonia, u. a. S. 32.
144 Boysen, Preußische Armee, v. a. S. 21–25.
145 Glück, Die preußisch-polnische, S. 158–167; Boysen, Preußische Armee,
    S. 47, 56.
146 Boysen, Preußische Armee, S. 57–62.
147 Hutten-Czapski, Sechzig Jahre, Bd. 1, S. XVII (hier das Zitat).
148 Rezmer, Polacy.
149 Kronthal, Dr. Karol Marcinkowski, S. 49 (hier das Zitat).
150 Herbert, Geschichte der Ausländerpolitik, S. 86, 91.
151 Herbert, Geschichte der Ausländerpolitik, S. 92, 94 (hier das Zitat); Els-
    ner, Zur Lage, 167; Oltmer, Migration, S. 235.
152 Herbert, Geschichte der Ausländerpolitik, S. 109–117, 96; Poniatowska/
    Liman/Krężałek, Związek, S. 157.
153 Verhandlungen des Reichstags. XIII. Legislaturperiode. II. Session.
    Bd. 314, S. 6253 A – 6257 C, die Zitate auf S. 6253 und 6255.

III Zankapfel: Polen in Deutschland zwischen den Weltkriegen

1 Czubiński/Grot/Miśkiewicz, Powstanie, S. 98–180; Rezler, Powstanie.
2 Czubiński/Grot/Miśkiewicz, Powstanie, S. 181–493.
3 Wrzesiński, Polska – Prusy Wschodnie; Achremczyk, Warmia, S. 302–
  310.

4 Kossert, Preußen, Deutsche oder Polen, S. 145–159; Blanke, Polish-speaking, S. 115–196.

5 Sakson, Od Klajpedy, S. 38 f.

6 Grosch, Deutsche und polnische; Schmidt-Rösler, Autonomie- und Separatismusbestrebungen, S. 11 (hier das Zitat).

7 Bahlcke/Gawrecki/Kaczmarek (Hg.), Historia, S. 222 f.

8 Ther, Die Grenzen des Nationalismus, S. 335 f.; ders., Schlesisch, S. 175–177.

9 Bahlcke/Gawrecki/Kaczmarek (Hg.), Historia, S. 222–226; Ther, Die Grenzen, S. 336; Grosch, Deutsche und polnische, S. 371–388; Grześkowiak/Mikitin, Powstania, S. 85–107.

10 Piotrowski, Reemigracja, S. 67–115.

11 Piotrowski, Reemigracja, S. 117–221 (Zitate auf S. 201, 208 und 213).

12 Piotrowski, Reemigracja, S. 293 f., 305–451; Kleßmann, Polnische Bergarbeiter, S. 159; Frackowiak, Wanderer, S. 111–120.

13 Baier, Der deutsche Osten, S 221–223 (hier das Zitat); Jaworski, Die polnische Grenzminderheit, S. 63; Kaluza, Zur Minderheitenfrage, S. 3 f.

14 Wrzesiński, Polski ruch, v. a. S. 43–63, 306–503.

15 Wrzesiński, Polski ruch, S. 31; Jaworski, Die polnische Grenzminderheit, S. 53 (hier das Zitat).

16 Jaworski, Die polnische Grenzminderheit, S. 51 f.; Wrzesiński, Polski ruch, S. 25–33; Radzik, Polska mniejszość, S. 7 f.; Kuroński, Polacy w Niemczech, S. 405; Oltmer, Migration, S. 401.

17 Masnyk, Die Situation, S. 101 f.; Jaworski/Wojciechowski, Deutsche und Polen, S. 813 f.

18 Jaworski/Wojciechowski (Hg.), Deutsche und Polen, S. 813; Ther, Schlesisch, S. 178 (hier das Zitat).

19 Ther, Die Grenzen, S. 341 (hier das Zitat); Michalczyk, Heimat, S. 94–96; vgl. die Quellen bei Jaworski/Wojciechowski, Deutsche und Polen, S. 817–968.

20 Horst Bienek: Die erste Polka. Roman. München ʾ1987, S. 120.

21 Der Sprachgebrauch bei den Gottesdiensten in Oberschlesien, abgedruckt in: Lubojański, Die polnische Sprache, S. 49–108; Michalczyk, Heimat, S. 116–120; Rede Josef Wagners von 1935, zit. nach Bach/Lesiuk, Ich sah, S. 38 (hier die Zitate).

22 Deutsch-Polnisches Abkommen über Oberschlesien vom 15. Mai 1922. In: Reichsgesetzblatt 1922, Teil II, Nr. 10 (13. 2. 1922), S. 238–536, Artikel 67,3 (S. 273); dieser – und andere – Artikel wurden gleichlautend aus dem Minderheitenvertrag zwischen den Alliierten und Polen vom 28. Juni 1919 entnommen.

23 Trzeciakowski, Posłowie, S. 465; Baier, Der deutsche Osten, S. 218.

24 Masnyk, Dzielnica I; Masnyk, Die Situation, S. 105; Bahlcke/Gawrecki/Kaczmarek (Hg.), Historia, S. 236; Ratajewski, Prasa polska, S. 33; Radzik, Polska mniejszość, S. 12.

25 Długajczyk/Fałęcki, Na Górnym Śląsku, v. a. S. 258–309; Runzheimer, Der Überfall.

26 Kossert, Masuren, S. 256 (hier das Zitat); Blanke, Polish-speaking, S. 198–200.

27 Kossert, Masuren, S. 265, 268; Sakson, Od Klajpedy, S. 57f.

28 Blanke, Polish-speaking, S. 209, 235 f.; Kossert, Masuren, S. 277; Jaworski/ Wojciechowski, Deutsche und Polen, S. 163; Łukaszewicz/Wrzesiński, IV Dzielnica.

29 Zit. nach http://www.michalkajka.pl/index.php?option=com_content&-view=category&layout=blog&id=40&Itemid=48 (19. 8. 2013).

30 Kossert, Masuren, S. 300; ders., Preußen, Deutsche oder Polen, S. 189f., 248 (hier das Zitat).

31 Achremczyk, Warmia, S. 320–330.

32 Bukowski, Waplewo, S. 81–88.

33 Galikowski, Położenie, S. 309, 346; Jaworski/Wojciechowski (Hg.), Deutsche und Polen, S. 453–457 sowie der Quellenteil S. 463–590.

34 Loew, Danzig. Biographie; Cieślak (Hg), Historia Gdańska, Bd. 4, S. 30–32; Stępniak, Ludność.

35 Kleßmann, Polnische Bergarbeiter, S. 128 f.

36 Kleßmann, Polnische Bergarbeiter, S. 150–161; Osses, Zwischen Annäherung, S. 86.

37 Kleßmann, Polnische Bergarbeiter, S. 150–168 (das Zitat auf S. 165); Piotrowski, Remigracja, S. 171 f.; Oenning, «Du da …», S. 43.

38 Stefanski, Zum Prozeß, S. 221; Mrowiec/Kosicki/Mandziuk/Stawny, Księga, S. 24.

39 Oenning, «Du da mitti …», S. 46; Peters-Schildgen, Das polnische Vereinswesen, S. 69 (hier das Zitat).

40 Chałupczak, Das Bildungswesen; Kleßmann, Polnische Bergarbeiter, S. 125 (hier das Zitat), 173; Oenning, «Du da mitti …», S. 51.

41 Hauschildt, Polnische Arbeitsmigration, S. 272.

42 Urban, Schwarze Adler, S. 49–58; Kossert, Kuzorra, S. 181; Lenz, «Polen deutsche Fußballmeister»?.

43 Barfuß, «Gastarbeiter», S. 241 (hier das erste Zitat), 147 (das zweite Zitat); Frackowiack, Wanderer, S. 143–167.

44 Hartmann, Polen in Berlin, S. 770f.; Poniatowska, Polacy, S. 119–124, 131 f., 145, 153, 232 f.; Leksykon Polactwa, Sp. 45; Steinert, Berlin – Polnischer Bahnhof, S. 251; Kerski, Zweitgrößte, S. 174.

45 Poniatowska, Polacy, S. 215, 217.

46 Oltmer, Migration, S. 339, 408–411, 416 f.; Poniatowska, Polskie wycho dźstwo, S. 62.

47 Oltmer, Migration, S. 387, 390, 393, 420f., 438–441; Poniatowska, Polskie wychodźstwo, S. 41.

48 Nowosielski, Polacy w Niemczech, S. 8; Herbert, Geschichte der Ausländerpolitik, S. 124–127.

49 Wrzesiński, Polski ruch, S. 64–81.

50 Wrzesiński, Polski ruch, S. 100; vgl. auch Poniatowska/Liman/Krężalek, Związek, v. a. S. 13–138.

51 Dziennik Berliński, 9./10. 12. 1922, zit. nach Poniatowska, Polacy, S. 135; vgl. Wrzesiński, Polski ruch, S. 85.

52 Zit. nach Wrzesiński, Polski ruch, S. 123 (erstes Zitat); Einschätzung eines polnischen Botschaftsbeamten in Berlin, zit. nach Wrzesiński, Polski ruch, S. 327 (zweites Zitat).

53 Jaworski, Die polnische Grenzminderheit, S. 56; Wrzesiński, Polski ruch, S. 136–141.

54 Wrzesiński, Polski ruch, S. 213–411.

55 Leksykon Polactwa, Sp. 601.

56 Wrzesiński, Ruch polski, S. 445 (hier das Zitat); Müller, Die polnische Volksgruppe, S. 170–173.

57 Wrzesiński, Ruch polski, S. 412–501.

58 Stanisław Dybowski: Raul Koczalski. Chopinista i kompozytor. Warszawa 1998.

59 Głuchowska, Avantgarde.

60 Iwaszkiewicz-Zitat: Brief vom 23. 10. 1927, zit. nach Romaniuk, Inne życie, Bd. 1, S. 362.

61 Pryt, Befohlene Freundschaft, S. 291–297, S. 308 (hier das Zitat).

62 Pryt, Befohlene Freundschaft, S. 288–291.

63 Kozaczuk, Bitwa, S. 121–137.

64 Weiss, Deutsche, S. 21; Maurer, Ostjuden, S. 74, 96; Oltmer, Migration, S. 238–251; Trude Maurer: Ost-, Ostmittel- und südosteuropäische Juden in Berlin vom späten 19. Jahrhundert bis in die 1930er Jahre. In: Bade (Hg.), Enzyklopädie, S. 825–828; Tomaszewski, Auftakt, S. 21–24, 125.

65 Zit. nach Maurer, Ostjuden, S. 136.

66 Maurer, Ostjuden, S. 332.

67 Maurer, Ostjuden, S. 398 f., 403–416, 452–460; Oltmer, Migration, S. 251–261.

68 Tomaszewski, Auftakt, S. 64, 90 (hier das Zitat).

69 Tomaszewski, Auftakt, S. 129 (hier das Zitat).

70 Tomaszewski, Auftakt, S. 113–144, 179–222; Reich-Ranicki, Mein Leben, S. 160 (hier das Zitat).

71 Tomaszewski, Auftakt.

IV Schrecken des Kriegs: Vertreibung, Germanisierung, Zwangsarbeit, Vernichtung

1 Wrzesiński, Ruch polski, S. 501 f.; Opferlisten in Lehr/Osmańczyk, Polacy, S. 203–209; Poniatowska/Liman/Krężalek, Związek, S. 139–151; Frackowiak, Fremdvölkische, S. 81 f.; vgl. Verordnung der Reichsregierung über die Organisation der polnischen Volksgruppen im Deutschen Reich vom 27. 2. 1940 und 24. 4. 1940 (Deutscher Reichsanzeiger und Preußischer Staatsanzeiger Nr. 96/1940).

2 Frackowiak, Wanderer, S. 171–184 f.

3 Vgl. auch Ther, Die Grenzen, S. 341 f.

4 Madajczyk, Die Okkupationspolitik, S. 34–36; Broszat, Nationalsozialistische, S. 38–40; ders., Zweihundert, S. 297; Główny Urząd Statystyczny, Historia, Bd. 1, S. 364.

5 Schneider, Verbotener, S. 179; Hitlers Zitat nach Aufzeichnungen von Wilhelm Keitel, dem Chef des Oberkommandos der Wehrmacht, zit. nach Broszat, Nationalsozialistische, S. 25.

6 Mallmann/Böhler/Matthäus, Einsatzgruppen, Dok. 19, S. 130 (Vernehmungsprotokoll von 1964); Broszat, Nationalsozialistische, S. 48 f.

7 Wardzyńska, Był rok 1939, S. 136, 144–185; Łuczak, Pod niemieckim,

S. 14–41; Semków, Martyrologia; Informationen von Prof. Dr. Grzegorz Berendt, Institut für Nationales Gedenken, Danzig (Mail vom 30. 9. 2013 an den Autor).

8 Broszat, Nationalsozialistische, S. 42, 87–89.

9 Broszat, Nationalsozialistische, S. 128; Madajczyk, Die Okkupationspolitik, S. 193–199; Rutkowska, Wysiedlenia, S. 62–91.

10 Heinemann, «Rasse, Siedlung ...», S. 230 f.; Broszat, Nationalsozialistische, S. 95–98; Alberti, Die Verfolgung, S. 84–98; Rutherford, Prelude; Rutkowska, Wysiedlenia, S. 95–194 (zu den Lagern).

11 Broszat, Zweihundert, S. 278 (hier das Zitat); Heinemann, «Rasse, Siedlung ...», S. 216.

12 Alberti, Die Verfolgung, S. 25, 28.

13 Alberti, Die Verfolgung, v. a. S. 147–499; Heinemann, «Rasse, Siedlung ...», S. 231 f.; Młynarczyk/Böhler (Hg.), Der Judenmord.

14 Zit. nach Heinemann, «Rasse, Siedlung ...», S. 188.

15 Alberti, Die Verfolgung, S. 97 (hier das Zitat); Heinemann, «Rasse, Siedlung ...», S. 284, 289 f.; Madajczyk, Okkupationspolitik, S. 473; zum Gesamtkomplex auch Rutkowska, Nationalsozialistische.

16 Rutherford, Prelude, S. 65–67; Heinemann, «Rasse, Siedlung ...», S. 263; Broszat, Nationalsozialistische, S. 119 f.

17 Alberti, Die Verfolgung, S. 92 (hier das Zitat); Madajczyk, Die Okkupationspolitik, S. 168, 172 f.

18 Barbara Szczepuła: Dziadek w Wehrmachcie, Gdańsk 2007, S. 53.

19 Zit. nach Kneip, Die deutsche Sprache, S. 146.

20 Łuczak, Polska i Polacy, S. 146–161; Broszat, Nationalsozialistische, S. 124; Heinemann, «Rasse, Siedlung ...», S. 261, 269–271.

21 Lilienthal, Der «Lebensborn», S. 204–234 (das Zitat auf S. 208); Schmitz-Köster/Vankann, Lebenslang, S. 319–334; Łuczak, Polacy w okupowanych, S. 33–35.

22 Alberti, Die Verfolgung, S. 96; das Greiser-Zitat nach: Der Reichsstatthalter im Warthegau an alle Behörden, betr.: Anwendung der polnischen Sprache durch Polen, in: Herder-Institut (Hrsg.), Dokumente und Materialien zur ostmitteleuropäischen Geschichte. Themenmodul «Deutsche Besatzungspolitik in Polen 1939–1945», bearb. von Markus Roth. URL: http://www.herder-institut.de/bestaende-digitale-angebote/e-publikationen/dokumente-und-materialien/liste-aller-module/source/739/sourceVersion/1064/action/show/controller/Source.html (Zugriff am 19. 09. 2013).

23 Serwański, Wielkopolska, S. 273–455; Pietrowicz, Die Widerstandsbewegung; das Zitat aus: Raport o sytuacji na Ziemiach Zachodnich. Nr 6 (do 15 VIII 1943), in: Adamczyk (u. a.) (Hg.), Ziemie Zachodnie, S. 169.

24 Raport (wie Anm. zuvor), S. 183.

25 Pollack, Jeńcy; Kisielewicz, Oficerowie; zum Gefangenentheater vgl. die Erinnerungen von Wincenty Wtulich, in: Oflag VI B Dössel. Erinnerungen polnischer Kriegsgefangener an das Offizierslager VI B, Warburg 1995, S. 69–145.

26 Łuczak, Polska i Polacy, S. 183; Pollack, Jeńcy, S. 24.

27 Kaczmarek, Polacy, S. 136, 173–177.

28 Barbara Szczepuła: Dziadek w Wehrmachcie, Gdańsk 2007.
29 Aussage von «Herrn J.», in: Szczepuła, Dziadek, S. 8 f.
30 Kaczmarek, Polacy, S. 189–214; das Zitat aus einem Brief von Józef Stolecki aus Chełm Śląski, zit. nach Kaczmarek, Polacy, S. 201.
31 Zitate aus Benachrichtigungen an die Familien, nach Kaczmarek, Polacy, S. 280 f.
32 Kaczmarek, Polacy, S. 322, 324.
33 Kaczmarek, Polacy, S. 162 f.; Friszke, Polska, S. 104.
34 Stefanski, Polnische ZwangsarbeiterInnen, S. 105; Madajczyk, Die Okkupationspolitik, S. 245; Herbert, Fremdarbeiter, S. 11. – In dieser Zahl auch ca. 200 000 Ukrainer mit polnischer Staatsangehörigkeit; Łuczak, Praca przymusowa, S. 67; ders., Polska i Polacy, S. 180.
35 Zeitzeugenaussage der zu diesem Zeitpunkt (1940) 13 Jahre alten Henryka Wdowiak, zit. nach Liedke, Gesichter, S. 53 f.
36 Stefanski, Polnische ZwangsarbeiterInnen, S. 106; Herbert, Geschichte der Ausländerpolitik, S. 154–159.
37 Reichsgesetzblatt 1940, S. 555; Großmann, Fremd- und Zwangsarbeiter, S. 598; Herbert, Fremdarbeiter, S. 85–95, 125 f.
38 Łuczak, Praca przymusowa, S. 117–122; Bericht von Józef Gutkowski, zit. nach Liedke, Gesichter, S. 154 (hier das Zitat).
39 Jan Sroka: Relacja z pracy przymusowej na rzecz Trzeciej Rzeczy, in: Lipiec/Piskunowicz (Hg.), Zachować, Bd. 1, S. 269–291, hier S. 291.
40 Gellately, Die Gestapo, S. 256–262; das Zitat nach: Meldung vom 5. April 1943, zit. nach Schneider, Verbotener Umgang, S. 231.
41 Gellately, Die Gestapo, S. 253 (hier das Zitat), 262 f.; vgl. auch Himmlers Richtlinien vom 8. 3. 1940, in: Łuczak, Położenie, S. 34.
42 Herbert, Fremdarbeiter, S. 148; Gellately, Die Gestapo, S. 265–267; Schneider, Verbotener Umgang, S. 166–218; Muggenthaler, Verbrechen Liebe, S. 21.
43 Muggenthaler, Verbrechen Liebe, S. 40–43, 72 (hier das Zitat).
44 Reiter, «Ausländerkinder-Pflegestätten», S. 184–198 (fur Velpke, die Opferzahlen lassen sich nicht zweifelsfrei feststellen), 228, das Zitat auf S. 193; Hansch-Singh, Rassismus, S. 145.
45 Steinert, Deportation und Zwangsarbeit; Schminck-Gustavus, Das Heimweh.
46 Herbert, Fremdarbeiter, S. 379–389.
47 Giergielewicz, Endstation, S. 53.
48 Giergielewicz, Endstation, S. 79.
49 Łuczak, Polska i Polacy, S. 183.
50 Madajczyk, Die Okkupationspolitik, S. 314; Kosmala, Polnische; Benz/Distel (Hg.), Der Ort des Terrors, Bd. 2, S. 252–254; Broszat, Nationalsozialistische, S. 147 f.; Grabiński, «Die Diplomatie …».
51 Benz/Distel (Hg.), Der Ort des Terrors, Bd. 3, S. 34–36, 64; Langbein, … nicht wie die Schafe, S. 153.
52 Benz/Distel (Hg.), Der Ort des Terrors, Bd. 3, S. 315, 317, 323; Langbein … nicht wie die Schafe, S. 153; Kogon, Der SS-Staat, S. 253–255.
53 Benz/Distel (Hg.), Der Ort des Terrors, Bd. 7, S. 264, 265 (hier das Zitat).
54 Benz/Distel (Hg.), Der Ort des Terrors, Bd. 4, S. 481; Strebel, das KZ Ra-

vensbrück, S. 138–141; Klier, Die Kaninchen, S. 204; Sommer, Das
KZ-Bordell, S. 288; Morrison, Ravensbrück, S. 113 (hier das Zitat).

55 Benz/Distel (Hg.), Der Ort des Terrors, Bd. 4, S. 300, 315–317, 372; Benz/
Distel (Hg.), Der Ort des Terrors, Bd. 4, S. 33 f.

56 Benz/Distel (Hg.), Der Ort des Terrors, Bd. 5, S. 23, 323; Bd. 7, S. 191–193.

57 Benz/Distel (Hg.), Der Ort des Terrors, Bd. 6, S. 492 f., 496 f.

58 Krakowski, Das Todeslager; Benz/Distel (Hg.), Der Ort des Terrors,
Bd. 5, S. 136 (hier auch das Zitat); 142 f., 144 f.

59 Kostrzeński, Meine Flucht, S. 52.

V Kinder des Kalten Krieges: Versprengte Existenzen und Masseneinwanderung

1 Łuczak, Polacy w okupowanych, S. 21; Nowosielski, Polacy w Niemczech, S. 9; Polacy w Niemczech. Londyn 1948, S. 3 (nach offiziellen Daten der UNRRA); Brzoza, Między repatriacją, S. 296; Jacobmeyer, Vom
Zwangsarbeiter, S. 42, 64 (Anm. 19).

2 Górski, W sercu, S. 28.

3 Tadeusz Borowski: Pamiętnik z Freimannu. In: ders., Proza (1). Kraków
2004 (= Pisma w czterech tomach), S. 357–366, hier S. 357.

4 Tadeusz Borowski: Opis Monachium. In: ders., Poezja. Kraków 2003 (=
Pisma w czterech tomach), S. 243–244, hier S. 244.

5 Jacobmeyer, Vom Zwangsarbeiter, S. 59–84, 95; Brzoza, Między, S. 299
(hier das Zitat).

6 Brzoza, Między, S. 305 f.; Jacobmeyer, Vom Zwangsarbeiter, S. 88–90,
119–122.

7 Jacobmeyer, Vom Zwangsarbeiter, S. 176–190; Polacy w Niemczech. Londyn 1948, S. 15 f.; Łuczak, Polacy w okupowanych, S. 200–206.

8 Eckert, Hilfs- und Rehabilitierungsmaßnahmen, S. 134; Jacobmeyer, Vom
Zwangsarbeiter, S. 49, 210–215; Rydel, Die polnische Besatzung, S. 220 f.;
Stepień, Der alteingesessene, S. 151–164; Łuczak, Polacy w okupowa-
nych, S. 47–51.

9 Brzoza, Między, S. 297, 307; Institut für Besatzungsfragen: Das DP-Prob-
lem. Eine Studie über die ausländischen Flüchtlinge in Deutschland,
Tübingen 1950, S. 54 f.; Polacy w Niemczech. Londyn 1948, S. 5, 6 (hier
das Zitat).

10 Wygodzki, Tagebuch, S. 96 (hier das Zitat, Übersetzung von Bettina
Eberspächer); vgl. Bruder, Stanisław Wygodzki, S. 57.

11 Brzoza, Między, S. 310 f.; Eder, Jüdische, S. 164 (hier das Zitat); vgl. Kö-
nigseder/Wetzel, Lebensmut; Jacobmeyer, Jüdische Überlebende; Lustiger, Sing mit Schmerz; Grossmann, Juden, v. a. S. 214–378 (demzufolge
kamen ab Ende 1945 ca. 175 000 jüdische Flüchtlinge aus Polen in die
DP-Lager vor allem der amerikanischen Besatzungszone, S. 263).

12 Jacobmeyer, Vom Zwangsarbeiter, S. 190; Brzoza, Między, S. 312; Miera,
Polski Berlin, S. 51–53 (hier für 1951 die Zahl von 120 000 polnischen
DPs); Kazimierz Zenon: Dipisy. In: Pamiętniki emigrantów, S. 435–475,
hier S. 459 (hier das Zitat).

13 Stepień, Der alteingesessene, S. 137–139; Hłasko, Die schönen, S. 131 (hier
das Zitat).

14 Stepień, Der alteingesessene, S. 234 f.; Mazanek-Wilczyńska/Skubisz/
Walczak (Hg.), Polskie Oddziały, v. a. S. 139–166; Dziesięciolecie; Osses,
Unfreiwillig; Janusz, Polonia, S. 34; Giese, Polskie orły, S. 149–205.

15 Wilkiewicz, Heimatloser, S. 20.

16 Zit. nach Rydel, Die polnische Besatzung, S. 142.

17 Rydel, Die polnische Besatzung.

18 Nowak, Wojna, S. 35.

19 Nowak, Polska, S. 9 (hier auch das Zitat).

20 Hłasko, Die schönen, S. 206.

21 Gombrowicz, Tagebuch, S. 842.

22 Gombrowicz, Tagebuch, S. 891.

23 Reich-Ranicki, Mein Leben, S. 390.

24 Brauner, Mich gibt's, S. 143 (hier das Zitat).

25 Poniatowska/Liman/Krężałek, Związek, S. 157, 169.

26 Kossert, Kuzorra, S. 181; Hoffmann, Die Masuren, S. 278; Czopek-Kopciuch, Nazwiska, S. 106; Krampen, Minderheiten, S. 83 f.

27 Poniatowska/Liman/Krężałek, Związek, S. 360–363.

28 Poniatowska/Liman/Krężałek, Związek, S. 152–189, 203–207, 372–377.

29 Ruchniewicz, Die polnische politische, S. 67 f.; Brycht, Raport, S. 106
(hier das Zitat).

30 Związek Polaków w Niemczech: Denkschrift an die Regierung der Bundesrepublik Deutschland über die Situation der Polnischen Minderheit in
der Bundesrepublik. Bochum 1958, S. 6 f.; Poniatowska/Liman/Krężałek,
Związek, S. 231 (erstes Zitat); J. Pawlak, zit. nach Poniatowska/Liman/
Krężałek, Związek, S. 300 (zweites Zitat).

31 Miera, Polski Berlin, S. 51, 64.

32 Osses/Schade, Bochum; http://www.zpwn.org (6. 10. 2013).

33 Stepień, Der alteingesessene, S. 246; Poniatowska/Liman/Krężałek, Związek, S. 369; Janusz, Polonia, S. 41.

34 Eder, Aspekte, S. 44 (hier das Zitat); Miera, Polski Berlin, S. 85–89.

35 Borodziej/Lemberg (Hg.), Die Deutschen, Bd. 1, S. 25–114; Bd. 2, S. 65 f.,
S. 221 f. (Dok. 102); Bd. 4, S. 55 f.

36 Kossert, Kalte Heimat, S. 49; Ther, Deutsche und polnische, S. 290 f.

37 Bade, Ausländer, u. a. S. 165 f.; Münz, Deutschland und die Ost-West-
Wanderung, S. 54.

38 Pfundtner, Spätaussiedler, S. 70, 77; Schmidt, Nowe tożsamości, S. 71.

39 Pallaske, Die Migration von Polen, S. 130 f.; Schmidt, «Aussiedler»,
S. 272.

40 Pallaske, Migrationen aus Polen, S. 60, 61 (Zitat, nach: «Deutsch ist, wer
guter Nazi war», in: Spiegel, 25. 12. 1989), 138 f.

41 Cyrus, Auf der Suche, S. 29 f.

42 Cyrus, Auf der Suche, S. 33.

43 Fuchs, Die Wohnungssituation; Pallaske, Migrationen aus Polen, S. 117;
Pfundtner, Spätaussiedler, S 89.

44 Bade, Ausländer, S. 22; Soboczynski, Polski Tango, S. 41 (hier das Zitat);
Miera, Polski Berlin, S. 175.

45 Pallaske, Migrationen aus Polen, S. 60; Meister, Zwischenwelten, S. 49;
Hager, Probleme, S. 105 f.

46 Zit. nach Meister, Zwischenwelten, S. 119 -121; Härtling, Ben liebt Anna, S. 12 (hier das Zitat).

47 Pallaske, Migrationen aus Polen, S. 159–164; Mik, Wiegenlied, S. 102, 106 (hier das Zitat).

48 Doppelte Identitäten, S. 287; Hager, Probleme, S. 142–144, 150f.; Pallaske, Migrationen aus Polen, S. 105 f., 136; Schmidt, Nowe tożsamości, S. 85–91.

49 Schmidt, Nowe tożsamości, S. 136.

50 Schmidt, Nowe tożsamości, S. 137.

51 Schmidt, Nowe tożsamości, S. 122.

52 Statistisches Jahrbuch für die Bundesrepublik Deutschland 1961–1991, bis einschließlich 1974 ohne ehemalige Ostgebiete des Deutschen Reichs.

53 Statistisches Jahrbuch (wie vorige Anm.).

54 Pallaske, Migrationen aus Polen, S. 40–48, S. 71, Anm. 165, S. 72; http://www.migrationinformation.org/DataHub/countrydata/data.cfm (10. 10. 2013).

55 Kaczmarczyk, «Polski Berlin»; Eder, Aspekte, S. 53; Sierzputowska, Polscy emigranci.

56 Schondelmayer, Wichtig ist nicht, S. 31.

57 Miera, Polski Berlin, S. 56–59.

58 Tage wie leere Seiten, in: Die Zeit, 17. 4. 1987, zit. nach Pallaske, Migrationen aus Polen, S. 75.

59 Vgl. auch Hajdasz, Szczekaczka; Miera, Polski Berlin, S. 87; Sierzputowska, Polscy emigranci, S. 126–143.

60 Szczepaniak-Kroll, Polacy w Berlinie, S. 204.

61 Łuczak, Polacy w okupowanych, S. 13; Frackowiack, Wanderer, S. 192–209; Ruchniewicz, Polen in der SBZ, S. 253.

62 Ruchniewicz, Polen in der SBZ, S. 254–261; Poniatowska/Liman/Kręża-łek, Związek, S. 162 f.

63 Paluszek, Henryk Bereska, S. 46–101.

64 Stola, Kraj bez wyjścia, S. 71–75; Schneider, Übersiedler, S. 55, 65; Miera, Polski Berlin, S. 92.

65 Kochanowski, Jenseits, S. 192–195; Röhr, Hoffnung, S. 101; Stola, Kraj, S. 265.

66 Röhl, Hoffnung, S. 262; Logemann, Das polnische Fenster, S. 102 f. (Anm. 32); Miera, Polski Berlin, S. 95–98; Jasper, Ausländerbeschäftigung, S. 155–157 (nennt mehrfach über 30000 Polen in der DDR).

67 Röhl, Hoffnung, S. 123; Logemann, Das polnische Fenster, S. 133–136, 140 (hier das Zitat).

68 Logemann, Das polnische Fenster, S. 148, 298 (hier das Zitat), 309, 313; vgl. Irek, Schmugglerzug, S. 12 f., Kochanowski, Jenseits, S. 195, 419.

69 Röhl, Hoffnung, S. 181; Jaskułowski, Die Stasi macht Ferien.

70 Kaczmarek, Aktywność, S. 216; Logemann, Das polnische Fenster, S. 146 (auch Anm. 216); Miera, Polski Berlin, S. 110 f.

71 Logemann, Das polnische Fenster, S. 8, 153.

VI Die unsichtbare Minderheit? Polen in Deutschland heute

1 http://www.auswaertiges-amt.de/cae/servlet/contentblob/574756/publicationFile/152267/Deutsch-Polnischer_Nachbarschaftsvertrag.pdf (5. 10. 2013).

2 Statistisches Jahrbuch 1992–2013; Bundesamt für Migration und Flüchtlinge: Die Einbürgerung von Ausländern in Deutschland. Working Paper 17 der Forschungsgruppe. Nürnberg ²2008.

3 Statistisches Jahrbuch 1992–2013; Bevölkerung und Erwerbstätigkeit. Ausländische Bevölkerung 2013. Statistisches Bundesamt, Fachserie 1, Reihe 2, Wiesbaden 2014. Wenn man das Wanderungssaldo (Zuzüge aus Polen minus Fortzüge nach Polen) für diesen Zeitraum addiert, kommt man sogar auf noch eine größere Summe.

4 Bevölkerung und Erwerbstätigkeit. Bevölkerung mit Migrationshintergrund – Ergebnisse des Mikrozensus 2011. Statistisches Bundesamt, Fachserie 1, Reihe 2.2, Wiesbaden 2012, S. 6 (hier das Zitat), 56–60.

5 Miera, Polski Berlin, S. 21–23.

6 Glorius, Transnationale, S. 114 f.

7 Kamiński, Witold: Na niemieckich papierach. In: Polityka vom 14. 1. 1995, zit. nach Polonia w Niemczech, S. 121; Miera, Polski Berlin, S. 121.

8 Główny Urząd Statystyczny: Informacja o rozmiarach i kierunkach emigracji z Polski w latach 2004 – 2010, Warszawa 2011.

9 Segeš Frelak, Die polnische Arbeitsmigration, S. 30.

10 Grabe/Kaluza, Polnischsprachige im Revier; Bevölkerung und Erwerbstätigkeit. Bevölkerung mit Migrationshintergrund – Ergebnisse des Mikrozensus 2011. Statistisches Bundesamt, Fachserie 1, Reihe 2.2, Wiesbaden 2012, S. 6; Heckmann, Ethnische Minderheiten, S. 108 f.

11 http://www.statistik-nord.de/uploads/tx_standocuments/SI_SPEZIAL_III_2012.pdf (28. 10. 2013); https://www.mannheim.de/stadt-gestalten/einwohner-migrationshintergrund (28. 10. 2013); http://www.statistik-bremen.de/bremendat/statwizard_step1.cfm (29. 10. 2013); http://www.frankfurt.de/sixcms/media.php/678/MSB_ST_13_Kapitel_2.pdf, S. 34–37 (3. 11. 2013).

12 Kerski, Zweitgrößte, S. 176 (hier das Zitat).

13 Kaczmarczyk, «Polski Berlin», S. 249.

14 Weber, Der Polenmarkt, S. 81 f.

15 Irek, Der Schmugglerzug, S. 31–33.

16 Gabriele Riedle: Multikulturelle Geschäfte. In Berlin verkaufen Afrikaner Polen japanische Radios. In: Die Zeit, 27. 4. 1990, Nr. 18.

17 Riedle, Multikulturelle Geschäfte.

18 Kaczmarczyk, «Polski Berlin», S. 249.

19 http://www.berlin.de/lb/intmig/statistik/demografie/melderechtlich_bevoelkerung_migrationshintergrund.html (29. 10. 2013).

20 http://www.polnischeversager.de/(14. 11. 2013), hier das Zitat.

21 Kępińska, Migracje, S. 132 f.; Stola, Kraj, S. 281–285.

22 Pallaske, Migrationen aus Polen, S. 79–83; Kępińska, S. 134 f.; Świątkowski, Zwischen Modernisierung, S. 208 f.

23 Wagner/Fiałkowska/Piechowska/Łukowski, Deutsches Waschpulver, S. 106.

24 Becker, Erdbeerpflücker, S. 90–95.

25 Becker, Erdbeerpflücker, S. 115 (hier das Zitat); Nowosielski, Polish Organisations, S. 28; Segeš Frelak, Die polnische Arbeitsmigration, S. 28 f.

26 Becker, Erdbeerpflücker, S. 128–135, 142 f.; Kępińska, Migracje, S. 149–157; Aka, Sonderkulturen, S. 166; Wagner/Fiałkowska/Piechowska/Łukowski, Deutsches Waschpulver, 72.

27 Korczynska, Individuelle Kosten, S. 213.

28 Zit. nach Becker, Erdbeerpflücker, S. 193.

29 Aka, Sonderkulturen, S. 161.

30 Miera, Polski Berlin, S. 35, 327; Koczorowski, Die Tätigkeit.

31 Frelak/Łada/Schwarz, Polnische Arbeitsmigration, S. 114; Miera, Polski Berlin, S. 132–135.

32 Miera, Polski Berlin, S. 141–143; Cyrus, Wie vor hundert Jahren?, S. 189 f.

33 Glorius, Transnationale, S. 154–162.

34 Segeš Frelak, Die polnische Arbeitsmigration, S. 31 f.; Thomas Freitag: Deutsch-polnisches Muffensausen, aus dem Album «Geld oder Gülle» (Con Anima, 2004); der Sketch ist als «Polen am Bau» auch bei Youtube zu einem Renner geworden.

35 Irek, Der Schmugglerzug, S. 68 f.

36 Irek, Der Schmugglerzug, S. 72–74 (das Zitat auf S. 72).

37 Irek, Der Schmugglerzug, S. 64.

38 Karakayali, Transnational, S. 14 f.

39 Metz-Göckel, Arbeitspendeln, S. 33, 40, 44; eigene Recherchen.

40 Metz-Göckel, Sigrid: Einleitung. In: Metz-Göckel/Münst/Kałwa, Migration, S. 11–26, hier S. 24.

41 Hensel, Transmigration, S. 103.

42 Hensel, Transmigration, S. 106

43 Cyrus, Mobilität, S. 183 f.

44 Świątkowski, Zwischen Modernisierung, S. 220 f. (hier die Zitate).

45 Karakayali, Transnational Haushalten, S. 213–241, Zitat auf S. 241.

46 Hensel, Transmigration, S. 88 (hier das Zitat); Cyrus, Mobilität, S. 191.

47 Hensel, Transmigration, S. 88.

48 Pallaske, Migrationen aus Polen, S. 84 (Anm. 210); Miera, Polski Berlin, S. 155.

49 Joho, Polnisches Leben, S. 70 f.; Tampep 5: Final Report. September 2000/ February 2002, S. 135–175.

50 Hensel, Transmigration, S. 82 (hier auch das Zitat).

51 Jaroszewska, Małżeństwa, S. 41–56; Miera, Polski Berlin, S. 126 f.

52 Pallaske, Migrationen aus Polen, S. 78 f.; Jaroszewska, Małżeństwa, S. 51; Jańczak, Deutsch-polnische Familien, S. 51–55; Joanna Karolina Korth: Interkulturelle Ehen. Deutsch-polnische Ehen in ihrem sozialen Umfeld. Magisterarbeit, Univ. Hamburg 2006 (http://www.deutsch-polnische-ehen.de/Deutsch_Polnische_Ehen.pdf); Statistisches Bundesamt Fachserie 1, Reihe 1.1: Bevölkerung und Erwerbstätigkeit, Natürliche Bevölkerungsbewegung; David Glowsky: Globale Partnerwahl: Soziale

Ungleichheit als Motor transnationaler Heiratsentscheidungen, Wiesbaden 2011.

53 Hals über Kopf, in: Der Spiegel 1985, H. 18 (29.4.); zu deutsch-polnischen Eheanbanungsinstituten vgl. auch Jaroszewska, Małżeństwa, S. 57–72.

54 http://www.polenliebe.de/polnische-frauen/(26. 11. 2013).

55 http://www.polen-forum.com/viewtopic.php?f=4&t=183&start=20 (beide Zitate, 26. 11. 2013).

56 Nowicka, «Hängen geblieben»; Wissenschaft weltoffen. Daten und Fakten zur Internationalität von Studium und Forschung in Deutschland 2013. Bielefeld 2013 (http://www.wissenschaftweltoffen.de/publikation/ wiwe_2013_verlinkt.pdf), S. 16, 23, 36, 46; Isabell Klingert/Andreas H. Block: Ausländische Wissenschaftler in Deutschland. Analyse des deutschen Arbeitsmarktes für Forscherinnen und Forscher. Nürnberg 2013, S. 41.

57 Lista lekarzy (3). In: Samo Życie 2.11.–15. 11. 2013, Nr. 22 (417), S. 73 f.

58 Die Informationen für dieses Unterkapitel sind aus unterschiedlichsten Quellen – teils im Internet – recherchiert worden; auf die genaue Angabe dieser Quellen wird hier – sofern nicht anders verzeichnet – verzichtet.

59 Helbig-Mischewski, Emigration, S. 169.

60 Krzysztof Niewrzęda: druga rozmowa. In: ders.: poplątanie. Szczecin 1999, S. 58. [meine Übersetzung, P.O.L.]

61 Rudnicki, Cholerny, S. 6; vgl. Zduniak-Wiktorowicz, Współczesny, S. 29.

62 Mende, Polnischsprachige Gegenwartsliteratur, S. 298.

63 Becker, Herz, S. 81; vgl. Prunitsch, Kann man.

64 http://www.zarys.de/deutsch/neue-texte/r-ulfik-m-tinschert-interview/ (19. 11. 2013).

65 Stasiuk, Dojczland, S. 25 f.

66 Stach, Die Berliner Polonia heute, S. 87; Matthias Matussek: Blühendes Wunder. In: Der Spiegel, 8. 7. 1991 (hier das Zitat); http://www.polnisches-theater-kiel.de/html/uber-uns.html (17. 11. 2013).

67 Urban, Schwarze Adler, S. 164.

68 Urban, Schwarze Adler, S. 164 (hier das Zitat), S. 166–169.

69 http://eurosport.onet.pl/pilka-nozna/kadra/eugen-polanski-chyba-bardziej-czuje-sie-niemcem-niz-polakiem/8pxt1 (4. 11. 2013).

70 Kostrzewa, Procesy, S. 37, 74 f.; Nagel, Zwischen zwei Welten, S. 47 f.; http://haus-concordia.com/de/centrum.pdf (3. 11. 2013).

71 Szulczyński, Zarys dziejów, S. 46; Kostrzewa, Procesy, S. 95; http://www.zpwn.org (6. 10. 2013); Nagel, Zwischen zwei Welten, S. 50 f.; http://bogdan-dr-milek.blog.onet.pl/2013/05/05/kongres-polonii-niemieckiej-opuszcza-konwent/(3. 11. 2013).

72 Tyblewski, Erfolge, S. 249 f.

73 Krystya Lubelska: Pani minister nie tańczy. In: Polityka, 6. 7. 2007; (http://www.polityka.pl/kraj/ludzie/223361,1,pani-minister-nie-tanczy. read); Jarosław Kaczyński: Niemcy w Polsce powinni mieć tyle praw, ile Polacy w Niemczech, 8. 12. 2012 (http://wiadomosci.wp.pl/kat,1342,title, Jaroslaw-Kaczynski-Niemcy-w-Polsce-powinni-miec-tyle-praw-ile-Polacy-w-Niemczech,wid,15163237,wiadomosc.html?ticaid=111996, Abruf 3. 11. 2013).

74 Kaluza, Zum Minderheitenstatus, das Zitat aus der Welt, 12. 1. 2010, hier
   auf S. 5.

75 Pallaske, Migrationen aus Polen, S. 173.

76 Misiak/Surzykiewicz, Polacy, S. 220.

77 Wolff-Powęska/Schulz, Schlußfolgerungen, S. 403; vgl. auch Kaluza,
   Zum Minderheitenstatus, S. 7.

78 Nagel, Zwischen zwei Welten, S. 43 (hier das Zitat); Nowosielski, Polish
   Organisations, S. 46f., 95–100.

79 Miera, Polski Berlin, S. 200–202; http://www.polskarada.de/index.php
   (2. 11. 2013); Wóycicki, Polen, Deutsche, Europäer, S. 241 (hier das Zitat);
   Nowosielski, Polish Organisations, S. 48 f.; Loew, Aspekty.

80 Nagel, Zwischen zwei Welten, S. 57–61; http://www.jpolski.de/index.php
   (17. 10. 2013); vgl. auch die Tätigkeit der breit aufgestellten Bundesver-
   einigung der Polnischlehrkräfte, http://polnischunterricht.de sowie deren
   Zeitschrift Polnisch in Deutschland 1 (2013).

81 Nagel, Zwischen zwei Welten, S. 71–74.

82 Polnische Zuwanderer bleiben ihren Heimatsendern treu, http://www.
   data4u-online.de/downloads/NHD-PM6.pdf (21. 10. 2013); Nagel, Zwischen zwei Welten, S. 74–76.

83 Mrowiec/Kosicki/Mandziuk/Stawny, Księga jubileuszowa, S. 31.

84 Dopierała (Hg.), Encyklopedia, Bd. 3, S. 255, 304.

85 Świątkowski, Zwischen Modernisierung, S. 206 (hier das Zitat); Misiak/
   Surzykiewicz, Polacy w Monachium, v. a. S. 130–154; http://www.pmk-
   niemcy.eu (24. 4. 2013); Budyń, Zur Geschichte.

86 Zit. nach Bojar, Die neue polnische, S, 244.

87 Polen haben unser Dorf reich gemacht. In: Bild-Zeitung, 7. 11. 2012,
   http://www.bild.de/lifestyle/2012/landwirt/polen-hat-loecknitz-reich-
   gemacht-27066340.bild.html (21. 10. 2013); Łada/Segeš Frelak, Eine
   Grenze; Jarosz, Alltag, S. 165 f.

88 Mailverkehr mit der Stadtverwaltung Görlitz (22. 10. 2013).

89 Angaben zu 31. 12. 2012 nach http://www.bundesaerztekammer.de/
   downloads/Stat12Tab10.pdf (10. 7. 2013); Borchardt, Ärztemigration,
   S. 125; Zahl der Ärzte in Brandenburg steigt weiter. In: Brandenburgi-
   sches Ärzteblatt 23 (2013), H. 2, S. 6.

90 Stefan Locke: Im Nu über die Neiße. In: Frankfurter Allgemeine Zeitung,
   25. 2. 2012 (http://www.faz.net/aktuell/grenzueberschreitende-krimi-
   nalitaet-im-nu-ueber-die-neisse-11661147.html); Bundeskriminalamt:
   Polizeiliche Kriminalstatistik 2012. Wiesbaden 2013, S. 116 u. a.; Bundeskriminalamt: Bundeslagebild Kfz-Kriminalität 2012. Wiesbaden 2013,
   S. 8.

91 Szczepaniak-Kroll, Polacy w Berlinie, S. 201.

92 Glorius, Transnationale, S. 264.

93 Glorius, Transnationale, S. 158 f., 298 f.

94 Soboczynski, Polski Tango, S. 29 (hier das Zitat).

95 Hierzu auch Kerski, Hybride Identitäten, S. 43.

96 Sonja Haug: Interethnische Kontakte, Freundschaften, Partnerschaften
   und Ehen von Migranten in Deutschland. Nürnberg 2010 (= Bundesamt
   für Migration und Flüchtlinge, Working Paper 33) (http://www.bamf.de/

SharedDocs/Anlagen/DE/Publikationen/WorkingPapers/wp33-inter-ethnische-kontakte.pdf?__blob=publicationFile, 25. 11. 2013), v. a. S. 24–27, 39, 40, 46.

97 http://nds.kandidatengrillen.milesmoeller.de/kandidatengrillen/index/showuser/username/Katta (11. 5. 2013).

Literaturverzeichnis

Achremczyk, Stanisław: Warmia. Olsztyn 2000.

Aka, Christine: Sonderkulturen. Polnische Saisonarbeiter zwischen Container und Erdbeerfeld. In: Rheinisch-westfälische Zeitschrift für Volkskunde 52 (2007), S. 157–182.

Alberti, Michael: Die Verfolgung und Vernichtung der Juden im Reichsgau Wartheland 1939–1945. Wiesbaden 2006.

Bade, Klaus J.: Ausländer, Aussiedler, Asyl. Eine Bestandsaufnahme. München 1994.

Bade, Klaus J. (u. a.) (Hg.): Enzyklopädie Migration in Europa. Vom 17. Jahrhundert bis zur Gegenwart. Paderborn (u. a.) ²2008.

Bahlcke, Joachim (Hg.): Schlesien und die Schlesier. München 2000.

Bahlcke, Joachim/Korthaase, Werner (Hg.): Daniel Ernst Jablonski: Religion, Wissenschaft und Politik um 1700. Wiesbaden 2008.

Bahlcke, Joachim/Gawrecki, Dan/Kaczmarek, Ryszard (Hg.): Historia Górnego Śląska. Polityka, gospodarka i kultura europejskiego regionu. Gliwice 2011.

Baier, Roland: Der deutsche Osten als soziale Frage. Eine Studie zur preußischen und deutschen Siedlungs- und Polenpolitik in den Ostprovinzen während des Kaiserreichs und der Weimarer Republik. Köln/Wien 1980.

Banach, Jacek: Prasa polska Prus Zachodnich w latach 1848–1914. Gdańsk 1999.

Barełkowski, Matthias: Vom «Schlagetot» zum «Kronzeugen» nationalsozialistischer Verbrechen. Die Karriere des Erich von dem Bach-Zelewski. In: Bömelburg, Hans-Jürgen/Król, Eugeniusz Cezary/Thomae, Michael (Hg.): Der Warschauer Aufstand 1944. Ereignis und Wahrnehmung in Polen und Deutschland. Paderborn (u. a.) 2011, S. 129–170.

Barfuß, Karl Marten: «Gastarbeiter» in Nordwestdeutschland 1884–1918. Bremen 1986.

Baumgartner, Anna: Fałat und Kossak. Polnische Maler im preußischen Berlin Ende des 19. Jahrhunderts. In: Traba (Hg.), My berlińczycy, S. 140–158.

Becker, Artur: Das Herz von Chopin. Hamburg 2006.

Becker, Jörg: 1912: Ein Mord in Darmstadt. Wer war Alfred Weiser aus Częstochowa? In: Zeitschrift für Geschichtswissenschaft 2005, H. 7, S. 599–608.

Becker, Jörg: Erdbeerpflücker, Spargelstecher, Erntehelfer. Polnische Saisonarbeiter in Deutschland – temporäre Arbeitsmigration im neuen Europa. Bielefeld 2010.

Belzyt, Leszek: Sprachliche Minderheiten im preußischen Staat 1815–1914. Die preußische Sprachenstatistik in Bearbeitung und Kommentar. Marburg 1998.

Benz, Wolfgang/Distel, Barbara (Hg.): Der Ort des Terrors. Geschichte der nationalsozialistischen Konzentrationslager. 9 Bde., München 2005–2009.

Bernhard, Ludwig: Die Polenfrage. Das polnische Gemeinwesen im preußischen Staat. Leipzig ²1910.

Binder, Harald: Galizien in Wien. Parteien, Wahlen, Fraktionen und Abgeordnete im Übergang zur Massenpolitik. Wien 2005.

Bjork, James E.: Neither German nor Pole. Catholicism and National Indifference in a Central European Borderland. Ann Arbor 2008.

Bleiber, Helmut/Kosim, Jan (Hg.): Dokumente zur Geschichte der deutsch-polnischen Freundschaft. Berlin (Ost) 1982.

Böhning, Peter: Die nationalpolnische Bewegung in Westpreußen 1815–1871. Marburg 1973.

Bömelburg, Hans-Jürgen: Zwischen polnischer Ständegesellschaft und preußischem Obrigkeitsstaat. Vom Königlichen Preußen zu Westpreußen (1756–1806). München 1995.

Bömelburg, Hans-Jürgen: Zwischen Landesbewußtsein, polnischer Adelsrepublik und Hohenzollernmonarchie – politische Loyalitäten und Nationsbildung innerhalb des königlich preußischen bzw. westpreußischen Adels 1770–1870. In: Mieczysław Jaroszewicz/Włodzimierz Stępiński (Hg.): Szlachta – społeczeństwo – państwo między Warmią a Rugią w XVII–XX wieku. Szczecin 1998, S. 23–38.

Bömelburg, Hans-Jürgen: Friedrich II. zwischen Deutschland und Polen. Ereignis- und Erinnerungsgeschichte. Stuttgart 2011.

Bömelburg, Hans-Jürgen/Kizik, Edmund: Altes Reich und alte Republik. Deutsch-polnische Beziehungen und Verflechtungen 1500–1806 (= Deutsch-Polnische Geschichte, Bd. 2). Darmstadt 2014.

Bojar, Hanna: Die neue polnische Migration nach Deutschland. Das Leben in grenznahen lokalen Gemeinschaften aus der Perspektive der Migranten. In: Łada/Segeš Frelak, Eine Grenze, S. 99–167.

Booms, Hans/Wojciechowski, Marian (Hg.): Deutsche und Polen in der Revolution 1848–1849. Dokumente aus deutschen und polnischen Archiven. Boppard am Rhein 1991.

Borchardt, Katja: Ärztemigration von und nach Deutschland. Theoretische und empirische Untersuchung unter besonderer Berücksichtigung der deutsch-polnischen Grenzregion Brandenburg. Baden-Baden 2006.

Borodziej, Włodzimierz/Lemberg, Hans (Hg.): «Unsere Heimat ist uns ein fremdes Land geworden ...» Die Deutschen östlich von Oder und Neiße 1945–1950. Dokumente aus polnischen Archiven. 4 Bde. Marburg 2000–2004.

Borzyszkowski, Józef: Inteligencja polska w Prusach Zachodnich 1848–1920. Gdańsk 1986.

Boysen, Jens: Preußische Armee und polnische Minderheit. Royalistische Streitkräfte im Kontext der Nationalitätenfrage des 19. Jahrhunderts (1815–1914). Marburg 2008.

Boysen, Jens: Nationale Minderheiten (Polen und Elsass-Lothringer) im preußisch-deutschen Heer während des Ersten Weltkriegs 1914–1918. In: Nordost-Archiv 17 (2008), S. 108–136.

Brauner, «Atze»: Mich gibt's nur einmal. Rückblende eines Lebens. München/Berlin 1976.

Briesen, Detlef/Fras, Zbigniew/Ruchniewicz, Krzysztof (Hg.): Migracja i integracja jako doświadczenie europejskie na przykładzie niemieckich metropolii w XIX i XX w. Polacy w Zagłębiu Ruhry i Berlinie. Wrocław 1996.

Broszat, Martin: Nationalsozialistische Polenpolitik 1939–1945. Frankfurt am Main/Hamburg ^{2}1965.

Broszat, Martin: Zweihundert Jahre deutsche Polenpolitik. Frankfurt am Main 1972.

Bruder, Franziska: Stanisław Wygodzki. Pole, Jude, Kommunist – Schriftsteller. Münster 2003.

Brudzyńska-Němec, Gabriela: Polenvereine in Baden. Hilfeleistung süddeutscher Liberaler für die polnischen Freiheitskämpfer 1831–1832. Heidelberg 2006.

Brycht, Andrzej: Raport z Monachium. Warszawa ^{2}1968.

Brzoza, Czesław: Między repatriacją a emigracją. Polacy w Niemczech Zachodnich w latach 1945–1951. In: Irena Paczyńska (Hg.): Śląsk, Polska, Emigracja. Studia dedykowane Andrzejowi Pilchowi. Kraków 2002, S. 295–313.

Budyń, Stanisław: Zur Geschichte der Polnischen Katholischen Mission in Deutschland. In: Kerski/Ruchniewicz (Hg.), Polnische Einwanderung, S. 181–199.

Bukowski, Andrzej: Waplewo. Zapomniana placówka kultury polskiej na Pomorzu Nadwiślańskim. Wrocław (u. a.) 1989.

Chałupczak, Henryk: Das Bildungswesen der polnischen Minderheit in Rheinland-Westfalen in der Zwischenkriegszeit. In: Dahlmann/Kotowski/Karpus (Hg.), Schimanski, S. 227–236.

Chamski, Tadeusz Józef: Opis krótki lat upłynionych. Opracował i wstępem poprzedził Robert Bielecki. Warszawa 1989.

Cieślak, Edmund (Hg.): Historia Gdańska, Bd. IV/2. Sopot [1999].

Conrad, Sebastian: Globalisierung und Nation im deutschen Kaiserreich. München 2006.

Cyrus, Josef: Auf der Suche nach einem Zuhause. Aus dem Tagebuch eines oberschlesischen Aussiedlers. Dülmen 1989.

Cyrus, Norbert: Wie vor hundert Jahren? Zirkuläre Arbeitsmigration aus Polen in der Bundesrepublik Deutschland. In: Pallaske (Hg.), Die Migration, S. 185–203.

Czapliński, Marek/Kaszuba, Elżbieta/Wąs, Gabriela/Żerelik, Rościsław: Historia Śląska. Wrocław 2002.

Czapliński, Władysław/Długosz, Józef: Podróż młodego magnata do szkół (Studium z dziejów kultury XVI i XVII w.). Warszawa 1969.

Czopek-Kopciuch, Barbara: Nazwiska polskie w Zagłębiu Ruhry. Kraków 2004.

Czubiński, Antoni/Grot, Zdzisław/Miśkiewicz, Benon (Hg.): Powstanie Wielkopolskie 1918–1919. Zarys dziejów. Warszawa/Poznań 1988.

Dahlmann, Dittmar/Kotowski, Albert S./Karpus, Zbigniew (Hg.): Schimanski, Kuzorra und andere. Polnische Einwanderer im Ruhrgebiet zwischen der Reichsgründung und dem Zweiten Weltkrieg. Essen 2005.

Danek, Wincenty: Józef Ignacy Kraszewski. Zarys biograficzny. Warszawa
    1976.
Danielewicz-Kerski, Dorota/Górny, Maciej (Hg.): Berlin. Polnische Perspek-
    tiven 19.–21. Jahrhundert. Berlin 2008.
Długajczyk, Edward/Falęcki, Tomasz: Na Górnym Śląsku przed wybuchem
    wojny. Wybór tekstów źródłowych z 1939 roku. Katowice 1999.
Dobbelmann, Hanswalter/Husberg, Volker/Weber, Wolfhard (Hg.): «Das
    preußische England …». Berichte über die industriellen und sozialen Zu-
    stände in Oberschlesien zwischen 1780 und 1876. Wiesbaden 1993.
Dopierała, Kazimierz: Encyklopedia polskiej emigracji i Polonii. 5 Bde. Toruń
    2003–2005.
Doppelte Identitäten. Polen in Deutschland – Deutsche in Polen. Basil Kerski
    im Gespräch mit Wiesław Lewicki, Andrzej Kaluza, Jacek Tyblewski und
    Marcin Wiatr. In: Kerski, Ruchniewicz (Hg.): Polnische Einwanderung,
    S. 285–298.
Dziesięciolecie polskich Oddziałów Wartowniczych przy Armii Amery-
    kańskiej w Europie 1945–1955. Mannheim 1955.

Eckert, Gisela: Hilfs- und Rehabilitierungsmaßnahmen der West-Alliierten
    des Zweiten Weltkrieges für Displaced Persons (DPs) dargestellt am Bei-
    spiel Niedersachsens 1945–1952. Diss. TU Braunschweig 1995.
Eder, Angelika: Jüdische Displaced Persons im deutschen Alltag. Eine Re-
    gionalstudie 1945 bis 1950. In: Überlebt und unterwegs. Jüdische Displaced
    Persons im Nachkriegsdeutschland. Hg. v. Fritz Bauer Institut. Frankfurt/
    New York 1997, S. 163–187.
Eder, Angelika: Aspekte polnischen Lebens in Hamburg. Beispiele 1918 bis
    1980. In: Pallaske (Hg.), Die Migration, S. 43–60.
Elsner, Lothar: Zur Lage und zum Kampf der polnischen Arbeiter in der deut-
    schen Landwirtschaft während des ersten Weltkriegs. In: Politik im Krieg
    1914–1918. Studien zur Politik der deutschen herrschenden Klassen im ers-
    ten Weltkrieg. Berlin (Ost) 1964, S. 167–188.

Forst-Battaglia, Jakub: Polnisches Wien. Wien/München 1983.
Frackowiak, Johannes: Wanderer im nationalen Niemandsland. Polnische
    Ethnizität in Mitteldeutschland von 1880 bis zur Gegenwart. Paderborn
    (u. a.) 2011.
Frackowiak, Johannes: ‹Fremdvölkische› und ‹Volksgemeinschaft›. Polnische
    Zuwanderer im Deutschen Reich 1933–1945. In: Jochen Oltmer (Hg.): Na-
    tionalsozialistisches Migrationsregime und ‹Volksgemeinschaft›. Paderborn
    (u. a.) 2012, S. 69–89.
Frelak, Justyna/Łada, Agnieszka/Schwarz, Kristin: Polnische Arbeitsmigra-
    tion nach Deutschland – Fakten und Mythen. Warszawa o. J. [2009].
Friszke, Andrzej: Polska. Losy państwa i narodu 1939–1989. Warszawa
    2003.
Fuchs, Daniela: Der große Polenprozess von 1847 in Berlin und Bettina von
    Arnims Engagement für den Angeklagten Mierosławski. In: Julia Franke
    (Hg.): Ein europäischer Freiheitskämpfer. Ludwik Mierosławski 1814–
    1878. Berlin 2006, S. 19–38.

Fuchs, Marek: Die Wohnungssituation der Aussiedler. In: Silbereisen/Lanter-mann/Schmitt-Rodermund (Hg.), Aussiedler, S. 91–104.

Galikowski, Stanisław: Położenie i walka ludności polskiej w latach 1918–1944. In: Stanisław Gierszewski (Hg.): Dzieje Ziemi Bytowskiej. Poznań 1972, S. 299–360.

Gellately, Robert: Die Gestapo und die deutsche Gesellschaft. Die Durchset-zung der Rassenpolitik 1933–1945. Aus dem Englischen von Karl und Heidi Nicolai. Paderborn (u. a.) 1993.

Giergielewicz, Jerzy: Endstation Neuengamme, Außenlager Drütte. Der Weg eines 17-jährigen aus Warschau durch vier Konzentrationslager. Bremen 2002.

Giese, Arno: Polskie orły nad Renem. Warszawa 2013.

Glorius, Birgit: Transnationale Perspektiven. Eine Studie zur Migration zwi-schen Polen und Deutschland. Bielefeld 2007.

Glück, Helmut: Die preußisch-polnische Sprachenpolitik. Eine Studie zur Theorie und Methodologie der Forschung über Sprachenpolitik, Sprach-bewußtstein und Sozialgeschichte am Beispiel der preußisch-deutschen Politik gegenüber der polnischen Minderheit vor 1914. Hamburg 1979.

Głuchowska, Lidia: Avantgarde und Liebe. Margarete und Stanislaw Kubicki 1910 – 1945. Berlin 2007.

Gombrowicz, Witold: Tagebuch. Aus dem Polnischen von Olaf Kühl. Mün-chen 1988 (= Gesammelte Werke, Bd. 6–8).

Górski, Jan: W sercu Szwabii. (Wrażenia z amerykanskiej strefy okupacyj-nej.). Warszawa 1945.

Grabe, Veronika/Kaluza, Andrzej: Polnischsprachige im Revier – die Ruhrpo-len von heute? In: Kift/Osses (Hg.), Polen – Ruhr, S. 64–73.

Grabiński, Mieczysław: «Die Diplomatie in Dachau ...». Aus dem Polnischen von Herbert Ulrich. Warszawa 2007.

Grabowski, Sabine: Deutscher und polnischer Nationalismus. Der deutsche Ostmarken-Verein und die polnische Straż 1894–1914. Marburg 1998.

Grosch, Waldemar: Deutsche und polnische Propaganda während der Volks-abstimmung in Oberschlesien 1919–1921. Dortmund 2002.

Grossmann, Atina: Juden, Deutsche, Alliierte. Begegnungen im besetzten Deutschland. Göttingen 2012.

Grözinger, Karl Erich (Hg.): Die wirtschaftlichen und kulturellen Beziehun-gen zwischen den jüdischen Gemeinden in Polen und Deutschland vom 16. bis zum 20. Jahrhundert. Wiesbaden 1992.

Grześkowiak, Grzegorz/Mikitin, Janusz: Powstania Śląskie 1919 – 1920 – 1921. Warszawa 2013.

Hager, Bodo: Probleme soziokultureller und gesellschaftlicher Integration junger Migranten dargestellt am Beispiel der oberschlesischen Übersiedler in der Bundesrepublik Deutschland. Dortmund 1980.

Hajdasz, Jolanta: Szczekaczka czyli Rozgłośnia Polska Radia Wolna Europa. Poznań 2006.

Hansch-Singh, Annegret: Rassismus und Fremdarbeitereinsatz im Zweiten Weltkrieg. Diss. Berlin 1991.

Harasimowicz, Jan: Deutschland und Polen in der Frühen Neuzeit: Durchdringung der Kulturen und Dialog der Konfessionen. In: Barock. Geschichte – Literatur – Kunst. Deutsch-polnische Kulturkontakte im 16. bis 18. Jahrhundert. Sondernummer. Warschau 2006, S. 9–31.

Härtling, Peter: Ben liebt Anna. Roman für Kinder. Weinheim/Basel 1997.

Hartmann, Gottfried: Polen in Berlin. In: Stefi Jersch-Wenzel/Barbara John (Hg.): Von Zuwanderern zu Einheimischen. Hugenotten, Juden, Böhmen, Polen in Berlin. Berlin 1990, S. 593–800.

Hauschildt, Elke: Polnische Arbeitsmigranten in Wilhelmsburg bei Hamburg während des Kaiserreichs und der Weimarer Republik. Dortmund 1986.

Heckmann, Friedrich: Ethnische Minderheiten, Volk und Nation. Soziologie der inter-ethnischen Beziehungen. Stuttgart 1992.

Heid, Ludger: Maloche – nicht Mildtätigkeit. Ostjüdische Arbeiter in Deutschland 1914–1923. Hildesheim/Zürich/New York 1995.

Heinemann, Isabel: «Rasse, Siedlung, deutsches Blut». Das Rasse- & Siedlungshauptamt der SS und die rassenpolitische Neuordnung Europas. Göttingen 2003.

Helbig-Mischewski, Brigitta: Emigration als Kastration. Polnische Männerliteratur in Deutschland (Oświęcimski, Niewrzęda, Stamm, Muszer, Rudnicki). In: Daniel Henseler/Renata Makarska (Hg.): Polnische Literatur in Bewegung. Die Exilwelle der 1980er Jahre. Bielefeld 2013, S. 161–176.

Hensel, Dorota Ewa: Transmigration als soziales Phänomen. Polnische Transmigrantinnen in Deutschland. Stuttgart 2012.

Herbert, Ulrich: Fremdarbeiter. Politik und Praxis des «Ausländer-Einsatzes» in der Kriegswirtschaft des Dritten Reiches. Bonn 1999.

Herbert, Ulrich: Geschichte der Ausländerpolitik in Deutschland. Saisonarbeiter, Zwangsarbeiter, Gastarbeiter, Flüchtlinge. München 2001 (Bonn 2003).

Historia Pomorza, Bd. I bis III/3, hg. v. Gerard Labuda. Poznań 1972–2001.

Historia Pomorza, Bd. IV/1–2, hg. v. Stanisław Salmonowicz. Toruń 2000–2002.

Hłasko, Marek: Die schönen Zwanzigjährigen. Aus dem Polnischen von Roswitha Matwin-Buschmann. Frankfurt am Main 2000.

Hoffmann, Johannes: Die Masuren und Posener Polen als Erwerbsmigranten im kollektiven Gedächtnis des Ruhrgebiets heute. In: Dahlmann/Kotowski/Karpus (Hg.), Schimanski, S. 277–286.

von Hutten-Czapski, Bogdan Graf: Sechzig Jahre Politik und Gesellschaft. Bd. 1. Berlin 1936.

Irek, Małgorzata: Der Schmugglerzug. Warschau – Berlin – Warschau. Materialien einer Feldforschung. Berlin 1998.

Jäckel, Günter: Adam Mickiewicz und die Dresdner Totenfeier. Wechselbeziehungen zwischen polnischer und deutscher Literatur. In: Dresdner Hefte 15 (1997), H. 2 (50), S. 73–82.

Jacobmeyer, Wolfgang: Jüdische Überlebende als «Displaced Persons». Untersuchungen zur Besatzungspolitik in den deutschen Westzonen und zur Zuwanderung osteuropäischer Juden 1945–1947. In: Geschichte und Gesellschaft 9 (1983), S. 421–452.

Jacobmeyer, Wolfgang: Vom Zwangsarbeiter zum Heimatlosen Ausländer. Die Displaced Poersons in Westdeutschland 1945–1951. Göttingen 1985.

Janusz, Grzegorz: Polonia w Niemczech. In: Polonia w Niemczech. Historia i współczesność. Warszawa 1995, S. 21–45.

Jańczak, Barbara Alicja: Deutsch-polnische Familien: Ihre Sprachen und Familienkulturen in Deutschland und in Polen. Frankfurt am Main 2013.

Jarosz, Adam: Alltag im Grenzraum. Polen im Landkreis Uecker-Randow. In: Inter Finitimos 9 (2011), S. 159–167.

Jaroszewska, Emilia: Małżeństwa polsko-niemieckie w RFN. Relacje polskich partnerów na tle obrazu innych małżeństw binacjonalnych. Warszawa 2003.

Jasiński, Grzegorz: Mazurzy w drugiej połowie XIX wieku. Kształtowanie się świadomości narodowej. Olsztyn 1994.

Jaskułowski, Tytus: Die Stasi macht Ferien. Das MfS und die polnischen Jugendlager in der DDR und Polen am Ende des Realsozialismus. In: Konstantin Hermann (Hg.): Die DDR und die Solidarność. Ausgewählte Aspekte einer Beziehung. Dresden 2013, S. 119–129.

Jasper, Dirk: Ausländerbeschäftigung in der DDR. In: Marianne Krüger-Potratz: Anderssein gab es nicht. Ausländer und Minderheiten in der DDR. Münster/New York 1991, S. 151–189.

Jaworski, Rudolf: Handel und Gewerbe im Nationalitätenkampf. Studien zur Wirtschaftsgesinnung der Polen in der Provinz Posen (1871–1914). Göttingen 1986.

Jaworski, Rudolf/Wojciechowski, Marian (Hg.): Deutsche und Polen zwischen den Kriegen. Minderheitenstatus und «Volkstumskampf» im Grenzgebiet. Amtliche Berichterstattung aus beiden Ländern 1920–1939. Bearb. v. Mathias Niendorf/Przemysław Hauser. München u. a. 1997, 2 Bde.

Jaworski, Rudolf: Die polnische Grenzminderheit in Deutschland 1920–1939. In: ders./Wojciechowski (Hg.), Deutsche und Polen, S. 49–69.

Jodełka, Tomasz: Jan Kasprowicz. Zarys biografii. Warszawa 1964.

Joho, Michael: Polnisches Leben in Hamburg. Hamburg o. J. [um 2011].

Jürgens, Henning P.: Johannes a Lasco in Ostfriesland. Der Werdegang eines europäischen Reformators. Tübingen 2002.

Kaczmarczyk, Paweł «Polski Berlin»? – Uwagi na temat najnowszych migracji Polaków do stolicy Niemiec. In: Ewa Jaźwińska/Marek Okólski (Hg.): Ludzie na huśtawce. Migracje między peryferiami Polski i Zachodu. Warszawa 2001.

Kaczmarek, Ryszard: Polacy w Wehrmachcie. Kraków 2010.

Kaczmarek, Urszula: Aktywność kulturowa Polonii krajów socjalistycznych (na przykładzie Bułgarii, Węgier i NRD). In: Krzysztof Groniowski (u. a.) (Hg.): Kultura skupisk polonijnych. Materiały z III sympozjum naukowego, Warszawa, 12 i 13 maja 1988. Warszawa 1994, S. 209–229.

Kałczyńska, Maria: Kultura książki polskiej w Niemczech. Instytucje twórców, produkcji, upowszechniania, promocji i obiegu w ostatnim dwudziestoleciu XX wieku. Katowice 2004.

Kaluza, Andrzej: Zum Minderheitenstatus der polnischsprachigen Migranten in Deutschland. In: Polen-Analysen Nr. 98 (1. 11. 2011), S. 2–7.

Karakayali, Juliane: Transnational Haushalten. Biografische Interviews mit care workers aus Osteuropa. Wiesbaden 2010.

Kępińska, Ewa: Migracje sezonowe z Polski do Niemiec. Mechanizmy rekrutacji, rola rodziny i zróżnicowanie według płci. Warszawa 2008.

Kerski, Basil/Ruchniewicz, Krzysztof (Hg): Polnische Einwanderung. Zur Geschichte und Gegenwart der Polen in Deutschland. Osnabrück 2011.

Kerski, Basil: Hybride Identitäten. Migrationen aus Polen nach Deutschland – Geschichte und Gegenwart. In: ders./Ruchniewicz (Hg), Polnische Einwanderung, S. 33–54.

Kerski, Basil: «Zweitgrößte Polenstadt des europäischen Kontinents». Thesen zu zwei Jahrhunderten polnischer Geschichte Berlins. In: ders./Ruchniewicz (Hg.), Polnische Einwanderung, S. 167–180.

Kerski, Basil: Polski Berlin. In: Danielewicz-Kerski/Górny (Hg.), Berlin, S. 16–31.

Kętrzyński, Wojciech: O Mazurach. Poznań 1872 (Neuausgabe, hg. v. Janusz Jasiński. Olsztyn 1968).

Kętrzyński, Wojciech: Aus dem Liederbuche eines Germanisierten 1854–1862. Lwów 1938

Keym, Stefan: Zur Bedeutung des Nationalen bei der deutschen Rezeption polnischer Musik von 1900 bis 1914 am Beispiel von Szymanowski und Paderewski. In: Helmut Loos/Stefan Keym (Hg.): Nationale Musik im 20. Jahrhundert. Kompositorische und soziokulturelle Aspekte der Musikgeschichte zwischen Ost- und Westeuropa. Leipzig 2004, S. S. 235–264.

Keym, Stefan: Symphonie-Kulturtransfer. Untersuchungen zum Studienaufenthalt polnischer Komponisten in Deutschland und zu ihrer Auseinandersetzung mit der symphonischen Tradition 1867–1918. Hildesheim/Zürich/New York 2010.

Kieniewicz, Stefan: Społeczeństwo polskie w Powstaniu Poznańskim 1848 r. Warszawa ²1960.

Kift, Dagmar/Osses, Dietmar (Hg.): Polen – Ruhr. Zuwanderungen zwischen 1871 und heute. Essen o. J. [2007].

Kisielewicz, Danuta: Oficerowie polscy w niewoli niemieckiej w czasie II wojny światowej. Opole 1998.

Klecker, Christine (Hg.): Sachsen und Polen zwischen 1697 und 1765. Dresden 1998.

Kleßmann, Christoph: Polnische Bergarbeiter im Ruhrgebiet 1870–1945. Soziale Integration und nationale Subkultur einer Minderheit in der deutschen Industriegesellschaft. Göttingen 1978.

Klier, Freya: Die Kaninchen von Ravensbrück. Medizinische Versuche an Frauen in der NS-Zeit. München 1994.

Kłoskowska, Antonina: Kultury narodowe u korzeni. Warszawa 1996.

Kneip, Matthias: Die deutsche Sprache in Oberschlesien. Untersuchungen zur politischen Rolle der deutschen Sprache als Minderheitensprache in den Jahren 1921–1998. Dortmund 1999.

Koch, Angela: DruckBilder. Stereotype und Geschlechtercodes in den antipolnischen Diskursen der «Gartenlaube» (1870–1930). Köln/Weimar/Wien 2002.

Kochanowski, Jerzy: Jenseits der Planwirtschaft. Der Schwarzmarkt in Polen 1944–1989. Aus dem Polnischen von Pierre-Frédéric Weber. Göttingen 2013.

Koczorowski, Klemens: Die Tätigkeit der polnischen Werkstätten für Denkmalpflege (PKZ) in der Bundesrepublik Deutschland. In: Hans Joachim Rieseberg/Eberhard Sommer (Hg.): Wiederaufbau und Restaurierung historischer Stadtbilder in Polen. Berlin 1985, S. 75–78.

Kogon, Eugen: Der SS-Staat. Das System der deutschen Konzentrationslager. München 1985.

Königseder, Angelika/Wetzel, Juliane: Lebensmut im Wartesaal. Die jüdischen DPs (Displaced Persons) im Nachkriegsdeutschland. Frankfurt am Main 2004.

Konieczny, Danuta Teresa: Polnisches Kulturleben in Schlesien (1750–1850). München/Berlin 2010.

Korczynska, Joanna: Individuelle Kosten und Nutzen der Saisonarbeit der Polen in Deutschland. Analyse und Ergebnisse einer empirischen Untersuchung 1999/2000. In: Pallaske (Hg.), Die Migration, S. 205–225.

Korta, Wacław: Historia Śląska do 1763 roku. Warszawa 2003.

Korth, Rudolf: Die preußische Schulpolitik und die polnischen Schulstreiks. Ein Beitrag zur preußischen Polenpolitik der Ära Bülow. Würzburg 1963.

Kosmala, Beate: Polnische Häftlinge im KZ Dachau. In: Wolfgang Benz/Angelika Königseder: Das Konzentrationslager Dachau. Geschichte und Wirkung nationalsozialistischer Repression. Berlin 2008, S. 285–300.

Kossert, Andreas: Masuren. Ostpreußens vergessener Süden. Berlin 2001.

Kossert, Andreas: Preußen, Deutsche oder Polen? Die Masuren im Spannungsfeld des ethnischen Nationalismus 1870–1956. Wiesbaden 2001.

Kossert, Andreas: Kalte Heimat. Die Geschichte der deutschen Vertriebenen nach 1945. München 2008.

Kostrzeński, Władysław: Meine Flucht. Dachau – Mannheim – Langenzenn – Flossenbürg. Hg. v. Peter Koppenhöfer/Joachim Mensdorf. Mannheim 2010.

Kostrzewa, Marek: Procesy integracyjne i konsolidacyjne Polonii w Niemczech w latach 1990–2000. Warszawa 2005.

Kotowski, Albert S.: Zwischen Staatsräson und Vaterlandsliebe. Die Polnische Fraktion im Deutschen Reichstag 1871–1918. Düsseldorf 2007.

Kowalska, Alina: Dzieje języka polskiego na Górnym Śląsku w okresie habsburskim (1526–1742). Wrocław (u. a.) 1986.

Kozaczuk, Władysław: Bitwa o tajemnice. Służby wywiadowcze Polski i Niemiec 1918–1939. Warszawa ¹1999.

Koziełek, Gerard: Reformen, Revolutionen und Reisen. Deutsche Polenliteratur im 18. und 19. Jahrhundert. Wrocław (u. a.) 1990.

Kozłowski, Jerzy: Rozwój organizacji społeczno-narodowych wychodźstwa polskiego w Niemczech w latach 1870–1914. Wrocław (u. a.) 1987.

Krakowski, Shmuel: Das Todeslager Chełmno/Kulmhof. Der Beginn der «Endlösung». Aus dem Hebräischen von Rachel Grunberg Elbaz. Göttingen 2007.

Krampen, Nele: Minderheiten im kollektiven Gedächtnis. Vom Vergessen und Erinnern der historischen polnischen Minderheit in Deutschland. In: Pallaske (Hg.), Die Migration, S. 77–94.

Kronthal, Arthur: Dr. Karol Marcinkowski. Eine Schilderung seines Lebens, seines Wirkens und seiner Zeit. Breslau 1923.

Kucharski, Władysław Stanisław (Hg.): Polacy w austriackim parlamencie. W 130. rocznicę koła polskiego. Lublin 1997.

Kucharski, Władysław Stanisław: Polacy i Polonia w rdzennej Austrii w XIX i XX wieku. Lublin/Wiedeń 1994.

Kuhn, Walter: Geschichte der deutschen Ostsiedlung in der Neuzeit, Bd. 1. Köln. Graz 1955.

Kulczycki, John J.: The Polish Coal Miners' Union and the German Labor Movement in the Ruhr, 1902–1934. National and Social Solidarity. Oxford/New York 1997.

Kuroński, Emil: Polacy w Niemczech w urzędowych spisach ludności. In: Sprawy Narodowościowe 12 (1938), H. 4/5, S. 384–428.

Łada, Agnieszka/Segeš Frelak, Justyna: Eine Grenze verschwindet. Die neue polnische Migration nach Deutschland aus lokaler Perspektive. Warszawa 2012.

Langbein, Hermann: … nicht wie die Schafe zur Schlachtbank. Widerstand in den nationalsozialistischen Konzentrationslagern. Frankfurt am Main 1980.

Langewiesche, Dieter: Humanitäre Massenbewegung und politisches Bekenntnis. Polenbegeisterung in Südwestdeutschland 1830–1832. In: ders.: Liberalismus und Sozialismus. Gesellschaftsbilder – Zukunftsvisionen – Bildungskonzeptionen. Bonn 2003, S. 83–102.

Łazuga, Waldemar: Kalkulować … Polacy na szczytach C.K. monarchii. Poznań 2013.

Lehr, Helena/Osmańczyk, Edmund: Polacy spod znaku Rodła. Warszawa 1972.

Leksykon Polactwa w Niemczech. Opole 1939 (Reprint Warszawa/Wrocław 1973).

Lenz, Britta: «Polen deutsche Fußballmeister»? Polnischsprachige Einwanderer im Ruhrgebietsfußball der Zwischenkriegszeit. In: Dahlmann/Kotowski/Karpus (Hg.), Schimanski, S. 236–250.

Lesiuk, Wiesław/Trzcielińska-Polus, Aleksandra: Unterschiedliche Definitionen. In: Wolff-Powęska/Schulz (Hg.), Polen in Deutschland, S. 102–122.

Lewandowski, Jan F.: Wojciech Korfanty. Chorzów 2009.

Liedke, Karl: Gesichter der Zwangsarbeit. Polen in Braunschweig 1939–1945. Braunschweig 1997.

Lilienthal, Georg: Der «Lebensborn e. V.». Ein Instrument nationalsozialistischer Rassenpolitik. Stuttgart/New York 1995.

Lipski, Jan Józef: Twórczość Jana Kasprowicza w latach 1878–1891. Warszawa 1967.

Litwin-Lewandowska, Dorota: O polską rację stanu w Austrii. Polacy w życiu politycznym Austrii w okresie monarchii dualistycznej (1867–1918). Lublin 2008.

Loew, Peter Oliver: Danzig: Biographie einer Stadt. München 2011.

Loew, Peter Oliver: Aspekty życia polskiego w Darmstadt. Lokalne studium przypadku. In: Przegląd Zachodni 2012, H. 3, S. 213–225.

Logemann, Daniel: Das polnische Fenster. Deutsch-polnische Kontakte im staatssozialistischen Alltag Leipzigs 1972–1989. München 2012.

Lübke, Christian: Das östliche Europa. München 2004.

Lubojański, Józef: Die polnische Sprache in Westoberschlesien 1910–1939. Warszawa 1957.

Łuczak, Czesław: Położenie polskich robotników przymusowych w Rzeszy 1939–1945. Poznań 1975 (= Documenta Occupationis, Bd. IX).

Łuczak, Czesław: Polska i Polacy w drugiej wojnie światowej. Poznań 1993.

Łuczak, Czesław: Polacy w okupowanych Niemczech 1945–1949. Poznań 1993.

Łuczak, Czesław: Pod niemieckim jarzmem (Kraj Warty 1939–1945). Poznań 1996.

Łuczak, Czesław: Praca przymusowa Polaków w Trzeciej Rzeszy i na okupowanych przez nią terytoriach innych państw (1939–1945). Poznań 2001.

Łukaszewicz, Bohdan/Wrzesiński, Wojciech: IV Dzielnica Związku Polaków w Niemczech 1922–1939 (w 60 rocznicę powstania). Olsztyn 1982.

Lustiger, Arno: Sing mit Schmerz und Zorn. Ein Leben für den Widerstand. Berlin 2004.

Madajczyk, Czesław: Die Okkupationspolitik Nazideutschlands in Polen 1939–1945. Berlin (Ost) 1987.

Mai, Joachim: Die preußisch-deutsche Polenpolitik 1885/87. Eine Studie zur Herausbildung des Imperialismus in Deutschland. Berlin (Ost) 1962.

Mallmann, Klaus-Michael/Böhler, Jochen/Matthäus, Jürgen: Einsatzgruppen in Polen. Darstellung und Dokumentation. Darmstadt 2008.

Mark, Rudolf A.: Galizien unter österreichischer Herrschaft. Verwaltung – Kirche – Bevölkerung. Marburg 1994.

Marschall von Bieberstein, Christoph Freiherr: Freiheit in der Unfreiheit. Die nationale Autonomie der Polen in Galizien nach dem österreichisch-ungarischen Ausgleich von 1867. Wiesbaden 1993.

Masnyk, Marek: Dzielnica I Związku Polaków w Niemczech (1923–1939). Opole 1994.

Masnyk, Marek: Die Situation der Polen im Oppelner Regierungsbezirk in den zwanziger und dreißiger Jahren. Ein Problemüberblick. In: Kai Struve (Hg.): Oberschlesien nach dem Ersten Weltkrieg. Studien zu einem nationalen Konflikt und seiner Erinnerung. Marburg 2003, S. 97–110.

Matuszek, Gabriela: «Der geniale Pole»? Stanislaw Przybyszewski. Aus dem Polnischen von Dietrich Scholze. Paderborn 1996.

Matwiejczyk, Witold: Katolickie towarzystwa robotników polskich w Zagłębiu Ruhry 1871–1894. Lublin 1999.

Matwiejczyk, Witold: Zwischen kirchlicher Integration und gesellschaftlicher Isolation: Polnische Katholiken im Ruhrgebiet von 1871 bis 1914. In: Dahlmann/Kotowski/Karpus (Hg.), Schimanski, S. 11–36.

Maurer, Trude: Ostjuden in Deutschland 1918–1933. Hamburg 1986.

Mazanek-Wilczyńska, Monika/Skubisz, Paweł/Walczak, Henryk (Hg.): Polskie Oddziały Wartownicze przy armii amerykańskiej w latach 1945–1989. Szczecin 2011.

Meister, Dorothee M.: Zwischenwelten der Migration. Biographische Über-
gänge jugendlicher Aussiedler aus Polen. Weinheim/München 1997.

Mende, Rainer: Polnischsprachige Gegenwartsliteratur aus Deutschland –
autobiographische Spuren. In: InterFinitimos 6 (2008), S. 295–304.

Metz-Göckel, Sigrid/Münst, A. Senganata/Kałwa, Dobrochna: Migration als
Ressource. Zur Pendelmigration polnischer Frauen in Privathaushalte der
Bundesrepublik. Opladen/Farmington Hills, MI 2010.

Michalczyk, Andrzej: Heimat, Kirche und Nation. Deutsche und polnische
Nationalisierungsprozesse im geteilten Oberschlesien (1922–1939). Köln/
Weimar/Wien 2010.

Miera, Frauke: Polski Berlin – Migration aus Polen nach Berlin. Integrations-
und Transnationalisierungsprozesse 1945 bis Ende der 1990er Jahre. Münster 2007.

Mik, Krzysztof: Wiegenlied für die Nachzügler. Aachen 2000.

Misiak, Władysław/Surzykiewicz, Janusz: Polacy w Monachium i Norym-
berdze w świetle badań funkcjonowania Polskich Misji Katolickich. In:
diess. (Hg.): Studia nad życiem społeczno-kulturalnym Polaków w Niemczech. Toruń 2012, S. 115–227.

Mitscherlich, Waldemar: Die Ausbreitung der Polen in Preußen. Leipzig 1913.

Młynarczyk, Jacek Andrzej/Böhler, Jochen (Hg.): Der Judenmord in den eingegliederten polnischen Gebieten 1939–1945. Osnabrück 2010.

Młynarczy, Jacek Andrzej: Polen unter deutscher und sowjetischer Besatzung
1939–1945. Osnabrück 2009.

Molik, Witold: Die Polen und die Universität in Königsberg in den Jahren
1871 bis 1914. In: Nordost-Archiv N.F. 3 (1994), H. 2, S. 427–446.

Morrison, Jack G.: Ravensbrück. Das Leben in einem Konzentrationslager
für Frauen 1939–1945. Aus dem Amerikanischen von Susanne Klockmann.
Zürich/München 2000.

Mrowiec, Franciszek/Kosicki, Kazimierz/Mandziuk, Józef/Stawny, Stanisław: Księga jubileuszowa duszpasterstwa polskiego w Niemczech. Würzburg 1995.

Muggenthaler, Thomas: Verbotene Liebe. Von polnischen Männern und deutschen Frauen: Hinrichtungen und Verfolgung in Niederbayern und der
Oberpfalz während der NS-Zeit. Viechtach 2010.

Müller, Helmut: Die polnische Volksgruppe im Deutschen Reich. Ihre Stellung in Verfassung und Verwaltung seit 1871. Warschau 1941.

Münz, Rainer: Deutschland und die Ost-West-Wanderung. In: Heinz Fass-
mann/Rainer Münz (Hg.): Ost-West-Wanderung in Europa. Wien/Köln/
Weimar 2000, S. 49–82.

Murphy, Richard C.: Gastarbeiter im Deutschen Reich. Polen in Bottrop
1891–1933. Aus dem Amerikanischen von Tamara Schoenbaum-Holter-
mann. Wuppertal 1982.

Murzynowska, Krystyna: Die polnischen Erwerbsauswanderer im Ruhrgebiet während der Jahre 1880–1914. Dortmund 1979.

Nagel, Sebastian: Zwischen zwei Welten. Kulturelle Strukturen der polnischsprachigen Bevölkerung in Deutschland. Stuttgart 2009.

Neubach, Helmut: Die Ausweisungen von Polen und Juden aus Preußen

1885/86. Ein Beitrag zu Bismarcks Polenpolitik und zur Geschichte des deutsch-polnischen Verhältnisses. Wiesbaden 1967.

Neureiter, Ferdinand: Geschichte der kaschubischen Literatur. Versuch einer zusammenfassenden Darstellung. München 1978.

Nichtweiß, Johannes: Die ausländischen Saisonarbeiter in der Landwirtschaft der östlichen und mittleren Gebiete des Deutschen Reiches. Ein Beitrag zur Geschichte der preußisch-deutschen Politik von 1890 bis 1914. Berlin (Ost) 1959.

Nodzyński, Tomasz: Naród i jego przyszłość w poglądach Polaków w Wielkim Księstwie Poznańskim 1815–1850. Zielona Góra 2004.

Nowak[-Jeziorański], Jan: Wojna w eterze. Wspomnienia. Bd. 1, 1948–1956. Londyn 1985.

Nowak[-Jeziorański], Jan: Polska z oddali. Wojna eterze – wspomnienia. Bd. 2, 1956–1976. Londyn 1988.

Nowakowski, Tadeusz: Die Radziwills. Die Geschichte einer großen europäischen Familie. Aus dem Polnischen von Janusz von Pilecki/Josef Hahn. München 1975.

Nowicka, Magdalena: «Hängen geblieben». Bildungsmigranten aus Polen und ihre Zukunftsperspektiven in Deutschland. In: Jahrbuch Polen 2010: Migration. Wiesbaden 2010, S. 87–101.

Nowosielski, Michał: Polish Organisations in Germany. Their Present Status and Needs. Frankfurt am Main 2012.

Nowosielski, Michał: Polacy w Niemczech. Stan i perspektywy badań. In: Przegląd Zachodni 68 (2012), H. 3, S. 3–28.

Obenaus, Herbert: Zur Migrationsproblematik der Ostjuden in Deutschland. In: Przemysław Matusik/Peter Kehne (Hg.): Migrationsprozesse und gesellschaftlicher Wandel in der Geschichte. Poznań 2011, S. 165–187.

Oenning, Ralf Karl: «Du da mitti polnischen Farben …» Sozialisationserfahrungen von Polen im Ruhrgebiet 1918 bis 1939. Münster/New York 1991.

Oldenberg, Friedrich Salomo: Zur Kunde Masurens. Bericht für den Central-Ausschuß für Angelegenheiten der Inneren Mission aus dem Jahre 1865. Dortmund 2001.

Oltmer, Jochen: Wanderungsraum Deutschland im 19. und 20. Jahrhundert. In: Kerski/Ruchniewicz (Hg), Polnische Einwanderung, S. 13–31.

Oltmer, Jochen: Migration und Politik in der Weimarer Republik. Göttingen 2005.

Omilanowska, Małgorzata/Torbus, Tomasz Torbus (Hg.): Tür an Tür. Polen – Deutschland. 1000 Jahre Kunst und Geschichte. Berlin 2011.

Orzechowski, Marian (Hg.): Ludność polska na Dolnym Śląsku w latach 1918–1939. Wrocław 1959.

Orzechowski, Marian: Wojciech Korfanty: Biografia polityczna. Wrocław 1975.

Osses, Dietmar: Zwischen Annäherung und Verfolgung. Die deutsche Politik gegenüber der polnischen Minderheit in Deutschland 1918–1939 am Beispiel des Ruhrgebiets. In: Kerski/Ruchniewicz (Hg), Polnische Einwanderung, S. 85–101.

Osses, Dietmar: Unfreiwillig in der Fremde. Polnische Displaced Persons im Ruhrgebiet. Die Beispiele Haltern und Dortmund. In: Kift/Osses (Hg.), Polen – Ruhr, S. 44–54.

Osses, Dietmar/Schade, Wulf: Bochum – Polenzentrum des Reviers? In: Kift/ Osses (Hg.), Polen – Ruhr, S. 25–32.

Owsińska, Anna: Powstanie palatynacko-badeńskie 1849 roku oraz udział w nim Polaków. Wrocław/Warszawa/Kraków 1965.

Pachoński, Jan: Generał Jan Henryk Dąbrowski 1755–1818. Warszawa 1981.

Pallaske, Christoph: Die Migration aus Polen in die Bundesrepublik Deutschland in den 1980er und 1990er Jahren. In: ders. (Hg.), Die Migration, S. 123–140.

Pallaske, Christoph (Hg.): Die Migration von Polen nach Deutschland. Zu Geschichte und Gegenwart eines europäischen Migrationssystems. Baden-Baden 2001.

Pallaske, Christoph: Migrationen aus Polen in die Bundesrepublik Deutschland in den 1980er und 1990er Jahren. Migrationsverläufe und Eingliederungsprozesse in sozialgeschichtlicher Perspektive. Münster (u. a.) 2002.

Paluszek, Agata: Henryk Bereska als Vermittler polnischer Literatur in der DDR. Leipzig/Berlin 2007.

Pamiętniki emigrantów 1878–1958. Warszawa 1960.

Paprocki, Franciszek: Wielkie Księstwo Poznańskie w okresie rządów Flottwella 1830–1841. Poznań ²1994 (1. Auflage 1970).

Peters-Schildgen, Susanne: Das polnische Vereinswesen in der Kaiserzeit und in der Weimarer Republik – Ein Vergleich. In: Dahlmann/Kotowski/Karpus (Hg.), Schimanski, S. 51–72.

Pfundtner, Raimund: Spätaussiedler. Tragödie: Ursachen, Folgen, Perspektiven. Hannover 1979.

Piber, Andrzej: Droga do sławy. Ignacy Paderewski w latach 1860–1902. Warszawa 1982.

Pieróg, Ireneusz: Florian Stanisław Ceynowa. Życie i działalność. Toruń 2009.

Pietrowicz, Aleksandra: Die Widerstandsbewegung in den eingegliederten polnischen Gebieten 1939–1945. In: Młynarczyk (Hg.), Polen, S. 427–451.

Piotrowski, Mirosław: Reemigracja Polaków z Niemiec 1918–1939. Lublin 2000.

Pirożyński, Jan: Die Herzogin Sophie von Braunschweig-Wolfenbüttel aus dem Hause der Jagiellonen (1522–1575) und ihre Bibliothek. Ein Beitrag zur Geschichte der deutsch-polnischen Kulturbeziehungen in der Renaissancezeit. Aus dem Polnischen von Kordula Zubrzycka. Wiesbaden 1992.

Pletzing, Christian: Vom Völkerfrühling zum nationalen Konflikt. Deutscher und polnischer Nationalismus in Ost- und Westpreußen 1830–1871. Wiesbaden 2003.

Podemski, Krzysztof: Socjologia podróży. Poznań 2004.

Polacy w Niemczech. Londyn 1948.

Pollack, Juliusz: Jeńcy polscy w hitlerowskiej niewoli. Warszawa 1982.

Polonia w Niemczech. Historia i współczesność. Warszawa 1995.

Poniatowska, Anna: Polskie wychodźstwo sezonowe na Pomorzu Zachodnim 1918–1939. Poznań 1971.

Poniatowska, Anna: Polacy w Berlinie 1918–1945. Poznań 1986.

Poniatowska, Anna/Liman, Stefan/Kreżalek, Iwona: Związek Polaków w Niemczech w latach 1922–1982. Warszawa 1987.

Praszałowicz, Dorota: Polacy w Berlinie. Strumienie migracyjne i społeczności imigracyjne. Przegląd badań. Kraków 2010.

Priemel, Kim Christian (Hg.): Transit/Transfer. Politik und Praxis der Einwanderung in die DDR 1945–1990. Berlin 2011.

Prunitsch, Christian: Kann man aus Masuren emigrieren? Zur Prosa Artur Beckers. In: Daniel Henseler/Renata Makarska (Hg.): Polnische Literatur in Bewegung. Die Exilwelle der 1980er Jahre. Bielefeld 2013, S. 227–247.

Przybyszewski, Stanisław: Ferne komm ich her ... Erinnerungen an Berlin und Krakau. Aus dem Polnischen von Roswitha Matwin-Buschmann. Paderborn 1994

Puls, Detlev: Rochaden zwischen Unterwerfung und Widerstand. Oberschlesische Bergarbeiter 1871–1914. Dortmund 1994.

Raczyński, Athanasius: Noch ist Polen nicht verloren. Aus den Tagebüchern des Athanasius Raczyński 1788 bis 1818. Hg. u. übers. v. Joseph A. Graf Raczyński. Berlin 1984.

Radzik, Tadeusz: Polska mniejszość narodowa w Niemczech w dwudziestoleciu międzywojennym. In: Polonia w Niemczech. Historia i współczesność. Warszawa 1995, S. 7–20.

Ratajewski, Jerzy: Prasa polska na Śląsku Opolskim w dwudziestoleciu międzywojennym. In: Joachim Glensk (Hg.): 200 lat prasy polskiej na Śląsku. Opole 1992, S. 33–57.

Real, Willy: Die Revolution in Baden 1848/49. Stuttgart (u.a.) 1983.

Reich-Ranicki, Marcel: Mein Leben. Stuttgart 1999.

Reinhold, Josef: Polen/Litauen auf den Leipziger Messen des 18. Jahrhunderts. Weimar 1971.

Rezler, Marek: Powstanie Wielkopolskie. Spojrzenie po 90 latach. Poznań 2008.

Rezmer, Waldemar: Polacy w korpusie oficerskim armii niemieckiej w I wojnie światowej (1914–1918). In: Mieczysław Wojciechowski (Hg.): Społeczeństwo polskie na ziemiach pod panowaniem pruskim w okresie I wojny światowej (1914–1918). Toruń 1996, S. 137–148.

Rimmele, Eva: Sprachenpolitik im Deutschen Kaiserreich vor 1914. Frankfurt am Main (u.a.) 1996.

Röhr, Rita: Hoffnung, Hilfe, Heuchelei. Geschichte des Einsatzes polnischer Arbeitskräfte in Betrieben des DDR-Grenzbezirks Frankfurt/Oder 1966–1991. Berlin 2001.

Romaniuk, Radosław: Inne życie. Biografia Jarosława Iwaszkiewicza. Bd. 1. Warszawa 2012.

Rubinstein, Arthur: Erinnerungen. Die frühen Jahre. Frankfurt am Main 1973.

Ruchniewicz, Krzysztof: Die polnische politische Emigration nach Deutschland in den Jahren 1945 bis 1980. In: Pallaske (Hg.), Die Migration, S. 61–75.

Ruchniewicz, Krzysztof: Polen in der SBZ und der DDR in den vierziger und fünfziger Jahren. In: Basil Kerski/Andrzej Kotula/Kazimierz Wójcicki (Hg.): Zwangsverordnete Freundschaft? Die Beziehungen zwischen der DDR und Polen 1949–1990. Osnabrück 2003, S. 251–265.

Rudnicki, Janusz: Cholerny świat. Listy z Hamburga. Wrocław 1994.

Rüther, Andreas: Region und Identität. Schlesien und das Reich im späten Mittelalter. Köln/Weimar/Wien 2010.

Runzheimer, Jürgen: Der Überfall auf den Sender Gleiwitz im Jahre 1939. In: Vierteljahreshefte für Zeitgeschichte 10 (1962), H. 4, S. 408–426.

Rutherford, Phillip T.: Prelude to the Final Solution. The Nazi Program for Deporting Ethnic Poles 1939–1941. Kansas 2007.

Rutkowska, Maria: Wysiedlenia ludności polskiej z Kraju Warty do Generalnego Gubernatorstwa 1939–1941. Poznań 2003.

Rutkowska, Maria: Nationalsozialistische Verfolgungsmaßnahmen gegenüber der polnischen Zivilbevölkerung in den eingegliederten polnischen Gebieten. In: Młynarczyk (Hg.), Polen, S. 197–216.

Rydel, Jan: W służbie Cesarza i Króla. Generałowie i admirałowie narodowości polskiej w siłach zbrojnych Austro-Węgier w latach 1868 – 1918. Kraków 2001.

Rydel, Jan: Die polnische Besatzung im Emsland 1945–1948. Aus dem Polnischen von Isabel Röskau-Rydel. Osnabrück 2003.

Rzepa, Krzysztof: Socjaliści polscy w Niemczech do 1914 roku. Warszawa 1988.

Sauerland, Karol: Deutsch-polnische Symbiosen. Eine Forschungsproblematik. In: Hans-Werner Rautenberg (Hg.): Wanderungen und Kulturaustausch im östlichen Mitteleuropa. Forschungen zum ausgehenden Mittelalter und zur jüngeren Neuzeit, München 2006, S. 329–337.

Schattkowsky, Ralph: Identitätenwandel und nationale Mobilisierung in Westpreußen und Galizien. Ein Vergleich. In: ders./Michael G. Müller (Hg.): Identitätenwandel und nationale Mobilisierung in Regionen ethnischer Diversität. Ein regionaler Vergleich zwischen Westpreußen und Galizien am Ende des 19. und Anfang des 20. Jahrhunderts. Marburg 2004, S. 29–62.

Schminck-Gustavus, Christoph U.: Das Heimweh des Walerjan Wróbel. Ein Sondergerichtsverfahren 1941/42. Berlin/Bonn 1986.

Schmidt, Jacek: «Aussiedler» – zwischen Polen und Deutschen. In: Wolff-Powęska/Schulz, Polen in Deutschland, S. 270–287.

Schmidt, Jacek: Nowe tożsamości w czasach transformacji europejskich. Imigranci z Polski w Niemczech. Poznań 2009.

Schmidt-Rösler, Andrea: Autonomie- und Separatismusbestrebungen in Oberschlesien 1918–1922. In: Zeitschrift für Ostmitteleuropaforschung 48 (1999), H. 1, S. 1–49.

Schmitt, Bernhard: Der polnische Adel in den Armeen Preußens und der Habsburgermonarchie. Inklusion und Exklusion neuer Untertanen im Militär (1772–1806). In: Bömelburg, Hans-Jürgen/Gestrich, Andreas/Schnabel-Schüle, Helga (Hg.): Die Teilungen Polen-Litauens. Inklusions- und Exklusionsmechanismen – Traditionsbildung – Vergleichsebenen. Osnabrück 2013, S. 359–376.

Schmitz-Köster, Dorothee/Vankann, Tristan: Lebenslang Lebensborn. Die Wunschkinder der SS und was aus ihnen wurde. München/Zürich 2012.

Schneider, Claudia: Als Deutsche unter Deutschen? «Übersiedler aus der VR Polen» in der DDR ab 1964. In: Priemel (Hg.), Transit/Transfer, S. 51–74.

Schneider, Silke: Verbotener Umgang. Ausländer und Deutsche im National-sozialismus. Diskurse um Sexualität, Moral, Wissen und Strafe. Baden-Baden 2010.

Schofer, Lawrence: Die Formierung einer modernen Arbeiterschaft. Ober-schlesien 1865–1914. Dortmund 1983.

Schondelmayer, Sanna: «Wichtig ist nicht, ob ich Pole oder Berliner bin. Ich bin Musiker!» In: Europa an der Grenze. Berliner Blätter. Ethnographische und ethnologische Beiträge 30 (2003), Sonderheft, S. 31–32.

Segeš Frelak, Justyna: Die polnische Arbeitsmigration nach Deutschland seit 2004 In: Łada/Segeš Frelak (Hg.), Eine Grenze verschwindet, S. 19–37.

Semków, Piotr: Martyrologia Polaków z Pomorza Gdańskiego w latach II wojny światowej. In: Biuletyn IPN 2006, H. 8/9, S. 42–49.

Serrier, Thomas: Provinz Posen, Ostmark, Wielkopolska. Eine Grenzregion zwischen Deutschen und Polen, 1848–1914. Marburg 2005.

Serwański, Edward: Wielkopolska w cieniu swastyki. Warszawa 1970.

Sierzputowska, Kamila: Polscy emigranci w Berlinie Zachodnim. Od wpro-wadzenia stanu wojennego do czasu politycznego przełomu. Toruń 2012.

Silbereisen, Rainer K./Lantermann, Ernst-Dieter/Schmitt-Rodermund, Eva (Hg.): Aussiedler in Deutschland. Akkulturation von Persönlichkeit und Verhalten. Opladen 1999.

Soboczynski, Adam: Polski Tango. Eine Reise durch Deutschland und Polen. Berlin 2006.

Sommer, Robert: Das KZ-Bordell. Sexuelle Zwangsarbeit in nationalsozialisti-schen Konzentrationslagern. Paderborn (u. a.) 2009.

Sowa, Paweł: Po obu stronach kordonu. Wspomnienia. Olsztyn 1969.

Stach, Andrzej: Die Berliner Polonia heute. In: Traba (Hg.), My berlińczycy, S. 80–92.

Stasiuk, Andrzej: Dojczland. Aus dem Polnischen von Olaf Kühl. Frankfurt am Main 2008.

Staszewski, Jacek: Polacy w osiemnastowiecznym Dreźnie. Wrocław (u. a.) 1986.

Stefanski, Valentina-Maria: Zum Prozeß der Emanzipation und Integration von Außenseitern: Polnische Arbeitsmigranten im Ruhrgebiet. Dortmund 1984.

Stefanski, Valentina-Maria: Polnische ZwangsarbeiterInnen in Deutschland. Anmerkungen zum Forschungsstand und zu Perspektiven der Forschung. In: Kerski/Ruchniewicz (Hg), Polnische Einwanderung, S. 103–120.

Steinert, Johannes-Dieter: Deportation und Zwangsarbeit. Polnische und sow-jetische Kinder im nationalsozialistischen Deutschland und im besetzten Osteuropa 1939–1945. Essen 2013.

Steinert, Oliver: «Berlin – Polnischer Bahnhof!» Die Berliner Polen. Eine Un-tersuchung zum Verhältnis von nationaler Selbstbehauptung und sozialem Integrationsbedürfnis einer fremdsprachigen Minderheit in der Hauptstadt des Deutschen Kaiserreichs (1871–1918). Hamburg 2003.

Stępniak, Henryk: Ludność polska w Wolnym Mieście Gdańsku 1920–1939. Gdańsk 1991.

Stepień, Stanislaus: Der alteingesessene Fremde. Ehemalige Zwangsarbeiter in Westdeutschland. Frankfurt/New York 1989.

Stola, Dariusz: Kraj bez wyjścia? Migracje z Polski 1949–1989. Warszawa 2010.

Strebel, Bernhard: Das KZ Ravensbrück. Geschichte eines Lagerkomplexes. Paderborn (u. a.) 2003.

Streiter, Karl Heink: Die nationalen Beziehungen im Grossherzogtum Posen (1815–1848). Bern/Frankfurt am Main/New York 1986.

Struve, Kai: Nationalismus- und Minderheitenforschung. In: Joachim Bahlcke (Hg.): Historische Schlesienforschung. Methoden, Themen und Perspektiven zwischen traditioneller Landesgeschichtsschreibung und moderner Kulturwissenschaft. Köln/Weimar/Wien 2005, S. 292–322.

Świątkowski, Piotr: Zwischen Modernisierung und Resistenz. Die Lebenswelten der informellen polnischen Arbeitsmigranten in Frankfurt am Main. In: Roth, Klaus (Hg.): Vom Wandergesellen zum «Green Card»-Spezialisten. Interkulturelle Aspekte der Arbeitsmigration im östlichen Mitteleuropa. Münster/New York/München/Berlin 2003, S. 187–226.

Szarota, Tomasz: Die Polen als Urheber von Straßenunruhen in Berlin im Jahre 1877. In: ders.: Stereotype und Konflikte. Historische Studien zu den deutsch-polnischen Beziehungen. Osnabrück 2010, S. 89–95.

Szarota, Tomasz: Der 18.–19. März 1848 in Berlin. Auf den Spuren von Polen als «Revolutionsfabrikanten». In: ders.: Stereotype und Konflikte. Historische Studien zu den deutsch-polnischen Beziehungen. Osnabrück 2010, S. 65–88.

Szczepaniak-Kroll, Agnieszka: Polacy w Berlinie. Adaptacja, integracja i tożsamość. In: Przegląd Zachodni 68 (2012), H. 3, S. 195–212.

Szczepuła, Barbara: Dziadek w Wehrmachcie. Gdańsk 2007.

Szenic, Stanisław: Za zachodnią miedzą. Warszawa 1973.

Szews, Jerzy: Filomaci pomorscy. Tajne związki młodzieży polskiej na Pomorzu Gdańskim w latach 1830–1920. Warszawa 1992.

Szulczyński, Andrzej: Zarys dziejów Polonii Niemieckiej. Z informatorem. Berlin 1999.

Taborski, Roman: Polacy w Wiedniu. Wrocław/Warszawa/Kraków 1992.

Tetzner, Franz: Die Slowinzen und Lebakaschuben. Land und Leute, Haus und Hof, Sitten und Gebräuche, Sprache und Litteratur im östlichen Hinterpommern. Berlin 1899.

Tetzner, Franz: Die Slawen in Deutschland. Beiträge zur Volkskunde der Preußen, Litauer und Letten, der Masuren und Philipponen, der Tschechen, Mähren und Sorben, Polaben und Slowinzen, Kaschuben und Polen. Braunschweig 1902.

Ther, Philipp: Deutsche und polnische Vertriebene. Gesellschaft und Vertriebenenpolitik in der SBZ/DDR und in Polen 1945–1956. Göttingen 1998.

Ther, Philipp: Die Grenzen des Nationalismus: Der Wandel von Identitäten in Oberschlesien von der Mitte des 19. Jahrhunderts bis 1939. In: Ulrike von Hirschhausen/Jörn Leonhard (Hg.): Nationalismen in Europa. West- und Osteuropa im Vergleich. Göttingen 2001, S. 322–346.

Ther, Philipp: Schlesisch, deutsch oder polnisch? Identitätenwandel in Oberschlesien 1921–1956. In: Kai Struve/Philipp Ther (Hg.): Die Grenzen der Nationen. Identitätenwandel in Oberschlesien in der Neuzeit. Marburg 2002, S. 169–201.

Toeppen, Max: Geschichte Masurens. Ein Beitrag zur preußischen Landes- und Kulturgeschichte. Danzig 1870.

Tomaszewski, Jerzy: Auftakt zur Vernichtung. Die Vertreibung polnischer Juden aus Deutschland im Jahre 1938. Aus dem Polnischen von Victoria Pollmann. Osnabrück 2002.

Topolski, Jerzy/Trzeciakowski, Lech (Hg.): Dzieje Poznania 1793–1918, Bd. 2, Teil 1. Warszawa/Poznań 1994.

Traba, Robert: Niemcy, Warmiacy, Polacy 1871–1914. Z dziejów niemieckiego ruchu katolickiego i stosunków polsko-niemieckich w Prusach. Olsztyn 1994.

Traba, Robert (Hg.): My berlińczycy! Wir Berliner! Geschichte einer deutsch-polnischen Nachbarschaft. Berlin 2009.

Traba, Robert: Auf der Suche nach dem «portativen Vaterland». Polen im multikulturellen Berlin. In: ders. (Hg.), My, berlińczycy!, S. 13–55.

Trepte, Hans-Christian: Zur Zweisprachigkeit von Stanisław Przybyszewski. In: German Ritz/Gabriela Matuszek (Hg.): Literarische Rezeption und literarischer Prozess. Zu den deutsch-polnischen literarischen Wechselbeziehungen vom Modernismus bis in die Zwischenkriegszeit. Kraków 1999, S. 29–44.

Tresp, Uwe: Eine «famose und grenzenlos mächtige Generation». Dynastie und Heiratspolitik der Jagiellonen im 15. und zu Beginn des 16. Jahrhunderts. In: Jahrbuch für Europäische Geschichte 8 (2007), S. 3–28.

Trzciński, Julius von: Russisch-polnische und Galizische Wanderarbeiter im Großherzogtum Posen. Stuttgart/Berlin 1906.

Trzeciakowski, Lech: Pod pruskim zaborem 1850–1918. Warszawa 1973.

Trzeciakowski, Lech: Posłowie polscy w Berlinie 1848–1928. Warszawa 2003.

Tyblewski, Jacek: Erfolge und Schwierigkeiten der Integration. Polen und polnischsprachige Deutsche in der Bundesrepublik. Basil Kerski im Gespräch mit Jacek Tyblewski. In: Kerski/Ruchniewicz (Hg.), Polnische Einwanderung, S. 233–253.

Tych, Felix: Rosa Luxemburg und Julian Marchlewski-Karski in der polnischen und in der deutschen Arbeiterbewegung. In: Beiträge zur Geschichte der deutschen Arbeiterbewegung 30 (1988), H. 5, S. 640–648.

Urban, Thomas: Schwarze Adler, weiße Adler. Deutsche und polnische Fußballer im Räderwerk der Politik. Göttingen 2011.

Wachowiak, Bogdan (Hg.): Prusy w okresie monarchii absolutnej (1701–1806) [= Historia Prus, Bd. 2]. Poznań 2010.

Wagner, Mathias/Fiałkowska, Kamila/Piechowska, Maria/Łukowski, Wojciech: Deutsches Waschpulver und polnische Wirtschaft. Die Lebenswelt polnischer Saisonarbeiter. Ethnographische Beobachtungen. Bielefeld 2013.

Wajda, Kazimierz: Migracje ludności wiejskiej Pomorza Wschodniego w latach 1850–1914. Wrocław/Warszawa/Kraków 1969.

Wajda, Kazimierz: Przemiany w składzie wyznaniowym i narodowościowym ludności Torunia w XIX i początkach XX wieku. In: Mieczysław Wojciechowski (Hg.): Stosunki narodowościowe i wyznaniowe na Pomorzu w XIX i XX w., Bd. 3. Toruń 1993, S. 7–25.

Wanke, Ewelina: Am königlichen und kaiserlichen Hof. In: Traba (Hg.), My berlińczycy, S. 95–110.

Wasicki, Jan: Ziemie polskie pod zaborem pruskim. Prusy Nowowschodnie (Neuostpreußen) 1795–1806. Poznań 1963.

Wardzyńska, Maria: Był rok 1939. Operacja niemieckiej policji bezpieczeństwa w Polsce. Intelligenzaktion. Warszawa 2009.

Weber, Max: Die Verhältnisse der Landarbeiter im ostelbischen Deutschland. Leipzig 1892.

Weber, Ursula: Der Polenmarkt in Berlin. Zur Rekonstruktion eines kulturellen Kontakts im Prozeß der politischen Transformation Mittel- und Osteuropas. Neuried 2002.

Wehler, Hans-Ulrich: Polenpolitik im Deutschen Kaiserreich 1871–1917. In: ders.: Krisenherde des Kaiserreichs 1871–1918. Göttingen 1970, S. 184–202.

Weiss, Yfaat: Deutsche und polnische Juden vor dem Holocaust. Jüdische Identität zwischen Staatsbürgerschaft und Ethnizität 1933–1940. Aus dem Hebräischen von Matthias Schmidt. München 2000.

Wierzchosławski, Szczepan: Elity polskiego ruchu narodowego w Poznańskiem i w Prusach Zachodnich w latach 1850–1914. Toruń 1992.

Wilkiewicz, Zbigniew: Heimatloser Ausländer. Radeberg 2011.

Wojciechowski, Jakub: Życiorys własny robotnika. Bd. 1. Poznań 1971.

Wolff-Powęska, Anna/Schulz, Eberhard (Hg.): Polen in Deutschland. Integration oder Separation? Düsseldorf 2000.

Wolff-Powęska, Anna/Schulz, Eberhard: Schlußfolgerungen und weiterführende Überlegungen. In: diess. (Hg.), Polen in Deutschland, S. 379–411.

Wóycicki, Kazimierz: Polen, Deutsche, Europäer ... Identitätsbewußtsein und Gruppenbindung am Beispiel Düsseldorf. In: Wolff-Powęska/Schulz (Hg.), Polen in Deutschland, S. 237–269.

Wrzesiński, Wojciech: Ruch polski na Warmii, Mazurach i Powiślu w latach 1920–1939. Olsztyn ²1973.

Wrzesiński, Wojciech: Polski ruch narodowy w Niemczech w latach 1922–1939. Toruń [3]2005.

Wrzesiński, Wojciech (Hg.): Dolny Śląsk. Monografia historyczna, Wrocław 2006.

Wrzesiński, Wojciech: Polska – Prus Wschodnie. Plebiscyty na Warmii i Mazurach oraz na Powiślu w 1920 roku. Olsztyn ²2010.

Wünsch, Thomas: Deutsche und Slawen im Mittelalter. Beziehungen zu Tschechen, Polen, Südslawen und Russen. München 2008.

Wygodzki, Stanisław: Tagebuch der Liebe. Eine Begegnung in Gedichten, Briefen und Interviews. Hg. v. Dorothea Heiser. Vechta-Langfördern 2005.

Zduniak-Wiktorowicz, Małgorzata: Współczesny polski pisarz w Niemczech. Doświadczenie, tożsamość, narracja. Poznań 2010.

Zeil, Wilhelm: Slawistik in Deutschland. Forschungen und Informationen über die Sprachen, Literaturen und Volkskulturen slawischer Völker bis 1945. Köln/Weimar/Wien 1994.

Żołądź-Strzelczyk, Dorota: Peregrinatio academica: Studia młodzieży polskiej z Korony i Litwy na akademiach i uniwersytetach niemieckich w XVI i pierwszej połowie XVII wieku. Poznań 1996.

Abbildungsverzeichnis

Ortsregister

Personenregister

Personenregister   334